中国体育及相关产业统计

中国体育科学学会体育产业分会　编

人民体育出版社

《中国体育及相关产业统计》编委会

做好体育产业统计工作这项基础性工作

我国的体育产业伴随着改革开放和经济社会发展的大潮而起步，伴随着中国体育的长足进步与创新而发展。特别是近年来在国家经济社会快速发展和体育事业取得新成就的大背景下，体育产业乘势而上、不断创新，形成了新的良好的发展态势。以体育健身休闲、竞赛表演、体育培训、中介服务等为主要内容的体育服务市场在全国范围内逐步形成，各类体育用品市场发展迅速，并产生了一大批以体育经营为主业的产业实体。体育产业的发展实践证明，体育不仅能为国争光、为民服务，还能为国增利。通过发展体育产业，极大地拓展了体育为国家经济社会发展作贡献的渠道，丰富了体育的多元化功能的内容。体育产业成为国民经济发展的新亮点。

与这一蓬勃发展趋势相比，体育产业统计工作就显得相当地滞后，我国体育产业的整体存量不清，增量统计不全，体育产业在国民经济中的地位和对社会经济的作用不能得到很好反映。这给我国体育产业的宏观管理、战略规划造成了很大困难，影响了国家体育产业政策的制定和实施。为此，2006年5月，国家体育总局联合国家统计局共同开展了中国体育及相关产业统计研究工作，形成了一系列重要研究成果，为实施全国体育产业统计工作、探索我国体育产业统计工作的长效机制奠定了扎实的基础。

2008年9月至2009年6月，为了全面、准确地把握我国体育产业发展的基本情况，进一步推进我国体育及相关产业统计工作，国家发展改革委员会、国家统计局和国家体育总局共同牵头，在前期研究的基础上，开展了第一次全国体育及相关产业专项调查工作，获得了2006年、2007年体育产业核心指标统计数据。在此基础上，结合第二次经济普查，又推算出了2008年体育产业的核心指标数据。数据公布以后引起了全社会的广泛关注，有力地推动了体育产业工作的开展。

《中国体育及相关产业统计》是上述成果的集中表现，它是我国第一次对体育产业领域进行的最为全面、系统、权威的总结，在国内同领域处于领先地位，在国际上也将产生较大影响。该书的出版将进一步推动体育产业统计研究工作，促进我国体育产业统计工作的完善和体育产业统计制度的形成。

“十二五”时期是我国实现经济发展方式转变、经济结构战略性调整、消费结构不断升级、现代服务业快速发展的重大机遇期，为体育产业发展提供了广阔的空间。《国民经济和社会发展的第十二个五年规划纲要》中提出，要发展健身休闲体育，开发体育竞赛和表演市场，发展体育用品、体育中介和场馆运营等服务，促进体育事业和体育产业协调发展。这是从国家经济社会发展的高度对体育产业提出的明确要求。大力发展体育产业就需要体育产业统计等基础性工作的支撑。而体育产业统计是一项复杂的、具有开拓意义的基础性工作，目前工作已初见成效，但仅仅还是个开始，今后需要完善的工作还很多，可谓任重而道远。我真诚地希望相关领域的专家、体育部门和统计部门的同志们继续做好体育产业统计的研究和实施工作，争取尽早建立较为准确可靠的统计体系、拿出较为系统连续的统计数据，全面反映体育产业在转方式、调结构、促进地方经济社会发展方面的作用，为政策制定提供依据，从而进一步推动体育产业的发展。

国家体育总局局长

二〇一一年六月

目 录

第一篇 理论研究篇

第二篇 专项调查篇

第一篇

理论研究篇

第一章 中国体育及相关产业统计研究总报告

为全面、准确地把握体育产业发展的基本情况，进一步指导体育产业健康、有序发展，经国家体育总局党组研究决定，2006 年 5 月正式启动中国体育及相关产业统计研究工作。专门成立了由国家体育总局、国家统计局及各相关单位领导组成的工作领导小组；组建了由中国体育科学学会体育产业分会牵头，国家体育总局体育科学研究所、国家体育总局信息中心、北京体育大学、上海体育学院专家学者及各省市体育局有关人员共同参与的总课题组；并设立了《我国体育产业统计工作现状研究》《我国其他行业产业统计制度及发达国家体育产业统计工作研究》《体育及相关产业分类研究》《体育及相关产业统计指标体系研究》及《体育及相关产业统计实施方案研究》5 个分课题。

在研究过程中，课题组成员查阅学习了大量中外文献，与英国谢菲尔德体育产业研究中心相关学者进行访谈；走访了国家统计局、国家旅游局、中宣部、文化部、信息产业部、商务部、商业联合会、汽车工业协会、纺织业协会体育系统外 9 个相关部门，分别就国家宏观经济统计制度以及旅游、文化、流通、信息、汽车制造等领域产业统计制度进行了调研；就一些难点和问题，组织专家赴上海、浙江、天津、安徽等省市进行考察，深入了解了上述各省市体育产业专项调查的具体实施方案及现有的统计数据情况；此外，根据课题研究的进展情况，总课题组还先后召开了 10 多次会议，分别与国家统计局设管司、社科司、工交司、城市司、核算司、调查中心及国家统计局经济普查中心、国际统计信息中心的专家，以及北京、上海、天津、浙江、云南等省市统计局和河北、天津、安徽、浙江、上海、云南等省市体育局的领导和专家进行了深入研讨。

经过近一年的艰苦工作，本项工作按照计划和要求分别对国内外体育产业及国内其他行业统计实施情况、体育及相关产业的概念与分类、体育及相关产业主要统计指标、体育及相关产业统计实施方案等问题进行了认真研究，现将研究的主要结果报告如下。

一、体育及相关产业的概念

经研究，课题组结合国内外体育产业实践界和理论界的经验，从统计工作的角度出发，将体育及相关产业的概念界定为：“为社会公众提供体育服务和产品的活动，以及与这些活动有关联的活动的集合。”

体育及相关产业的界定是进行体育产业统计工作的前提。但迄今为止，理论和实践界对体育产业的概念一直未能达成共识，纵观现有成果，目前我国关于体育产业概念的界定大体上有以下五种观点：第一种观点认为，体育产业是以活劳动非实物形态向社会提供各类体育劳务（服务），其产业主体是体育综合服务业。包括体育场馆服务业、体育竞赛和体育表演服务业、体育咨询培训服务业和体育医疗与康复服务业等部门。第二种观点认为，体育产业是与体育有关的一切生产、经营活动部门的总和，其产品包括体育物质产品、体育服务和劳务产品；其基本行业部门包括了健身娱乐业、竞技观赏业、体育用品业、体育传媒业、体育博彩业、体育广告业、体育饮品业等。第三种观点认为，体育产业是体育系统为经营创收而兴办的各种产业。第四种观点认为，体育产业是社会主义市场经济条件下运行的体育事业。第五种观点认为，体育产业是体育部门主办并向社会提供运动物品和服务的组织活动。这些观点都从一定的理论和实用角度对体育产业概念的界定作出了部分解释。然而，从当前我国体育产业不断发展变化的现实出发，从与我国国家统计制度和国家统计标准相互衔接的角度出发，特别是从当前能够切实可靠地运用相关统计资源的现实角度出发，课题组认为，上述这些观点虽然从不同角度揭示了体育产业的内容，但是从认识和可操作性方面，与实际情况都存在一定的偏差。

基于此，课题组就体育产业的概念问题连续召开了若干次重要会议，与国家和省市统计局、国家和地方体育局、统计及体育产业领域的领导、专家认真探讨，逐步澄清了对体育产业界定的思路，最终形成了关于体育产业概念界定的关键性结论。

课题组内部对体育产业概念界定的争议也较大，争议的焦点主要是其定义的落脚点到底是“单位的集合”，还是“活动的集合”。研讨结果确定为“活动的集合”，其主要依据是：第一，国家统计制度明确规定，采用经济活动的同质性原则划分国民经济行业，即每一个行业类别都按照同一种经济活动的性质划分；第二，其他行业，如文化、旅游等，关于产业的定义落脚点也为“活动的集合”。

二、体育及相关产业的分类

体育及相关产业分类是对体育产业活动范围的框定，是体育产业统计工作的前提和核心。经研究，课题组确定了《体育及相关产业分类》（表 1）。

表 1　体育及相关产业分类

类 别 名 称	国民经济行业代码
一、体育组织管理活动	
1. 体育行政、事业组织管理活动	
社会事务管理机构 *	9424
—体育社会事务管理机构	
体育组织（指专业从事体育比赛、训练、辅导和管理的组织的活动）	9110
—各种职业体育俱乐部	
—各种运动队	

（续表）

类 别 名 称	国民经济行业代码
—各种群众性体育组织	
—各种专项性体育管理组织（如体育协会、中心）	
2．其他体育组织管理活动	
专业性团体 *	9621
—体育成员、专家组成的社会团体的活动	
其他社会团体 *	9629
—未列明的其他体育社会团体	
二、体育场馆管理活动	
1．体育场馆（指可供观赏比赛的场馆和专供运动员训练用场地的管理活动）	9120
—综合体育场	
—综合体育馆	
—体育训练基地	
—游泳比赛场馆	
—足、篮、排场馆	
—网球、羽毛球、乒乓球场馆	
—棋牌比赛场馆	
—其他未列明的比赛场馆	
三、体育健身休闲活动	
1．休闲健身娱乐活动（指主要面向社会开放的休闲健身娱乐场所和其他体育娱乐场所的管理活动）	9230
—综合性体育娱乐场所（游泳、保龄、球类、健身等一体的综合性健身中心）	
—保龄球馆	
—健身中心（馆）	
—台球室、飞镖室	
—高尔夫球场	
—射击、射箭馆（场）	
—滑沙、滑雪以及模拟滑雪场所的活动	
—惊险娱乐活动场所（跳伞、滑翔、蹦极、攀岩、滑道等）	
—娱乐性军事训练	
—体能训练场所	
—其他未列明的休闲健身娱乐活动	
2．其他体育健身休闲场所的管理活动	
其他娱乐活动 *	9290
—其他场所的体育健身休闲活动	

（续表）

类别名称	国民经济行业代码
四、体育中介服务	
1．其他未列明的商务服务 *	7499
— 运动员的个人经纪代理活动	
— 体育赛事票务代理活动	
— 运动会筹备、策划、组织活动	
— 其他未列明的体育商务服务	
2. 社会经济咨询	7433
体育经济咨询活动	
3．体育广告服务	
广告业 *	7440
— 体育广告服务	
五、其他体育服务	
1．体育培训服务	
职业技能培训 *	8491
— 体育指导员培训	
— 各种体育项目的职业和技能培训	
2．体育科研服务	
社会人文科学研究与试验发展 *	7550
— 体育科学研究与试验	
3．体育设施租赁服务	
其他文化及日用品出租 *	7329
— 体育设施租赁服务	
4．体育彩票服务	
其他娱乐活动 *	9290
— 体育彩票	
5．体育传媒服务	
图书出版 *	8821
— 体育专业图书出版活动	
报纸出版 *	8822
— 专业性体育报纸出版活动	
期刊出版 *	8823
— 专业性体育期刊出版活动	
广播 *	8910
— 专业性体育广播节目的制作、编排、播音、播放活动	
电视 *	8920
— 专业性体育电视节目的制作、编排、交换、播放活动	
6. 其他未列明的体育服务活动	
其他体育	9190
— 上述未列明的体育服务活动	

（续表）

类别名称	国民经济行业代码
六、体育用品、服装、鞋帽及相关体育产品的制造	
1. 体育用品制造	
球类制造	2421
体育器材及配件制造	2422
训练健身器材制造	2423
运动防护用具制造	2424
其他体育用品制造	2429
2. 体育服装及鞋帽制造	
纺织服装制造 *	1810
—单件和成套生产的运动时穿的服装，包括各种运动服装制品	
制帽 *	1830
—各种运动帽制造	
皮鞋制造 *	1921
—皮运动鞋、跑鞋、足球鞋等制造	
—合成革、人造革运动鞋等制造	
橡胶鞋制造 *	2960
—网球、篮球、体操等类似运动鞋制造	
—其他专业运动鞋制造	
3. 相关体育产品制造	
游艺用品及室内游艺器材制造 *	2452
—体育休闲器材及用品制造	
合成橡胶制造 *	2652
—体育场地塑胶跑道材料制造	
娱乐船和运动船的建造和修理 *	3753
—划艇、单人艇、赛艇、帆船等运动船	
其他日用品生产专用设备制造 *	3649
—体育用品专用机械设备	
七、体育用品、服装、鞋帽及相关体育产品的销售	
1. 体育用品销售	
体育用品批发	6342
体育用品零售	6542
2. 体育服装销售	
服装批发 *	6332
—体育服装批发和进出口	
服装零售 *	6532
—体育服装的专卖店、专门零售店和固定摊点销售	
3. 体育鞋帽销售	
鞋帽批发 *	6333
—体育鞋帽批发和进出口	

（续表）

类别名称	国民经济行业代码
鞋帽零售 *	6533
—体育鞋帽的专卖店、专门零售店和固定摊点销售	
4. 相关体育产品的销售	
音像制品及电子出版物批发 *	6345
—体育类光盘、磁带等出版物的批发和进出口	
音像制品及电子出版物零售 *	6545
—体育类光盘、磁带等出版物的零售和进出口	
其他文化用品批发 *	6349
—室内游艺器材中的弹球桌、飞镖、台球桌等批发	
—综合经营文化、体育用品批发和进出口	
八、体育场馆建筑活动	
1. 体育馆房屋工程建筑	
房屋工程建筑 *	4710
—观赏比赛和运动训练用体育馆建筑	
2. 体育场工程建筑	
其他土木工程建筑 *	4729
—观赏比赛和运动训练用体育场建筑	
3. 体育场馆建筑安装业	
建筑安装业 *	4900
—观赏比赛和运动员训练用体育场、馆的建筑安装业	

注：1. “*”表示该行业类别仅有部分活动属于体育及相关产业。

2. 类别前加横线“—”表示该行业小类的延伸层。

长期以来，我国对体育产业缺乏科学、统一的分类标准，目前国内关于体育产业分类的主流观点主要来自《体育产业发展纲要（1995—2010年）》，即体育产业包括以下三个层次：第一层次为体育的主体产业，指发挥体育自身的经济功能和价值的体育经营活动内容，如对体育竞赛表演、训练、健身、娱乐、咨询、培训等方面的经营；第二层次为体育的相关产业，指为体育活动提供服务的经济活动部门，如体育器械及体育用品的生产经营等；第三层次为体育的外围产业，即指体育部门开展的旨在补助体育事业发展的产业活动。但这种分类方法存在的一个最大的问题就是不能与现有的《国民经济行业分类》接轨。

课题组就体育及相关产业分类问题与国家统计局社科司、设管司、工交司、城市司、核算司及北京、上海、天津、浙江等省市统计局的领导和专家进行了反复研究，他们明确表示，任何产业的分类必须遵循《国民经济行业分类》的指导思想和原则，不能突破现有《国民经济行业分类》的框架体系，如此才能在主要数据来源方面与国家统计局保持一致。课题组内部也根据体育产业发展的实际需要，本着理想的方式进行了激烈的争论，最终达成了共识，确定了制定《体育及相关产业分类》的思路和原则：第一，全面性。综合考虑国民经济行业分类中有关体育及相关产业的活动内容，做到不重不漏。第二，预见性。目前增加值较小或易忽略的但将来可能会有较大发展的产业活动要能在分类中反映出来；考虑目前统计工作实施难以得出数据，但在未来统计工作中有可能获取数据的产业活动同样需要反映出来。

《体育及相关产业分类》是以我国现阶段的体育发展状况和发展方向为依据，以国民经济行业分类为产业基础，以活动的同质性和体育的自身特征为原则所制定的。它首次从统计学意义上对体育及相关产业的外延和范围进行了权威界定，其主要内容来源于《国民经济行业分类》，它是根据体育活动的特点将行业分类中相关的类别重新进行组合的。

（一）体育及相关产业分类框架

依据产业分类的原则，课题组将体育及相关产业划分为三个层次：第一层次，根据部门管理需要和体育活动的特点分为 8 个大类，用汉字一、二……表示；第二层次，依照产业链和上下层分类的关系分为 24 个中类，用阿拉伯数字表示；第三层次，共有 45 个小类，它是第二层次所包括的行业类别层，也是体育及相关产业的具体活动类别。该层不设顺序号，在右侧设置代码，为对应的“国民经济行业代码”。

由于《体育及相关产业分类》的基本活动是 45 个行业小类，因此，本分类还可组合成供分析决策用的体育产业核心层、体育产业外围层和相关体育产业层三个板块（表 2）。

表 2　体育及相关产业分类与层次对应表

层次	行业分类
体育产业核心层	体育组织管理活动（4） 体育场馆管理活动（1） 体育健身休闲活动（2）
体育产业外围层	体育中介服务（3） 其他体育服务活动（10）
相关体育产业层	体育用品、服装、鞋帽及相关体育产品的制造（13） 体育用品、服装、鞋帽及相关体育产品的销售（9） 体育场馆建筑（3）

注：（ ）里表示的是行业小类的个数。

（二）体育及相关产业分析框架

以上《体育及相关产业分类》严格按照《国民经济行业分类》制定，这保证了分类制定的科学性以及与国家统计制度接轨的可能性，但是，这与目前我国体育的政府职能部门及体育产业学术界普遍接受的体育产业类别有所区别（他们一般将体育产业分为体育竞赛表演业、体育健身休闲业、体育中介服务业、体育用品业等），为了能够满足政府职能部门指导我国体育产业健康发展的需要，课题组在《体育及相关产业分类》的基础上，对《体育及相关产业分类》中的行业小类进行了归类，构建了我国体育及相关产业分析框架（表3）。

表3　体育及相关产业类别分析框架表

体育产业业态	行业分类	小类（个）
体育竞赛表演业	体育组织管理活动	4
	体育场馆管理活动	1
体育健身休闲业	休闲健身娱乐活动	1
	其他娱乐活动	1
体育中介服务业	体育中介服务	3
体育用品业	体育用品、服装、鞋帽及相关体育产品制造	13
	体育用品、服装、鞋帽及相关体育产品销售	9
体育建筑业	体育场馆建筑业	3
其他体育服务业	其他体育服务	9

三、体育及相关产业主要统计指标

体育及相关产业主要统计指标的设立是体育产业统计工作能否有效的关键所在，经研究，体育及相关产业主要统计指标如下。

表4　体育及相关产业主要统计指标

（一）财务指标

1. 企业

（1）资产负债

资产总计

固定资产原价

累计折旧

本期折旧

负债合计

实收资本

其中：国家资本

集体资本

法人资本

个人资本

（续表）

港、澳、台资本
外商资本
（2）损益及分配
主营业务收入
主营业务成本
主营业务税金及附加
费用合计
营业利润
利润总额
（3）其他
从业人员劳动报酬
劳动失业保险费
2. 行政、事业单位
（1）资产负债
资产总计
固定资产原价
负债合计
（2）收入与支出
本年收入合计
其中：财政拨款
上级补助收入
事业收入
经营收入
本年支出合计
其中：人员支出
公用支出
对个人和家庭补助支出
收支结余
（3）经营税金
经营税金
3. 民间非营利组织
（1）资产与净资产
资产总计
固定资产原价
累计折旧
负债合计
净资产合计
其中：限定性净资产
非限定性净资产

（续表）

(2) 收入与费用
收入合计
其中：捐赠收入
会费收入
提供服务收入
政府补助收入
商品销售收入
投资收益
其他收入
费用合计
其中：业务活动成本
管理费用
筹资费用
其他费用
4. 个体经营户
固定资产原价
营业收入
营业支出
其中：雇员报酬
缴纳各种税金和费用
（二）规模与贡献指标
增加值
单位数
从业人员年平均人数
（三）业务活动与效果指标
1. 体育组织
(1) 职业体育俱乐部
广告赞助收入
门票收入
运动员转会收入
转播权收入
拥趸（Fans）用品经营收入
运动员参加体育比赛人次
(2) 优秀运动队
广告赞助收入
运动员参加体育比赛人次
2. 体育场馆
承接体育比赛项次
承接体育比赛天数

（续表）

体育比赛观众人次
广告收入
承接体育比赛和训练收入
3. 体育健身休闲
会员年平均人数
年活动人次
会费收入
各类消费卡销售收入
4. 体育彩票
体育彩票销售量
其中：竞猜型体育彩票
乐透型与数字型体育彩票
即开型体育彩票
其他体育彩票
体育彩票筹集公益金总额
年末体育彩票销售点个数
（四）对外经济指标
1. 体育用品、服饰进出口
体育用品、服饰出口总额
体育用品、服饰进口总额
2. 体育劳务
（1）体育劳务输出
人数
其中：教练员
运动员
合同额
其中：输出教练员合同额
输出运动员合同额
（2）体育劳务引进
人数
其中：教练员
运动员
合同额
其中：引进教练员合同额
引进运动员合同额
3. 体育竞赛表演
为取得赛事举办权支付给国际体育组织的费用
用于出国（或出境）训练、比赛的费用

（续表）

（五）补充指标
城市居民家庭户均健身器材拥有量（套）
城市居民家庭户均购置体育用品支出
城市居民人均参与体育健身活动支出
城市居民家庭购置体育用品及参与体育健身活动支出占家庭可支配收入的比例
城市居民人均购票观看体育比赛次数
城市居民人均购买体育比赛门票支出
农村居民家庭户均健身器材拥有量（套）
农村居民家庭户均购置体育用品支出
农村居民人均参与体育健身活动支出
农村居民家庭购置体育用品及参与体育健身活动支出占家庭可支配收入的比例
农村居民人均购票观看体育比赛次数
农村居民人均购买体育比赛门票支出

（一）体育及相关产业主要统计指标设立的原则

1. 整体性原则

即指标体系应该是一个有机的整体，而不是一些孤立的指标的集合。体育及相关产业统计指标体系要能比较全面地反映我国体育产业基本状况的各个主要方面，包括规模、结构、对国民经济的贡献、经营状况与效益、主要业务活动成果等。

2. 可比性原则

统计指标在设计中要注意统计指标口径、核算方法的历史动态可比，以及指标在空间范围内可比，遵从这一原则，要求设置的统计指标在体育产业动态发展过程中具有相对的稳定性，以便进行纵向和横向的比较，增强统计指标的分析功能。

3. 可操作性原则

指标的设置既要考虑理论上的合理性，又要考虑我国体育产业的实际情况，使所设计的统计指标能够在实践中较为准确地核算。统计指标设计要简明扼要、定义明确、分类界限清楚，在现有条件下便于基层统计人员理解和填报。

我国的体育管理体制还带有相当多的计划经济色彩，体育产业市场发育尚不完善，体育产业的结构也和西方发达国家有很大的区别。同时，我国的统计基础较差，特别是社会服务业的统计工作长期以来一直靠小样本抽样调查，基层单位对统计资料的积累不够，许多在西方发达国家由体育相关行业协会承担的统计工作在我国基本处于空白状态。因此在设置指标时应充分考虑我国的现实情况，不能照搬西方发达国家的经验，同时要避免那些几乎无法取得数据的“死指标”。

4. 统一性原则

设计统计指标时应注意统计核算与会计核算、业务核算的联系和统一。统计指标是统计核算的工具，需要利用会计核算和业务核算的有关资料。因此，统计核算不能各自为战，应注重几种核算之间的兼容与统一，以保证信息资源共享。另外，还要考虑遵循国民经济核算体系的统一要求，据此设计基层统计指标。尤其是要尽量减轻基层统计工作的负担，尽可能利用基层单位现有一套表中的有关指标。

（二）体育及相关产业主要统计指标框架

为全面反映体育及相关产业的情况，指标体系从财务状况指标、规模与贡献指标、业务活动指标、对外经济指标、补充指标五个方面对体育产业进行描述（图1）。

- 体育产业统计指标
  - 财务状况
    - 企业
      - 资产负债
      - 损益及分配
      - 其他
    - 行政、事业单位
      - 资产负债
      - 收入与支出
      - 经营税金
    - 民间非营利组织
      - 资产与净资产
      - 收入
      - 费用
    - 个体经营户
      - 资产
      - 营业收入
      - 营业支出
  - 规模与贡献
    - 增加值
    - 单位数
    - 从业人员数
  - 业务活动与效果
    - 体育组织
      - 职业体育俱乐部
      - 优秀运动队
    - 体育场馆
    - 体育健身休闲
    - 体育彩票
  - 对外经济
    - 体育用品、器材、设备的国际贸易
    - 体育劳务
    - 体育竞赛表演
  - 补充指标
    - 城乡居民健身器材拥有量
    - 城乡居民购置体育用品支出
    - 城乡居民参与体育健身活动支出
    - 城乡居民观看体育比赛购买门票支出

图1　体育及相关产业统计指标体系结构

1. 财务状况指标

财务状况指标主要反映体育产业单位的资产情况、资本结构和经营效益。这是产业统计中最基本的内容。

财务状况指标根据执行的会计制度，按企业、行政事业单位、民间非营利组织、个体经营户分类设置。

其中，体育产业涉及的企业主要是执行《企业会计制度》和《小企业会计制度》，后者是前者的简化版，两者是相通的，所以归为一类。

《行政单位会计制度》和《事业单位会计制度》有相似之处，统计上经常将两者合并；体育彩票管理中心虽然在财务管理上有其特殊性，但其执行的会计制度也是《事业单位会计制度》，其财务指标暂时与行政事业单位合并。

体育领域中有不少民间非营利组织，如各类体育协会、社团、基金会、民办非企业单位性质的体育俱乐部等。民间非营利组织在整个国民经济中所处的地位并不突出，但在体育领域，随着体育协会、体育社团实体化的不断推进，其作用将日益增大，发达国家的经验也证明了这一点。我国的民间非营利组织原来大多执行事业单位会计制度或企业会计制度，但财政部、民政部在“关于认真贯彻实施《民间非营利组织会计制度》的通知”中明确要求，“民间非营利组织应当自2005年1月1日起严格按照《民间非营利组织会计制度》进行会计核算”，因此本指标体系中将民间非营利组织的财务指标单列一类。

个体经营户按规定应执行《个体工商户会计制度》，但在实践中许多个体经营户甚至没有会计账目，因此将其单设一类，并只用少数几个基本而必需的指标。

2. 规模与贡献指标

规模与贡献指标主要从增加值、单位数、从业人员数三个方面反映体育产业的规模及对国民经济的贡献，同时通过分类汇总也可反映我国体育产业的结构。这是产业统计中最核心的指标。

增加值的核算相当复杂，要涉及许多财务状况指标，我们将另外撰文说明体育产业增加值的核算方法。今后随着体育产业统计基础的改变，以及GDP核算方案可能的改变，体育产业增加值的核算方案也还会修改。所以如果将计算增加值所需的指标全部纳入指标体系，一方面略显烦琐，另一方面也不利于统计指标体系的稳定性，所以本指标体系中并未将这些指标全都列入，而是根据反映财务状况的必要性选用财务指标。但以后在体育及相关产业专项统计调查参考方案中，将结合增加值核算方案在调查表式中给出计算体育产业增加值所需的各个标志。

3. 业务活动与效果指标

业务活动指标主要反映体育产业业务活动的数量特征和效果。这是产业统计中反映产业特殊性的指标。

体育及相关产业是一个复合产业，外延很广，各个分领域的业务活动包罗万象，但体育产业最核心的内容是体育竞赛和健身休闲。另外，体育彩票的发行在我国的体育事业发展中发挥了重大的作用，体育彩票发行工作也已经成为我国体育部门的重要工作之一，其统计基础较好，有关数据比较容易获得。业务活动与效果指标较难借用现行的财务、统计指标，统计基础很差（除了体育彩票业），因此从可操作性原则出发，为了减轻基层单位的负担，主要针对职业体育俱乐部、优秀运动队、体育场馆、体育健身休闲、体育彩票等几个体育产业最重要的部分设置了指标。

从产业的角度来看，职业体育俱乐部、优秀运动队的主要业务是提供体育竞赛产品，因此用参加体育比赛的人次来反映业务量，并和因提供体育竞赛产品而取得的经济收益一起反映业务成果。按《体育及相关产业分类总表》的分类方法，体育场馆的主营业务应该是为体育比赛提供场地、设施，所以用承接体育比赛（指为体育比赛提供场地设施）的量来反映业务量，并和因承接体育比赛而取得的经济收益一起反映业务成果。

体育健身休闲业的主流是各类俱乐部，按其经营方式可分为会员制和非会员制，而会员制是目前的发展方向；其营业收入主要有会费收入、各类消费卡销售收入和接待散客的收入，不同的收入结构在一定程度上反映了其经营模式和市场定位。由于主营业务的总收入已经在财务状况指标中反映了，所以在这里主要用会费收入、各类消费卡销售收入来反映经营模式和市场定位，并和会员人数、年活动人次一起反映业务活动量和成果。

发行体育彩票的主要目的是筹集公益金，而公益金是按销售额一定的比例提取的，但不同类型的彩票提取比例不同，因此用各类彩票的销售量及筹集公益金总额反映体育彩票业的业务活动量和成果，同时用销售点个数辅助说明业务活动量和规模。

4. 对外经济指标

对外经济也是产业统计的一个重要组成部分，有利于人们更全面地认识一个产业的发展状况。目前我国体育及相关产业与国外的经济往来主要集中在体育劳务输出和引进、体育竞赛表演和体育用品、器材、设备的国际贸易三个方面，因此我们主要从这三方面设置指标反映我国体育产业与国外的经济往来情况。

5. 补充指标

作为补充指标，居民体育消费指标主要反映城乡居民的体育消费情况。居民体育消费不是体育产业统计的本体内容，但有利于人们从另一个视角了解体育产业的发展状况，可以和体育产业统计结果相互补充、相互印证，对制订体育产业发展规划和政策也有较大的参考价值，因此作为补充指标列入。

（三）年度及周期公布指标

以上体育及相关产业主要统计指标是一个较为全面、完整的框架体系，受现有统计基础和统计成本的约束，每年要获取所有的指标不太现实，因此，并非所有的指标都能每年发布。基于此，从与现有统计制度接轨、反映我国体育产业发展总体概况及满足政府宏观管理需求的角度考虑，课题组认为，体育产业年度及周期公布的指标包括总产出(总产值)、增加值、机构数和从业人员数。并以全国经济普查周期作为体育产业统计数据公布周期，经济普查年份公布较为全面地反映体育产业总体及各业态发展情况的数据，其他年份则公布反映体育产业总体发展的相关数据。

四、体育及相关产业统计实施方案

为了达到每年不通过体育产业普查，实现年度和周期发布反映我国体育产业发展情况的相关数据，课题组对国家现有统计制度及相关数据进行了全面的分析与整理，结果表明，不同年份国家现有统计制度中有关体育产业的基础数据差异较大，其中经济普查年份我国体育及相关产业的经济活动均被纳入了经济普查工作中，理论上说，从全国经济普查数据中通过检索、剥离等方法测算当年我国体育产业的统计数据是有可能的；非经济普查年份，由于目前国家现有统计制度中关于第三产业的统计制度还不完善，只有《体育及相关产业分类》中“体育用品、服装、鞋帽及相关体育产品的制造”的规模以上企业相关数据，体育组织、体育场馆、体育健身休闲等其他领域的数据均缺失。针对这种客观现实，课题组经过反复研究，提出了以下实施方案。

(一) 体育及相关产业统计周期划分

以五年为一个周期（经济普查年及随后四年，用第一、第二、第三、第四、第五年表示)，第一年的相关数据以经济普查为基础，通过测算获得；第二年和第三年的相关数据通过在第四年初开展一次全国范围内体育及相关产业专项调查获取；第四年和第五年的相关数据，通过以上三年统计所得到的相关比例关系，运用趋势外推的方法获取(图 2)。值得提出的是，通过第四年的体育及相关产业专项调查还可以为下一个周期的经济普查年份体育及相关产业统计工作提供很多相关系数。

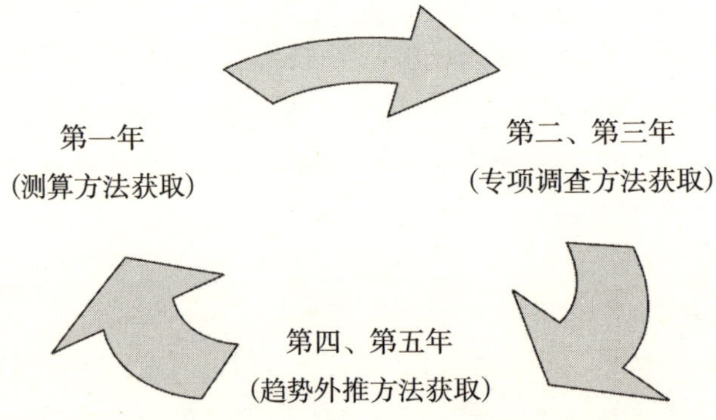

图 2　体育及相关产业年度及周期相关数据获取途径

（二）经济普查年份体育及相关产业统计

经济普查年份，体育及相关产业统计采取的主要是测算的方法，具体工作方案如下。

1. 基本原则

（1）严格遵照体育产业分类

体育产业分类是框定体育产业内涵、外延的重要依据，它包含了当前在我们认识范围内的、属于体育产业范畴的所有活动，因此，在测算工作过程中，要遵循根据国民经济行业分类所建立的体育产业分类，所搜集的数据范围严格控制在分类所涉及的类别中。

（2）以全国经济普查的相关数据为基础

全国经济普查是国家综合统计部门开展的一次全面、有效的统计调查，其数据最为客观、准确。在测算过程中，要坚持以全国经济普查的相关数据为基础，并在保证客观性、科学性、合理性的前提下，对从经济普查中不能获取的数据加以必要的补充或修正。

（3）坚持抓大放小

由于现有的体育产业分类是从理论上对我国体育产业外延的框定，具有一定的前瞻性，分类中的很多产业活动目前规模还很小，甚至在我国可能还没有开展，故要坚持抓大放小的原则，舍弃对分类中规模较小且难以获取数据的部分活动的测算。

2. 总体思路

体育及相关产业相关指标的测算工作坚持尽可能地与全国经济普查制度接轨。具体测算工作有以下几个思路。

第一，对全国经济普查中直接有的、完全属于体育产业分类范畴的小类，即体育组织、体育场馆、健身休闲娱乐活动、体育用品制造与销售，数据以全国经济普查为准。

第二，对全国经济普查中有的、但只是部分属于体育产业分类范畴的小类（体育服装、鞋帽的制造和销售除外），即体育中介服务、其他体育服务、体育相关产品制造与销售等，在“体育及相关产业活动法人单位名录库”和“全国经济普查统计数据”基础上，检索、核算得到相关数据。

第三，对体育部门或其他统计制度中直接有的数据，如体育彩票等，本着科学、合理的原则直接从中获得相关数据。

3. 具体安排

（1）在经济普查工作全面开展之前，与国家统计局经济普查中心共同完善“体育及相关产业名录库”

（2）由国家统计局经济普查中心对经济普查年份体育及相关产业测算工作所需数据进行剥离。

（3）国家体育总局委托体育产业分会对国家统计局数据普查中心剥离出的数据，结合体育及相关产业专项调查所获得的相关系数，对经济普查年份我国体育及相关产业的统计数据进行测算。

(三) 非经济普查年份体育及相关产业统计

根据以上周期的划分，非经济普查年份四年中，有两年是要开展体育及相关产业专项调查获取相关数据，另外两年的相关数据是根据前三年体育及相关产业相关数据之间的比例关系，通过趋势外推的方法获取。当然，在精确度要求不高的情况下，下一周期也可不进行专项调查，而直接根据第一周期体育及相关产业专项调查所获得的相关比例关系进行相关数据的推算，但无论如何，我们必须开展一次全国范围内的体育产业及相关产业专项调查。

基于此，课题组对体育及相关产业专项调查的实施方案进行了深入研究，设计了调查报表，目录见表5，研究了增加值的核算方法，为开展全国体育及相关产业专项调查做了较为充分的准备。具体的组织方式、调查方法等问题待确定实施体育及相关产业调查工作以后进一步探讨。

表5　体育及相关产业专项调查报表目录

表号	表名	填报范围
TYCY01	单位基本情况	从事体育产业及相关产业的所有单位，包括兼营单位，不包括个体户
TYCY02	规模以上体育用品制造企业财务状况	规模以上体育用品制造企业（不含兼营体育用品制造的单位）
TYCY03	规模以下体育用品制造企业财务状况	规模以下体育用品制造企业（不含兼营体育用品制造的单位）
TYCY04	限额以上体育用品批发、零售企业财务状况	限额以上体育用品批发、零售企业（不含兼营体育用品批发、零售的单位）
TYCY05	限额以下体育用品批发、零售企业财务状况	限额以下体育用品批发、零售企业（不含兼营体育用品批发、零售的单位）
TYCY06	体育服务业企业财务状况	执行企业会计制度的体育服务业单位（不含兼营体育服务的单位）
TYCY07	体育服务业行政、事业单位财务状况	执行行政、事业单位会计制度的体育服务业单位，以及各级体育彩票管理中心、体育类社会团体、民办非企业单位
TYCY08	体育业务个体经营户调查表	从事体育业务的个体经营户，包括个体经营的体育彩票销售点
TYCY09	体育业务兼营单位调查表	兼营体育业务的单位
TYCY10	业务活动调查表	职业体育俱乐部、优秀运动队管理单位、体育场馆、省级体育彩票管理中心、体育健身休闲业（含兼营单位）

五、2004年中国体育及相关产业测算结果

为了验证方案的可行性，课题组在国家统计局的帮助和指导下，根据国家统计局提供的核算公式，对2004年（全国第一次经济普查年份）我国体育及相关产业年度的相关指标数据进行了测算，详见表6。

表6　2004年中国体育及相关产业统计结果

	总产值/总产出（单位：千元）	增加值（单位：千元）	从业人员（单位：人）
合计	247018600	59461229	1594732
一、体育组织与管理活动	14304756	4364107	127048
二、体育场馆管理活动	2637064	1474796	30014
三、体育健身休闲管理活动	9145242	5058647	142584
四、体育中介服务	898239	158375	6100
五、其他体育服务（包括体育彩票）	6966065	3593845	57336
六、体育用品、服装、鞋帽及相关体育产品的制造	125302875	29048037	1024265
体育用品制造	36790119	7906021	305053
体育服装、鞋帽制造	88210084	20994000	715677
体育相关产品制造	302672	148016	3535
七、体育用品、服装、鞋帽及相关体育产品的销售	87764359	15763432	207385
体育用品销售	47777827	8652226	159163
体育服装、鞋帽销售	39901063	7109073	47968
体育相关产品销售	85469	2133	254

以上结果是在国家统计局有关部门的参与和帮助下完成的，其成果得到了国家统计局的充分肯定。为了保证统计的精确性，课题组委托国家统计局经济普查中心对相关数据反复进行了三次全面剥离，但由于相关基础条件、工作的不足，结果还存在如下局限性。

第一，由于国家综合统计部门现有国民经济统计制度中，直接与体育产业相关的类别较少，可直接利用的数据源也不多，很多数据都是要通过关键词检索的办法，通过在全国经济普查所建立的数据库中剥离获得，因此，测算所得的结果也会存在一定误差，而且一些类别（如体育场馆建筑业）的数据无法通过剥离获得。

第二，由于我国兼营体育产业活动的单位比重较大，而现有的全国经济普查主要是针对专营单位的调查，因此，系统误差在所难免。

第三，由于时间和成本的约束，在当前无其他更有效方法的情况下，一些小类数据

的测算使用了部分省市的相关数据和系数，由于这些省市在全国范围内不具有代表性，因此，这一块的数据与真实数据存在一定的偏差。

但不可否认的是，以上方案是获取2004年我国体育及相关产业年度相关指标数据的最有效途径，我们可以在将来恰当的时机，有针对性地解决这一方案中存在的某些问题，尽可能地弥补其不足。

六、国内各省市体育产业统计概况

课题组在研究初始首先对以往国内各省市的体育产业统计概况进行了总结归纳，这些宝贵的经验和曾经发生的教训对本项目的研究具有参考价值。为此，课题组对浙江、北京、广东、辽宁、四川、安徽、云南等十几个省市的体育产业统计方法、统计口径、统计指标等问题进行了系统的分析和论证，结论如下。

（一）专项调查是各省市体育产业统计普遍采用的方法

各省市在开展体育产业统计工作过程中均采用了专项调查的统计方法。从世界范围看，除澳大利亚以外（澳大利亚由国家统计局开展体育产业统计工作，但体育产业的界定比较窄，仅包括赛马与赛狗、体育场地与设施及体育服务），大多数西方发达国家都是由相关研究机构和学者从国民经济统计资料中抽取体育产业的内容加以拼凑并得出不同口径的体育产业统计结果。像国内各省市这样按照国民经济核算规范对一个地区的体育产业进行专项调查在全世界尚属首次。各省市的体育产业统计方法的系统性、统计资料的完整性、翔实性和准确性，在国际上都居领先地位。

（二）部门间的合作是各省市体育产业统计成功的保证

各省市开展的体育产业统计工作在部门间的协同合作方面进行了有益的探索，获得了宝贵的经验，它是各省市体育产业统计圆满完成的保障，这种部门间的协同合作主要表现在以下两个方面。一是上级政府部门的支持。各省市的体育产业统计工作是在国家体育总局的正确领导和指导下进行的，国家体育总局对各省市体育产业统计工作提供了全套的统计方案、数据库软件及一定的经费和技术支持。此外，国家统计局在体育产业统计方案的研究和论证过程中也提供了重要的技术指导。国家体育总局和国家统计局的支持极大地推动了各省市的体育产业统计工作。二是各省市部门间的合作。在体育产业统计过程中，虽然组织方式不尽相同，但各省市体育局都与统计局、企调队、工商局等相关部门进行了密切的合作，确保了各省市体育产业统计工作保质保量的完成。

（三）体育及相关产业名录库是各省市体育产业统计的基础

确定体育及相关产业统计名录是体育产业统计工作的一个十分重要的环节，各省市在开展体育产业统计过程中基本都建立了体育及相关产业名录库，而且在建立名录库的方法上，各省市还有所差别，如浙江省在2000年开展体育产业统计工作以前，建立了一个重要的制度，即体育产业经营单位在开业时必须到省体育局及各级体育局市场处和市场科登记注册，通过这种方式形成了一个完整的体育产业生产单位名录库；天津市充分利用全国第一次经济普查单位名录建立了体育及相关产业名录库；广东省则采取与省工商局合作的方法来建立体育产业生产单位名录库。以上三种方法在建立体育产业名录库过程中都发挥了一定的作用，值得未来全国体育产业统计借鉴。

（四）统计口径和统计指标不一是各省市体育产业统计的主要问题

体育产业统计口径是体育产业统计的一个十分关键的问题，它直接决定了体育产业统计的结果。但各省市在体育产业统计过程中体育产业口径不够一致，主要表现在两个方面：一是体育产业的分类不一；二是确定体育产业统计单位的原则不一。此外，各省市体育产业统计指标的设计仍不够科学，差别较大。由于各省市体育产业统计口径和指标方面存在的问题，使得各省市体育产业统计结果总体上不具备可比性，造成了我国体育产业统计工作不必要的损失。

七、国外体育产业统计概况

近年来，美国、英国、加拿大、澳大利亚以及日本等发达国家都对体育产业统计问题进行了研究，有些国家已经在开展体育产业的统计工作，他们的成功经验对我国开展体育产业统计具有很大的借鉴意义。为了指导本课题的研究，课题组对其统计目的、概念与分类、开展统计的组织机构、数据来源等进行了研究，结论如下。

（一）统计目的和研究角度不同

总体而言，国外体育产业统计的目的是为政府和有关方面制定发展政策、进行有效产业管理提供科学依据。但具体还存在一定差异。有的国家是从市场发展的角度，监测体育产业发展规模，分析对国民经济的影响程度；有的是从行业角度，了解体育产业发展，分析产业结构；有的则还需要了解居民对体育活动的参与情况，反映居民生活方式的变化。

从国外体育产业统计行业分类体系中可以看出，体育及其相关活动分布在不同的行业门类之中，统计工作按门类由统计部门组织实施；经济学家和体育部门的研究者们则试图利用国家统计数据开展体育产业及其间接经济活动的总量核算。

（二）统计的基本概念和分类范围不同

目前国际上关于体育产业定义仍在争论和探索过程中，还没有一个严格的定义。各国根据不同的研究目的和需要，确定本国体育产业的基本定义和分类范围，不同国家统计范围的宽窄不一。有的相对宽泛些，有的相对狭窄些，而且在具体分类上也有所不同。主要争议在于：范围应多大，是以体育活动为主，还是包括体育相关产业？对体育产业概念并未形成统一意见的主要原因在于不同国家和地区对体育活动具有不同的认识，国家传统体育项目的不同也影响了对体育产业统计分类标准的划分。

（三）开展体育产业统计的组织机构有所不同

有的国家（如美国）主要由研究机构进行体育产业统计方面的研究和测算；有的由中央统计局负责日常体育产业统计工作，收集相关数据；有的是由体育主管部门开展相应的体育产业统计工作。在许多国家，尽管没有设立专门的体育产业统计机构，但是有关内容涵盖在官方统计相应项目之中。

（四）体育产业统计研究的数据来源多样化

包括国家统计局常规和专项调查数据、相关体育协会会员调查数据等。有的进行专项调查，有的主要取自现有的行政资料和现有的统计资料等。由于体育产业统计标准还未统一，虽然一些国家和地区已形成部分产业分析数据，但在开展国际比较时仅供参考。

尽管如此，我们应该看到，经过长期的研究探索和工作实践，国际上关于体育产业的统计和研究在许多方面也存在一些共识：第一，在定义上大多数认为体育产业是以体育活动为主体而引发的一系列生产、销售和服务活动的产业群，不仅包括体育活动本身，而且包括与体育活动相关的产业；第二，在范围上主要以联合国产业标准分类和各国产业分类为基本框架，确定本国体育产业分类范围；第三，重视对现有统计数据的应用，既要便于与其他统计项目的数据衔接，也要避免在统计调查上的重复。特别是，许多国家研究机构在开展体育产业研究时，其统计数据基本上来源于现有统计数据，并进行相应的推算。在一些由体育主管部门委托中央统计局开展体育产业统计时，也注意与现有统计工作相结合，减少重复统计现象。

八、国内其他行业统计概况

我国文化、旅游、信息等其他行业的统计既可能为体育产业统计提供有效的数据源，也可以为体育产业统计工作提供丰富的经验，因此，课题组对国内其他行业的统计目的任务、统计制度及具体实施等进行了研究，结论如下。

（一）产业统计目的任务都很明确

我国其他行业的产业统计工作目的任务都较为明确，主要体现为：一是通过各种方式的调查统计、测算研究，分析本行业在国民经济中的地位作用（旅游局）；二是通过对重点机构产业活动的监测，分析行业动态（电子信息），为制定产业政策（文化部）、加强产业管理、宏观调控市场（商务部）提供咨询。实践中，部门产业统计在制定产业规划、政策，争取财政投入，引导市场发展等方面发挥了重要作用，取得了明显效果。在服务型政府的构建过程中，统计信息引导服务工作越来越重要和突出。

（二）有针对性地建立了自己的产业统计制度

为实现上述产业统计目标任务，各部门都是在国家统计制度的基础上，研制具有本部门特色的统计制度。包括在国家行业分类标准基础上增加部分部门特色内容，或细化某些分类内容；在国家统计指标体系中选择适合本部门特色的指标内容，或增加部分行业指标内容；在部门分类标准、指标体系的基础上结合部门情况，制定本行业产业统计报表制度，并报国家统计局审批，获得强制性、无偿性统计工作效力。

（三）国家统计局对各部门的产业统计工作给予了专业指导和支持

各部门都与国家统计局保持着密切的联系，在统计局的专业指导、要求下，各部门定期（两年一次）组织开展本部门统计制度的修改、送审等工作，协助部门组织开展本行业产业统计核算研究工作。国家统计局相关司处在本次调研中，对体育产业及相关产业统计工作在统计与核算思路、现有制度与数据采集利用、特征产业统计制度审批等方面给予了很多参考性意见和建议。

九、对后续工作的建议

（一）建立体育及相关产业名录库

建立体育及相关产业名录库是体育产业统计的基础性工作，一个完善、全面的体育产业名录库能给体育产业统计工作提供强有力的工具，它对于开展体育产业专项调查、体育产业抽样调查以及经济普查年份的数据剥离工作都有很大帮助，同时也能够进一步完善全国经济普查名录库，因此，建立体育产业名录库很有必要。从另一方面讲，由于当前我国已有全国第一次经济普查单位名录库，同时国内各省市也具有建立体育产业名录库的丰富经验，当前建立体育产业名录库也具有可行性。因此，为开展全国体育产业统计工作的需要，建议进一步加快体育产业名录库的建设工作。

（二）开展全国体育产业专项调查

为了尽快发布我国体育及相关产业年度及周期相关数据，课题组建议于 2007 或 2008 年对前两年度我国体育及相关产业进行专项调查，为未来体育及相关产业的推测算建立基础。在开展全国体育产业专项调查时应坚持“抓大放小”的原则，重点统计体育产业发达的省市及规模较大的产业活动，合理使用抽样调查的统计方法，根据体育及相关产业名录库，对全国各省市自治区体育产业的不同业态进行分层抽样，以减少统计成本。此外，为了进一步推进全国体育产业统计工作，建议国家体育总局对开展专项调查的省市给予适当资助，以调动相关省市的积极性。

（三）公布体育及相关产业分类及主要指标

《体育及相关产业分类》《体育及相关产业统计主要指标》是本次工作的重要成果，对未来指导和规范全国各省市体育及相关产业统计工作具有重要意义，建议国家体育总局对这两个重要成果广泛征求意见，并在此基础上会同国家统计局正式对外公布。

（四）修改国民经济行业分类体系

通过本课题的研究，课题组及国家统计局有关部门认识到，现有的国民经济行业分类体系存在一些不足之处，建议国家体育总局与国家统计局沟通，在下一次修改国民经济行业分类时对相关内容进行适当修改。如将健身休闲娱乐活动改为体育健身休闲活动，并纳入体育范畴；将体育场馆、体育组织等小类的延伸层按照体育发展及国家体育总局工作的实际情况进行适当修改。

（五）与国家统计局建立长期合作关系

体育及相关产业统计工作必须得到国家统计局的大力支持，建议国家体育总局与国家统计局建立长期合作关系，在建立与维护体育及相关产业名录库、实施体育及相关产业专项调查、经济普查年份体育及相关产业测算等方面开展密切合作。

（六）建立体育产业动态监测机制

从长远考虑，获取我国体育及相关产业主要指标数据最理想的途径是建立体育及相关产业动态监测机制。建议在有条件的情况下，充分发挥协会的作用，对体育用品制造与销售、体育场馆经营与管理、体育竞赛表演、体育健身休闲及体育中介服务等《体育产业及相关产业分类》中的产业活动进行动态监测。

（七）委托专门机构从事体育产业统计工作

体育产业统计工作是一项基础而又复杂的工作，要能使这项工作长期开展，必须有一个专门机构从事该项工作，如浙江省就委托宁波大学开展浙江省体育产业统计工作。因此，建议国家体育总局委托某单位具体指导和开展全国体育产业统计工作，对体育产业名录库及相关数据进行维护，每年向国家体育总局出具可供发布的统计报告。

张 林 于建勇 黄海燕（执笔）

第二章 中国其他行业产业统计制度研究

为深入调查研究其他行业统计工作目的任务、制度建设、组织实施、数据利用等方面的经验，为我国组织开展体育产业统计工作提供参考，在“我国体育产业及相关产业统计研究”总课题组的安排和国家统计局相关部门的支持下，分课题组于2006年6—8月对国家统计局、中宣部、文化部、国家旅游局、信息产业部、商务部、中国商业联合会、中国纺织工业协会、中国汽车工业协会九个行业部门相关部处室进行了走访调查；为探讨本项目的可行性，课题组还走访调研了中国篮球协会、中国体育用品联合会、天津市体育局、中体健身产业集团及部分体育中介机构等。

本项目采用访谈调查、文献分析、比较研究、会议座谈等主要方法。本项研究的理论基础是国民经济统计学、产业经济学理论。

一、国家统计局相关统计工作

国家统计调查是指全国性基本情况的统计调查，包括国家统计局单独拟订的和国家统计局与国务院有关部门共同拟订的统计调查项目。国家统计调查项目由国家统计局拟订，或由国家统计局和国务院有关部门共同拟订，后报国务院审批。国家统计制度涉及统计法规、统计标准、统计调查制度和方案、统计填报目录和指标解释五大部分内容。

统计法规主要涉及《统计法》及其实施细则、部门统计调查项目管理办法等。

统计标准包括国民经济行业分类、三次产业划分规定、经济成分划分标准、企业登记注册类型划分标准、对公有和非公有控股经济的分类、大中小型企业划分办法。

统计调查制度也就是统计报表制度，在具体的一些调查制度中，涉及报表填报的问题，由统计填报目录作补充说明，从而对填报目录进行规范；统计调查制度中所涉及的统计指标，通过统计指标解释对其含义与口径进行界定。

（一）国家统计制度中与体育有关的分类标准和指标体系

1. 国民经济行业分类中含体育类内容的分类标准

国家统计标准共6个。其中与体育有联系的有1个，即三次产业划分规定；直接包含体育类指标的有1个，即国民经济行业分类。国民经济行业分类依范围大小划分为门类 20 个、大类 98 个、中类和小类若干。其中与体育有联系的门类有 3 个，即文化、体育和娱乐业；批发和零售业；制造业。

(1) 文化、体育和娱乐业

大类：体育。

中类和小类：体育组织，指专业从事体育比赛、训练、辅导和管理的组织活动；

体育场馆，指可供观赏比赛的场馆和专供训练用的场地的管理活动；

其他体育：指上述未包括的体育活动。

(2) 批发和零售业

• 大类：批发业。

中类：文化、体育用品及器材批发，指各类文具用品、体育用品、图书、报刊、音像、电子出版物、首饰、工艺美术品、收藏品及其他文化用品、器材的批发和进出口活动。

小类：体育用品批发。

• 大类：零售业。

中类：文化、体育用品及器材专门零售，指专门经营文具、体育用品、图书、报刊、音像制品、首饰、工艺美术品、收藏品、照相器材及其他文化用品的零售活动。

小类：体育用品零售。

(3) 制造业

大类：文教体育用品制造业。

中类：体育用品制造。

小类：

• 球类制造，指各种皮制、胶制、革制的可充气的运动用球，以及其他材料制成的各种运动用硬球、软球等球类产品的生产；

• 体育器材及配件制造，指各项竞技比赛和训练用器材及用品，体育场馆设施及器件的生产；

• 训练健身器材制造，指供健身房、家庭或体育训练用的健身器材及运动物品的制造；

• 运动防护用具制造，指用各种材质，为各项运动特制手套、鞋、帽和护具的生产活动；

• 其他体育用品制造，指钓鱼专用的各种用具及用品，以及上述未列明的体育用品制造。

表 7 与体育相关的部分国民经济行业标准分类及其代码（GB/T 4754-2002）

行业代码	行业名称	注释
1539	饮料	
1810	纺织服装制造	
1921	皮革制造	
2421	球类制造	指各种皮制、胶制、革制的可充气的运动用球，以及其他材料制成的各种运动用硬球、软球等球类产品的生产。

（续表）

行业代码	行业名称	注释
2422	体育器材及配件制造	指各种竞技比赛和训练用器材及用品，体育场馆设施及器件的生产。
2423	训练健身器材制造	指供健身房、家庭或体育训练用的健身器材及运动物品的制造。
2424	运动防护用品制造	指用各种材质，为各项运动特制手套、鞋、帽和护具的生产活动。不包括运动跑鞋、足球鞋的制造。
2429	其他体育用品制造	指钓鱼专用的各种用具及用品，以及上述未列明的体育用品制造。不包括渔丝、渔线、渔网的生产。
2452	游艺用品及室内游艺器材制造	指主要供室内、桌上等游艺及娱乐场所使用的游乐设备、游艺器材和游艺娱乐用品，以及主要安装在室内游乐场所的电子设备的制造。不包括扑克纸牌的印刷、用于演出的戏装和舞台道具的制造。
2960	鞋	
3649	专用设备	
3663	运动枪弹	
3721	汽车	
3741	自行车	
3753	娱乐船和运动船的建造和修理	指游艇和用于娱乐或运动的其他船只的建造与修理。
6020	互联网	
6326	饮料批发	
6332	服装批发	
6333	鞋帽批发	
6342	体育用品批发	指体育比赛、训练用器具、器材、设备、服装等的批发和进出口。
6343	图书批发	
6344	报刊批发	
6345	音像批发	
6349	其他文化用品批发	其中包括游艺用品及室内游艺器材的批发和进出口，综合经营文化、体育用品批发和进出口，其他未列明的文化用品的批发和进出口。
6511	百货零售	指经营的商品品种较齐全、经营规模较大的综合零售活动。
6512	超级市场零售	指经营食品、日用品等的超级市场的综合零售活动。
6519	其他综合零售	指日用杂品综合零售活动；为方便城乡居民，在街道、社区、乡镇、农村、工矿区、校区、交通要道口、车站、码头、机场等人口稠密地区，开办的小型综合零售店的活动；以小超市形式开办的便利店活动；农村供销社的零售活动。

（续表）

行业代码	行业名称	注释
6525	饮料及茶叶零售	
6532	服装零售	其中包括体育服装的专卖店、专门零售店和固定摊点零售。
6543	图书零售	
6544	报刊零售	
6545	音像零售	
6533	鞋帽零售	其中包括各类运动鞋的专卖店、专卖零售店和固定摊点零售。
6542	体育用品零售	包括体育用品及器械专卖店、专门零售店和固定摊点零售，渔具专门零售。
6549	其他文化用品零售	其中包括其他未列明的文化用品的专门零售店和固定摊点零售。
6610	旅游饭店	指按照国家有关规定评定的旅游饭店或具有同等质量、水平的饭店活动。
7020	非人寿保险	
7329	其他文化及日用品出租	其中包括体育设施的出租、其他未列明的文化及日用品的出租。
7411	企业管理机构	指不具体从事对外经营业务，只负责企业的重大决策、资产管理，协调管理下属各机构和内部日常工作的企业总部的活动，其对外经营业务由下属的独立核算单位或单独核算单位承担。
7419	其他企业管理服务	指其他各类企业管理机构、派出机构，以及为企事业、机关提供后勤服务的活动。
7433	咨询	
7440	广告	
7450	知识产权	
7491	会议及展览服务	
7480	旅行社	
7493	保安	
7499	其他未列明的商务服务	其中包括运动员的个人经纪代理活动，体育赛事的票务代理活动，为运动会进行的筹备、策划、组织活动，其他未列明的代理及商务服务。
7550	研究与实验	
8433	中等专业教育	其中包括体育学校。
8434	职业中学教育	指根据教育行政部门的规定，招收小学或初中毕业生实施中等职业技术教育的活动。
8439	其他中等教育	指其他未列明的中等教育活动。
8441	普通高等教育	指经教育行政部门批准，由国家、地方、社会办的获取学历的高等教育活动，是在完成高级中等教育基础上实施的教育。

（续表）

行业代码	行业名称	注释
8442	成人高等教育	指经教育主管部门批准举办的成人高等教育活动。
8491	职业技能培训	指经教育主管部门、劳动部门或有关主管部门批准，由政府部门、企业、社会办的职业培训、就业培训及各种知识、技能的培训活动。
8821	图书	
8822	报纸	
8823	期刊	
8824	音像	
8825	电子出版物	
8910	广播	
8920	电视	
9050	博物馆	
9110	体育组织	指专业从事体育比赛、训练、辅导和管理的组织的活动。包括各种运动队活动、体育俱乐部活动、群众性体育组织、专项性体育管理组织（体育协会、中心）。
9120	体育场馆	指可供观赏比赛的场馆和专供运动员训练用场地的管理活动。包括综合体育场，综合体育馆，体育训练基地，游泳场馆，滑冰场馆，篮球、排球、足球场馆，网球、羽毛球、乒乓球场馆，棋牌馆，其他未列明的体育场馆。
9190	其他体育	指上述未包括的体育活动。包括体育项目比赛的经纪代理活动，各种青少年业余体校，社区、街心公园、公园等运动场所（体育器械）的管理，专门从事体育心理、保健、营养、器材、训练指导等服务活动，其他未列明的体育活动。
9230	休闲健身娱乐活动	指主要面向社会开放的休闲健身娱乐场所和其他体育娱乐场所的管理活动。包括综合体育娱乐场所（游泳、保龄、球类、健身等一体的综合性健身中心），保龄球馆，射击、射箭馆（场），滑沙、滑雪及模拟滑雪场所的活动，惊险娱乐场所（跳伞、滑翔、蹦极、攀岩、滑道等）的活动，娱乐性军事训练、体能训练场所的活动，其他未列明的休闲健身娱乐活动。
9290	其他娱乐活动	指各种形式的彩票活动，以及公园、海滩和旅游景点内小型设施的娱乐活动。
9424	社会事务管理机构	指各级体育局、体育运动委员会。
9621	专业性团体	指由同一领域的成员、专家组成的社会团体（如学科、学术、文化、艺术、教育、卫生等）的活动。
9629	其他社会团体	指未列明的其他社会团体的活动。
9800	国际组织	指联合国和其他国际组织驻我国境内的机构的活动。

由于国家统计制度、统计填报目录、行业分类标准中存在上述体育内容，因此，上述相关统计数据一般将有据可查。国民经济行业分类标准及统计数据可以作为我国体育产业分类的依据和数据来源。

2. 与体育相关的国家统计制度及其中的体育指标体系内容

根据国家统计局相关网站和数据库，目前国家统计调查制度有 40 个，其中与体育有联系的有 22 个，直接包含体育类指标的有如下 13 个。

(1) 农村社区基本情况调查制度：体育场馆。

(2) 农村固定资产投资抽样调查方案：文化、体育和娱乐业。

(3) 建筑业统计报表制度：建筑业企业房屋建筑完成情况（文化、体育和娱乐用房）。

(4) 批发和零售业、住宿和餐饮业统计报表制度：亿元以上商品交易市场成交情况（体育、娱乐用品类）。

(5) 社会综合统计报表制度：文体广播经费；国民体质指数；经常参加体育锻炼人数占调查人数的比重。

(6) 城市住户调查方案：主要耐用消费品拥有情况（健身器材）；家庭消费支出（体育用品、健身活动）。

(7) 农村住户调查方案：农村居民家庭现金收入与支出（文教娱乐用品及服务）。

(8) 城市社会经济基本情况统计报表制度：体育场馆数。

(9) 县（市）社会经济基本情况统计报表制度：体育场馆数。

(10) 县级市社会经济基本情况补充资料：体育场馆数。

(11) 流通和消费价格统计调查方案：体育娱乐用品。

(12) 工业品价格统计调查方案：体育娱乐用品。

(13) 固定资产投资价格统计调查方案：体育娱乐用品。

上述标准、制度为体育产业统计与核算提供了部分数据采集线索。

（二）国家统计局与体育统计工作相关部门的统计与核算工作

1. 设管司

作为国家统计制度的设计和管理职能部门，设管司代表参与了本课题研究工作，共同探讨了体育产业统计工作和制度建设思路。为本研究提供了《2005 年国家统计制度》《2004 年中国经济普查年鉴》等文献资料，协助查阅了部门统计制度及相关报表，尤其是为走访调查中宣部、文化部、旅游局、商业部、信息产业部、纺织协会、中国商业联合会、汽车工业协会等相关部门进行了协调联系工作，为走访调查创造了良好条件。

2. 工交司

国家统计局制造业方面的数据调查范围区分为规模以上企业和规模以下企业，规模以上企业指全部国有企业及年销售收入500万元以上非国有企业。对于规模以上企业，采取普查的方式进行调查，而规模以下企业的数据则采用抽样的调查方式进行。由于抽样调查的主要目的在于用样本推估总体的总量，并且这里的抽样不按照行业进行分层，因此，得不到相关行业规模以下的数据。但是经济普查对规模以下企业也进行普查，因此，普查年度所包含的行业数据是完整的。体育部门可以利用普查年度的结构数据对常规年度的总量数据进行估计，但这里需要对两个年度间的结构进行一致性假定。

3. 城市司

城市司的统计主要是针对城镇居民消费的统计，统计将消费分为“吃、穿、家庭日用、交通通讯、保健、娱乐、住房和其他”八大类，对全国城镇居民进行抽样，样本量大约为5万户。居民消费中保健、娱乐可能包含体育方面的花费。

由城市司所承担的国内旅游统计消费调查是按照样本量收取费用的，而居民的消费调查采取记账式调查，这种方式区别于问卷调查，记账式调查最突出的优点在于它避免了记忆偏差所带来的误差，针对花费这样的琐事，这种调查方式有其独特优势。旅游消费调查由于对旅游概念的界定很广，因而，调查者所关心的旅游活动及其花费并不是通常意义下的特殊事件，而更倾向于日常琐事，因此，利用统计局的记账式调查有其特殊的背景。对体育活动的调查建议进行一次性或者周期性的问卷调查，这种调查的成本和按照记账式调查核算的成本应该是不可比的。

4. 贸易外经司

贸经司的统计内容分为两大部分，一部分是内贸，包括批发零售业、住宿餐饮业，分为限额以上和限额以下企业。这部分的统计由国家统计局单独进行。一部分是外贸，包括对外贸易、对外投资和利用外资、劳务等，这部分的数据来源于各个部门，比如对外贸易来源于海关，对外投资和利用外资来源于商务部。本项目调研走访的商业联合会和商务部主要涉及的是内贸部分，他们都是重点监测，而统计局的数据更全面。

5. 核算司

核算司是开展国民经济核算的职能管理部门，该部门为开展体育产业统计核算工作提出了很好的意见和建议。国民经济核算对象是产业活动单位，实际上主要是针对法人单位，例如工商业、建筑业、房地产业等，利用产业活动单位报表核算其收入。针对运动队的产值计算则是从支出的角度来核算的，而不去核算其收入的来源。针对所提到的运动员问题，目前还没有统计，不过完全可以把他们看做产业活动单位进行核算。在目前的核算中，彩票业是属于娱乐业的。对于体育产业而言，在国民经济的核心框架下，建立体育的附属框架，也就是卫星账户，是国民经济核算体系的要求，也是解决体育产业核算的途径。

6. **服务业调查中心**

该中心正在设计“部分服务业抽样调查试点方案”。该项调查是经济普查之后，国家统计局针对没有数据来源的十二个服务类行业进行的调查，其中包括体育行业。该中心对体育行业的调查对象是体育的法人企业和事业单位，以抽样调查为主，目前抽样调查样本量大约为300多个。2006年的试点调查已经接近尾声，它虽然提供了体育服务业的一些情况，但有待进一步改进。在条件成熟时，在统一领导安排下，可以与国家体育总局相关部门开展项目合作。

7. **国际统计信息中心**

协助为本项研究提供了部分国家／地区体育产业统计资料信息。

（三）部门统计制度

我国统计调查制度中包含有许多部门制度。部门统计调查制度专指各部门的专业性统计调查。部门统计调查计划和统计调查方案，由该部门的统计机构组织本部门各有关职能机构编制。其中，统计调查对象属于本部门管辖系统内的，由本部门领导人审批，报国家统计局或者本级地方人民政府统计机构备案；统计调查对象超出本部门管辖系统的，报国家统计局或者本级地方人民政府统计机构审批，其中重要的，报国务院或者本级地方人民政府审批。各部门统计调查管辖系统的划分，由国家统计局会同国务院有关部门提出，报国务院批准后实施。

与国家统计调查制度一样，部门统计调查制度也是国家统计调查制度的重要组成部分，而且不是简单的部分与整体的关系，许多部门都针对自身领域的特征，制定了本部门的统计调查制度。国家统计局所提供的部门名单涉及88个部门（其中包括协会等），见表8。

表8 我国政府部门、行业组织一览表

最高法院	最高检察院	国家发改委	教育部 *
科技部 *	国防科工委	国家民委	公安部
安全部	监察部	民政部 *	司法部
财政部 *	人事部	劳动保障部 *	国土资源部 *
建设部	铁道部	交通部	信息产业部 *#
水利部	农业部	商务部 *	文化部 *#
卫生部	国家计生委	人民银行	审计署
国资委	海关总署 *	税务总局 *	工商总局
质检总局	环保总局	民航总局	广电总局 *
新闻出版总署 *	体育总局 *	林业局	食药监管局
安全生产局	知识产权局	旅游局 *#	宗教局

（续表）

国管局	信访局	粮食局	烟草局
外专局	海洋局	测绘局	邮政局
文物局	中医药局	外汇局	档案局
中国科学院	地震局	气象局	银监会
证监会	保监会	电监委	社保理事会
自然基金委	全国爱卫会	国家防总	三峡建委
国务院侨务办公室	南水北调办公室	全国打私办	中国语委
全国总工会	全国妇联 *	中国科协	中国残联 *
红十字总会	供销合作总社	商业联合会 *	物流协会
煤炭协会	机械联合会	钢铁协会	石化协会
轻工联合会 *	纺织协会 *	建材协会	有色金属协会

在上述部门中，本项目选择了文化部、国家旅游局、信息产业部、商务部、中国商业联合会、中国纺织协会、中国汽车工业协会等机构进行走访调查研究。

二、文化及相关产业统计研究

为落实党的十六大关于文化建设和文化体制改革的精神，准确反映我国文化事业发展和文化体制改革情况，在中宣部的领导下，2003 年成立了由国家统计局牵头，文化部、广电总局、新闻出版总署和国家文物局等部门参加的文化产业统计研究课题组，该课题组从统计角度对文化产业进行了概念界定、指标设计、总量测算等，取得了较好成效，对体育界有较大的借鉴价值。因此，本研究对参加此次文化统计研究和组织实施工作的中宣部、文化部、国家统计局相关部门进行了走访调研。

（一）文化及相关产业统计工作的主要目的任务

本次文化产业统计研究的主要目标是：研究健全我国文化产业和文化事业统计制度，准确、全面、系统地提供文化产业发展状况的统计数据。

主要研究任务包括：

制定《文化及其相关产业统计分类目录》；

制定《文化产业统计指标体系》；

制定有关部门执行的《文化产业统计制度》，修订改进《文化事业统计制度》；

提出“在经济普查中增加反映文化产业发展情况的统计内容的建议”；

提出《文化产业发展状况报告》。

为搞好本项目研究工作，专门成立了由国家统计局局长牵头的领导小组和国家统计局总统计师牵头的工作小组。经过两年半的时间，该项目上述任务已基本完成。其具体成果内容包括分类标准、指标体系、相关制度修订、测算文化及相关产业增加值等。

（二）文化及相关产业分类标准

在国家统计局和文化部门的共同努力下，研究出如下文化及相关产业分类标准。

表 9　文化及相关产业分类标准一览表

服务类别	行业大类	行业中类
文化服务	新闻服务	新闻服务
	出版发行和版权服务	书报刊出版发行，音像及电子出版物出版发行，版权服务
	广播、电视、电影服务	广播电视服务，广播电视传输，电影服务
	文化艺术服务	文艺创作表演及演出场所，文化保护和文化设施服务，群众文化服务，文化研究与文化社团服务，其他文化艺术服务
	网络文化服务	互联网信息服务
	文化休闲娱乐服务	旅游文化服务，娱乐文化服务
	其他文化服务	文化艺术商务代理服务，文化产品出租与拍卖服务，广告和会展文化服务
相关文化服务	文化用品、设备及相关文化产品的生产	文化用品生产，文化设备生产，相关文化产品生产
	文化用品、设备及相关文化产品的销售	文化用品销售，文化设备销售，相关文化产品销售

上述分类的基本活动涵盖了 80 个行业小类，因此，分类还被组合成供分析决策用的文化产业核心层、文化产业外围层和相关文化产业层三个板块，如图 3 所示。

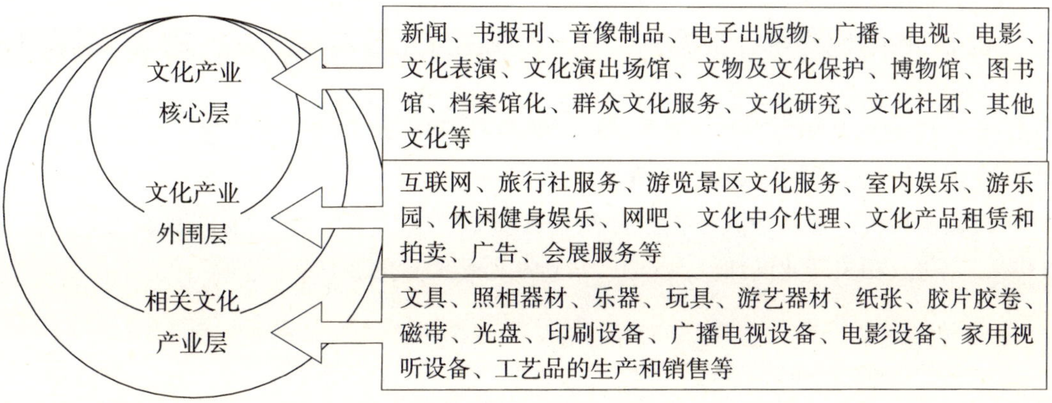

图 3　文化及相关产业三板块图示

（三）统计指标体系

研究确立的文化及相关产业统计指标体系内容见表 10。

表 10　文化及相关产业统计指标体系主要内容一览表

指标类别		主要指标内容
财务状况指标	文化产品生产企业指标	总产值，资产情况，损益及分配，工资、福利费、增值税
	文化产品流通企业指标	固定资产，损益及分配，工资、福利费、增值税
	执行企业会计制度的文化服务企业指标	固定资产，损益及分配，工资、福利费
	执行行政事业单位会计制度的文化单位	固定资产原值，收入与支出
业务活动指标	核心层	新闻业，出版发行和版权服务，广播电视电影业，文化艺术服务业
	外围层	互联网文化服务，文化休闲娱乐服务，其他文化服务
	相关层	文化用品、设备及相关文化产品的生产，文化用品、设备及相关文化产品的销售
就业人员指标		年末就业人员数，按年龄分组的就业人数，年平均就业人员数
补充指标		文化事业政府财政支出总额，外资对文化产业的投资总额，内资对文化产业的投资总额，居民文化娱乐消费支出额，居民旅游支出额

（四）利用现有统计数据对 2003 年我国文化及相关产业主要指标的测算

参照《文化及相关产业分类》规定的范围，利用相关部委统计数据，测算2003 年我国文化及相关产业情况如表 11 所示。

文化及相关产业从业人员占全部从业人员（7.44 亿人）的 1.7%，城镇从业人员的 5.0%，文化及相关产业增加值占 GDP（11.69 万亿元）的 3.1% 。

表 11　2003 年我国文化及相关产业状况一览表

层别	行业分类	增加值（亿元）	从业人员（万人）
	合　计	3576.72	1273.72
核心层	第一部分　文化服务	1718.45	644.58
	一、新闻服务	8.56	0.95
	二、出版发行和版权服务	388.73	68.73
	三、广播、电视、电影服务	320.49	78.04
	四、文化艺术服务	166.06	74.96
	核心层小计	883.84	222.68
外围层	五、网络文化服务	261.97	91.68
	六、文化休闲娱乐服务	369.57	286.99
	七、其他文化服务	203.07	43.22
	外围层小计	834.61	421.89
相关层	第二部分　相关文化服务	1858.27	629.15
	八、文化用品、设备及相关文化产品的生产	1785.79	619.59
	九、文化用品、设备及相关文化产品的销售	72.48	9.55
	相关层小计	1858.27	629.15
	三部门合计	1004.18	311.99
文化部		307.20	165.88
广播电影电视总局		320.49	78.04
新闻出版总署		376.50	68.07

（五）部门文化统计制度的制定、修改

本项目研究成果促使文化部、广电总局和新闻出版总署先后对现行的统计制度进行了修订或新建，具体如下。

- 文化部修订了《全国文化文物统计报表制度》。
- 广电总局建立了新的《广播电视统计制度、报表制度》。
- 新闻出版总署制定了《全国出版进出口统计报表制度》。

这些制度更加科学规范，能够较好地反映我国文化产业的发展状况和文化体制改革的进程。这些统计制度已经在 2004 年度的统计年报中得以实施。

（六）面临的主要问题及相应解决方法

文化及相关产业研究与统计分析过程中面临的主要问题如下。

一是在行业分类中，许多相关文化活动并存于其他行业之中，如何将其中的部分文

化活动准确地分离出来，这是统计工作中的难点问题。统计局的同志在一定的研究基础上采用了按比例切分的方法解决了这个问题。

二是在本次研究之后，如何建立一种长效统计分析机制，实现常年的文化及相关产业增加值的测算，这个问题目前尚未解决，是需要继续思考和解决的问题。

三、文化部统计制度研究

为调查研究其他部门产业统计制度，课题组于 2006 年 7 月对中国文化部计财司综合统计处进行了走访调查，综合统计处处长向我们详细介绍了“全国文化文物统计报表制度”等有关情况。根据情况介绍及所掌握的部分资料，课题组整理了全国文化文物统计工作，相关内容如下。

（一）主要目的任务

文化部统计工作的主要目的任务是：……为适应社会主义市场经济体制的发展、宏观管理的需要和文化体制改革的要求，定期地全面地反映文化事业、文化企业和文化部门的非文化产业机构所特有的社会和经济现象，以及各类活动的社会效益和经济效益。考核与监督文化事业……的发展水平、质量和规模、速度……为有关部门研究制定文化事业……及文化经营单位发展战略、规划、计划和政策，及时、准确地提供丰富的、高质量的统计数据和分析资料，为文化事业……健康发展服务。同时，为社会各界了解文化工作提供统计信息服务。

上述目的任务通过下列相关分类标准、指标体系、统计制度等予以保障实现。

（二）分类标准

文化部的《全国文化文物统计报表制度》所涉及的产业是国民经济行业分类中的文化及相关产业，该行业开展调查统计工作中所遵循的分类标准是《文化及相关产业分类标准》中的相关内容。

表 12　文化部《全国文化文物统计报表制度》分类标准一览表

大类	中类	小类
文化艺术服务	文艺创作与表演	文艺创作与表演
网络文化服务	艺术表演场馆	艺术表演场馆
文化休闲娱乐服务	图书馆与档案馆	图书馆
其他文化服务		档案馆

（续表）

大类	中类	小类
文化保护和文化设施服务	文物及文化保护	
	博物馆	博物馆
	群众文化活动	群众文化活动
	文化艺术经纪与代理业	文化艺术经纪与代理业
	其他文化艺术	其他文化艺术
网络文化服务		
文化休闲娱乐服务		
其他文化服务		
文艺创作与表演		
艺术表演场馆		互联网信息服务
		娱乐文化服务
		文化产品出租与拍卖服务业
教育业		文化艺术教育
批发和零售贸易		其他文化产业

（三）指标体系及相关报表制度

文化部的《全国文化文物统计报表制度》统计制度所涉及7张报表，其中指标如下。

表13　文化部《全国文化文物统计报表制度》统计指标体系内容

指标名称		主要指标内容	
标识部分		机录代码、填报单位名称、邮政编码、电话、详细地址、企业单位登记注册情况、所属关系、系统判别、机构类型、核算形式、部门判别、行业代码、活动状态	
表内通用指标	机构、人员类	机构类	人员类
		文艺创作与表演、艺术表演团体等	从业人员、高级职称、中级职称、具有考古发掘个人领队资格人数
	财务状况类	事业单位	企业单位
		本年收入合计、本年支出合计	实收资本、国家资本、负债合计、固定资产合计、本年提取折旧、损益及分配
	其他	三次产业的划分及第三产业的分类：第一产业、第二产业、第三产业	增加值、总产出和中间消耗
	设施类	公用房屋建筑面积	
专业统计指标		按照每张报表，以艺术表演团体基本情况年报为例：本年新排上演剧目、本团创作首演剧目、演出场次、国内演出场次、农村演出场次、本团新创作首演剧目演出场次、国内演出观众人次、本团新创首演剧目观众人次、排练制作费、演出费、本年新创首演剧目费用支出总额	

文化部的统计制度为《全国文化文物统计报表制度》，包含69个年报。统计调查主要针对由文化部门举办的或实行行业性管理的文化事业、文化企业单位，以及由文化部门举办的非文化企事业单位。

表14 文化部《全国文化文物统计报表制度》统计制度相关特征内容一览表

序号	制度特征	具体内容
1	报告期别	年报
2	调查方式	按主管部门调查
3	组织途径	各省、自治区、直辖市文化主管部门
4	报送方式	电子邮件、系统软件
5	数据来源	文化部门及其他部门主管的企业及事业单位

四、中国国家旅游局统计制度研究

一国经济的系统描述是通过国民经济核算框架进行的，其中的投入产出表（I-O表）是用来作详细描述、系统分析各产业活动及其相互关系的分析框架，但I-O表是以标准产业分类（ISIC）为基础的，主要为显示产业的生产特点而设计，不考虑购买者的购买目的。而旅游恰恰是在购买目的的意义上定义的经济活动类别，体现需求目的的旅游活动在生产这方面是无法单独识别的，因此，遵循国民经济核算原理，但却独立于国民经济核算之外，以旅游为主题，就形成了旅游卫星账户体系。体育产业同旅游产业有相似之处，因此有必要走访国家旅游局，对旅游统计体系及正在探索中的旅游卫星账户进行访谈调查。

为调查研究旅游业统计制度，课题组于2006年6月7日上午对国家旅游局政策法规司统计处进行了走访调查，了解了“旅游统计调查制度”的有关情况。根据情况介绍及所掌握的部分资料，课题组整理出旅游统计调查制度，相关内容如下。

（一）目的任务

国家旅游局统计工作的主要目的任务是：为了有效、科学地组织全国旅游统计工作，了解和掌握我国旅游业的基本情况，保证旅游统计资料的准确性、及时性和全面性，为各级政府制定政策和进行宏观经济管理提供依据。

上述目的任务通过下列相关分类标准、指标体系、统计制度等予以保障实现。

（二）分类标准

国家旅游局《旅游统计调查制度》涉及的产业是国民经济行业分类中的旅行社业、

住宿业、教育和环境资源业等，该行业开展调查统计工作不仅涉及针对旅游基层部门的调查，还针对游客的出入境及消费情况进行调查。

表 15　国家旅游局《旅游统计调查制度》分类标准一览表

分类	内容
基层统计	旅行社、星级饭店、非星级旅游住宿设施、旅游区（点）、其他旅游单位
部门统计	入境旅游人员、游客、花费构成情况，大陆公民出境情况
专业统计	旅游院校、旅游行业职工教育培训
旅游抽样调查	入境游客在中国大陆花费、城镇居民旅游、农村居民国内旅游、地方接待国内游客

（三）指标体系

1. 基本概念及主要指标

游客、常住国、常住地、入境游客、入境旅游者、入境一日游游客、国内游客、国内旅游者、国内一日游游客、国籍、外国人、港澳台同胞、职业、出境人数（出境游客）、出境旅游者、出境一日游游客、旅游收入、团体入境游客、单项服务、旅行社外联（组团）入境游客人数、旅行社外联（组团）入境游客人天数、国内旅游组团人数（人天数）、国内旅游接待人数（人天数）、旅游住宿设施、旅游住宿设施接待人数、星级饭店、客房出租率、客房、公寓实际平均价格。

2. 财务指标

营业收入、营业成本、营业税金及附加、经营利润、管理费用、税金、财产保险费（税）、劳动、待业保险费、财务费用、营业利润、利润总额、应付工资总额、应付福利费总额、资产、流动资产、存货、长期投资、固定资产、固定资产原价、累计折旧、本年折旧、负债、所有者权益合计、实收资本。

3. 旅游就业指标等

年末从业人员、企业登记注册类型、旅游高等院校、旅游中等职业学校、当年招生数、当年毕业生数、当年在校生数、管理人员岗位资格培训、适应性培训、高等学历教育、中等学历教育。

（四）国家旅游局《旅游统计调查制度》

旅游统计调查制度的报告期别有年报、季报、月报三种，采用全面调查与抽样调查相结合的方式，按照对象不同区分为基层统计、部门统计、专业统计和旅游抽样调查。基层统计针对辖区内所有旅游企事业单位和旅游行政管理部门（包括旅行社、星级饭店、非星级旅游住宿设施、主要旅游区 / 点、各类已接待旅游者或为旅游者提供服务为主的单位）；部门统计针对来我国大陆观光、度假、探亲访友、就医疗养、购物、参加会议或从事经济、文化、体育、宗教活动的外国人、港澳台同胞等入境游客，出境的我国大陆公民；专业统计针对辖区内开办旅游专业的高中等院校，辖区内旅游行政管理部门、旅游协会、旅游院校、旅游企业等旅游培训单位；旅游抽样调查针对国内游客（包括入境游客在中国花费、城镇居民旅游、农村居民国内旅游、地方接待国内游客）。

调查统计的组织途径，也即收集报表的单位主要是：

- 当地旅游局：基层统计报表
- 国家旅游局：部门统计报表；专业统计报表
- 国家统计局：部门统计报表

调查统计的数据来源，也即报送报表的单位主要是：

- 旅游企事业单位
- 公安部
- 统计局
- 各省（区、市）旅游局

表 16　国家旅游局《旅游产业统计报表制度》统计制度相关特征内容一览表

序号	制度特征	具体内容
1	报告期别	年报、季报、月报
2	调查方式	全面调查、抽样调查
3	组织途径	当地旅游局；国家旅游局：部门统计报表；国家统计局
4	报送方式	网络版系统软件，电子邮件或传真、信函
5	数据来源	旅游企事业单位；公安部；统计局；各省（区、市）旅游局

五、中国商务部和商务联合会统计制度研究

在国家统计制度中，根据国民经济行业分类标准，批发零售业中包含与体育有关的类别和指标，也就是体育用品业的最终使用情况统计，因此，有必要对批发零售业的管理部门进行调查。由于机构设置的原因，这里包括商业联合会和商务部。商务部是政府部门，区别于商业联合会，二者在统计的内容方式上有哪些差别，决定了体育产业在使用批发零售业数据时的方法与侧重。因此，必须对两个部门进行考查。《统计法》所界定的统计实际上是政府统计，以协会的方式进行的统计区别于行政部门的统计，协会统计是受政府委托进行的统计工作，在丧失管理职能的情况下，统计作为一种非管理职能，如何展开其工作，使得对商业联合会的重点企业、重点地区商业统计报表制度的研究有了其特殊的意义。

为调查研究商务系统统计制度，课题组分别于2006年5月30日下午和6月9日下午赴商业联合会和商务部对商业联合会信息部和商务部市场运行调节司进行了走访，详细了解了“重点企业、重点地区商业统计报表制度”和“重点流通企业监测统计报表制度”等有关情况。根据情况介绍及所掌握的部分资料，课题组整理出流通行业的报表制度，相关内容如下。

（一）目的任务

商务部统计工作的主要目的任务是：快速、全面、准确监测流通企业运行状况和市场供求动态。商业联合会统计工作的主要目的任务是：为及时了解消费品流通市场供求状况、消费结构的变化，分析研究当前市场经济条件下消费品流通的总体情况以及发展趋势。

上述目的任务通过下列相关分类标准、指标体系、统计制度等予以保障实现。

（二）分类标准

“重点流通企业监测统计报表制度”涉及的产业是国民经济行业分类中的零售业、批发业、住宿业、餐饮业、居民服务业等，涉及的产品分类见指标体系下的商品类值表。

（三）指标体系

商业流通领域统计指标体系主要包含如下内容。

1. 企业基本情况指标

单位代码；单位名称；法定代表人；行业类别；登记注册号码；登记注册类型；批发业；零售业；餐饮业；住宿业；洗染服务；理发及美容保健服务；摄影彩扩服务；租赁业；拍卖；旧货零售；典当；畜禽屠宰；再生物资回收与批发；会议及展览服务；仓储业；洗浴服务；修理与维护；办公服务；经营业态；大型综合超市；超级市场；便利店；仓储式商场；百货店；专业店；专卖店；配送中心；配送中心面积；统一配送比重；连锁经营；直营；加盟；商业企业集团；零售额；批发额；营业收入。

2. 财务指标

商品购进总额；商品销售总额（销售合计）；期末库存额；主营业务收入；其他业务收入；主营业务成本；主营业务税金及附加；主营业务利润；营业费用；管理费用；财务费用；营业利润；利润总额；应交所得税；税费总额；流动资产；固定资产原价；资产总计；负债合计；所有者权益合计；长期投资；年末从业人员数；实发工资额；年

末营业面积；仓储面积；经营品种。

3. **商品类别指标**

（1）食品类饮料类。

（2）烟酒类。

（3）服装类：包括以棉布、棉化纤混纺布、化纤布、麻布、呢绒、绸缎、裘皮、化纤针织面料等为原料缝制的各种男、女、成人、儿童的单、夹、棉、皮等各种服装（包括内衣裤、外衣裤、衬衣、衬裤、胸罩、裙子等），包括以毛线、丝线、麻线和各种混纺线编织的各种服装，如毛衣、毛衫、毛裤。

（4）鞋帽类：鞋包括皮鞋、胶鞋、布鞋和全塑料鞋。包括各种材料制作的靴子、凉鞋、便鞋、拖鞋、运动鞋、旅游鞋、春秋鞋。帽包括各种面料、各种式样的男、女、童、婴儿帽子。

（5）针、纺织品类。

（6）化妆品类。

（7）金银珠宝类。

（8）日用品类。

（9）五金、电料类。

（10）体育、娱乐用品类：其中体育用品类包括球类、球类器材、体操运动器材、举重运动器材、田径运动器材、水上运动器材、冰雪运动器材、射击、射箭、击剑器材、场地器材、航空、航海模型材料、健身器材、运动保护用具、钓鱼用具，以及其他体育用品等。健身器材，包括各种通过器械达到锻炼身体、提高身体素质目的的器材，包括侧重于肌肉训练的，如扩胸机、举重床、自重式健力器、哑铃组合架、坐式后拉器、卧式后屈腿训练器等；侧重于身体素质训练的，如跑步机、健步器、骑马机、滑雪器、健骑机等以及集消除疲劳、减肥健身为一体的各种按摩机（非电动）、健腹器等。游艺器材，包括游戏机、插卡式电脑学习机、儿童运动游艺器材等；棋牌包括象棋、国际象棋、围棋、克郎棋、军棋、跳棋、扑克牌、麻将牌等。

（11）书报杂志类。

（12）电子出版物及音像制品类。

（13）家用电器类。

（14）音像器材类。

（15）中西药品类。

（16）文化办公用品类。

（17）家具类。

（18）通讯器材类。

（19）煤炭及制品类。

（20）木材及制品类。

（21）石油及制品类。

（22）化工材料及制品类。
（23）金属材料类。
（24）建筑及装潢材料类。
（25）机电产品及设备类。
（26）汽车类。
（27）其他类。

4. 商品包括范围

白酒；啤酒；葡萄酒；彩色电视机；平板电视；家用电冰箱；电脑温控冰箱；家用洗衣机；滚筒洗衣机；房间空调器；变频空调；家用电脑；笔记本电脑；手机；照相机；数码相机；摄像机；数码摄像机；微波炉；电磁炉；抽油烟机；电热水器；冷热饮水机；自行车；轿车。

（四）流通行业统计报表制度及相关工作

1. 制度名称及报表数量

商务部的重点流通企业监测统计报表制度包含 11 个报表，商业联合会的重点企业、重点地区商业统计报表制度包含 16 个报表，详见表 17 所示。

表 17　流通行业统计制度一览表

部门	制度	周报	月报	季报	半年报	年报	合计
商务部	重点流通企业监测统计报表制度	3	3	0	1	4	11
商业联合会	重点企业、重点地区商业统计报表制度	0	5	0	0	11	16

2. 制度主要特征内容

商务部的重点流通企业监测统计报表制度有周报、月报、半年报和年报，商业联合会的重点企业、重点地区商业统计报表制度有月报和年报。二者统计调查均采用重点调查，前者针对批发、零售、餐饮、住宿、洗染、理发及美容保健、摄影扩印、租赁、拍卖、旧货零售、典当、畜禽屠宰、再生物资回收与批发、会议及展览、仓储、洗浴、修理与维护、办公服务等行业，并在业态、所有制、地域、规模等方面具有代表性和典型性的企业；后者针对从事商品经营活动的各种经济类型的重点商业企业，从事商品经营活动的各种商业业态的重点流通企业，从事商品经营活动的重点批发市场。

表 18　流通行业统计制度相关特征内容一览表

序号	制度特征	具体内容	
	商务部	商业联合会	
1	报告期别	年报、半年报、月报、周报	年报、月报
2	调查方式	重点调查	重点调查
3	组织途径	地方商务主管部门	地方商业联合会
4	报送方式	网络版系统软件直接报送商务部，其中内资批发零售企业同时报送中国商业联合会	电子邮件或传真，系统软件
5	数据来源	由当地商务主管部门选取批发、零售、餐饮、住宿、洗染、理发及美容保健、摄影扩印、租赁、拍卖、旧货零售、典当、畜禽屠宰、再生物资回收与批发、会议及展览、仓储、洗浴、修理与维护、办公服务等行业，并在业态、所有制、地域、规模等方面具有代表性和典型性的企业	从事商品经营活动的各种经济类型的重点商业企业，从事商品经营活动的各种商业业态的重点流通企业，从事商品经营活动的重点批发市场

（五）数据利用

商务部和各地商务主管部门对样本企业所报送的数据严格保密，未经企业同意，不得将数据用于政府统计分析以外的任何其他用途。

（六）面临的主要问题和相应的解决方法

流通行业的企业规模大小不等，业态繁杂，造成对流动行业的管理和统计工作的复杂性，因此，对于流通行业的统计，无论是作为政府主管部门的商务部还是商业联合会，都采用的是重点调查的形式，对行业的总量及变化趋势进行监测。对批发零售业、住宿餐饮等服务行业的统计则由国家统计局负责。其中，在常规年度，规模以上企业作全面调查，而规模以下企业作抽样调查；在普查年度，无论是规模以上还是规模以下企业均作全面调查。因此，要取得该行业的相关数据，可以通过国家统计局获得。

六、中国信息产业部统计制度研究

制造业是国家标准产业分类中的一个门类，作为以生产活动为核心的统计代表，调查制造业的统计工作是非常必要的。而电子信息制造业是其中发展最快的产业之一，同时，体育产业的拉动效应也必然波及到该产业，但这些传统或是新兴的制造业是否可以提供体育产业可用的指标数据或是统计途径，有待于调查研究，因此选择走访信息产业部统计部门对相关制度进行访谈调研。

为调查研究信息产业部相关统计制度，课题组于 2006 年 5 月 30 日上午赴信息产业部对其经济体制改革与经济运行司经济运行与进出口管理处进行了走访调查，了解了“电子信息产业制造业统计报表制度”等有关情况。课题组整理出电子信息产业制造业统计报表制度，相关内容如下。

（一）信息产业部统计工作的主要目的任务

信息产业部中国汽车工业协会调查统计工作的主要目的任务是：全面了解、掌握全国电子信息产业制造业的基本情况，为各级领导制定宏观管理和科学决策提供科学、翔实的统计依据；为掌握软件产业发展情况，更好地落实国务院对我国软件企业发展的各项优惠政策，提高中国软件产业在国内外的影响，同时为我国软件企业参与国际市场竞争提供及时、准确的统计信息等。信息产业部依照国家统计局管理工作要求，结合信息产业制造业运行特点，制定了电子信息产业制造业报表制度。

上述目的任务通过下列相关分类标准、指标体系、统计制度等予以保障实现。

（二）分类标准

信息产业部的《电子信息产业制造业统计报表制度》所涉及的产业是国民经济行业分类中的 11 类内容，该行业开展调查统计工作中所遵循的分类标准是《国民经济行业分类》中的相关内容。

表 19　信息产业部《电子信息产业制造业统计报表制度》分类标准一览表

门类	国民经济行业分类	电子信息产业行业分类	细分类
制造业	雷达及配套设备制造	雷达工业行业	细分 2 项
	通讯设备制造	通讯设备工业行业	细分 6 项
	广播电视设备制造	广播电视设备工业行业	细分 3 项
	电子计算机制造	电子计算机工业行业	细分 5 项
	软件业	软件产业	细分 3 项
	家用视听设备制造	家电制造工业行业	细分 4 项
	仪器仪表及文化、办公用机械制造	电子测量仪器工业行业	细分 4 项
	电子和电工机械专用设备制造	电子工业专用设备工业行业	细分 3 项
	电子元件制造	电子元件工业行业	细分 4 项
	电子器件制造	电子器件工业行业	细分 4 项
	电气机械及器材制造	电子信息机电产品工业行业	细分 4 项
		电子信息专用材料工业行业	细分 4 项

（三）统计指标体系

信息产业部《电子信息产业制造业统计报表制度》内含的统计制度涉及7张报表，主要包括下列指标内容。

表20 信息产业部《电子信息产业制造业统计报表制度》统计指标体系内容

指标名称	主要指标内容
企业基本情况表	企业名称、企业法人代表、上级主管部门、邮政编码、企业开业时间、企业地址、填表人姓名、电话号码、传真号码、电子邮箱、企业主页地址、ISO9001质量认证号及认证机关、企业是否设立研发机构
主要经济指标表	反映企业生产完成情况的指标：工业总产值、新产品产值、工业销售产值、出口交货值、工业增加值、工业中间投入； 反映企业劳资情况的指标：从业人员年末人数、工程技术人员、管理人员、硕士以上、大本、大专、从业人员平均人数、从业人员年工资总额、从业人员年劳动者报酬； 反映企业固定资产投资和吸引外资情况的指标：全年完成基本建设投资额、全年完成技改措施项目投资额、全年吸引外资签约总额、累计吸引外资到位总额； 反映企业财务的指标分为三部分，其中，反映企业资产负债及所有者权益的指标：流动资产合计、应收账款净额、存货、产成品、流动资产年平均余额、固定资产合计、固定资产原值、累计折旧、本年折旧、固定资产净值年平均余额、资产合计；反映损益及分配的指标：产品销售收入、嵌入式软件收入、嵌入式软件出口、产品销售成本、产品销售费用、产品销售税金及附加、产品销售利润、其他业务利润、管理费用、税金、养老等保险金、财务费用、利息支出、补贴收入、利润总额；反映企业工资、福利、税费状况的指标：本年应交所得税、本年应交增值税、本年进项税额、本年销项税额、本年应收出口退税额、本年已收出口退税额、本年应付工资总额、本年应付福利费用总额。
主要产品产、销、存表	工业产品产量、工业产品销售量、企业自用量、其他、年初年末库存量、本年出厂价格、2004年出厂价格、2004年生产量
主要产品生产能力表	工业产品生产能力、年初生产能力、本年新增生产能力、基建新增能力、更新、改造新增能力、年末生产能力
工业企业经济效益评价考核指标体系	总资产贡献率、资本保值增值率、资产负债率、流动资产周转率、成本费用利润率、全员劳动生产率、产品销售率

(四) 信息产业部相关统计制度

1. 制度名称及报表数量

信息产业部统计制度文件有 5 个，它们分别是：电子信息产业制造业统计报表制度、无线电管理综合统计制度、电信服务质量报告制度、软件及相关产业综合统计制度、通信行业统计报表制度，这些制度分别包含 7、10、9、5、15 个报表内容，详见表 21 所示。

表 21 信息产业部《电子信息产业制造业统计报表制度》一览表

序号	制度名称	年报	半年报	月报
1	电子信息产业制造业统计报表制度	4	0	3
2	无线电管理综合统计制度	1	1	8
3	电信服务质量报告制度	0	9	0
4	软件及相关产业综合统计制度	5	0	0
5	通信行业统计报表制度	9	0	6

2. 制度主要特征内容

信息产业部统计制度的报告期别有年报、半年报、月报三种。协会统计调查采用全面调查与重点调查相结合的方式，主要针对各省、自治区、直辖市和计划单列市电子信息主管部门；具有独立法人资格，正在营业的年销售收入 500 万元以上独立核算电子信息产业制造业企业等进行调查。报送调查统计数据的方式是：磁介质和计算机传输。

调查统计的组织途径，也即收集报表的单位主要如下。

- 各省、自治区、直辖市电子信息主管部门：有关综合报表、本地区计划单列市，计划单列电子信息产业企业集团和本地区中央直属企业的统计数字。
- 计划单列市的统计数字报信息产业部，抄报各地区电子信息产业主管部门。
- 省及省以上的企业集团紧密型工业企业成员单位，报企业集团，和企业所在省市电子信息产业主管部门。

表 22 信息产业部《电子信息产业制造业统计报表制度》统计制度相关特征内容一览表

序号	制度特征	具体内容
1	报告期别	年报、半年报、月报
2	调查方式	全面调查、重点调查
3	组织途径	各省、自治区、直辖市电子信息主管部门；省及省以上的企业集团
4	报送方式	磁介质和计算机传输
5	数据来源	各省、自治区、直辖市和计划单列市电子信息主管部门；具有独立法人资格，正在营业的年销售收入 500 万元以上独立核算电子信息产业制造业企业

七、汽车工业协会产业统计制度研究

为调查研究其他部门产业统计制度，在初期研究设计调查中，从权威部门了解到汽车工业协会在产业统计工作中有一些成熟、有效的经验，值得借鉴，因此，被选定为走访调查对象。课题组于2006年6月22日上午赴汽车工业总公司对中国汽车工业协会行业信息部进行了走访调查，详细了解了“中国汽车工业协会相关统计制度和工作”等有关情况。根据情况介绍及所掌握的部分资料，课题组整理出中国汽车工业协会汽车产业统计制度，相关内容如下。

(一) 目的任务

中国汽车工业协会的统计工作制度的主要目的任务是：“为了掌握全国汽车工业宏观经济运行和生产经营的基本情况，为各级管理部门制订行业政策、规划、进行经济管理提供可靠依据”。

该目的任务通过下列相关行业分类标准、指标体系、统计工作制度等予以保障实现。

(二) 分类标准

汽车工业协会统计制度所涉及的产业是国民经济行业分类中的汽车制造业和摩托车制造业，该行业开展调查统计工作中所遵循的分类标准是《国民经济行业分类》中的相关内容。

表23　汽车行业分类标准一览表

门类	大类	中类	小类
制造业	交通运输设备制造	汽车制造	汽车整车制造；改装汽车制造；电车制造；汽车车身、挂车的制造；汽车零部件及配件制造；汽车修理
		摩托车制造	摩托车整车制造；摩托车零部件及配件制造

(三) 指标体系

汽车工业协会的统计制度所涉及的指标分为如下三类。

- 第一类是工业产值及产品产量指标，这些指标来源于国家统计报表制度中的《工业统计指标》制度；
- 第二类是财务指标，来源于国家统计报表制度中的《财务统计指标》制度；
- 第三类是常用经济指标，主要是一些用来开展行业状况研究分析的常用推算指标。

表 24 中国汽车工业协会统计指标体系内容

指标名称	主要指标内容	依据
工业产值及产品产量指标	工业销售产值；产品销售总额；新产品产值；全部从业人员平均人数；全部从业人员工资总额；工业产品产量；工业产品品种；工业总产值	工业统计指标
财务指标	主营业务收入；主营业务成本；主营业务税金及附加；主营业务利润；其他业务利润；管理费用；财务费用；资产；流动资产平均余额；应收账款净额；存货；产成品；负债总计；固定资产净值平均余额；短期借款；应付账款；应交增值税；销项税	财务统计指标
常用经济指标	全员劳动生产率；成本费用利润率；流动资金周转率；产品销售率；工业产品销售率；总资产贡献率；销售利润率；资产负债率；工业经济效益综合指数等	行业分析用指标

（四）相关统计制度

1. 制度名称及报表数量

中国汽车工业协会统计制度文件有 6 个，即汽车工业综合统计报表制度，汽车工业企业统计报表制度，汽车、发动机工业年度统计报表制度，改装汽车工业年度统计报表制度，汽车零部件工业年度统计报表制度，摩托车工业统计报表制度，这些制度分别包括 6、13、2、1、1、12 个报表内容，详见表 25 所示。

表 25 中国汽车工业协会统计制度一览表

序号	制度名称	年报	季报	月报
1	汽车工业综合统计报表制度	4	1	1
2	汽车工业企业统计报表制度	5	0	8
3	汽车、发动机工业年度统计报表制度	2	0	0
4	改装汽车工业年度统计报表制度	1	0	0
5	汽车零部件工业年度统计报表制度	1	0	0
6	摩托车工业统计报表制度	2	0	10

2. 制度主要特征内容

中国汽车工业协会统计制度的报告期别有年报、季报、月报三种。

协会统计调查采用全面调查与重点调查相结合的方式，主要针对全部汽车制造、汽车发动机制造企业，改装汽车、专用汽车企业，汽车零部件企业，摩托车生产企业及行业认可的专业摩托车发动机生产企业等进行调查。

调查统计的组织途径，也即收集报表的单位主要如下。

• 省（市）汽车工业行业综合部门——负责收集辖区内重点汽车企业（包括摩托车）统计报表；

• 各汽车企业集团（公司）——负责收集集团内具有独立法人的企业统计报表；

• 中汽协会分支机构——负责收集本分会企业统计报表。

报送调查统计数据的方式是：从 2003 年年报开始，所有企业报表均实行互联网报送，由于报表同时需报当地汽车工业行业综合部门等，因此在报送方式上还有信函、传真、电子邮件等传统报送方式。

表 26　中国汽车工业协会统计制度相关特征内容一览表

序号	制度特征	具体内容
1	报告期别	年报、季报、月报
2	调查方式	全面调查、重点调查
3	组织途径	省（市）汽车工业行业综合部门、各汽车企业集团（公司）、中汽协会分支机构
4	报送方式	信函、传真、电子邮件、软件系统
5	数据来源	相关企业

（五）统计数据的利用

中国汽车工业协会对所取得的调查统计数据的利用主要体现在以下三个方面。

• 汽车工业协会所取得的数据一方面提交汽车工业总公司、发改委、财政部等政府部门，作为制定政策的依据，同时，也向企业等其他非政府部门提供数据。其中，对上报数据的企业无偿反馈部分数据，其他主要采取有偿方式。

• 提交国家统计局，成为国民经济核算工作中的汽车行业数据来源之一。

• 汽车工业协会不仅收集数据，也使用数据，面向社会，为企业提供统计信息咨询服务，为此，不仅利用本部门的数据，还补充购买包括国家统计局、海关等部门在内的其他部门的统计数据。

（六）面临的主要问题和相应的解决方法

在取消了机械工业部之后，汽车行业面临的主要问题是数据采集困难。汽车工业协会主要采用以下方法予以解决。

• 每年组织召开一次统计工作会议，交流信息，增进各级、各单位统计工作者之间的友好合作；

• 向提供数据的企业反馈其所需要的部分统计信息，用良好的信息服务工作争取汽车行业相关企业的支持和参与。

上述做法取得了较好的效果。

八、其他行业产业统计工作给我们的启示

（一）相关部门产业统计工作比较分析

1. 各部门统计目的

相关产业统计制度目的如表 27 所示。

表 27　相关行业部门产业统计制度目的一览表

部　门	目　的
文化产业统计	测算总量，为改革提供决策依据
文化部	……为适应社会主义市场经济体制的发展和宏观管理的需要和文化体制改革的要求，定期地全面地反映文化事业、文化企业和文化部门的非文化产业机构所特有的社会和经济现象，以及各类活动的社会效益和经济效益。考核与监督文化事业……的发展水平、质量和规模、速度……为有关部门研究制定文化事业……及文化经营单位发展战略、规划、计划和政策，及时、准确地提供丰富的、高质量的统计数据和分析资料，为文化事业……健康发展服务。同时，为社会各界了解文化工作提供统计信息服务
信息产业部	为全面了解、掌握全国电子信息产业制造业的基本情况，为各级领导制定宏观管理和科学决策提供科学、翔实的统计依据
国家旅游局	为了有效、科学地组织全国旅游统计工作，了解和掌握我国旅游业的基本情况，保证旅游统计资料的准确性、及时性和全面性，为各级政府制定政策和进行宏观经济管理提供依据
纺织工业协会	为了解全国纺织工业生产经营活动的基本情况，为各级政府部门制定政策和计划、进行经济管理与调控提供依据
商务部	快速、全面、准确监测流通企业运行状况和市场供求动态
商业联合会	为及时了解消费品流通市场供求状况、消费结构的变化，分析研究当前市场经济条件下消费品流通的总体情况以及发展趋势
汽车工业协会	为了掌握全国汽车工业宏观经济运行和生产经营的基本情况，为各级管理部门制订行业政策、规划、进行经济管理提供可靠依据

从表 27 中各部门产业统计制度目的来看，大家的共性目的都是通过总量统计(文化部、汽车联合会、商务部、国家旅游局、纺织工业协会）或部分趋势监测（信息产业部、商业联合会)，了解本部门行业发展的情况，为政策制定和宏观管理提供依据。同时，文化部、汽车工业协会、商务部、商业联合会等还有统计数据服务社会的目的。

按照其与国民经济核算的关系，上述目的又可分为两类：第一类，其统计本身是国家在该产业的数据源泉，其统计构成了国民经济核算的一部分，如信息产业部的电子信息产业制造业统计报表制度；第二类，国家统计局为该产业提供较为全面的产业数据，但是这些数据远远达不到部门管理的需要，它们所建立的产业统计制度正是为了满足自己的实际管理需要，如商务部的重点流通企业监测统计报表制度。当然，这两类并不总是完全割裂开的，更多的是形成一种互相补充的关系。

2. 各部门统计对象与范围界定及依据

表 28　各被调查部门产业统计范围一览表

部门名称	产业统计范围界定
文化部	由文化部门举办的或实行行业性管理的文化事业、文化企业单位，以及由文化部门举办的非文化企事业单位
信息产业部	各省、自治区、直辖市和计划单列市电子产业主管部门；具有独立法人资格，正在营业的年销售收入 500 万元以上独立核算电子信息制造业企业
国家旅游局	辖区内所有旅游企事业单位和旅游行政管理部门（包括旅行社、星级饭店、非星级旅游住宿设施、主要旅游区 / 点、各类已接待旅游者或为旅游者提供服务为主的单位），来我国（大陆）观光、度假、探亲访友、就医疗养、购物、参加会议或从事经济、文化、体育、宗教活动的外国人、港澳台同胞等入境游客，出境的我国（大陆）公民，辖区内开办旅游专业的高中等院校，辖区内旅游行政管理部门、旅游协会、旅游院校、旅游企业等旅游培训单位
纺织工业协会	全部纺织工业企业；全部化纤和印染企业
商务部	批发、零售、餐饮、住宿、洗染、理发及美容保健、摄影扩印、租赁、拍卖、旧货零售、典当、畜禽屠宰、再生物资回收与批发、会议及展览、仓储、洗浴、修理与维护、办公服务等行业，并在业态、所有制、地域、规模等方面具有代表性和典型性
商业联合会	从事商品经营活动的各种经济类型的重点商业企业，从事商品经营活动的各种商业业态的重点流通企业，从事商品经营活动的重点批发市场
汽车工业协会	各地汽车工业行业综合部门负责汇总、搜集本地区汽车行业（不仅限于机械系统内）的统计资料，计划单列汽车企业集团负责汇总、搜集其以资产为纽带的母公司及全资、控股子公司（相对控股）统计资料，中国汽车工业协会各分支机构负责搜集本分会会员单位的统计资料

上述部门统计对象主要包括：部门下属机构、地方辖区内机构、行业内机构三种类型。其范围界定包括：所有被审批 / 审核机构、规模以上机构、重点监测机构、抽样调查机构四种范围类型。

各部门界定相关产业范围的依据主要如下。

● 部门管理的关注点。由于很多部门的统计工作主要目的在于为政府管理服务，统计范围的界定是根据自身部门管理的关注点所进行的，因关注点比较多，从而设计了多个统计制度，或者在一个统计制度中涉及多个方面。

• 部门管理下的基本单位。从部门与其统计对象的关系来看，基本上分为两种：一种是部门对统计对象有管理上的制约关系的，如文化部；一种是部门主要依靠《统计法》保障，同时，通过互利关系巩固报数关系的，如汽车工业协会。实际上，这是在保证统计信息的可得性。

• 不重复性原则。任何一项统计制度的确定都必须遵照的原则是不重复性原则，如果所需的数据可以通过现有制度直接或间接提供，那么建立统计制度就是没有必要的。但是，在特殊的管理需求下，也会产生一些看似重复、但实则是有差异的现象。这些差异主要体现在以下三个方面：一是统计范围不完全相同；二是统计分类的细致程度不同；三是统计指标也有差别。

3. 相关产业统计制度的实施方式

统计信息报告期别：所有的制度都使用了年报的方式，大部分使用了月报，还有使用季报、半年报以及周报的。

表 29　各相关行业产业统计数据报送期别一览表

制度	周报	月报	季报	半年报	年报	合计
旅游统计调查制度	0	2	5	0	10	17
重点企业、重点地区商业统计报表制度	0	5	0	0	11	16
重点流通企业监测统计报表制度	3	3	0	1	4	11
电子信息产业制造业统计报表制度	0	3	0	0	4	7
全国文化文物统计报表制度	0	0	0	0	69	69
纺织工业统计报表制度	0	0	2	0	4	6
汽车工业综合统计报表制度	0	1	1	0	4	6

报送方式：目前大部分的制度都是计算机传输报送报表，逐级汇总。在总共八个制度中，有三个实现了统计直报。

表 30　各相关行业产业统计数据报送方式一览表

制度	报送方式
旅游统计调查制度	网络版系统软件
重点企业、重点地区商业统计报表制度	电子邮件或传真
重点流通企业监测统计报表制度	网络版系统软件
电子信息产业制造业统计报表制度	磁介质和电子邮件
全国文化文物统计报表制度	电子邮件
纺织工业统计报表制度	电子邮件
汽车工业综合统计报表制度	网络版系统软件

机构设置：从机构设置来看，这些制度的统计工作都设在与出台政策密切相关的司、处，与其统计的目的密切相关。

表 31　部门产业统计机构设置一览表

制度	部门	司	处	工作人员数
旅游统计调查制度	国家旅游局	政策法规司	统计处	5
重点企业、重点地区商业统计报表制度	商业联合会	信息部	统计处	10 个以上
重点流通企业监测统计报表制度	商务部	市场运行调节司		4
电子信息产业制造业统计报表制度	信息产业部	经济体制改革与经济运行司	经济运行与进出口管理处	4
全国文化文物统计报表制度	文化部	计财司	综合统计处	4
纺织工业统计报表制度	纺织工业协会	统计中心	统计中心	4～10
汽车工业综合统计报表制度	汽车工业协会	信息中心	行业信息部	12

人员构成：按照各部门统计工作人员构成情况可分为三类，一类有 3～4 个人，一类有 5～10 个人，一类有 10 个人以上。无论是否实现统计软件系统直报，所有的制度都需要地方机构参与，并且这些机构都参与到统计工作中来。

相关产业统计制度实施的特点

- 根据管理的时效性要求确定报表的报告期别。
- 是否实现统计直报可以用来衡量统计准确性的高低。
- 政府部门统计与协会统计有着不同的运作特点。
- 设置地方统计机构是必然的。

在对中国商业联合会的走访调查中，了解到江苏商业联合会在十运会后做了“有关十运会对当地经济的影响”调查、测算研究，估算十运会给当地商业系统带来了 8 亿元的经济增长拉动。

文化产业统计含两种工作体系，一是由中宣部牵头，文化部、广电总局、新闻出版总署、文物局共同参与的文化产业总量统计测算；二是文化部对其所辖 / 所审机构的统计分析。其中，后者采集、分析的统计数据在部门规划、争取经费投入上发挥了重要作用。在 2000 年统计数据基础上，文化部为 1000 个县级图书馆建设争取了中央财政 5 亿元、地方财政 14 亿元的经费投入；在 2004 年统计数据基础上，为乡镇综合文化站争取了至少 30 亿元的规划投入。

在对国家旅游局的走访调查中，了解到正在研制“旅游卫星账户”框架，并在江苏省开展了“江苏旅游卫星账户”的研究与测算试点工作。1993 年颁布的《国民经济账户体系》(SNA93, System of National Accounts) 是目前世界各国普遍采用的国民经济核算体系。该体系同时提出，可以建立一个同中心框架紧密相连的功能性附属账户框架。《旅游卫星账户》(TSA, Tourism Satellite Account) 是一个由联合国统计委员会批准的新的国际标准，是一个测量旅游业总体经济水平及其对国民经济贡献的统计工具。作为附属账户体系，从20世纪70年代的首次提出，到2000年被联合国统计委员会批准，至2005年底，已有70多个国家和地区完成和着手旅游卫星账户的编制工作。旅游卫星账户的确立，使得旅游计量得以进入宏观经济统计的主流。我国旅游界也于近年开始了这方面的编制工作。2002年，《江苏省旅游卫星账户》的试点工作已经基本结束；2005年，国家旅游局发布了《地区旅游卫星账户编制指南》。

（二）其他行业产业统计给体育统计工作带来的启示

上述调查、分析结果对我国体育产业统计工作带来了许多启发。

1. 我国行业分类标准几乎涵盖了所有体育及相关产业内容

体育及相关产业的所有活动基本存在于我国现行的行业分类标准体系之中，但却是分散存在于许多部门行业之中。体育及相关产业的经济活动统计均被纳入到四年一度的经济普查工作里，但由于许多活动混存于其他相关部门产业活动之中，因此，许多机构的统计报表数未能被明确标注并被科学用于抽取、拆分和计算体育及相关产业统计数据工作。国家年度统计数据，多反映规模以上企业情况，因此，年度数据也难以被直接利用。

2. 各部门产业统计目的任务都很明确

所走访调查的行业部门，其产业统计工作目的任务都很明确，主要体现为：一是通过各种方式的调查统计、测算研究，分析本行业在国民经济中的地位作用（旅游局）；二是通过对重点机构产业活动的监测，分析行业动态（电子信息），为制定产业政策（文化部）、加强产业管理、宏观调控市场（商务部）提供咨询。实践中，部门产业统计在制定产业规划、政策，争取财政投入，引导市场发展等方面发挥了重要作用，取得了明显效果。在服务型政府的构建过程中，统计信息引导服务工作越来越重要和突出。

3. 各部门都有针对性地建立了自己的产业统计制度

为实现上述产业统计目标任务，各部门都是在国家统计制度的基础上，研制具有本部门特色的统计制度：包括在国家行业分类标准基础上增加部分部门特色内容，或细化某些分类内容；在国家统计指标体系中选择适合本部门特色的指标内容，或增加部分行业指标内容；在部门分类标准、指标体系的基础上结合部门情况，制定本行业产业统计报表制度，并报国家统计局审批，获得强制性、无偿性统计工作效力。

4. 各部门都建立有专门的产业统计工作管理体制

政府机关（文化部、商务部、旅游局等）、行业协会（汽车协会）、地方机构（机关或协会）等都有做统计工作的专门机构设置，并责成专兼职人员负责，效果较好的是政府主管机构主导进行。产业统计数据报送期别有年报、季报、月报、旬报、周报等多种形式。统计数据传递方式包括邮寄、传真、磁盘、电子邮件、网络版信息系统直报等多种。

5. 各部门的产业统计数据大都得到了很好的利用

在统计制度保证下，各部门产业统计数据主要来源于本部门、本行业相关基层组织或单位。在分析利用统计数据时，部门也会根据情况向国家统计局和相关部门（如海关）索要部分数据。部门、行业的产业统计数据利用方面，有总量核算（如文化产业）、动态监测评估（如电子信息）以及二者的结合（汽车工业）三种形式。在总量核算方面，国家旅游局遵循联合国、国家统计局新规则，创新研制“旅游卫星账户”框架，并开展试点工作，取得明显效果。其中，对旅游业基本概念的分析界定、产业框架的系统设计、产业总量核算、价值指标数据和实物指标数据的关联分析值得我们借鉴。

6. 国家统计局对各部门的产业统计工作给予了专业指导和支持

各部门都与国家统计局保持着密切的联系，在统计局的专业指导、要求下，各部门定期（两年一次）组织开展本部门统计制度的修改、送审等工作，国家统计局协助部门组织开展本行业产业统计核算研究工作。国家统计局相关部门在本次调研中，对体育及相关产业统计工作在统计与核算思路、现有制度与数据采集利用、特征产业统计制度审批等方面给予了很多参考性意见和建议。

张　立　林显鹏　余芳东

第三章 国外体育及相关产业统计研究

自20世纪80年代以来，随着体育魅力的与日俱增，各国体育事业蓬勃发展，体育市场不断扩大，体育活动带动了社会基础设施的投资，推动了社会服务活动以及相关产业的发展。体育产业逐渐成为新兴产业和新的经济增长点，在优化产业结构、增加就业、提高居民生活质量方面发挥着重要作用。因此，美国、欧盟、日本等世界主要国家和地区十分重视体育产业的发展，制定体育产业发展战略，作为促进国民经济发展的重要驱动力量。相应地，有关国家政府和单位加强体育产业统计的理论研究、测算评价和实践工作，从不同方面反映体育产业的现状及其对国民经济发展的影响程度，为制定体育产业发展战略提供科学依据。目前，在国际上尚未形成统一、规范的关于体育产业概念定义、分类范围和统计方法。各国从不同的研究目的和要求出发，从不同角度开展体育产业统计的理论研究和实际工作，体育产业统计的内容和方法不断得到充实、丰富，体育产业统计体系正在逐渐形成。本课题收集了国际上体育产业统计理论和实际工作方面有关资料，旨在系统介绍世界主要国家和地区体育产业统计的概念定义、分类范围和基本方法，为我国开展体育产业统计工作提供参考。

一、联合国《国际产业活动标准分类》中关于体育产业的界定

在联合国统计委员会颁布的《国际产业活动标准分类—2005年版》（International Standard Industrial Classification of All Economic Activities，简称ISIC）中，体育活动与消遣及娱乐活动一起被列为一个产业门类。其中，体育活动（代码931）的概念和范围被界定为：组织和举办各种室内外专业和业余体育活动以及对这些活动的场地的管理。如下七个组成部分确定了体育产业统计的基本范围和框架。

（1）体育设施运营；

（2）有观众参与的、收费的各种直播类体育赛事活动的运动队及俱乐部的活动；

（3）有观众参与的、收费的各种直播体育赛事活动的个体运动员；

（4）参加竞赛活动或其他观赏性体育赛事的赛车、赛狗和赛马拥有者；

（5）对参加体育赛事或竞赛活动的运动员提供专业化服务的教练员；

（6）体育馆和体育场的经营者；

（7）其他组织、推广和经营体育赛事的活动。

表 32　联合国《国际产业活动标准分类》中有关体育产业具体分类一览表

代码	产业名称
931	体育活动
9311	体育设施的运营
	足球场、曲棍球场、板球场、棒球场、回力球场等
	赛车、赛狗、赛马等场地
	游泳场馆
	田径场
	冬季运动场馆
	冰球馆
	拳击馆
	高尔夫球场
	保龄球道
	健身中心
	有关组织用自己的设施组织和运作职业或业余室内或室外体育赛事
	该类还包括对这些设施进行管理的员工的管理和提供
	该类不包括：
	— 娱乐与体育设备的租用，见 7721
	— 公园和海滩的活动，见 9329
9312	体育俱乐部活动
	该类包括：
	— 体育俱乐部的运营：
	• 足球俱乐部
	• 保龄球俱乐部
	• 游泳俱乐部
	• 高尔夫球俱乐部
	• 拳击俱乐部
	• 健身俱乐部
	• 冬季运动俱乐部
	• 棋类俱乐部
	• 田径俱乐部
	• 射击俱乐部等
	该类不包括：
	— 个体教师、陪练员的体育指导，见 8541
	— 体育设施的运营，见 9311
	— 有关俱乐部用自己的设施组织和运作职业或业余室内或室外体育赛事，见 9311
9319	其他体育活动
	该类包括：
	— 体育赛事生产者和推广者活动，不论其是否拥有体育设施
	— 体育联盟及管理机构的活动

（续表）

代码	产业名称
	— 体育赛事推广活动 — 马厩、狗棚和赛车车库的活动 — 钓鱼和打猎保留地的运营 — 体育及娱乐性打猎和垂钓的辅助性活动 该类不包括： — 体育设备的租用，见 7721 — 体育及游戏学校，见 8541 — 体育指导员、教师、教练的活动，见 8541 — 有关俱乐部组织和运作职业或业余室内或室外体育赛事，不论其是否使用自己的体育设施，见 9311/9312 — 公园和海滩活动，见 9329

在联合国《全部经济活动的国际标准产业分类索引》基础上，1989 年，欧盟在多年的筹备和论证之后，在欧洲 11 个国家开展了体育产业统计工作，系统准确地论证了体育产业在各国国民经济发展中的地位。在多数国家，体育产业增加值均占到全国 GDP 的 1%以上。在欧盟的推动下，英国、德国、法国、意大利等许多欧盟国家相继建立了体育产业统计制度，每年都要进行体育产业统计，对体育产业生产总量和生产结构进行系统调查，同时还对俱乐部数量、体育人口数量、体育就业人口、体育设施数量进行系统调查。

表 33　1990 年欧洲部分国家按支出法统计的体育产业生产总值（单位：亿美元）

国别	中央及地方政府对体育的投入				来自于社会的体育投入					合计	
	中央政府	地方政府	总值（前两栏合计）	占 GDP 比例(%)	企业	家庭	足球彩票等	总值（前三栏合计）	占 GDP 比例(%)	总值	占 GDP 比例（%）
德国	1.2	57.68	58.88	0.35	8.28	149.54	1.9	159.73	0.95	218.61	1.28
英国	1.32	24.87	26.19	0.24	8.36	130.36	53.66	192.38	1.76	218.57	1.49
法国	13.33	13.35	26.68	0.42	6.65	85.43	65	157.07	2.47	183.75	1.1
意大利	10.66	14.22	24.88	0.2	10.26	94.35	38.27	142.87	1.15	167.75	1.04
西班牙	3.09	9.93	13.02	0.23	\	81.02	\	81.02	1.43	94.04	1.68
瑞士	0.38	4.64	5.02	0.2	2.47	81.44	2.55	86.47	3.44	91.49	3.47
瑞典	0.47	4.26	4.73	0.18	3.85	12.58	4.24	20.4	0.78	25.12	0.8
芬兰	0.76	4.33	5.09	0.33	0.81	11.63	0.93	13.38	0.87	18.46	1.13
葡萄牙	1.91	2.24	4.15	0.61	0.81	7.05	0.56	8.43	1.24	12.58	1.77
丹麦	0.53	2.75	3.27	0.22	0.46	4.67	\	5.14	0.35	8.41	0.56
匈牙利	0.57	0.31	0.88	0.28	0.11	0.89	0.05	1.05	0.33	1.93	0.6

由于有系统准确的数据依据，为提高本国体育产业和体育市场管理水平提供了保证。20 世纪 90 年代以来，欧盟通过体育部长理事会，积极协调各国体育政策，建立欧洲统一市场，提高了欧盟体育用品制造业等行业在全球的竞争力。

德国体育联合会、意大利奥委会、英国体育理事会等重要体育组织，在通过体育产业统计系统掌握了本国体育产业的总体规模、产值情况、生产成本、效益、资产等基本情况之后，向本国国会提交了报告，争取相关政策，促进了体育产业的发展。体育产业在拉动国民经济增长，尤其是解决就业促进社会安定等方面的作用得到了政府的充分关注，使得上述国家积极通过减免税收、发行体育彩票、免费提供土地使用权等多种政策，积极促进体育产业的发展。使得 20 世纪 90 年代成为上述国家体育产业发展的黄金年代，体育产业无论在规模和效益方面都位于世界的前列。体育产业的发展也极大地推动了第三产业的发展，吸纳了大量失业人口，给一度不景气的第三产业注入了一支强心剂。

二、美国关于体育产业统计的界定和研究

美国作为世界上最大的体育强国，体育产业十分发达，特别是职业体育和体育运动健身事业的发展居世界领先地位，在推动国民经济发展中有着举足轻重的作用。

（一）《北美产业分类标准》中对体育产业范围的界定

在 1997 年颁布的《北美产业分类标准》（North American Industrial Classification System）中，尽管没有把体育产业单独列出，但从各个主要产业门类可以找到不同的与体育有关的具体行业，它为开展与体育相关的活动或行业的统计数据收集和研究提供了框架范围。

表 34　《北美产业分类标准》中与体育有关的产业

代码	与体育有关的产业代码	产业名称
11		农业、畜牧业、渔业与打猎
23		建筑业
	234990	运动场地建设
31—33		制造业
	315	运动服装
	316219	运动鞋的制造
	33992	运动用品制造
41—43		批发业
	42191	休闲用品的供应与批发

（续表）

代码	与体育有关的产业代码	产业名称
44—46	451110	体育用品商店
	453310	体育旧物用品商店
53		房地产租赁
	532292	体育用品租赁
61		教育服务
	61162	体育与休闲指导
71		艺术、娱乐与休闲
	71121	观赏性体育
	711211	职业或半职业运动队与俱乐部
	711212	赛车
	711219	个体职业或半职业运动员（赛车手、高尔夫运动员、拳击运动员等）
	71131	体育赛事推广商
	711310	体育场地设施经营者、体育赛事经营者、组织者和推广者
	71132	不拥有体育设施的体育赛事推广者
	711320	不拥有体育设施的体育赛事经营者、组织者与推广者
	712110	体育名人馆
	71391	高尔夫球场及乡村俱乐部
	71392	滑雪场
	71394	健身与休闲体育中心
	71395	保龄球中心
	713990	休闲性或青少年运动队与联盟
	711410	体育经纪人
81		其他服务（不包括公共行政管理）
	81149	体育设备维修与维护
	81391	城市体育管理机构及委员会
	81399	体育协会

在此基础上，美国普查局将与体育产业有关的项目进一步归纳，具体如下。

1．观赏性体育运动，包括个人或团队性职业体育运动、赛车 / 赛马 / 赛狗等竞赛性体育活动、职业体育运动推广者（即举办体育活动和经营体育场馆）、职业体育运动经纪人；

2．与体育产业有关的娱乐、赌博和休闲业，包括高尔夫球场、滑雪场、体育俱乐部、休闲活动中心、保龄球馆等各种体育运动机构。

（二）美国有关学者对体育产业的界定和研究

20 世纪 70 年代以来，美国许多科研机构和有关学者从不同方面广泛地开展体育产业研究，提出体育产业的定义和范围，对美国体育产业规模及对经济的影响进行统计和评价，并取得了不同的研究成果，从而有力地推进了体育产业统计研究的不断深入。比较有代表性的研究具体如下。

1. **费尔丁**（Fielding，1994）**关于体育产业的统计界定**

1994 年美国著名学者费尔丁把体育产业界定为“向购买者提供包括与体育运动、健身活动、娱乐和休闲相关的活动、产品、服务、人员、场所和观念的一个市场。”他运用三个部门模式（Three Sector Model），以市场区隔理论把体育产业分为三个方面①。

（1）体育表现，包括竞技体育运动、私人企业运动、公益性体育运动、会员制体育运动组织、非营利体育运动组织、体育运动教育、体育运动公司；

（2）体育产品，包括体育装备和服饰、体育制造用品；

（3）体育促销，包括计划促销的产品 / 活动、体育报道媒体、赞助、个人 / 团队及组织经纪人等。

2. **埃尔菲·米克**（Meek，1997）**关于体育产业的统计研究**

1997 年美国佐治亚技术学院经济发展研究所著名学者埃尔菲·米克对美国体育产业的统计和估算进行了深入的研究。他对美国体育产业进行了操作层面上的界定，将体育产业具体划分为三个部分。

（1）体育娱乐与休闲（Sports entertainment and recreation），包括体育比赛、运动队、个人参加的体育活动、体育与休闲有关的活动、协会等；

（2）体育产品与服务（Sports product and services），如体育产品的设计、试验、制造以及运动设备、服装与运动器材的销售；

（3）体育组织（Sports support organization），如体育联盟、公司以及营销组织等②。

在确定体育产业分类范围之后，埃尔菲·米克依照支出法，借鉴国内生产总值（GDP）即消费、投资、政府支出以及净出口之和四项分类，提出国内体育生产总值（Gross Domestic Sports Products，简称 GDSP）。它是一定时期内国内体育产品和服务的市场价值总值，并从支出法角度，把 GDSP 具体分为体育产品和服务消费、体育投资和体育净出口，以此反映美国体育产业的总规模，分析体育产业的结构。据此方法估算，1995 年美国体育产业总值为 1515.64 亿美元，占 GDP 的 2%，成为居美国第 11 位最大的产业。其中，娱乐与休闲消费为 441.73 亿美元、体育产品与服务消费为 931.53 亿美元、体育广告消费为 75.22 亿美元。

---

① Pitts, B.G., Fielding, L.W., & Miller, L.K. (1994). Industry Segmentation Theory and the Sport Industry: Developing a Sport Industry Segment Model. Sport Marketing Quarterly, 3 (1) , 15–24.

② Meek, A. (1997) . An Estimate of the Size and Supported Economic Activity of the Sports Industry in the United States. Sport Marketing Quarterly, 6 (4) , 15–21.

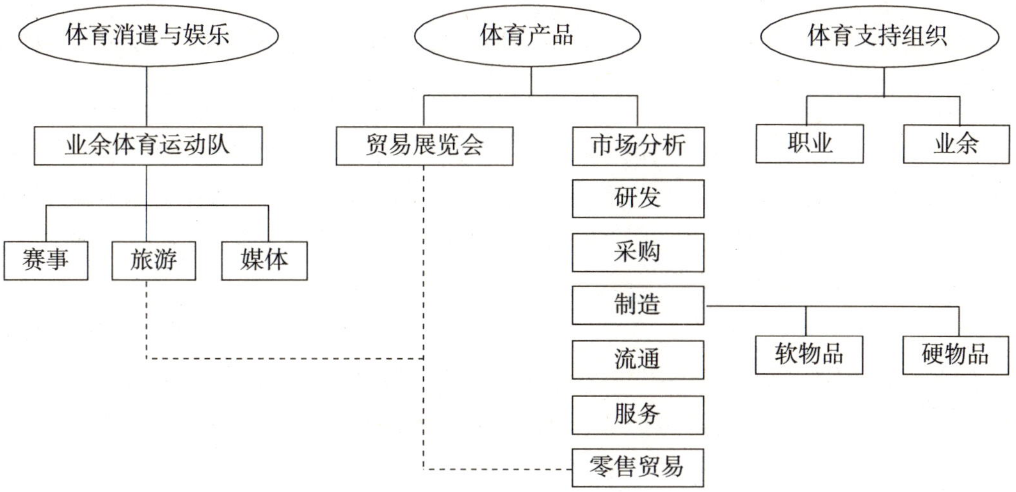

图 4　埃尔菲·米克的体育产业模型①

1996 年美国佐治亚技术学院经济发展研究所的著名经济学家埃尔菲·米克根据美国商务部、美国体育用品协会等机构的统计结果，对美国体育产业的生产状况进行了估算。结果表明，1995 年，美国的体育消费市场总额已达到 1448.48 亿美元，其中娱乐与休闲消费为 441.73 亿美元、体育产品与服务消费为 931.53 亿美元、体育广告消费为 75.22 亿美元。1999 年，美国联邦政府经济分析办公室的报告表明，美国体育产业总值已达 2125.3 亿美元。

著名经济学家埃尔菲·米克对 1995 年美国体育产业规模的评估具体见表 35、表 36。

表 35　埃尔菲·米克对 1995 年美国体育产业规模的评估　　（单位：亿美元）

体育产业门类	产业总值	在体育产业总值中所占比例（%）	备注	
体育消费	1448.48	95	娱乐与休闲	441.73
			体育产品与服务	931.53
			体育广告	75.22
体育投资	118.2	7.8		
体育净出口	(47)	–3.1		

表 36　1995 年美国体育产业所支撑的经济活动　　（单位：亿美元）

项目	直接经济活动	间接经济活动	总计
产业活动	1429	2589	4018
家庭收入	521	752	1273
就业人口	232 万人	233 万人	465 万人

① Ming Li etc, Economics of Sport, Fitness Information Technology, Inc.p4

3. 李，胡法克，马宏尼（Li,Hofacre,Mahony,2001）关于体育产业的统计界定

2001年，美国学者李，胡法克，马宏尼在《体育经济学》（The Economics of Sport）一书中，以生产体育运动的赛会为核心概念，结合与此相关联的所谓辅助产业，形成了一个完整的体育产业架构。换言之，体育产业是以体育活动为中心展开的一系列相关经济活动，它包括体育产品/活动和相关的经济活动两个方面。依据这一观点，作者把体育产业分为以下两大产业门类。

（1）体育生产部门（The Sport Producing Sector），包括职业/准职业体育运动团队、大学/中学校际体育运动联赛组织、城市/地区休闲机构、体育运动和健身俱乐部、个人项目职业运动员/运动伤害防护员/指导员/竞技运动业主、其他运动赛会及服务提供者。

（2）体育辅助部门（Sport Supporting Sector），包括单项体育运动协会、体育运动用品制造/批发/零售业、体育运动设施建筑业、体育运动传播媒体、体育运动管理顾问组织、州/城市/地区体育运动委员会及机构。

他们进一步改善了埃尔菲·米克的推算方法，并根据美国官方统计数据，测算出1997年美国体育产业总值（GDSP）为1520亿美元，就业人数为82.8万人。

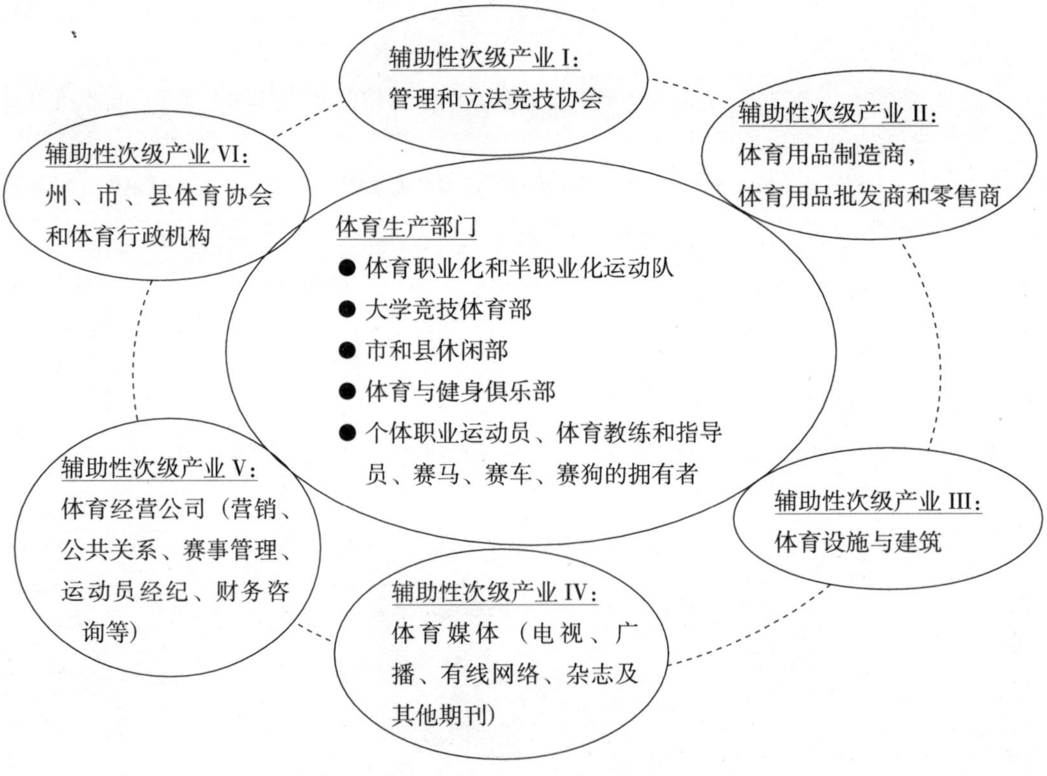

图5 李，胡法克，马宏尼主辅体育部门模型图

三、英国关于体育产业的统计和研究

英国中央统计局没有进行专门的体育产业统计，但是体育作为经济活动和生活方式的重要组成部分，十分重视体育活动的统计，在经济、社会活动统计中均包含有关体育活动方面的统计数据。英国体育局体育产业研究中心，在现有统计基础上，对体育产业进行全面系统的研究，建立体育经济模型，估测体育在国民经济中的作用程度，并出版了综合性统计资料《英国体育统计》，以反映体育产业增加值和就业、体育用品的供应、体育活动组织和设施拥有规模、体育产业贸易以及居民体育消费支出、体育活动参与情况等。鉴于目前英国中央统计局在体育统计方面比较薄弱，该中心计划拓展和改进现有体育统计工作，为制定体育产业政策提供依据。

（一）体育产业的概念和范围

在欧洲，体育被定义为：竞争性体育运动会、翻越障碍的室外追逐活动、艺术运动、有益于健康的练习和训练。根据英国体育局体育产业研究中心界定，体育产业包括以下几方面。

（1）家庭，即从事体育活动的家庭；

（2）商业体育机构，包括组织体育比赛和体育活动的私人机构（如商业性体育俱乐部和中心）、体育媒体（如媒体公司的体育部）、体育用品的制造商、体育用品零售和批发商；

（3）商业性非体育机构，包括向体育部门提供商品和服务、为家庭提供与体育活动有关的商品和服务的私人经济活动部门，也包括高等教育部门；

（4）自愿部门，包括政府非营利机构；

（5）中央政府和地方政府，包括中等教育部门；

（6）海外。

从上述范围看，体育产业包含在产业标准分类中与体育活动相关的行业中。

（二）衡量和反映体育产业的统计指标体系

英国体育局体育产业研究中心对从事体育及其相关活动的家庭、商业体育机构、商业性非体育机构、政府非营利机构、中央政府和地方政府、海外等机构部门在生产支出、就业方面，建立相应的指标体系，主要反映英国体育产业产出和就业规模。主要指标如下。

1. 体育产业产出

体育产业产品总购买即中间投入，增加值（包括体育部门、为体育部门提供产品和服务的非体育部门），两者合计为体育产业总产出。

2. 体育产业活动的机构部门

有家庭、商业体育机构、商业性非体育机构、政府非营利机构、中央政府和地方政府、海外。

（1）家庭支出包括体育活动的各种门票，入场券，体育用品购买，滑雪假日，与体育节目有关的电视、广播收看、收听费，体育游戏，体育博彩；收入包括从事体育活动有关的工薪收入。

（2）体育商业机构收入包括体育比赛的入场券和门票、赞助、广告、营业性娱乐收入、其他。支出包括工资、其他投入、投资。

3. 与体育相关的商品和服务支出

俱乐部准入费和入场券，体育服装和设备，体育计算机和光盘游戏，体育杂志和书籍，以体育为基础的假日活动，足球、赛马等与体育有关的博彩。

4. 体育产业的就业情况

（三）英国体育产业统计数据来源

英国体育局体育产业研究中心开展体育产业研究的统计数据来源主要有：英国中央统计局现有统计资料，包括家庭收支调查、地区趋势、地区人口、工商企业年度调查、收入调查、地区核算；英国旅游联络组的地区旅游统计；英国特许公共财务和会计师协会（CIPFA）的休闲和娱乐统计；英国体育局的年度账户，其他政府部门的报告和英国财政部的公共支出统计报告分析。

英国国民经济统计工作由英国政府国家统计办公室（Office of National Statistics）负责。英国国民经济统计通过生产统计与国民消费统计两个渠道完成。所谓生产统计是指按照国民经济统计学生产法的统计方法对国民经济进行系统统计和核算的方法。国家统计办公室对超过25名雇员的单位一般采取普查的方法进行统计，对少于25名雇员的单位则采用抽样调查的方法；国民消费统计是通过国民经济统计的支出法对国民经济进行统计和核算的方法。英国统计办公室采取入户抽样调查的方法对英国国民的消费情况进行调查。样本量一般为7000户，调查对象为13000~14000人。将7000户通过抽样的方法分配在12个月之中，由专门的调查人员在12个月中确定的一个星期对消费者进行调查。由于体育产业没有被作为独立的产业进行统计，因此英国政府一般并不颁布英国体育产业统计报告。但英国学者可以从英国统计办公室的国民消费中获取英国公民体育消费方面的资料，但最终研究的是体育在国民经济中的地位（The Economic Importance of Sport)，而不是对体育产业进行统计和核算。

四、加拿大体育产业的统计情况

体育和体育活动是加拿大社会的一个重要组成部分。1997 年加拿大体育研究委员会委托加拿大统计局开展全国体育统计项目工作，监测、度量和评价分析体育产业的发展状况。

（一）体育产业的基本概念和分类范围

在加拿大，体育活动统计是文化部门统计的一个组成部分，体育产业的基本内容包括体育和体育娱乐活动、相关的服务活动以及体育产品的制造、销售活动；按经营领域和经营主体将体育产业划分为五个部门：教练、裁判和运动员，体育用品产业，体育与休闲服务产业，全国性体育组织和政府。在此基础上，建立反映以体育和体育娱乐活动规模、体育用品生产和销售、服务和消费、参与为内容的体育活动统计指标，形成了加拿大体育活动统计框架。

表 37　在北美产业标准分类基础上形成的加拿大体育活动统计范围一览表

代码	类别
7112	体育比赛,包括主要从事体育活动的专业的和半专业、业余体育俱乐部
711211	运动队和俱乐部
711213	赛马活动，包括赛马场和组织赛马比赛的部门
711218	其他体育比赛，包括其他赛跑和体育比赛活动，职业高尔夫、拳击、网球、汽车等比赛活动
7139	其他体育娱乐和休闲活动
71391	高尔夫球场和乡村俱乐部
71392	滑雪运动场
71393	赛船码头
71394	健身和娱乐体育中心
71395	保龄球中心
71399	其他，包括打猎、钓鱼等活动

（二）体育活动统计指标

包括体育用品制造、销售情况，体育活动部门的就业情况，家庭用于体育活动的支出和对体育活动的参与情况，政府用于体育的支出情况，体育用品的进出口情况，以及机构从事体育和体育娱乐活动的收支状况。

1. **收入情况**

包括体育活动的入场券和服务费收入（如票房销售收入、捐赠收入、入会费、退出费、会员费等）；酒类销售收入；食品和饮料销售收入；体育设施租金收入；其他商品销售收入；维修收入；场地出租收入；特权转让收入；各种佣金、管理费、培训费和代理费等收入；公司赞助收入；营业性补贴收入；其他营业收入；非营业性收入。

2. **营业性支出情况**

包括销售商品成本（购买总额加上期初存货，扣除期末存货）；劳动报酬；雇员福利；合同工费用；奖品和奖金支出；土地、建筑物和办公室租金；汽车租金；其他设备租金；维修和保养费用；业务费用（包括法律咨询、会计、管理、代理等费用）；广告和促销费用；保险费用；日常办公费用（电话费、水电费、邮资等）；差旅费；特权转让使用费；损耗、坏账等；利息支付；其他营业性支出。

3. **就业情况**

包括支薪金的雇员（专职雇员和兼职雇员）；合同工作；经营者和合伙人（不付薪金的）。

4. **存货**

包括期初存货和期末存货。

5. **客户类型**

包括家庭或个人、企业、政府、医院和学校等机构、国外。

表 38 加拿大体育产业统计指标体系

产业门类	价值型指标（按增加值统计）	实物型指标
教练员、裁判员和运动员	·运动员的会费 ·志愿者的奉献（工作 1 小时按 5 美元统计）	教练员、裁判员、运动员、志愿者数量
体育用品制造业	·各类体育用品离岸价总额与增加值总额 ·工资和薪水 ·各类体育用品的批发与零售总额 ·体育用品进出口总额	·不同人数规模的体育用品 ·制造企业个数 ·就业人数

（续表）

产业门类	价值型指标（按增加值统计）	实物型指标
体育与休闲服务业	以下各服务门类中观看比赛和表演的门票收入、体育与休闲设施的使用费用及其他各类服务的经营收入 ·观赏性商业体育　·租船与码头服务 ·职业体育俱乐部　·赛马场·滑雪设施 ·其他运动与休闲俱乐部　·高尔夫球场 ·运动与休闲俱乐部与服务·冰壶俱乐部	·参加各类体育活动人数 ·观看各类体育比赛的人数 ·各类体育与休闲设施数量 ·各类俱乐部数量 ·各类服务公司和企业数量 ·就业人数 ·体育旅游人数
全国性体育组织	·政府财政拨款　·广告与赞助收入 ·来自下属组织和俱乐部的收入	·体育组织数量 ·就业人数　·志愿者数量
政府	·政府体育场馆经营收入 ·政府对体育的投资总额	·体育设施数量 ·就业人口

（三）调查方法

体育活动统计作为加拿大文化活动统计的一部分，其统计调查包含在加拿大艺术、娱乐和休闲年度调查之中，收集该项服务产业活动机构财务和运行方面的统计数据。这些数据与加拿大统计局经济活动统计数据一起汇总、整理、估算，形成能反映有关产业全貌的统计数据。

采用截面设计的抽样方法进行调查，对总体单位（包括艺术、娱乐和休闲活动的全部统计单位）进行概率抽样。抽样框来自于加拿大统计局工商企业名录库。数据来源有两个方面：一是对规模以上的企业进行抽样调查（不同省规定的收入界线不同）；对规模以下企业，数据来自于行政记录。

抽样调查问卷表包括收入来源、详细支出项目、就业情况等指标。作为一项强制性统计调查项目，调查问卷表采用邮寄方式进行发放和回收。

应用自动编审和分析评估相结合的办法，进行调查数据误差检测，包括数据内部一致性、逻辑性等检验。为保持数据完整性，需要通过虚拟、行政记录对不回答部分的数据进行估算。在数据公布出版之前，还要进行质量评估，包括数据的可比性，与一般经济条件、历史趋势以及与行政记录数据对比是否一致等。

（四）体育产业统计组织机构及其工作效力

1997 年 11 月，加拿大众议院加拿大遗产委员会授权成立了一个加拿大体育研究委员会，对加拿大的体育发展状况进行研究，其中最重要的是对加拿大体育产业对国民经济的影响进行系统的统计和研究。于 1998 年 11 月向国会提交了《加拿大体育的研究》（Study of Sport in Canada）报告，报告用大量的篇幅介绍了加拿大体育产业在加拿大国民经济中的地位，其主要内容有：1996 年，加拿大家庭用于体育用品与服务方面的消费总额已达到 78.26 亿美元，每个家庭的年均体育消费额为 718 美元，占家庭总支出的 1.47%。报告在加拿大引起了强烈的反响。加拿大统计局计划在此后 3 ~ 5 年内，研究建立一套加拿大体育统计指标体系，在充分论证以后，已将体育产业列为正式产业。

五、澳大利亚体育产业统计工作

为了满足政府对体育和体育娱乐产业管理的需求，澳大利亚统计局已经从 1993 年起对澳大利亚的体育与休闲产业进行定期统计。

（一）体育产业的概念和范围

根据澳大利亚产业标准分类，体育产业是指体育和体育娱乐活动及其与此相关的政府管理、旅馆和餐馆服务、体育用品批发和零售。体育产业划分范围在澳大利亚和新西兰产业活动标准分类以及澳大利亚文化和休闲标准分类中均可以取得，其内容是相同的。前者是对全部产业活动进行分类，后者是在前者框架的基础上，专门对文化和休闲的产业活动进行分类。

表 39　澳大利亚文化和休闲标准分类中关于体育产业的具体范围一览表

代码	项目
311	赛马和赛狗活动
321	康乐和健身活动中心、室内体操场活动
322	其他体育和体育娱乐比赛场地、场所与设施
331	体育和体育娱乐管理机构活动
332	体育和体育娱乐俱乐部、运动队、职业运动员
334	体育和体育娱乐相关服务
34	体育用品制造和销售（批发和零售）

在澳大利亚和新西兰产业活动标准分类（2006 年版）中，体育产业除体育用品制造和销售以外，具体包括如下内容。

表 40　澳大利亚和新西兰体育产业标准分类部分内容

代码	项目
911	体育和体育娱乐活动
9111	康乐和健身中心、室内体操场活动,不包括提供体育和体育娱乐教育的训练或机构服务

（续表）

代码	项目
9112	体育和娱乐俱乐部、职业运动员包括篮球俱乐部活动、板球俱乐部活动、标枪俱乐部活动、足球俱乐部活动、高尔夫球俱乐部活动、射击俱乐部活动、曲棍球俱乐部活动、狩猎俱乐部活动、救生俱乐部活动、武术俱乐部活动、无挡板篮球（Netball）俱乐部活动、越野识途比赛俱乐部活动、汽车比赛俱乐部活动、英式足球俱乐部活动、职业运动员、游泳俱乐部活动、网球俱乐部活动、三项全能运动俱乐部活动、快艇俱乐部活动等。不包括室内和室外体育设施、赛马和赛狗、体育教育、体育表演
9113	体育和体育娱乐比赛地点、场地和设施活动。包括运动场或露天大型运动场，篮球场、台球、保龄球、拳击、板球、足球、高尔夫球、冰球、汽车比赛、壁球、游泳、网球等各种体育比赛和活动场所、场馆。不包括康乐和健身活动中心、室内体操场馆，赛马赛狗活动，体育和体育娱乐俱乐部和运动队活动以及提供体育事件促销服务的活动
9114	体育和体育娱乐的管理服务。包括全国性体育协会或联盟、地区性体育协会或联盟，体育管理服务等
912	赛马和赛狗活动
9121	赛马和赛狗管理和跑道设施活动。包括比赛场所，比赛机构
9129	其他赛马和赛狗活动。包括赛狗、赛马的训练活动，比赛的狗舍和马厩设施活动
9539	其他个人服务
5029	其他交通业
7299	其他管理服务。包括其中一部分，即体育比赛票务服务，体育比赛广告活动
8211	体育和体育娱乐活动的教育活动
9202	体育彩票活动
9201	体育博彩活动（Casino）
9209	其他体育博彩活动
9139	其他娱乐和消遣活动。包括其中与体育运动相关的部分
7530	地方政府管理。包括其中一部分，即从事体育事务管理的机构
7720	法规服务。包括其中一部分，即与体育活动相关的法规服务
7510	中央政府管理活动。包括其中一部分，即从事体育事务管理的机构
7520	州政府管理活动。包括其中一部分，即从事体育事务管理的机构
4520	酒馆、酒吧活动
4530	俱乐部活动

（二）体育产业统计对象与统计指标体系

从事体育产业活动的企业和政府机构，包括营利机构、非营利机构、政府部门。体育产业活动企业规模按雇用人数划分：0~19 人，20~49 人，50~99 人，100 人及以上企业。

体育产业统计指标体系主要包含价值类指标和实物类指标两类。

- 澳大利亚统计局体育产业统计价值型指标
  - 总收入
    - 入场费收入、会员费与捐款收入、赞助与广告收入、赛马与赛狗比赛以外的各类收入、赛马与赛狗比赛中赌金操作的佣金收入、纸牌与游戏机的佣金和收入、赛马与赛狗登记赌注费收入、啤酒和白酒以及烈酒的销售收入、膳食收入、其他零售收入、来自所属俱乐部和组织的收入、租金收入、奖金、其他营业收入、政府拨款、利息收入、其他非营业收入
  - 总支出
    - 活劳动支出
      - 工资与薪水
      - 雇员的养老基金
      - 工人的补助
    - 中间投入
      - 奖金和奖品支出
      - 租金支出
      - 对所属俱乐部和组织的支出
      - 修理与维护费用
      - 营销、促销和赞助支出
      - 与专业表演者签订合同的费用
      - 酒类特许费用
      - 车费及其他旅行支出
      - 纸牌机及其他游戏机的税金
      - 承兑费用、兽医支出
      - 马匹管理费用及其他营业支出
    - 其他支出
      - 利息支出、保险费
      - 坏账与版税支出
    - 固定资产折旧
  - 资产情况
    - 流动资产与固定资产价值总额
    - 债务总值
    - 资产净值
  - 经营水平
    - 雇员人均税前盈利
    - 平均每个雇员的劳动支出
    - 劳动支出占总支出的比例
    - 按雇员平均的资产总额
    - 志愿者占就业人口的比例
    - 人均产业总值
    - 雇员平均总收入与总支出
    - 资产返还率与资金返还率
    - 负债率、短期与长期债务占资产净值的比例

图 6　澳大利亚体育产业统计指标体系中的价值型指标

澳大利亚统计局体育产业统计实物型指标

- 经营单位数量（个）
  - 按经营性质分为：
    - 营利机构
    - 非营利机构
  - 按经营时间分为：
    - 专营机构
    - 兼营机构
    - 志愿组织
  - 按机构规模分为：
    - 0~4 人、5~9 人、10~19 人、20~49 人、50~99 人、100 人以上
  - 赛马与赛狗俱乐部场地与设施经营机构
  - 体育服务机构
  - 单项与综合体育俱乐部
  - 高尔夫球俱乐部
  - 保龄球俱乐部
- 体育场馆数量
- 就业人口
  - 业主和合股人
  - 长期雇员和临时雇员
  - 管理人员（包括经理、行政管理人员和职员）
  - 售货员和服务员（包括酒馆经理和一般服务员）
  - 志愿者
    - 管理人员
    - 教师、教练及指导员
    - 官员
    - 其他
  - 专业 / 半专业人员
    - 指导员与教师
    - 体育官员
    - 教练与开发人员
    - 服务人员、裁判及其他技术官员
    - 其他比赛服务人员
    - 其他体育设备服务人员
    - 学徒操作员
  - 体力劳动者和有关工人
    - 维护工人
    - 马夫与助手
    - 保安人员
  - 商人
    - 馆长、园丁和高尔夫球场管理人
    - 训练师（赛马和赛狗）
    - 厨师

图 7　澳大利亚统计局体育产业统计指标体系中的实物型指标

上述指标体系中，包括了如下内容。

1. 体育产业活动部门的基本情况

包括从事体育产业活动的企业或政府机构数；按机构部门划分的体育产业基本情

况；按行业划分的体育产业基本情况。

2. 体育产业活动企业的收支情况

(1) 按收入来源划分：商品销售和服务收入（净产出和彩票发行、注册和专利使用转让费收入、来自规定过程中赛马赌金计算器 / 彩票运行的佣金、入场券收入、会员费收入、来自报名 / 接纳 / 退出比赛费的收入、来自赛马者费用的收入、来自扑克 / 游戏机的收入、其他游戏活动收入、赞助和广告收入、进餐和食品营业收入、酒类和其他饮料营业收入、其他零售收入、饮食业佣金收入 / 场地租让收入、培训费收入、马具比赛驾驭者费收入、奖金收入、跑道 / 马厩 / 狗舍等出租收入、电视和其他广播转播权收入、其他营业收入等)、利息收入、其他非营业收入。

(2) 按支出去向划分：劳动成本（工资和薪水、雇主对退休基金的缴纳、工人工伤保险费、福利税、薪水税)，购买（酒类和其他饮料、食品购买、动物饲料、动物药品和添加物、其他)，其他费用（奖金和奖品费用、用于广播的支出、广告、营销、促销和赞助费、扑克和游戏机税、维修和保养费、跑道 / 马厩 / 狗舍等租金、提名和接纳费、驯马师 / 蹄铁匠费、动物医治费用、汽车赛跑费、支付给雇用机构的费用、其他合同 / 分合同佣金费用、电气和水费、通讯费、利息支出、保险费、贬值和分摊、其他）等。

3. 体育产业活动企业的就业情况

包括按性别划分的就业人数，按全职、兼职、临时划分的就业人员，按职业划分的就业人员。

4. 体育产业活动企业的地区分布情况

5. 体育产业各行业的增加值

（三）统计数据的分析运用

澳大利亚统计局于 1994—1995 年首次在全国范围内展开体育和体育娱乐产业调查，每 6 年调查一次，最近一次调查为 2000—2001 年。根据调查数据，出版《澳大利亚体育产业》(ABS Cat. No. 8686.0)，全面反映体育产业发展状况。

1993 年澳大利亚成功地获得了 2000 年奥运会的主办权，政府认识到必须清楚地让国民明白体育对澳大利亚经济与社会发展的重要意义。为此 1993 年 9 月，澳大利亚体育重要的决策组织 —— 澳大利亚体育与休闲部长理事会成立了体育产业统计委员会。其主要任务是对体育与休闲产业进行界定、确定体育与休闲产业统计指标及其统计范围、对澳大利亚统计局体育产业统计工作提出建议、开展研究以及收集体育与休闲产业数据等，其中最主要的是建立《全国体育与休闲产业统计框架》。1994—1995 年，统计委员会以澳大利亚体育与休闲部长理事会的名义向澳大利亚统计局相继提交了三份报告，即《全国体育与休闲产业统计框架》《体育与休闲产业可用数据与资料》《全国体育与休闲产业职业结构》。从 1994 年起，澳大利亚统计局按照体育与休闲部长理事会提交的统计方案开始对澳大利亚体育产业进行统计。从 1994 年起，每个财政年度都发表体育产业的统计报告。1996 年统计报告表明，1996 年，澳大利亚体育产业总值超过 79 亿美元，体育产业生产总值的主要构成是家庭体育消费，家庭体育消费总额为 63.4 亿美元（图 8）。

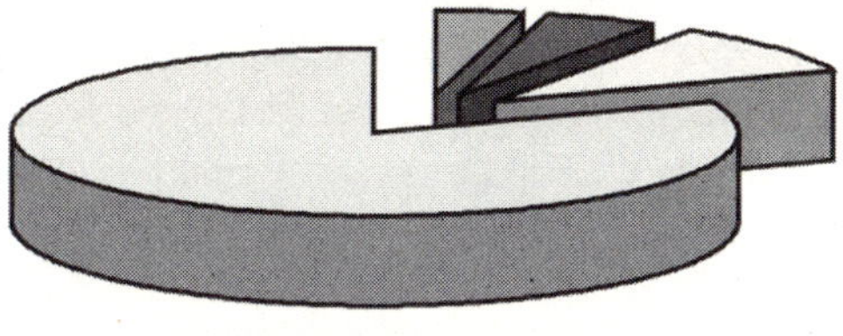

图 8　1996 年澳大利亚体育产业生产总值的构成

从 1995 年起，澳大利亚统计局已经逐步采用新的统计框架和指标体系对澳大利亚体育与休闲产业实施调查。新的统计框架在科学化和标准化水平上已经超过了原有的统计框架。

澳大利亚国家统计局在开展体育产业统计之后向国会提交了体育产业统计报告。由于澳大利亚的体育产业统计工作是在澳大利亚成功申办 2000 年悉尼奥运会后进行的，因此澳大利亚体育产业统计报告在提交给国会后引起了政府的高度重视。政府专门责成澳大利亚体育与休闲部长理事会、澳大利亚体委等部门研究相关对策。澳大利亚体育与休闲部长理事会专门成立了体育与休闲产业统计委员会，成员包括联邦政府及各州体育与休闲部门官员、澳大利亚统计局文化与休闲统计中心的代表。委员会的任务是完善澳大利亚体育产业统计制度，向澳大利亚统计局文化与休闲产业统计中心提供财政资助，在全国开展体育产业统计工作，使得澳大利亚的体育产业统计工作成为一项制度。

1996 年，澳大利亚联邦政府在产业与旅游部建立了体育产业司，加强澳大利亚体育产业的法规建设，制定体育产业发展规划，同时强化澳大利亚体育市场的管理力度。此举彻底改变了体育产业由文化和娱乐部门管理的状况。

体育产业统计工作极大地提升了体育在澳大利亚国民经济和社会发展中的地位，1994 年以来澳大利亚政府大幅度地提高了对体育的资助力度（图 9）。为了提升体育在澳大利亚社会中的地位，1996 年政府还拨出专款启动了“活跃澳大利亚计划”（Active Australia），旨在使得所有的澳大利亚公民关注体育、参与体育。

体育产业统计工作对澳大利亚筹备和举办 2000 年悉尼奥运会发挥了重要的作用。由于掌握了澳大利亚体育产业的基本数据，使得政府准确地预测了举办 2000 年奥运会将对澳大利亚国民经济产生的积极影响，同时采取许多重要措施扩大奥运会的经济效益。

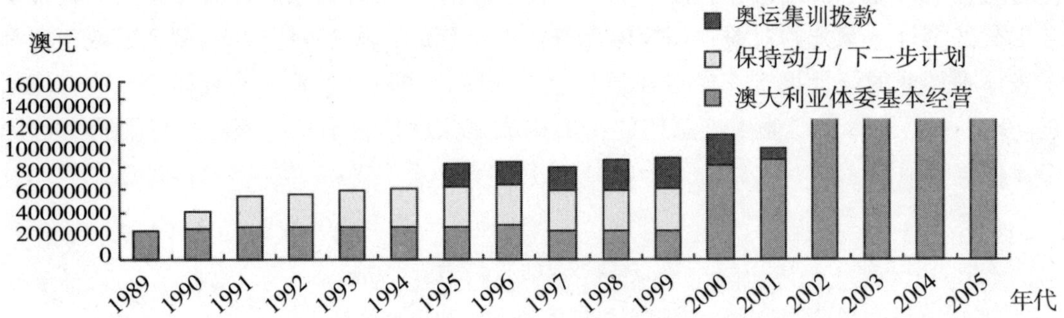

图 9　澳大利亚体委 1988 — 2005 年已获政府拨款及预算情况

体育产业统计工作还推动了体育产业政策法规的建设工作。从 1995 年至今，澳大利亚政府先后颁布了体育知识产权保护、体育用品进出口、体育场馆设施建设与服务标准、社会体育指导员与教练员培训、社区体育建设等方面的法规。2001 年，澳大利亚联邦政府颁布了“2006 年澳大利亚体育与闲暇产业战略规划”（Game Plan 2006—Sport and Leisure Industry Strategic Plan）。该规划确定了澳大利亚 2006 年体育产业发展的目标，具体如下。

- 使澳大利亚体育产业成为全球革新设计与知识产权保护的典范；
- 提供高质量的体育物质产品与服务产品；
- 有能力影响和引导国际体育市场；
- 拥有全球性体育品牌和产品设计；
- 拥有提高体育与休闲资源增加值的技术；
- 运用和开发相关技术提高澳大利亚体育产业竞争力；
- 提供高质量体育旅游产品并丰富其范围。

同时澳大利亚政府还承诺将采取各种措施，使澳大利亚体育产业出口额在 2006 年达到 130 亿澳元。规划指出，政府将在打破国际贸易壁垒、体育品牌建设、建立体育经营网络、体育电子商务、体育认证制度、体育资产重组、体育产业研发等诸多方面，采取相应的措施推动体育产业的发展。

六、日本关于体育产业的统计界定和研究

1990 年，日本通产省服务产业课在其编辑出版的《21 世纪体育远景》一书中，首次从政策角度正式提出了“体育产业化”的概念，体育产业包括体育活动、体育用品制造和销售业、体育专用设施、体育传媒和相关体育设施等。在当前日本政府推行的结构改革中，明确提出体育产业是搞活经济战略的一部分。日本经济财政咨询会议在《有关经济财政运营和结构改革的 2002 年基本方针》中指出，“未来保健、体育、时尚、娱乐、音乐等领域有望将市场扩大到全球范围，应推进其产业化过程。”体育产业在日

本经济振兴的行动方案中占有重要的一席之地。

在日本学术界，体育产业的理论研究还处在探索阶段，关于体育产业的界定仍有争议，比较有代表性的观点如下。

- 日本学者佐伯提出“体育产业是以体育运动自身生产财富和提供服务的产业”。
- 日本学者广濑一郎先生建议将“体育产业”定义为以“体育的服务形式”作为商品的产业，而将经营体育产品等物理形态制品的行业排除在外。这主要是因为，体育用品行业属于以“体育用品”作为商品的第二产业（制造业），并不属于第三产业的“服务形式的体育商品”经营。从产业论的观点来看，将“提供服务”和“制造产品”两者划分为同类是相当牵强和易于混淆的。所以认为，应当将体育用品行业界定为“体育相关产业”，明确区别于“体育产业”。

七、国外体育产业统计工作比较研究

对发达国家体育产业统计工作的研究，前几年有学者进行过一些考察、分析，尤其大多从学术研究的角度进行，虽然对国内研究有很多启发，但从我国体育产业统计工作角度看，还有必要进一步从国家统计工作层面考察国外体育产业统计工作实践，为我国体育及相关产业统计工作提供参考。下文主要对联合国、美国、加拿大、英国、澳大利亚、日本等组织和国家的体育产业统计工作进行考察研究。

（一）各国体育产业统计工作的主要目的

各国体育产业统计工作目的如表41。

表41 部分国家和地区体育产业统计工作目的一览表

组织/国家/地区	目的
美国	关注职业联赛的产业规模
加拿大	监测、度量和评价分析体育产业的发展状况
英国	建立体育经济模型，反映体育活动的参与情况、居民体育消费支出、体育产业增加值和就业情况、体育用品供应情况以及活动的组织和设施情况、体育产业贸易等，估测体育在经济中的重要程度，为制定体育产业政策提供依据
澳大利亚	体育部门宏观管理与决策依据
日本	体育产业是搞活国家经济战略的一部分，在日本经济振兴的行动方案中有一席之地。为体育产业政策的制定提供依据

上述体育产业统计目标主要表现为：反映产业状况，作为制定产业政策的依据，为宏观管理决策提供咨询，迎接市场竞争挑战。

(二) 各国对体育产业概念的认识

对体育产业概念的界定，决定了体育产业统计工作的范围，也是考察国外体育产业统计工作的起点。

表 42　各国家和地区对体育产业概念的界定一览表

组织 / 国家 / 地区	对体育产业界定
联合国	包括组织和举办各种室内外专业和业余体育活动以及对这些活动场地的管理
美国	向购买者提供体育、健身、娱乐和休闲产品的市场，这些产品可以是活动、物品、服务、场所和思想等（1994，费尔丁）
加拿大	体育活动：体育和娱乐活动，相关的服务活动以及体育产品的制造、销售活动，据此建立了反映体育和体育娱乐规模、体育用品生产和销售、服务和消费、参与为内容的体育活动统计指标
英国	体育：竞争性运动会，翻越障碍的室外追逐活动，艺术运动，有益于健康的练习和训练
澳大利亚	指体育和体育娱乐活动及其与此相关的政府管理、旅馆和餐馆服务，体育用品制造、批发和零售（2006 年）
日本（通产省）	凡是与体育相关的、能产生经济效益的都归为体育产业 是以体育运动自身生产财富和提供服务的产业（佐伯）

目前联合国及各国家和地区对体育产业概念并未形成统一意见，主要原因在于不同国家和地区对体育活动具有不同的认识，国家传统优势运动项目的不同也影响了对体育统计标准的划分。

(三) 联合国及部分国家和地区以及专家学者对体育产业分类标准的认识

1. 联合国及部分国家和地区对体育产业分类标准的认识

表 43　联合国及部分国家和地区体育产业分类标准一览表

组织 / 国家 / 地区	体育产业分类标准	
	类别 1	类别 2
联合国	931：体育活动	体育设施运营，运动队及俱乐部，个体运动员，赛车 / 赛狗 / 赛马拥有者，教练员，体育馆和体育场的经营者，其他组织 / 推广和经营体育赛事组织的活动
美国	1997 年制定的北美标准：艺术、娱乐与休闲产业	观赏体育（运动队和俱乐部，赛马 / 赛狗等经营企业，个体运动员，赛车 / 马 / 狗的拥有者，体育培训企业），其他娱乐与休闲产业（其他为居民参与体育活动服务的产业活动内容）

(续表)

组织 / 国家 / 地区	体育产业分类标准 类别 1	类别 2
加拿大	体育与休闲产业	教练 / 裁判和运动员，体育用品产业，体育与休闲服务产业，全国性体育组织，政府
英国		家庭，商业机构，商业性非体育机构，自愿部门，中央政府和地方政府，海外
澳大利亚		体育和体育娱乐活动，赛马 / 赛狗活动，体育用品制造和销售，体育博彩等
日本		软件领域（体育服务业、体育信息业），硬件领域（体育制造业、体育场地设施建设），体育相关产业（体育旅游、体育保险）

2. 国际学术界对体育产业分类的认识及其依据

表 44 学术界对体育产业分类的认识及其依据一览表

学者	体育产业分类	分类依据
Parks & Zanger (1990)	校际运动、职业运动、设施管理、校园休息方案、社区体育、体育资讯、体育行销、体育新闻、体育俱乐部管理、健身产业、竞技体育训练和运动医学、水上运动管理、咨询与企业经营	依特殊范围所需的一般技术及知识来区分体育产业种类
Comte & Stogel (1990)	休闲及参与性运动、体育实体产品、广告、合法性赌博净利、比赛门票收入、食品及纪念品收入、电视与广播转播权费、企业赞助收入、高尔夫与滑雪场建筑费用、体育保险费、杂志版权收入、授权产品权利费、运动员代言费、运动卡 / 书籍销售、体育场馆兴建费、美国奥委会及单项协会预算、青少年运动团队会费、名人堂	将美国体育产业中主要的运动产品目录及规模作分类及综合整理
Chelladurai (1992)	娱乐性体育服务、消费者健身服务、消费者运动技术指导、追求卓越表现指导、危害健康指导、医疗康复服务	采用员工参与程度及顾客参与运动及体育活动的动机双结构区分体育服务业
Pitts, Fielding, & Miller (1994)	体育表现（竞技运动、私人企业运动、公益性运动、会员制体育组织、非营利体育组织、体育教育、健身运动公司）、体育产品（外在的体育装备与服饰、制造运动用产品）、体育促销（计划促销的产品 / 活动、媒体、赞助、个人团队及组织代言）	以市场区隔理论区分体育产业
Meek (1997)	体育娱乐（职业体育比赛、体育旅游、媒体）、体育产品（设备、器材、服装）、体育支援组织（职业或业余组织）	体育产品除与体育相关产品或市场外，扩大到旅游业

(续表)

学者	体育产业分类	分类依据
USA Census of Bureau (1997)	观赏性运动（个人或团队性职业运动、赛车／马／狗等竞速性运动）、职业体育推广者（举办活动或经营场馆）、职业体育经纪人，其他运动机构（高尔夫球场、滑雪场、健身俱乐部、休闲体育中心、保龄球馆等）被归类于娱乐、赌博与休闲产业中	以美国国内各行业特征、产品类型来区分并构建各产业内涵
Broughton & Nethery (1999)	广告、代言、设备服装、场地设施、网络、授权商品、相关产品、媒体转播权、专业服务、观赏性运动、赞助、医疗服务、旅游、出版品与影带、博弈、团队营运费	以体育相关产品作分类
Li, Hafacer & Mahony (2001)	体育生产部门（职业／准职业体育团队、大学／中学校际体育联赛组织、休闲部门、体育及健身俱乐部、个人项目职业运动员／运动伤害防护员／指导员／竞速运动业主、其他体育赛会及服务提供者），外围支援部门（体育促销服务业、体育大众传播业、体育资讯出版业、体育行政组织服务业、体育管理服务业、合法性体育博弈业、体育旅游业、体育历史文物业、其他）	以生产体育赛事为核心概念，并连接所谓的支援体系，成为完整的体育产业框架

对体育产业分类标准，无论是各个国家，还是各专家学者，都未达成统一认识。

（四）各国体育产业统计工作体制

表 45　各国体育产业统计工作机构一览表

国家	管理与组织实施机构		
	上级管理部门	具体负责机构	成立时间
加拿大	加拿大众议院加拿大遗产委员会	加拿大体育研究委员会	1997 年
		加拿大统计局	
英国	英国体育局	体育产业研究中心	
澳大利亚	澳大利亚体育与休闲部长理事会	体育产业统计委员会	1993 年
		澳大利亚统计局	1995 年

由于各国对体育产业统计工作重要性的认识，近年来，一些国家设立了专门机构，和国家统计机构一起，共同开展体育产业统计和研究工作。

各国体育产业统计的主要数据来源如表 46。

表 46　各国体育产业统计的主要数据来源一览表

国别	主要数据来源
美国	美国体育用品的生产与销售状况由美国体育用品协会调查取得
加拿大	对规模以上企业进行抽样调查（从工商企业名录库中抽取），规模以下企业数据来自于行政记录
英国	国家统计局，旅游联络组，休闲和娱乐统计，英国体育局，其他政府部门报告，财政部
澳大利亚	国家统计局专项调查（6 年一次），体育消费从人口普查、家庭支出调查中获取，体育场馆服务业投入和产出以及体育产业人力资源的资料则分别通过服务产业调查和人口调查监控系统获取

各国体育产业统计数据来源多样，包括国家统计局常规和专项调查数据、相关体育协会会员调查数据等。

（五）部分国家对体育产业规模测算结果

表 47　部分国家对体育产业规模测算部分结果一览表

	研究者	国家	时间	比例	GDSP	体育消费支出	就业机会
1989 年	Jomes	英国	欧洲	1.6%			
		荷兰	统一	1.8%			
		比利时	前夕	1.4%			
		芬兰		0.9%			
1992 年	Henley 中心	英国	1990	1.7%	82.7 亿英镑	97.5 亿英镑	
休闲产业研究中心		英国	1995		98 亿英镑	104(GDSE)	41.5 万人
1988 年	Sandomir	美国	1987	占 GNP1.1%	GNSP：502 亿美元		232 万人
1997 年	Meek	美国	1995	占 GNP2%	GNSP：1520 亿美元		
2001 年	Hofacre & Mahony	美国	2000		2130 亿美元		
2001 年	Tokarski	德国			275.5 亿美元		

近年来，许多国家相继开始开展体育产业统计工作，虽然统计标准还未统一，也存在很多问题，但已形成部分分析数据，在开展国际比较时，可供参考。

九、关于国外体育产业统计界定和研究的几点启示

综上所述，随着体育产业在国民经济中重要作用的日益显现，社会各界对体育产业统计数据的需求越来越迫切，以全面了解体育产业发展的规模、结构以及对国民经济的影响程度，为制定科学的体育产业发展战略提供依据。

（一）各国在对体育产业统计的界定和研究上存在差别

为适应社会形势的要求，有关国家政府和研究机构相继开展体育产业统计调查和研究工作，收集体育产业统计数据，形成比较完整的体育产业统计体系。由于各国国情、社会发展历史、文化背景等方面的不同，在体育产业的统计界定和研究上存在一定差别，主要表现如下。

1. 统计目的和研究角度不同

总体上体育产业统计的目的是为政府和有关方面制定发展政策、进行有效产业管理提供科学依据。但具体方面存在一定差异。有的是从市场发展的角度，监测体育产业发展规模，分析对国民经济的影响程度；有的是从行业角度，了解体育产业发展，分析产业结构；有的则是为了解居民对体育活动的参与情况，反映居民生活方式的变化。

从国外体育产业统计行业分类体系中可以看出，体育及其相关活动分布在不同的行业门类之中，统计工作按门类由统计部门组织实施；经济学家和体育部门的研究者们则试图利用国家统计数据开展体育产业及其间接经济活动的总量核算。

2. 统计基本概念和分类范围不同

目前国际上关于体育产业的定义仍在争论和探索过程中，还没有一个严格的定义。各国对体育产业内涵的理解和认识，各自根据不同的研究目的和需要，确定本国体育产业基本定义和分类范围，在不同国家统计范围的宽窄不一。有的相对宽泛些，有的相对狭窄些，而且在具体分类上也有所不同。主要争议在于：范围应多大？是以体育活动为主，还是包括体育相关产业？对体育产业概念并未形成统一意见的主要原因在于，不同国家和地区对体育活动具有不同的认识，国家传统体育项目的不同也影响了对体育统计标准的划分。

3. 开展体育产业统计的组织机构有所不同

有的国家（如美国）主要由研究机构进行体育产业统计方面的研究和测算；有的由中央统计局建立日常体育产业统计工作，收集相关数据；有的是由体育主管部门开展相应的体育产业统计工作。在许多国家，尽管没有设立专门的体育产业统计，但是有关内容涵盖在官方统计相应的项目之中。

4. 体育产业统计研究的数据来源多样化

包括国家统计局常规和专项调查数据、相关体育协会会员调查数据等。有的进行专项调查，有的主要取自现有的行政资料和现有的统计资料等。由于体育产业统计标准还未统一，虽然一些国家和地区已形成部分产业分析数据，但在开展国际比较时仅供参考。

尽管如此，我们应该看到，经过长期的研究探索和工作实践，国际上关于体育产业的统计和研究在一些方面也有一定的共识。

（二）国际上关于体育产业统计的共识

在定义上大多数认为，体育产业是以体育活动为主体而引发的一系列生产、销售和服务活动的产业群，不仅包括体育活动本身，而且也包括与体育活动相关的产业。

在范围上主要以联合国产业标准分类和各国产业分类为基本框架，确定本国体育产业分类、范围。

重视对现有统计数据的应用，既便于与其他统计项目的数据衔接，也避免在统计调查上的重复。特别是，许多国家研究机构在开展体育产业研究时，其统计数据基本上来源于现有统计数据，并进行相应的推算。在一些由体育主管部门委托中央统计局开展体育产业统计时，也注意与现有统计工作相结合，减少重复统计现象。

（三）我国体育产业统计工作应注意的问题

借鉴国外的经验，我们认为，在开展我国体育产业统计工作时，应注意以下几点。

在确定体育产业定义和统计范围时，要服务于体育产业政策目标和研究目的的需求，根据制定政策的具体要求建立相应的体育产业统计框架。

应以国际标准产业分类、标准产品分类为基础，建立体育产业统计分类体系，这是开展体育产业统计分析、研究的前提。

要尽量按照国际惯例确定体育产业统计的指标概念、范围口径和基本方法，便于国际可比性，同时还要考虑到我国的国情，满足体育产业发展的需要。

在制定体育产业统计实施方案时，应注意与现有统计工作的衔接，充分利用现有统计资源和统计渠道。

张　立　林显鹏　余芳东

第四章　中国体育产业统计工作现状研究

一、前言

2000年以来，在国家体育总局的支持与帮助下，我国浙江、北京、广东、辽宁、四川、安徽、云南、重庆、内蒙古、天津等十几个省（区、市）先后开展了本省（区、市）的体育产业统计工作。这些省（区、市）的体育产业统计工作取得了很大的成绩，为推动当地体育产业工作发挥了重要的作用。这些省市开展的工作为我国即将开展的全国体育产业普查工作提供了很多可借鉴的经验，同时也有许多教训值得汲取。为了准确把握我国体育产业统计的特点和规律，为科学地研制体育产业统计指标体系和统计方法，使得未来的体育产业统计工作少走弯路，本课题将系统地分析和研究上述省（区、市）在体育产业统计指标、统计报表、统计口径、统计方法方面的运作方法和模式，总结这些省（区、市）的经验教训。本课题的研究对规范我国体育产业统计工作，实现体育产业统计工作的标准化、科学化，推动我国体育产业统计工作具有十分重要的理论意义和实践意义。

二、研究方法

（一）文献资料法

本课题主要通过以下渠道获得本课题的相关资料：（1）通过国家体育总局体育经济司，获得了北京市、天津市、重庆市、广东省、浙江省、辽宁省、四川省、云南省、安徽省、内蒙古自治区、河北省十一个省（区、市）的体育产业统计资料。主要包括上述省（区、市）体育产业统计报告、统计报表、指标解释、统计调查方案等。（2）充分利用现代信息技术。通过互联网、数据库、图书馆、国外相关机构获取有关报告、论文、论著等文献资料。

（二）访谈法

本课题就有关省市的体育产业统计工作对天津市统计局、北京市统计局进行了专门的访谈调查，对浙江省体育局及企业调查大队、四川省体育局、广东省体育局等进行了电话访谈调查。本课题还对英国谢菲尔德大学体育产业研究中心格兰特（Chris Gratton）教授以及美国俄亥俄大学管理学院马克（Mark）教授进行了专门的访谈调查。

三、研究结果

（一）我国体育产业统计工作的基本情况

1. 我国国民经济核算体系中体育产业的地位

我国的产业统计是在基层生产单位层层报表的基础上，由国家统计局通过国民经济核算的方法完成。国民经济核算是一种通过分别对产品的商品运动和货币运动形式的考察来全面统计和分析国民经济运行过程的方法。我国原有的国民经济核算体系（以下简称“体系”）是参照原苏联的物质产品平衡表体系（MPS）制定的。因此我国原有的“体系”核算的范围仅包括物质生产部门，不仅把体育产业排除在外，而且所有的第三产业均被排除在外。1984 年底，国务院成立领导小组专门领导研究建立我国新的“体系”的工作。经过多年的努力，国家统计局会同财政、银行等部门，参照联合国制定的“体系”和西方国家的“体系”，制定了新的“体系”。1992 年，国务院决定从 1992 年至 1995 年分两步实施新的“体系”。

新的“体系”核算的范围既包括物质产品生产也包括非物质产品的服务产品的生产。在新的“体系”中，依据原国家标准《国民经济行业分类和代码》，体育产业与卫生和社会福利事业一起被列为第三产业第三层次。2002 年国家统计局又对《国民经济行业分类和代码》进行了重新的修订，体育产业被从卫生、体育和社会福利业中调整出来，与文化和娱乐构成文化、体育与娱乐业。其中体育产业包括两个小类，即体育组织和体育场所。在新旧两个标准当中体育部门已被包含进去。但由于历史的原因，体育产业的内涵仅仅被理解为为体育比赛提供服务的产业门类，统计的内容仅包括体育系统职工、运动员、教练员和裁判员等人数、体育场地数、运动员创世界纪录和获世界冠军情况、体育锻炼达标人数以及与国外体育交往次数和人数等内容。造成这种状况的最主要的原因是由于在计划经济体制下，体育与其他第三产业一样都被当做接受物质生产部门新创造价值再分配的对象，只统计其非价值性资料。在这种情况下，一些属于体育产业特定内容的产业门类被漏算，同时另一些体育产业门类则被统计在其他产业之中。

业统计工作。各省（区、市）开展的体育产业统计工作大体上以北京和天津等为代表的体育局与统计局合作的方法，以及以浙江、广东等省（区、市）为代表的“体育局和各省市企业调查大队合作”的方法。北京市从1999年开始进行体育产业统计。体育局负责体育产业统计报表的制定工作，之后由北京市统计局通过自己的年报制度和统计系统与网络，将体育产业统计报表层次发放，层次回收，最后由北京市统计局对统计数据进行汇总并获得北京体育产业的整体统计结果。在统计过程中，北京市统计局还依据北京的具体情况对北京市体育用品销售业的数据采用抽样调查与估算相结合的统计，取得了良好的效果。北京市统计局连续在2000年、2002年、2003年和2004年发布了北京市体育产业统计报告，是目前国内发布体育产业统计报告次数最多的省级单位。几年以来，北京市体育产业统计的结果符合国内外体育产业发展的基本规律，结果较为真实可信，为北京市制定体育产业发展规划及相关政策提供重要的数据支持和理论支持。

表48　各省（区、市）自治区开展体育产业统计工作的时间

省（区、市）名称	报告年份	实施调查年份	调查方式
北京市	1999年、2002—2004年	2000、2002—2004年	市体育局与统计局合作
广东省	2001—2002年	2002—2003年	省体育局与统计局牵头，其他部门配合
浙江省	1999—2000年	2000—2001年	省体育局与原省企业调查大队合作
辽宁省	2001—2002年	2002—2003年	省体育局与省企业调查大队合作
天津市	2001—2002年	2002—2003年	市体育局与统计局合作
重庆市	2001—2002年	2002—2003年	市体育局与统计局合作
四川省	2000—2001年	2001—2002年	省体育局与省企业调查大队合作
云南省	2000—2001年	2001—2002年	省体育局与统计局合作
内蒙古	2002年、2003—2004年	2003年、2004—2005年	区体育局与统计局及企调队合作
安徽省	2000—2001年	2001—2002年	省体育局与统计局和工商行政管理局合作
河北省	2005年	2006年	省体育局与统计局合作

注：浙江省分别在2002年和2003年对本省体育用品制造业和体育服务业进行了专门的统计调查。云南省在2004—2005年开展了文化体育产业统计。

天津在开展体育产业统计的过程中，分两条线开展工作：市体育局负责体育局直属事业单位的调查，整理和提供有关体育产业活动单位的名单并配合市统计局做好有关单位的调查；市统计局负责体育用品制造业、体育用品批发零售业和体育局非直属部分的独立核算的服务业、事业单位，以及具有一定规模的兼营体育业务的产业活动单位的调查。为了指导体育产业统计工作，市体育局与统计局成立了由两个部门主要领导组成的领导小组，负责重大问题的协调。在领导小组下又成立了体育产业调查工作办公室，负责调查方案的制定、调查方案的组织实施、调查数据的处理、调查结果的评价、调查结果的公布及分析研究等具体工作。

浙江省于2000年开展体育产业统计工作，是我国系统规范性开展体育产业统计工作较早的省份。浙江省体育产业调查的总体构想是既要调查与研究浙江省体育产业活动单位的规模、构成和体育产业的区域发展状况，以及反映浙江私营、个体经营比较发达的特点，同时也要调查研究体育服务业如何促进和带动与之相关程度较高的体育用品生产和销售两大行业。浙江省体育产业统计还充分利用体育系统要对体育经营单位进行登记审核和年检的优势，系统整理了体育经营单位的名录库，为对兼营体育产业的单位进行调查提供了十分便利的条件。在体育产业统计过程中，根据调查对象的不同性质和作用，采取了全面调查、抽样调查和重点调查等方法，取得了良好的效果。

广东省于2003年开展了首次体育产业统计工作。广东省的体育产业统计口径比北京、浙江、辽宁等省市更为宽泛。省政府对体育产业统计工作十分重视，专门成立了“广东省第一次体育产业统计调查办公室”，负责调查工作的组织领导、协调和具体工作的实施。调查办公室由省体育局和省统计局牵头，省教育厅、省财政厅、省民政厅、省计委、省工商局、省旅游局、省广播电影电视局、省新闻出版局等部门参加。在省政府成立了体育产业统计办公室以后，各市、县参照省级机构，由有关部门和人员组成本级工作办公室，在上级调查办公室的统一领导下，负责辖区内调查工作的组织实施。因此广东省体育产业统计工作是迄今为止各省市参与部门最多、投入的人力物力最大、调查范围最广的省份。在体育产业统计工作中，省政府各有关部门进行了具体的分工，使得各有关部门各司其职，分工明确，保证了体育产业统计工作的正常开展。其中广东省省体育局、省统计局全面负责本次统计调查的组织与实施工作，各级体育、统计部门负责辖区内统计调查工作的组织与实施；省财政部门负责统计调查经费的审核；省民政厅及各级民政部门负责体育社团组织单位名录库的提供；省工商局及各级工商部门提供在工商部门登记的经营性调查单位名录库及基本信息；省教育厅及各级教育机构负责各级学校名录库的提供及学校调查报表的发放、回收、审核；省旅游局及各级旅游局负责酒店、宾馆、旅游胜地及体育旅游等经营单位名录库的提供及报表的发放、回收、审核；省新闻出版局负责体育报刊等单位名录库的提供及报表的发放、回收、审核；省广播电影电视局负责体育频道等单位名录库的提供及报表的发放、回收、审核；省发展计划委员会负责产业政策的评估。广东省体育产业统计还明确了各不同部门发放和回收报表的基本渠道和流程。同时还建立了体育产业统计报表的严格的回收与审核制度，这有力地保证了体育产业统计工作的质量（表49）。

表49 广东省体育产业统计报表方法、回收和审核的安排

报表发放、回收、审核负责单位		
调查范围	调查单位	报表发放、回收
行政事业单位	各级体育局、训练机构、体育运动学校、业余体校等法人单位	各级体育局
	体育彩票管理中心	各级体育局
	各级体育局所属场馆	各级体育局
	体育科研所	各级体育局
	体育报刊、杂志	省新闻出版局
	体育频道	省广播电影电视局
	各级学校	省教育厅

（续表）

报表发放、回收、审核负责单位		
调查范围	调查单位	报表发放、回收
体育社团	各级各类体育协会	各级体育局
	专业健身娱乐单位	各级体育局为主、各级统计局协助
	酒店、宾馆、旅游胜地等有从事体育经营活动的单位	省旅游局
	其余的综合性健身娱乐单位	各级体育局为主、各级统计局协助
社会经营单位	职业体育俱乐部	省体育局
	体育用品制造单位	各级统计局为主、各级体育局协助
	体育培训单位	各级体育局为主、各级统计局协助
	体育用品销售单位（专营）	各级统计局为主、各级体育局协助
	体育用品销售单位（兼营）	省商业集团
	体育中介	各级统计局为主、各级体育局协助
其他有体育经营活动的单位	不在上述规定范围内的体育经营单位	由各级统计调查办公室负责协调组织

资料来源：《广东省第一次体育产业统计调查组织方案》

我国10个省（区、市）在对本地区体育产业发展状况进行统计分析之后，均发表了体育产业统计报告。这些体育产业统计报告均受到当地政府的高度重视，对推动本地区体育产业发展发挥了重要的作用。有关上述省（区、市）体育产业统计的结果请见本课题附件《中国体育产业概念界定及发展现状的研究》。

（二）各省市体育产业的界定和统计口径

2002年广东省在《广东省第一次体育产业统计调查组织方案》中对体育产业作了如下界定：体育产业是指为满足社会的体育需求而使体育产品（服务、劳务）或以体育为载体的其他产品进入生产、交换、消费和服务领域的产业门类。概括起来，从事体育经营活动的单位可以分为四个层次：第一个层次，从事体育经营活动的事业单位；第二个层次，在民政部门登记的体育社团、俱乐部等非营利性社会团体；第三个层次，在工商部门登记注册的经营单位；第四个层次，其他有体育经营活动的单位。

广东省体育产业的统计口径包括：体育用品制造和销售业（运动服装、鞋帽、竞赛器材、健身器材等的生产和销售）、体育服务业（体育健身娱乐、体育中介、体育广告、体育培训等）、体育竞赛表演业（职业体育俱乐部）、各级学校的体育场地与设施（包括各级中、小学及高校中对外经营的部分）、体育行政事业单位（体育系统所属体育行政事业单位）、体育媒体（体育专业报刊、体育频道等）。

浙江省在2000—2001年开展的体育产业工作中，把体育产业界定为：体育产业是指利用体育自身功能及辐射作用创造价值的产业，是为社会提供体育产品的同一类经济活动的集合和经济部门的总和。这里的体育产品是指为满足居民参加体育健身娱乐活动和观赏体育竞赛与表演需求而生产的各类产品，包括物质产品和服务产品。因此体育产业是集体育产品的生产、销售和服务于一体的综合性产业，其统计范围口径包括体育服务业和体育用品业两大部分。

体育服务业是指发挥体育自身价值和功能的，以提供体育服务为主的体育生产经营活动，主要包括体育健身娱乐业、体育竞赛表演业、体育培训业及体育中介业等。

体育用品业是指与体育密切相关或以体育为载体向社会提供体育产品的生产经营活动，主要包括体育用品制造业和销售业等。

按照这样的界定思路，浙江省在体育产业统计工作中明确了体育产业的统计口径（图 10）。

- 体育产业
  - 体育服务业
    - 体育场馆（含综合性体育场馆、游泳馆、乒乓球馆、健身房、保龄球馆、高尔夫球场、网球场、溜冰场等）
    - 体育训练基地
    - 体工大队
    - 体育俱乐部
    - 体育研究与教育（含正规体校、业余体校等）
    - 运动项目管理中心和协会
    - 体育经纪
    - 体育场所的出租和经营
    - 其他（包括体育协会、体育管理等）
  - 体育产品制造业
    - 体育器材制造业
    - 体育球类产品制造业
    - 其他体育产品制造业（包括运动服、鞋等）
  - 体育产品销售业
    - 体育产品批发业
    - 体育产品零售业

图 10　浙江省体育产业统计口径

四川省在 2002 年开展的体育产业统计工作中，把体育产业界定为：体育产业是指利用体育自身功能及辐射作用创造价值的社会经济主体群，即为社会提供体育产品的同一类经济活动的集合和经济单位的总和。四川省体育产业的界定与浙江省体育产业界定基本相同，其统计口径则与浙江省完全相同。

辽宁省和重庆市在开展体育产业统计过程中沿用了浙江省的体育产业概念界定，但在统计口径上重庆市采用的体育产业统计口径更宽泛。重庆市的体育产业统计口径包括：消遣性和参与性体育业、体育用品制造业、体育赛事经营业、体育培训及体育文化展览业、体育中介业、体育报刊和书籍出版及体育卡片经营业、体育彩票业、体育场地出租业、体育冠名权业、体育广告业、体育场馆等体育设施建设业、体育保险业、体育科技、体育旅游、体育用品制造业以及体育用品批发零售业等体育生产、经营、服务的企业（个体）、社会团体和行政事业单位。

其他省市没有对体育产业进行专门的界定，但确定了体育产业的统计口径。北京市确定的体育产业统计口径包括：体育娱乐服务业、体育用品制造业、体育用品销售业、体育彩票业。

天津市确定的体育产业统计口径具体如下。

体育用品制造业：调查对象是独立核算的工业企业法人单位。

体育用品批发零售业：调查对象是专门销售体育用品的独立核算的商业企业法人单位、兼营体育用品的独立核算的商业企业法人单位。

体育服务业：调查对象是专门组织和举办各种室内外体育活动的独立核算的服务业企业法人单位，专门从事各类体育中介活动的独立核算的服务业企业法人单位，兼营各种体育业务的独立核算的企业、事业法人单位。

体育行政事业单位：调查对象是各级政府所属的体育管理机关，各类具有独立法人资格的体育事业单位、社会团体。

内蒙古自治区确定的体育产业统计口径包括以下三个方面。

从事体育比赛、训练、辅导、管理或提供观赏体育比赛场馆和专供运动员训练用场地的行政事业单位和社会团体。

以从事体育用品生产和销售，或组织和举办各种室内外体育活动以及对这些活动的场所和设施进行管理为主要经营活动的企业和个体户（年销售收入100万元以上）。

以其他经营活动为主，但兼营体育用品生产和销售，或兼营各种室内外体育活动以及提供体育活动场所和设施的企业和个体户（年销售收入100万元以上）。

（三）各省市体育产业统计指标体系

建立体育产业统计指标体系是体育产业统计的重要环节。我国有关学者从1997年以来陆续开展了建立我国体育产业统计指标体系的研究，对体育产业的概念界定、统计口径、统计指标体系等方面的问题进行了初步的探讨。1999年国家体育总局课题《关于建立我国体育产业统计指标体系及实施方案的研究》较为系统地研究了西方发达国家体育产业概念界定、统计口径、统计方法及统计指标体系等方面的问题，并进一步研究了我国体育产业的概念界定、分类、统计口径、体育产业统计指标体系、统计报表、统计方案等方面的问题。2000年国家体育总局经济司以该课题为基础成立了体育产业统计研究论证专家小组，对我国体育产业统计指标体系、统计报表、体育产业统计口径、体育产业统计方案、体育产业统计指标解释等问题进行了系统的论证。并委托有关机构设计了“体育产业统计数据库”。专家小组的工作对推动我国体育产业统计工作发挥了重要的作用，从2000年起大多数省市开展的体育产业统计工作基本上都采用了专家小组的研究成果（表 50）。各省市在开展体育产业统计过程中，以浙江省采用的体育产业统计指标体系和广东省采用的体育产业统计指标体系较有代表性，为此本课题将以这两个省市的体育产业统计指标体系为代表来分析我国各省市体育产业统计指标体系的基本情况。

表 50　1997 年以来我国体育产业统计指标体系的主要研究

课题名称	完成时间	课题来源	主要参加人员
中国体育产业现状调查与研究	2004 年	国家社科基金	张昊、张健、张弛、顾灏宁、林显鹏等
我国体育产业统计论证小组	2000 年	国家体育总局	张健、林显鹏、鲍明晓、赵时杰
关于建立我国体育产业统计指标体系及实施方案的研究	2000 年	国家体育总局	林显鹏
关于我国体育产业统计指标体系的初步研究	1999 年	国家体育总局	黄圣方、凌平、金开云
江苏省体育产业统计指标体系及社会统计系统的研究	1998 年	江苏省体育局	孙晋芳等
对上海体育产业结构框架及统计指标体系的研究	1999 年	上海市统计局	严秀芳、田秉楠、熊美玲

1. 浙江省体育产业统计指标体系

浙江省开展体育产业统计时间是 2000 年，是我国系统开展省级体育产业统计最早的省份之一。尽管浙江体育产业统计采用的指标总体上采纳了北京体育大学林显鹏的研究成果，但同时增加了体育用品个体户的统计指标。浙江省体育产业统计指标体系的确定有明确的指导思想和目的，归纳起来主要包括三个方面。

第一，系统了解浙江省体育产业发展的基本情况，包括体育产业的单位基本情况、整体规模、产业结构、就业人口等方面的情况。

第二，根据浙江小商品市场、文化体育用品市场等专业市场相对发达的特点，力求相对完整地反映体育用品销售业的全貌，因此浙江体育产业统计工作将体育用品销售业作为调查重点。

第三，浙江省体育用品生产个体户占相当大的比例，因此对浙江体育产业的统计必须将个体户作为一个重点。为此浙江专门设计了针对个体户的体育产业统计报表，并设计了相应的统计指标体系。浙江省体育产业统计指标体系具有一定的代表性，同时以后许多省市大体上都采用了浙江省体育产业统计指标体系。浙江省体育产业统计指标体系主要由价值类指标构成，主要包括单位基本信息指标、收入指标、支出指标、资产指标及从业人数指标（表 51）。浙江省体育产业统计指标具有严谨的逻辑关系，收入指标和支出指标相互补充和说明。

表 51 浙江、辽宁、北京等省市体育产业统计指标体系

	体育事业单位	经营单位（专营）	经营单位（兼营）	体育用品生产、批零
单位基本信息	单位名称、法人代码及行业编号；单位地址、邮政编码及行政区划代码；隶属关系；单位类型；经营活动领域（包括健身娱乐、竞赛表演、体育培训、体育中介等）、经营项目	单位名称、法人代码及行业编号；单位地址、邮政编码及行政区划代码；企业类型；经营活动领域（包括健身娱乐、竞赛表演、体育培训、体育中介等）；经营项目	单位名称、法人代码及行业编号；单位地址、邮政编码及行政区划代码；企业类型；经营活动领域（包括健身娱乐、竞赛表演、体育培训、体育中介等）；经营项目	单位名称、法人代码及行业编号；单位地址、邮政编码及行政区划代码；企业注册类型；企业经营类型；注册资本金；系统归属；主要产品
收入指标	收入合计；财政补助收入；上级补助收入；事业收入（竞技体育比赛收入、门票收入、转播权收入、广告赞助收入、体育技术服务收入、其他体育事业收入）；经营收入；附属单位上缴收入；其他收入	营业收入；体育主营业务收入；体育赞助及广告收入；净利润	体育营业收入；体育赞助及广告收入；体育营业部门净利润	营业收入；增加值；净利润
支出指标	事业支出；经营支出；其他支出；劳动者报酬；上缴各种税费；当年固定资产折旧	营业成本及期间费用；劳动者报酬；上缴各种税费；当年固定资产折旧	体育营业成本及期间费用；体育营业部门劳动者报酬；体育营业部门上缴各种税费；体育营业部门当年计提固定资产折旧	营业成本及期间费用；劳动者报酬；生产税净额；当年计提固定资产折旧
资产及就业指标	当年收支节余；年末资产总值；年末固定资产原值；年末从业人员数	资产合计；固定资产合计；年末从业人数	体育营业部门资产合计；体育固定资产合计；体育营业部门年末从业人数	资产合计；固定资产合计；年末从业人数

指标的设计能够结合不同单位的财务报表指标，所有指标需填答的信息均可以从财务报表中直接获取。保证了体育产业统计信息的准确性、完整性，同时也便于体育产业统计报表的审核。此外，浙江省还根据本省体育用品制造业和体育用品销售业以及体育用品个体经济比较发达的特点，专门设计了《体育用品生产、批零单位统计表》和《体育用品生产、批零个体经营户统计表》，对这些行业进行统计。在保留大多数其他体育产业部门都采用的通用体育产业统计指标的基础上，又增加了一项针对体育用品业的专项指标，即主要产品（球类产品、体育器材、健身器材、运动服装、运动鞋帽、其他）。这

一指标也非常有效，对调查浙江省体育用品业的发展状况发挥了重要的作用。浙江省体育产业统计工作对其他省市有很大的借鉴意义，在浙江之后，北京、辽宁、四川、内蒙古、安徽、云南等省市也采用了浙江省体育产业统计指标对本省体育产业进行了统计。

2. 广东省体育产业统计指标体系

2003 年，广东省首次开展了全省体育产业统计工作。在统计过程中，广东省认真总结并借鉴了浙江、北京、辽宁等省市的经验，设计了本省体育产业统计指标体系。在基本保留了上述省市价值类指标的基础上，广东省在体育产业统计过程中根据本身体育产业管理工作的需要，增加了一系列实物类指标，增加的实物类指标主要包括：商业性比赛次数、年末体育院系学生人数、场馆日均人流量、场馆规模等。这些实物类指标值得我国在全国体育产业统计工作过程中进行认真的总结（表 52）。

表 52　广东省体育产业统计指标体系

	甲表	乙表	丙表
单位基本信息	企业法人代码；企业详细名称；单位地址与邮政编码；企业登记注册类型（具体略）；企业开业时间；从业人员情况；行业类别；体育健身娱乐业（填经营项目）、体育竞赛表演业（职业体育俱乐部单列）、体育用品零售业、体育培训业（填经营项目）、体育用品制造业、体育用品批发业、体育咨询、中介、广告业）；体育经营活动类型（填专营或兼营）	单位法人代码；单位详细名称；单位地址与邮政编码；单位活动性质类型；隶属关系；是否有对外体育经营活动（从选择框中选择）；对外经营活动行业（体育健身娱乐业、体育竞赛表演业、体育培训、体育中介）；体育经营项目（在“体育项目”一览表中选择）；年末从业人员情况	单位法人代码；单位详细名称；单位地址与邮政编码；学校性质（公立和私立）；单位类型（从四个选项中选择）；经营活动领域（有对外体育经营活动的单位填写，包括体育健身娱乐业、体育竞赛表演业、体育培训、体育中介）；体育经营项目（从体育项目一览表中选）；年末体育部门从业人员情况
收支指标	体育营业部门收入；体育营业部门盈余；营业成本及费用；劳动者报酬；生产税净额；其他费用；当年固定资产折旧	财政补助收入；上级补助收入；事业收入合计；体育技术服务、体育培训收入；体育场地出租收入；其他事业收入；经营收入；体育场地非体育性质出租收入；事业支出；经营支出；其他支出；劳动者报酬；上缴税额；当年固定资产折旧	体育部门财政补助收入；体育部门上级补助收入；体育部门事业收入合计；体育场地出租收入；会员费或捐赠；广告、赞助收入；体育技术服务、体育培训收入；体育无形资产开发收入；体育用品销售收入；其他事业收入；事业支出；经营支出；其他支出；体育部门劳动者报酬；体育部门上缴税额；体育部门当年固定资产折旧

（续表）

	甲表	乙表	丙表
体育竞赛表演情况	商业性体育竞赛次数；商业性体育比赛收入；门票收入；广告、赞助收入；电视转播收入；无形资产开发收入；其他收入；商业性比赛支出	体育比赛门票收入；转播权收入；广告、赞助收入；捐赠收入；无形资产开发收入	
资产情况	年末体育营业部门资产合计；年末体育营业部门固定资产原值；年末体育营业部门固定资产净值；体育营业部门总投资额；注册资本金	年末固定资产原值	年末固定资产原值
体育场馆情况	场馆日均人流量；场馆规模	场馆日均人流量；场馆规模	
其他指标		年末体育院系学生人数	

3. 天津市体育产业统计指标体系

天津市的体育产业统计工作通过天津市科学技术委员会批准被确定为2002年天津市科技发展战略研究计划项目。天津市在体育产业统计过程中，将体育产业的统计对象确定为专门经营体育业务的独立核算法人单位和兼营体育业务的独立核算的法人单位。具体包括：体育用品制造企业、体育用品批发零售企业、体育服务企业、体育行政事业单位。

天津体育产业统计没有借鉴和采用浙江、广东、北京、辽宁等省（区、市）的体育产业统计指标体系，而是主要通过基层单位上报财务报表的方式来核算体育产业统计的内容。天津市体育产业统计指标主要如下。

（1）单位基本情况。包括法人单位名称及代码、单位地址、邮政编码、隶属关系、登记注册类型、活动领域、经营项目等。

（2）资产负债与经营收支情况。包括企事业单位固定资产情况、经营收入、事业收入、产品销售收入、支出情况、利润、上缴各种税费情况等。

（3）从业人员情况。包括年末从业人员数量、劳动报酬等。

（4）设施情况。天津市增加了9张体育场馆设施方面的体育产业统计报表，这些报表调查的内容主要包括体育运动场地及主要设施的占地面积、使用面积、接待能力、主要设施的建成时间和技术指标等体育产业统计指标。

天津市体育产业统计指标的设计增加了一系列实物型指标，主要包括：主要体育用品产量（如各类体育用品的个、只、付、台等）、主要体育用品销量、场地及主要设备等。

（四）各省市体育产业统计报表的研制

体育产业统计报表是各省市体育产业统计工作最基本的工具，它是体育产业统计指标的具体化和操作化。浙江省在体育产业统计过程中，根据浙江省体育产业单位的情况，主要根据体育产业的行业分类分别制定了《体育行政事业单位产业情况统计表》《体育经营单位（专营）产业情况统计表》《体育经营单位（兼营）产业情况统计表》《体育用品生产、批零单位统计表》《体育用品生产、批零个体经营户统计表》共五份报表。其中《体育行政事业单位产业情况统计表》主要对体育局系统所属的体育事业单位进行体育产业统计时使用；《体育经营单位（专营）产业情况统计表》和《体育经营单位（兼营）产业情况统计表》则主要对浙江省社会企业的体育服务业进行体育产业统计时使用；《体育用品生产、批零单位统计表》和《体育用品生产、批零个体经营户统计表》则完全针对体育用品制造业、体育用品销售业以及体育用品生产和销售的个体经济。

广东省在体育产业统计过程中，没有完全采纳浙江省体育产业统计报表的模式，而是主要依据生产单位的性质将体育产业统计报表进行了合并。合并之后的体育产业统计报表包括三份报表，其中甲表主要的调查对象是企业法人、个体工商户等企业单位，乙表主要调查对象是体育行政事业法人及社团等单位，丙表的调查对象是各级学校（表 53）。

表 53　广东省体育产业统计报表填报范围

表号	表名	填报范围	报送单位	报送方式
粤体调 01	广东省第一次体育产业调查表（甲）	企业法人、个体工商户等单位	地级以上市体育局、统计局等	网络传送
粤体调 02	广东省第一次体育产业调查表（乙）	体育行政事业法人及社团等单位	地级以上市体育局等	网络传送
粤体调 03	广东省第一次体育产业调查表（丙）	各级学校	各级学校	网络传送

天津市在体育产业统计过程中没有借鉴、采用浙江和广东的体育产业统计指标体系与统计报表，而是直接要求被调查单位上报财务报表。之后天津市统计局和天津市体育局组成的课题组对基层单位上报的财务报表和体育场馆设施情况报表进行统计分析，最后得出体育产业统计的基础性数据。天津市体育产业统计主要报表的类别见表 54。

表 54 天津市体育产业统计报表类别

表号	报表名称	填报范围
体育产业 01 表	法人单位基本情况表	全部独立核算的法人单位
体育产业 02 表	工业企业财务状况表	独立核算的工业企业法人单位
体育产业 03 表	主要体育用品产量	独立核算的工业企业法人单位
体育产业 04 表	批发零售贸易企业财务状况表	专门销售体育用品的独立核算的商业企业法人单位
体育产业 05 表	兼营体育用品的批发零售贸易企业主要经济指标	兼营体育用品的独立核算的商业企业法人单位
体育产业 06 表	主要体育用品销售情况	专营或兼营体育用品的独立核算的商业企业法人单位
体育产业 07 表	服务业企业财务状况表	专门组织和举办体育活动、从事各类体育中介活动的独立核算的服务业企业法人单位及实行企业化管理的事业单位
体育产业 08 表	事业单位财务状况表	各类具有独立法人资格的体育事业单位、社会团体
体育产业 09 表	行政单位财务状况表	各级政府所属的体育管理机关
体育产业 10 表	兼营体育业务的企业事业单位主要经济指标	兼营各种室内外体育业务的独立核算的企业事业法人单位
体育产业 11 表	场地及主要设备表（9张表）	专营、兼营各种室内外体育活动的独立核算的企事业法人单位及社会团体

四、我国各省市体育产业统计的经验和教训

（一）我国各省市体育产业统计的主要经验

1. 我国各省市体育产业统计工作具有开创性的重要意义

从 1999 年至 2005 年我国共有 11 个省（区、市）开展了体育产业统计工作。在我国国民经济核算体系中缺乏体育产业的统计资料和统计方法的前提下，各省（区、市）克服了种种困难开展了体育产业统计工作。有的省市则连续开展体育产业统计工作，如浙江在 2000 年开展体育产业统计之后，又分别在 2002 年和 2003 年开展了体育用品业和体育服务业的统计工作，北京则连续 4 年开展了体育产业统计工作。各省（区、市）开展的体育产业统计工作基本上正确运用了我国国民经济统计和核算的方法，符合国民经济统计和核算的基本程序与规范。我国各省（区、市）开展的体育产业统计工作具有开创性的重要意义。

首先，我国各省（区、市）开展的体育产业统计工作属于专项的体育产业统计，按照国民经济核算规范对一个国家的体育产业进行专项调查这在全世界尚属首次。除澳大利亚以外（澳大利亚由国家统计局开展体育产业统计工作，但体育产业的界定比较窄，

仅包括赛马与赛狗、体育场地与设施及体育服务），大多数西方发达国家都是由有关的研究机构和学者从国民经济统计资料中抽取体育产业的内容加以拼凑并得出不同口径的体育产业统计结果。我国各省（区、市）的体育产业统计其统计方法的系统性、统计资料的完整性、翔实性和准确性在国际上都属于领先的地位。

其次，我国体育产业统计在一定程度上对推动我国第三产业的统计提供了重要的经验。新中国成立以来，我国长期执行原苏联和东欧的国民经济核算体系，只开展了第一产业、第二产业和运输业的统计。在原来的国民经济核算体系中，第三产业被看成是消耗资源的部门而不是生产部门，因此第三产业长期没有建立统计制度。改革开放以来，我国积极探索对原国民经济核算体系进行改革，国家统计局会同财政、银行等部门，参照联合国制定的“国民经济核算体系”和西方国家的“国民经济核算体系”，制定了新的“国民经济核算体系”。在新的国民经济核算体系中，第三产业已经被包括进来。但由于我国长期没有开展第三产业的统计，同时我国第三产业的发展状况也远比西方国家复杂，因此第三产业的统计难度很大。以至于除旅游产业以外，我国其他第三产业基本都没有开展真正意义上的上规模的体育产业统计。我国各省（区、市）开展的体育产业统计是我国第三产业统计的一个重要的探索和实验，对我国进一步推动第三产业统计具有重要的意义。

第三，各省（区、市）的体育产业统计工作后，都发表了本地区的体育产业统计报告。这是我国第一次发表从量的角度对我国体育产业的现状和发展趋势进行描述的报告，基本准确地分析和描述了本地区体育产业的总体规模、产业结构特征、资产情况、效益情况，并论证了体育产业对本地区经济发展的贡献及体育产业对促进国民经济增长和带动就业的重要作用。各地区体育产业统计报告的发表引起了当地政府的高度重视。这些报告都呈交给了省（区、市）的主要领导，许多领导对体育产业工作专门作了批示，有些地区甚至出台了促进体育产业发展的相关政策。国家体育总局经济司在各省（区、市）体育产业统计的基础上，撰写了《中国体育产业现状调查与研究》报告，并作为国家级课题呈交给有关机构。根据国民经济统计的基本理论以及国内外体育产业调查的经验，我国各省市自治区的体育产业统计结果已足以对全国体育产业整体规模进行估算，建议国家体育总局开展这方面的工作（本课题已对中国体育产业规模进行了估算，见本课题附件）。

2. 部门间的协同合作是体育产业统计工作的重要保证

我国 11 个省（区、市）开展的体育产业统计工作在部门间的协同合作方面进行了有益的探索，获得了宝贵的经验，主要表现在以下两个方面。

首先，上级政府部门的支持是开展体育产业统计工作的重要保证。在国家体育总局的正确领导和指导下，我国先后有 11 个省（区、市）开展了体育产业统计工作。在体育产业统计工作中，国家体育总局对各省（区、市）体育产业统计工作提供了全套的体育产业统计方案（包括体育产业统计报表、体育产业统计方案、体育产业统计指标解释等）、体育产业统计数据库软件和一定的经费支持、技术咨询等。国家统计局在国家体育总局开展体育产业统计方案的研究和论证当中也提供了重要的技术支持。国家体育总局和国家统计局的支持极大地鼓励和支持了各省市的体育产业统计工作。

其次，各省（区、市）开展的体育产业统计工作进行了卓有成效的部门间的合作，取得了良好的效益。北京、天津、重庆、云南、河北等省市与省统计局合作开展本地区的体育产业统计工作。浙江、辽宁、四川、内蒙古则与省企调队合作开展本地区体育产业的统计工作。安徽省则选择与省统计局和工商行政管理局协作。在部门间协作方面，广东省参与的单位和部门最多。省政府专门成立了省体育局和省统计局牵头的“广东省第一次体育产业统计调查办公室”，负责调查工作的组织领导、协调和具体工作的实施。广东省教育厅、省财政厅、省民政厅、省计委、省工商局、省旅游局、省广播电影电视局、省新闻出版局等部门参加了广东省体育产业统计工作。上述省（区、市）体育产业统计过程中，各部门相互紧密合作共同开展体育产业统计工作，部门之间建立了更加密切的联系，建立了体育产业统计的协作网络，为进一步开展体育产业统计打下了牢固的基础，取得了宝贵的协作经验。

3. 我国各省（区、市）体育产业统计方法的经验

（1）不同部门合作的经验

我国体育产业统计远比工业和农业的统计更为复杂，其主要原因在于体育产业跨越多个管理部门，同时体育产业的生产单位情况千差万别。体育产业主要是以活劳动形态呈现的服务性产品为主导的行业，服务性产品的统计一直是我国国民经济统计工作一个比较棘手的问题。因此体育产业统计绝对不能由体育部门单打独斗，因此加强部门间的合作十分重要。从 1999 年至 2005 年我国 11 个省市体育产业统计工作中，不同省市分别同省统计局、省企业调查大队进行了合作，取得了良好的效果。我们认为未来我国体育产业统计工作必须扩大合作范围。

第一，加强和工商行政管理局的合作。加强与各省工商局及各级工商部门合作可以获取在工商部门登记的体育经营性单位的基本信息以及体育产业经营项目信息，有助于体育产业名录库的建立。建立名录库是开展体育产业统计最基础性的工作，只有建立了体育产业名录库才能进行科学的抽样调查和推算，才能真正有效地开展体育产业统计工作。

第二，加强与省旅游局及各级旅游局的合作。宾馆、饭店、度假村属于各级旅游局管理，我国大量健身场馆，如保龄球、游泳池、高尔夫球场等体育场馆设施都分布在这些单位。加强和旅游局的合作可以获得大量兼营体育产业单位的名录和经营信息，甚至可以直接通过旅游局的统计体系发放、回收、审核体育产业统计报表。与旅游局的合作有利于体育产业统计获得更加完整的资料，但旅游部门也可以通过和省体育局及各级体育局的合作，获得门票及体育旅游人数等方面的重要信息，这些信息的获得可以进一步完善我国旅游产业的统计资料。体育部门和旅游部门可以获得双赢的结果。加强和旅游局的合作将是未来我国体育产业统计的一个重要渠道。

第三，加强与省地税局和国税局的合作。加强与税务部门的合作可以获得各类体育

产业生产单位上缴各种税费的资料，获得这些资料可以推算出体育产业生产单位的总收入，并进一步推算出体育产业总产值和增加值。可以将税务部门的资料与体育产业统计的资料进行比对，以进一步验证体育产业生产单位上报资料是否准确，以在一定程度上避免虚报、瞒报的现象。

第四，加强与省民政厅及各级民政部门的合作。体育产业部门的一个最重要的组织特征，就是体育产业部门拥有大量的社团组织。我们可以以是否在省及各级民政部门登记作为一个重要的标准，来确定体育社团的单位名录并对体育社团进行体育产业统计。

其他可能需要合作的部门可能还包括：各省市教育厅、省市新闻出版局、省市广播电影电视局等，通过他们可以对体育培训学校、体育报刊杂志、电视体育频道进行体育产业统计和调查，甚至可以直接从这些部门获得这些单位的统计信息。

(2) 确定体育产业统计名录的经验

确定体育产业统计名录是体育产业统计工作的一个十分重要的环节，有关省市在确定体育产业单位名录方面积累了一定的经验，值得认真总结。

浙江省在2000年开展体育产业统计工作以前，建立了一个重要的制度就是体育产业经营单位在开业时必须到省体育局及各级体育局市场处和市场科登记注册。通过这种方式形成了一个完整的体育产业生产单位名录库。名录库的建立对开展体育产业统计提供了极大的便利，浙江省体育产业统计所进行的准确的抽样和对体育产业的估算都是依据名录库进行的。浙江省是我国11个已开展体育产业统计工作的省市中体育产业统计工作最为规范的省份之一。

天津市在体育产业统计过程中充分依据我国首次国民经济普查的有利条件进行名录库的建设。天津市统计局首先将国民经济普查中收录的明显属于体育产业的单位检索出来，之后将不够明确的单位资料反馈给各个县，由各县统计局、工商局等部门进行查实甄别。最后将明确属于体育产业的单位名录提交给市统计局，由统计局最后建成天津市体育产业生产单位名录库。

广东省体育产业统计采取与省工商局合作的方法来建立体育产业生产单位名录库。采取的方法主要是通过省工商局及各地市、区县工商局将从事体育物质产品和体育服务产品的生产单位全部检索出来，再根据生产单位的产品门类分成不同的产业。

以上三种方法在建立体育产业名录库过程中都发挥了一定的作用，值得未来全国体育产业统计进行借鉴。

(3) 我国各省（区、市）体育产业统计实施调查的经验

由于我国体育产业横跨第二、第三两个产业部门，又涉及多个行业，各省（区、市）的体育产业统计不可能采取全面普查的方法。因此许多省（区、市）根据本地区体育产业分布的特点，对体育产业的不同生产单位采用了全面调查、抽样调查和重点调查相结合的调查方法。以浙江省体育产业统计工作为例，在2000年浙江省体育产业统计过程中，对不同的行业部门采取了不同的调查方法。

全省体育行政、事业单位和体育系统所属的体育服务、体育用品销售等单位（近200家）相关数据的搜集，由体育系统布置全面调查，各市体育局交各市企业调查队进

行数据审核和处理。

体育服务业的专营和兼营单位（4000多家）调查，从体育系统对体育服务单位年检、审核资料中确定调查名单，由企业调查队进行全面调查。

体育用品专营生产单位从省统计局2001年基本单位统计年检名录库中检索出名单（360多家），由企业调查队进行全面调查。

体育用品专营生产的个体户（361家），从省企业调查队的全省规模以下工业名录库中检索产生，由企业调查队进行全面调查。

体育用品的批发、零售专营企业（270多家），从省统计局2001年基本单位统计年检名录库中检索出名单，由企业调查队进行全面调查。

兼营体育用品生产的企业，从省统计局2001年基本单位统计年检名录库中选择，在浙江与体育用品制造业相关性较强的服装制造业、皮鞋制造业、皮包制造业和橡胶靴鞋制造业等行业的7600多家企业，采用分层随机抽样的方法，由企业调查队进行抽样调查，精度控制在95%。

兼营体育用品批发、零售的企业，由各市企业调查队在市区和所属县重点选取综合性的百货批发和零售企业进行调查，即采用重点调查的方法。

对专营、兼营体育用品销售的个体户，采用由各市企业调查队选取专业市场进行重点调查，义乌小商品市场、杭州文化体育用品市场等作为重点调查对象。

对不同的产业门类采取不同的调查方法是今后我国体育产业统计应当贯彻的基本原则。在体育产业统计过程中，不同省市积极创新和探索调查方法，值得认真总结。如辽宁省在体育产业统计过程中探索了一系列具体有效的方法。

• 边调查边核实单位的方法。辽宁省在体育产业统计过程中首先通过省基本单位普查中心检索出5000家单位作为体育产业统计对象。但体育产业生产单位的布局情况远比省基本单位数据库记录的情况更为复杂，为此辽宁省在体育产业统计过程中采取了边调查边核实的方法补充和完善体育产业生产单位名录。经过核查共新增加单位102家，完善了辽宁省体育产业生产单位名录库。

• 直接调查的方法。辽宁省体育局和企业调查大队为了确保体育产业统计的效果，采用了直接调查的方法。所谓直接调查的方法是指企业调查大队培训调查员，之后调查员直接深入调查单位进行调查。通过这种方式减少了中间环节，提高了调查的准确性。在调查中辽宁省还采取了两个行之有效的方法：其一，大连是辽宁省体育产业大市，大连市在体育产业统计过程中聘请了街道办事处的统计员，参与体育产业统计和调查。由于街道办事处统计员对街道辖区内的单位分布极为熟悉，确保能够将体育产业生产单位完整地统计出来。其二，聘请辅助调查员。辅助调查员一般都是县区统计局的干部，具有丰富的产业调查经验可以协助调查员的工作。

• 加强对体育产业统计全过程的监控。辽宁省在体育产业统计过程中十分重视对体育产业统计质量的监控，主要措施包括：加强培训、市企调队自查、省企调队抽查、加强报表“三审制”、奖惩制、专项考核、直接调查、与专家一起评估论证结果。在抽查和复查过程中，各地级市一般按10%~20%的比例进行复查。

4. 各省市体育产业指标体系及统计报表的设计经验

我国 11 个省市开展的体育产业统计工作大多采用了国家体育总局体育产业统计专家小组研制的体育产业统计指标体系和统计报表进行的。国家体育总局体育产业统计专家小组设计的体育产业统计指标体系及统计报表具有以下特点。

首先，体育产业统计的目的十分明确。专家小组确定的我国体育产业统计的目的包括：（1）我国体育产业统计必须实现对我国体育产业的生产总量的分析，能够基本论证清楚体育产业在我国国民经济发展中的地位。（2）能够基本完成我国体育产业业态的分析，明晰我国体育产业的结构特点，包括不同产业门类在体育产业总体中所占比例、体育产业地域分布、体育产业私有制结构等。（3）能够分析我国体育产业经营状况、资产情况、发展潜力、从业人员情况等方面的问题。（4）能够基本了解我国体育产业生产单位的基本信息。在 1999 至 2005 年我国开展过体育产业统计的 11 个省市自治区这些目的基本已经达到。

其次，体育产业统计指标和统计报表的层次性、逻辑性和条理性十分清楚。国家体育总局专家小组在前期有关成果的基础上进行体育产业统计指标体系和统计报表的设计。体育产业统计指标体系包括宏观指标和微观指标。宏观指标是对体育产业发展状况进行研究分析时采用的指标；微观指标是宏观指标的具体化和操作化，即落实在体育产业统计报表上的指标。在当时的情况下有些宏观指标可以在统计报表上实现，有些则不能实现，需留待以后实现。这体现了体育产业统计指标体系的层次性。体育产业统计报表的逻辑性和条理性也十分清楚。国家体育总局专家小组设计的体育产业统计报表包括单位基本信息、收入指标、支出指标和资产指标四个部分。整个体育产业统计报表的指标层层推进、前后呼应、整体统一，能够基本反映体育产业生产单位的生产情况。

第三，体育产业统计指标体系和统计报表的实用性较强。国家体育总局专家小组设计的体育产业统计报表与企业财务报表和事业单位财务报表紧密结合。体育产业统计报表中的指标数据均可以直接从财务报表中提取。有的指标需要进行累加，但总体上都可以按照单位财务决算表的顺序，按照财务决算表各指标的逻辑关系进行累加。这种方式一方面确保了体育产业统计数据的准确性（尽管我国财务制度也存在一些问题，但目前通过生产单位财务报表进行经济统计是最普遍和相对可靠的调查方法），另一方面也方便调查人员填报体育产业统计报表，提高了体育产业的调查效率。国家体育总局经济司专家小组提供的体育产业统计指标体系经过了系统的研究和论证，反复经过基层单位的试填和论证。

我们认为，国家体育总局经济司专家小组提供的体育产业统计指标体系和体育产业统计报表经过了北京、浙江、辽宁、四川、安徽、内蒙古等省市自治区体育产业统计工作实践的检验。结果证明，国家体育总局经济司专家小组提供的体育产业统计指标体系和体育产业统计报表基本上适用于我国体育产业统计工作的实际，能够基本满足我国体育产业统计工作的需要。

天津市在体育产业统计工作中根据本市体育产业发展的实际，对体育产业统计指标体系和体育产业统计报表进行了有益的探索，在许多方面都有需要总结的经验。

首先，天津市体育产业统计过程中对全部独立核算的法人单位都发放了“法人单位基本情况表”。该报表所列指标除保留了国家体育总局体育产业统计报表基本单位信息以外，还增加了开业、成立时间、零售业企业（经营方式、业态、营业面积）、工业企业规模、是否经营体育业务、经营业务所属领域、经营项目等指标。这些指标对体育产业生产单位的行业分类、建立体育产业生产单位名录库、研究体育产业结构都具有一定的重要意义。

其次，天津市体育产业统计增加了“主要体育用品产量”（体育产业 03 表）和“主要体育用品销售情况”（体育产业 06 表）两张统计报表。这两张统计报表所用指标是实物类统计指标，通过这两张统计报表可以详细统计天津市体育用品的生产情况和销售情况。这是我国体育产业统计指标体系和统计报表设计的一个值得认真总结的探索（表 55）。

表 55　主要体育用品产量（体育产业 03 表）

产品名称	代码	计量单位	产量	
			2001 年	2002 年
甲	乙	丙	1	2
各种篮排足球	010	个		
皮制篮排足球	011	个		
乒乓球	020	万个		
羽毛球	030	万个		
乒乓球拍	040	支		
羽毛球拍	050	支		
网球拍	060	支		
乒乓球台	070	副		
跑步机	080	台		
健身车	090	台		
单人单站位健身训练器	100	台		
多人多站位健身训练器	110	台		
钓鱼竿（不含竹制）	120	支		
各种棋	130	副		
以上未包括的产品请按标准名称在下面填列，代码不用填写				

第三，天津市采取直接要求基层单位上报财务报表的方式进行体育产业统计，这是 11 个省市自治区中唯一一个直接通过财务报表的方式进行体育产业统计的省市。同时天津市体育产业统计又设计了 9 张体育场馆设施统计报表，这些报表中基本都采用实物型指标。对这些指标的作用和有效性尚需进一步分析和研究。

（二）我国各省市体育产业统计工作的主要教训

我国 11 个省市开展的体育产业统计在我国体育产业发展史上是第一次，这项工作已经并且正在有力地促进我国体育产业和体育事业的发展。尽管我国体育产业统计工作取得了一定的成绩，但是仍有许多方面存在不足值得认真总结。但这些问题是前进中出现的问题，总结和分析这些问题丝毫没有抹煞我国 11 个省市自治区体育产业统计工作取得的成绩。

1. 我国各省市在体育产业统计组织工作中的不足

体育产业统计组织工作包括领导体系的建立、统计调查方案的实施以及整个调查统计过程的监控等方面的内容。我国体育产业统计存在最大的问题是缺乏全国整体的领导和监控，造成各地体育产业统计各行其是，在一定程度上影响了统计效果。尽管国家体育总局经济司一直非常重视体育产业统计工作，但在体育产业统计工作中，国家体育总局主要对各地体育产业统计工作提供经费和咨询方面的支持，没有对各省市体育产业统计工作进行整体的管理和监控，在这种情况下各省市自治区在体育产业统计实施过程中存在许多问题。

许多省市在体育产业统计过程中领导重视不够，没有对体育产业统计工作进行整体性的组织和布置，更没有对体育产业统计工作实施有效的监控，投入的人力物力也严重不足。在体育产业统计过程中敷衍应付，没有对体育产业生产单位进行系统的摸底考察，而是想当然地进行统计。结果有些省市连当地重要的职业足球俱乐部、排球俱乐部、篮球俱乐部都没有包括进去，造成体育产业统计中存在大量的漏算内容。个别省市只进行过一次体育产业统计，但随后几年都发布本地区体育产业统计报告，统计报告的结果是依据几年前第一次体育产业统计的结果进行推算。这种推算至少是不严谨的。通过上述途径开展所谓的体育产业统计是不可能得到正确结果的，有的省市得出的结论是体育产业增加值仅占当地 GDP 的 0.07%，就业人口占当地从业人口的 0.03%。这样的数据结果与当地体育产业发展状况严重不符，已经违背了体育产业发展的规律。

许多省市体育产业统计经验不足，对大量个体经济的存在估计不足，在体育产业统计过程中采用了全面调查的方法。但由于个体户游离性比较强，尤其是个体棋牌和台球经营户经营场所不稳定。由于采取全面调查使得调查的难度非常大，同时数据的真实性也存在很大问题，全面调查的效果并不理想。因此今后个体户的调查只能采取抽样调查的方法进行。

在各省市自治区体育产业统计调查当中还有大量单位存在虚报、瞒报的情况，例如大多数企业在填报净利润指标时都是负数，而且数额巨大。如果把净利润与其他增加值数据相加，则增加值都是负数。

各省市在体育产业生产单位的确定上没有完全依据国民经济统计学的理论和方法进行操作，造成各省市在体育产业生产单位的确定上不一致。

2. 我国各省市在体育产业统计口径上存在的问题

体育产业统计口径是体育产业统计的一个十分关键的问题，它直接决定了体育产业统计的结果。我国11个省市在体育产业统计过程中体育产业统计口径不够一致。浙江、辽宁、四川、云南、安徽、内蒙古等省市自治区的体育产业统计基本上采用了国家体育总局经济司确定的统计口径。体育产业统计的范围主要包括：体育服务业（体育健身娱乐业、体育竞赛表演业、体育培训业、体育中介业）、体育用品制造业（体育器材与设备制造业、体育球类产品制造业、其他体育产品制造业）、体育用品销售业（体育用品零售业、体育用品批发业）。

北京在国家体育总局体育产业统计口径的基础上，增加了体育彩票业。广东则增加了各级学校的体育场地、设施(包括各级中、小学及高校中对外经营的部分)、体育行政事业单位(体育系统所属体育行政事业单位)、体育媒体(体育专业报刊、体育频道等)。

一些省市在体育产业统计过程中，提出了一个所谓目前国际上通行的体育产业分类方法。按照这样的方法体育产业的内涵主要包括12项内容：消遣性和参与性体育业(前者指狩猎、钓鱼等体育娱乐活动，后者指各种体育俱乐部，如健美、健身俱乐部等)、体育用品制造业、体育广告业、体育彩票业、体育场地出租业、体育用品及纪念品销售业、体育赛事经营业、体育冠名权经营业、体育场馆等体育设施（含高尔夫球场和滑雪场等）建设业、体育保险业、体育报刊和书籍出版、体育卡片经营业、体育文化展览等。然而所有的省市都没有讲明所谓这一国际上通行的体育产业分类方法究竟源自何处，是什么机构颁布的标准，是否具有权威性（据查最早提出这一分类的是上海统计局，见严秀芳等《对上海体育产业结构框架及统计指标体系的研究》)。更有甚者，重庆体育产业统计竟然按照这一分类标准开展了体育产业统计。重庆市确定的体育产业统计口径则包括：消遣性和参与性体育业、体育用品制造业、体育赛事经营业、体育培训及体育文化展览业、体育中介业、体育报刊和书籍出版及体育卡片经营业、体育彩票业、体育场地出租业、体育冠名权业、体育广告业、体育场馆等体育设施建设业、体育保险业、体育科技、体育旅游、体育用品制造业以及体育用品批发零售业等体育生产、经营、服务的企业（个体)、社会团体和行政事业单位。

不同省市自治区在体育产业生产单位的确定上也存在很大差别。天津市确定的统计对象必须是独立核算的法人单位，这一限制把许多产业生产单位排除在外，使得体育产业许多生产单位尤其是个体经济没有被包括进来。内蒙古自治区在体育产业统计中把统计对象确定为年收入100万元以上的生产单位。由于统计对象存在很大的差异，使得各省市自治区体育产业统计的可比性大为降低。

由于体育产业统计口径的不同造成我国11个省市体育产业统计的内容很多方面不够一致，调查出的结果总体上不具备可比性，造成了我国体育产业统计工作不必要的损失。

3. 我国各省市在体育产业统计指标体系及报表设计方面上存在的问题

我国11个省市自治区在体育产业统计指标体系的设计主要存在以下问题。

首先，各省市体育产业统计指标体系与最后的统计报告并不完全相同，其中许多重要的指标统计报表上有但统计报告上则基本没有对这些指标进行分析。例如，浙江、北京、辽宁、四川、云南、安徽等省市的体育产业统计指标中有门票收入、广告赞助收入、转播权收入、净利润、年末固定资产原值等重要指标，但却没有一个省市的体育产业统计报告对这些指标进行了分析。天津设计了体育用品产量报表、体育用品销售报表、体育场馆统计报表，但在进行体育产业发展状况分析中，基本没有对这些指标进行分析。我们认为投入这样大的人力物力开展的体育产业统计工作，统计报表中的每一个指标都是非常重要的，都是依据我们的调查目的设计的。如果统计报表当中已经设计了，但却没有对这些指标进行分析，这便是一种浪费。

其次，各省市自治区体育产业统计报表填答方式有很大的差别。浙江、北京、辽宁、四川、云南、安徽等省市共有 5 张体育产业统计报表，分别要求体育行政事业单位、体育专营企业、体育兼营企业、体育批零企业、体育个体户等单位和部门进行填答。广东在体育产业统计过程中只用了 3 张报表，分别要求企业法人（包括个体工商户）单位、体育行政事业法人及社团等单位、各级学校等 3 类单位填答。天津市体育产业统计则使用了 11 张统计报表，其中法人单位基本情况表要求所有独立核算的法人单位填答，其余报表则要求 8 类单位填答。对体育产业统计过程中究竟需要用几张报表确实需要认真思考，统计报表过少容易造成填答混乱，不该填的统计报表可能有的单位填了，而该填的可能有的单位又没有填。然而如果报表过多，在体育产业统计布置过程中和体育产业统计过程中同样工作量，同样有可能造成工作量的增加和填答的混乱。究竟应该用多少报表值得总课题组进行深入的研究。

第三，体育产业统计指标的设计仍不够科学。首先，有的省市在体育产业统计过程中设计的体育产业统计指标分析和应用价值一般。如广东体育产业统计报表中的体育场馆规模和体育场馆日人均流量就不够科学，因为这两个指标很难反映体育场馆的资源状况和经营状况。天津市体育产业统计过程中设计了 9 张体育场馆设施统计报表，然而这些统计报表却不能把天津市体育场馆的主要情况反映清楚。包括生产乒乓球、羽毛球的个数等数据也同样意义不大。其次，个别省市在体育产业统计过程中采用要求基层单位直接上报财务报表进行体育产业统计的方法。然而财务报表和体育产业统计报表是有很大差别的，这造成了各省市自治区体育产业统计核算和分析的不便。再其次，各省市自治区在体育产业统计过程中缺乏和国家体育总局的有效沟通。如有些省市设计的体育场馆统计报表没有和总局沟通，而总局在 2003 年就开展了“第五次全国体育场地普查”，调查的指标及调查范围远比各省市全面。

第四，价值类指标较多但实物类指标不足。在 1999 至 2005 年全国 11 个省市体育产业统计过程中，各省市比较重视价值类指标的设计而忽略实物类指标的设计。依据国民经济统计学的有关理论，对一个产业进行统计必须将价值类统计指标和实物类统计指标结合起来，只有这样才能完整地反映一个产业的发展状况。

第五，由于各省市自治区体育产业统计指标和统计报表方面存在的问题，造成各省市体育产业统计报告几乎无法相互比较。体育产业统计报告是体育产业统计成果的一个重要的表现形式。但各省市自治区体育产业统计报告撰写的方法和分析的内容千差万别，几乎无法对各省市自治区体育产业统计结果进行整体性的比较和分析。

五、对我国体育产业统计若干重要问题的思考

（一）关于体育产业的概念界定问题

1. 我国政府部门及学术界对体育产业的概念界定

国家体委于1996年颁布的《体育产业发展纲要（1995—2010年）》没有对体育产业作出明确的概念界定，但把我国体育产业分为三大类别：第一为体育主体产业类，指发挥体育自身的经济功能和价值的体育经营活动内容，如对体育竞赛表演、训练、健身、娱乐、咨询、培训等方面的经营；第二指为体育活动提供服务的体育相关产业类，如体育器械及体育用品的生产经营等；第三类指体育部门开展的旨在补助体育事业发展的其他各类产业活动。

目前我国关于体育产业概念的界定大体上有以下四种观点。

第一种观点认为，体育产业是以活劳动非实物形态向社会提供各类体育劳务（服务），其产业主体是体育综合服务业。包括体育场馆服务业、体育竞赛和体育表演服务业、体育咨询培训服务业和体育医疗与康复服务业等部门。

第二种观点认为，体育产业是体育系统为经营创收而兴办的各种产业。

第三种观点认为，体育产业是社会主义市场经济条件下运行的体育事业。

第四种观点认为，体育产业是由体育部门主办的向社会提供体育运动物品和服务的经济组织，目前我国多数学者持这种观点。

2002年，国家统计局对《国民经济行业分类》进行了重新调整。与以前的《国民经济行业分类》相比，体育产业已被从卫生、体育和社会福利业中调整出来，与文化和娱乐构成文化、体育与娱乐业。然而国家统计局并未对体育产业进行概念界定，同时属于体育产业的惊险体育活动（跳伞、滑翔、蹦极、攀岩、滑道等）、划船、滑沙、模拟滑雪、台球、飞镖、钓鱼等体育活动被列在娱乐业之中。

2. 本课题对体育产业的概念界定

（1）体育产业概念界定的学科依据。对于“产业”一词，不同的学科有不同的解释，显然对体育产业进行概念界定必须有准确的学科依据。《辞海》对产业给出的三种解释是：其一，指私有的土地、房屋等财产。这是从法学的角度来解释的。其二，指各种生产、经营事业。这是从管理学的角度来解释的。其三，特指“工业”，这是从历史和政治经济学的角度来解释的。在古典经济学中，“产业”的主要内容是指农业、工业、建筑业和交通运输业等物质资料生产部门。对产业概念进行界定只能从产业经济学

这一应用经济学学科的视角来进行，体育产业也不能例外。产业经济学对“产业”的界定主要服从于以下两个方面的经济分析需要。

第一，服从于企业市场关系分析的需要。将企业划分为不同的产业，是为了便于分析同一产业市场上企业间的垄断与竞争态势。为此，“生产同类或有密切替代关系的产品或服务”是界定不同企业产业归属的基本标准。在这种情况下，“产业”是指“生产同类或有密切替代关系的产品或服务的企业和组织的集合”，这就是产业组织中的“产业”界定方法。

第二，服从于社会再生产过程中大类部门之间、制造业各工业部门行业之间以及行业内各中间产品之间的均衡状态的分析需要。产业经济学将经济分析深入到社会生产、再生产过程内部，分析各种具体生产和具体需求之间、中间需求与中间供给之间、最终需求与最终供给之间，以及各部门之间的“结构”均衡状态中，来寻找总量失衡的具体原因。正是这种“结构”分析需要，才将各企业按一定特性分成“产业”。出于这种分析需要，产业经济学把产业界定为“具有使用相同原材料或相同工艺技术或生产产品用途相同的企业和组织的集合”，这就是产业结构理论中“产业”的界定。使用相同材料或相同工艺技术主要是第二产业各产业门类的基本特征，而生产产品用途相同则是第三产业各门类的关键要素。

此外,产业经济学认为,产业的界定必须遵守国民经济生产活动的同一性原则(生产活动的同一性是指经济活动成果的同一性,即所生产的货物和劳务的性质与社会功能相同)。

通过以上分析可以看出，产业经济学对产业进行界定主要遵循以下原则。

首先，产业经济学作为应用性经济理论，对“产业”边界界定的立足点，主要侧重产业研究的现实实用性和可操作性，而不仅仅拘泥于理论的严密性。

其次，产业是生产企业和组织的集合，是生产同类产品或相同用途产品的企业和组织的集合，或是使用相同材料或相同工艺技术的企业和组织的集合，这是界定产业的最基本的原则。这一原则也是国民经济同一性原则的基本内涵。

第三，产业的界定要服从产业研究的需要，依据不同的研究目的，产业可以有不同的界定方法。既然可以有不同的界定方法，也就有不同的分类方法。目前主要的产业分类方法包括：三次产业分类法、生产结构分类法、标准产业分类法、资源集约分类法等。因此在产业研究过程中，并没有统一的产业界定标准。

⑵ 本课题对体育产业的概念界定。本课题遵循以下原则对体育产业进行概念界定。

第一，国民经济的同一性原则。对体育产业的概念进行界定必须遵循国民经济的同一性原则。体育生产的社会功能是为了满足居民参与体育活动和观赏体育比赛和表演的健身与娱乐需求，体育的生产是围绕这两类社会需求展开的。为了实现这样的社会功能，体育生产必然不同于一般的物质产品生产的综合性的生产活动，必然包括物质产品和服务产品的生产，是物质产品生产和服务产品生产的统一。因此凡是围绕满足人们参与体育活动和观赏体育比赛和表演需求的体育产品生产活动均属于体育生产活动。从事体育产品生产活动的单位和组织的集合就构成了体育产业系统。判断一个单位或组织是否属于体育产业，不是依据行政隶属关系，而是看进行体育产品生产的企业和组织是否符合体育生产同一性原则。

第二，国际统一性原则。目前尽管各国对体育产业的界定存在很大差异，但世界主要体育产业发达的国家体育学者均将体育健身娱乐业、体育竞赛表演业、体育用品业制造业、体育用品销售业、体育场馆服务业包括在体育产业的范畴之内。因此本课题认为，应当坚持国际统一性原则，将上述产业列为体育产业主要构成部分，这种界定也方便未来的国际比较研究。

第三，避免重复统计原则。体育产业统计的目的在于论证体育产业在国民经济发展中的地位和作用，因此在体育产业统计过程中必须明确体育产业的界限，同时必须尽量避免重复统计。为此本课题对体育产业的界定将体育服务业（包括体育健身娱乐业、体育竞赛表演业、体育培训业、体育场馆服务业、体育中介与代理业）、体育用品制造业、体育用品销售业作为核心产业，与其他产业在统计上有冲突的产业门类，如体育保险业、体育旅游业、体育科技开发业、体育彩票业、体育传媒业、体育教育业、体育建筑业等，都没有包含在体育产业之中。

第四,按照产业经济学产业界定的原则对体育产业进行界定。首先,按照产业经济学“产业结构”分析的理论和方法,将体育产业看成是“生产产品用途相同的企业和组织的集合”,即体育产业是为满足人们观赏体育比赛与表演以及为满足人们参与体育健身活动而从事体育产品生产的企业和组织的集合。其次,坚持可操作性,不拘泥于理论的严密性。

依据上述原则，本课题对体育产业作如下界定：体育产业是指为满足人们观赏体育赛事与表演活动以及参与体育健身活动需求而从事体育产品生产的组织和部门的集合。体育产业包括体育服务业和体育用品制造业，其中体育服务业包括体育健身娱乐业、体育竞赛表演业、体育培训业、体育用品销售业和体育中介业（图 11）。

- 体育产业
  - 体育服务业
    - 体育健身娱乐业
      - 体育场馆（含综合性体育场馆、游泳馆、乒乓球馆、健身房、保龄球馆、高尔夫球场、网球场、溜冰场等各类场馆）、惊险体育活动
    - 体育竞赛表演业
      - 运动项目管理中心和协会
      - 职业体育俱乐部
      - 体育运动训练基地
      - 体工大队
    - 体育培训业
      - 体育培训与教育（含正规体校、业余体校、民办体校等）
    - 体育中介业
      - 体育中介机构
  - 体育用品制造业
    - 体育器材与设备制造业
    - 体育球类产品制造业
    - 其他体育产品制造业
  - 体育用品销售业
    - 体育用品批发业
    - 体育用品零售业

图 11　体育产业的体系结构

这种概念界定解决了以下问题。第一，与世界主要体育产业发达国家体育产业的界定基本一致，便于未来进行国内外体育产业的综合比较研究；第二，具有现实可操作性。本课题体育产业的概念界定充分考虑了国家统计局《国民经济行业分类标准》，以及我国体育产业统计工作的现实需要。体育产业的体育服务业包括了《国民经济行业分类标准》中体育类（代码 87）的体育组织（8710）和体育场馆（8720），本课题对我国体育服务业的细分也比较适合于我国体育产业发展的实际。体育用品制造业（代码 242）、体育用品批发业（624）和体育用品零售业（634）在《国民经济行业分类标准》中也相对完整，其相关数据可以从国民经济核算结果中分离。在未来我国体育产业统计过程中，不会遇到太大的问题。本课题的体育产业的界定及对体育产业的细分经过 1999 至 2005 年全国十几个省市自治区的体育产业统计工作实践的检验，结果证明其具有较强的可操作性和应用性。

（二）关于体育产业分类问题的思考

体育产业分类是在对体育产业进行准确界定基础上的进一步细分，是进行体育产业统计和研究的基础。只有对体育产业进行科学的分类才能对体育产业进行系统全面的统计和分析，才能运用国民经济统计学和国民经济核算理论对体育产业的总量、体育产业生产结构、体育产业生产效益等问题进行系统和完整的研究。

1. 我国体育产业分类的基本原则

根据我国体育产业统计的任务和目的以及我国体育产业发展的业态特点，本课题依据国民经济统计学和国民经济核算原理等相关理论，提出我国体育产业分类的基本原则。

首先，我国体育产业分类必须准确地反映中国体育产业发展的业态特点。由于西方发达国家在中央政府或联邦政府中体育部门的权力较弱，个别国家甚至在联邦政府中没有设立体育管理机构，因此在体育产业分类上主要罗列社会企业部门，同时门类也比较少。这种情况与我国正好相反。我国体育产业的业态特点是政府在我国体育产业发展中发挥重要的作用，其中尤其是附属于国家体育行政机构的事业单位掌握大量的体育产业资源，是我国体育产业的重要组成部分。因此我国体育产业分类必须充分考虑这一因素，按照中国国情，除充分考虑社会企业部门以外，必须充分考虑我国体育事业单位部门的分类，并将体育事业单位完整地包括进去。

其次，在体育产业分类中必须坚持国民经济的同一性原则。坚持国民经济的同一性原则是国民经济统计和国民经济核算的最基本的要求。依据国民经济同一性原则，一个生产单位能否核算在体育产业门类之中，主要看其是否具备三个条件：一是具有一个场所，从事一种或主要从事一种体育经济活动；二是单独组织体育生产、经营或业务活动；三是掌握体育生产与经营收入与支出的会计核算资料。我国体育产业统计分类必须落实到具体的体育产业法人单位和体育产业生产单位。

第三，我国体育产业的分类必须坚持通用性和可比性原则。我国体育产业的分类应当在总体上依照我国国民经济行业分类的标准和要求进行，尽可能向联合国的国际标准产业分类（ISIC）和我国国民经济标准产业分类靠拢。但同时我国体育产业分类又必须充分考虑我国体育行政机构的实际工作需要，尽可能满足我国体育产业政策制定、战略规划制定、体育产业监控与管理、体育产业市场分析的需要。此外，同时我国体育产业分类应当汲取各国体育产业分类的经验，将各国广泛认可的体育产业门类包括进来。这样将有助于体育产业的国际比较。

第四，我国体育产业分类必须坚持准确性原则。体育产业分类必须符合产业经济学、国民经济统计学、国民经济核算原理的基本要求。这些要求包括：首先，体育产业的具体门类必须具有排他性，不能互相包容。其次，不同的产业门类的名称必须反映生产与经营活动的具体内容，必须有明确的概念界定、包含的范围的界定等，而不能是抽象概念。第三，体育产业分类必须能够反映不同体育生产与经营活动的固有特征。

第五，我国体育产业分类必须坚持全面性原则。体育产业分类的全面性原则包括三个层次的含义：一是体育产业分类应当包括体育经济活动分类和体育产品分类两大类。体育经济活动分类强调按照体育经济活动的相似性将相同或相近体育经济活动的生产单位划分在一起；体育产品分类是按照体育产业生产单位提供的体育产品（包括物质产品和服务产品）进行的分类。体育产品分类对体育产业统计和分析十分主要，尤其对体育用品制造业和体育用品销售业尤其如此。将来我们可能通过商务部的“类值表”统计体育用品的销售情况，体育用品的类值表实际上就是一个体育用品的产品分类表。目前体育产品分类尚未开展工作，这需要引起总课题组的高度重视，一定要在后一阶段完成这一重要的任务。二是体育产业分类应能够基本涵盖体育产业的所有单位和组织而没有遗漏。三是体育产业分类的设定应当能够满足对体育产业进行长期跟踪调查的需要。

2. 建立我国体育产业统计指标体系的基本原则

全面性原则。首先，体育产业统计的目的是要对体育产品的生产、分配、消费和积累的整个过程进行考察，因此体育产业统计指标必须包含体育产品的生产、分配、消费和积累的全部内容。其次，统计指标还要满足对体育产业的产品总量、体育产业内部的投入与产出结构、体育产业与其他产业的结构关系分析的需要。第三，体育产业统计指标必须能够涵括体育产业的所有内容，并且这些内容能够被公认是体育产业应当涵括的内容。第四，体育产业统计指标应当包含实物型指标和价值型指标。

准确性原则。体育产业统计指标必须符合产业统计指标的基本要求。这些要求包括：首先，产业统计指标必须是可以用数据表达的指标。其次，产业统计指标必须反映生产与经营活动的具体内容，而不能是抽象概念。第三，产业统计指标必须有明确的概念界定、包含的范围的界定、计量单位和计算方法等。第四，体育产业统计指标必须能够反映体育生产与经营活动的固有特征。

通用性原则。体育产业统计指标必须符合我国国民经济核算体系的要求，与我国国民经济核算体系接轨，与国际化的趋势接轨。同时我国体育产业统计指标也应当体现出西方发达国家体育产业统计指标的基本特征。因此，一方面体育产业统计指标要采用我国各产业通用的指标，另一方面所设计的体育产业特有指标也能够融入我国国民经济核算体系，以便于和其他产业的比较。

整体性原则。在体育系统会计核算制度改革的前提下，体育产业统计指标应当尽可能和体育系统会计核算体系相一致。指标体系要前后连贯，要有逻辑性和条理性。

长期性原则。体育产业统计指标的设定应当能够满足对体育产业进行长期跟踪调查的需要。

（三）构建我国体育产业统计指标体系的主要建议

首先，我国体育产业统计指标体系应当体现出明显的层次性，即我国体育产业统计指标应当包括宏观指标和微观指标。体育产业统计宏观指标是指对体育产业的发展现状进行整体分析和研究时采用的指标，这类指标是在吸收和借鉴我国国民经济分析中通常使用的宏观指标的基础上总结出来的。对体育产业发展现状进行整体分析时，分析的主要内容应该包括：我国体育产业的总量情况、生产结构情况、生产效益情况、我国居民体育消费情况、体育产业在国民经济发展中的作用、就业情况等。对这些问题的分析都应当主要通过宏观指标来完成。关于宏观指标，本课题在北京体育大学林显鹏教授《关于建立我国体育产业统计指标体系及实施方案的研究》的基础上，进行了一定的完善并提出了我国体育产业统计宏观指标的框架结构。体育产业统计微观指标是宏观指标的具体化和操作化，是落实在体育产业统计报表上要求基层单位填答的指标。

其次，未来我国体育产业统计中，体育用品销售业有可能采用中国商业联合会信息部（中华全国商业信息中心）的统计网络，通过中国商业联合会制定的若干报表进行。在中国商业联合会信息部制定的类值表中已经包括了运动鞋、体育用品的相对完整的内容，但运动服装没有单列。总课题组需要做的工作，一方面提出运动服装单列的请求并提出具体方案，另一方面要就类值表中罗列的体育用品提出科学的计量指标。在这方面可以借鉴天津市体育产业统计报表中有关体育用品生产和销售的计量指标。

第三，就体育产业的价值类指标而言，国家体育总局经济司专家小组提出的体育产业统计指标基本可行，只是需要在执行不同财务制度单位的统计报表进一步甄别，以使统计报表和统计指标的设计更符合体育产业生产单位的基本情况。只是在实物类指标方面需要投入一定的人力物力进行设计和研究，在此本课题仅就体育竞赛表演业和健身娱乐业提出若干实物类指标作为示例。

第四，体育产业统计指标不能直接使用基层体育产业生产单位的财务报表，而应当根据基层单位的所属会计制度（企业财务制度、事业财务制度、行政会计制度）以及体育产业统计的宏观指标，选取财务报表中的若干指标制定体育产业统计报表。体育产业统计报表中使用的指标要简明扼要，用尽可能少的指标反映比较重要的内容。

第五，体育产业统计报表的制定要根据调查的产业门类来确定，统计报表的数量要适当控制。广东省的体育产业统计报表只有 3 张，显得太少，不同体育产业门类的生产单位在填同一张报表时容易出错。而天津市体育产业统计则使用的报表太多，一共使用了19张报表，基层单位在布置工作过程中容易出错。我们认为，我国体育产业统计过程中体育产业统计报表应当根据产业门类来设计，提高体育产业统计报表的针对性，这样可以方便基层单位的填答。同时应当适当限制统计报表的数量。

(四) 关于我国体育产业统计方法的建议

我国体育产业跨越第二产业和第三产业两大产业门类，属于多个行政管理部门的管理，统计难度可想而知。同时更由于我国目前第三产业统计尚处于摸索阶段，可以借鉴的经验并不多。因此体育产业统计方法需要创新思维，为此本课题初步提出了我国体育产业统计方法方面的若干建议。

1. 必须下定决心建立“中国体育产业生产单位名录库”

建立体育产业生产名录库是体育产业统计的基础性工作，一个完善的全面的体育产业统计名录库能够给体育产业统计工作提供强有力的工具。它极大地方便了抽样调查和对体育产业产值的估算，而这两种方法是体育产业统计中必须采用的方法。

本课题初步设想了建立“中国体育产业生产单位名录库”的基本方法和步骤。第一步，充分利用“全国首次经济普查”建立的名录库，先把明显属于体育产业的生产单位提取出来；第二步，将明显不属于体育产业的生产单位剔除出去，将剩余的生产单位返还给各省市自治区，由各省市自治区统计局会同有关部门进一步将明显不属于体育产业的生产单位剔除；第三步，省统计局、省体育局应会同省工商局和技术监督局，通过工商局和技术监督局登记资料进一步核实体育产业生产单位；第四步，体育产业生产单位名录库要结合全国年度名录库的维护不断地添加和删除有关名录，以维护体育产业生产单位名录库的完整性和准确性。

2. 不同体育产业门类应采取不同的调查方法

我国体育产业包括多个产业门类，它们分属第二和第三两大产业门类，因此对这些产业的统计必须采用不同的方法。具体建议如下。

体育用品销售业。我国商务部从1949年开始就与国家统计局一起对我国商业流通业的销售情况进行统计。2005年中国商业联合会颁布了新的统计制度，通过中国商务信息中心的统计网络对全国的批发业、零售业和流通业的销售和生产情况进行统计。在中国商业联合会颁布的统计报表中，尤其在“重点批发、零售企业商品总值、类值统计月（年）报表（商流1、2表）”中已经将体育用品的主要产品门类全部包括在内（运动服装除外，将来可以争取将运动服装单列）。同时，体育用品销售业的生产情况还可以通过“重点批发、零售商业企业主要经济指标月（年）报表（商流4表）”进行统计。总之，通过中国商业联合会颁布的“重点批发、零售企业商品总值、类值统计月（年）报表（商流1、2表）”“重点批发、零售商业企业主要经济指标月（年）报表（商流4表）”“重点批发、零售企业商品销售情况统计月（年）报表（商流5表）”、“批发、零售贸易企业综合统计年报表（商综年 1 表）”等统计报表，已基本提供我国体育用品销售业的完整数据。这为我国体育用品销售业的统计创造了良好的条件。

体育用品制造业。我国体育用品制造业可以尝试从国家统计局直接获得资料。我国长期以来在制造业的统计方面相对成熟，每年通过层层发放和回收报表的方式对制造业进行系统的统计。但需要和国家统计局协商，使得体育用品制造业的行业分类在国民经济行业分类中更加完整，以相对完整地提取体育用品制造业的统计数据。

体育竞赛表演业。体育竞赛表演业的统计数据可通过国家体育总局和各省市自治区体育局系统进行调查和统计。高水平赛事的统计数据可以通过国家体育总局各运动项目管理中心获得，应当使我国各运动项目管理中心进一步重视和加强数据统计职能。这不仅为我国体育产业统计创造了条件，更重要的是通过这样一种机制提高了这些运动项目管理中心的科学化管理水平。综合性运动会的数据可以通过有关组委会获得。国家体育总局直属事业单位、各省市自治区直属事业单位、体育竞赛相关单位的统计数据可通过国家体育总局和各省市自治区体育局财务或经济管理部门获得。

体育场馆服务业。本课题所指的体育场馆服务业是指按照“一场两馆”标准建立的大型体育场馆群及大型体育训练基地。这些体育场馆一般归各级体育行政机构所有，可以通过这些机构来统计和汇总这些统计资料。

体育健身娱乐业。体育健身娱乐业尽管目前在我国体育产业的整体结构中占的比例不大，但按照体育产业的发展规律，我国体育健身娱乐业具有巨大的发展潜力。对体育健身娱乐业的统计最困难的是体育兼营企业。体育兼营企业的调查存在两个难点，一是兼营企业的名录难以确定；二是兼营企业的统计资料难以剥离出来。本课题认为，可以尝试与国家旅游局及各省市自治区合作，因为我国体育健身娱乐业的兼营单位大多存在于宾馆、饭店和度假村。旅游系统一般对这些单位配备的体育设施都有登记，这样就有可能获得体育健身娱乐业的单位名录。对兼营企业而言，如果不是独立核算单位，至少都有财务明细账，可以通过财务明细账来对这些兼营企业进行调查。

我国体育产业统计在总体上可以与国民经济统计工作同步进行。可以在每 5 年的全国经济普查年对我国体育产业进行普查，在非普查年则可以通过有关部门获得体育用品制造业、体育用品销售业等资料。体育竞赛表演业、体育场馆服务业可以通过我国体育行政机构的统计网络层层上报体育产业统计资料。而对于体育健身娱乐业则可以采取抽样调查结合推算的方法，获得当年的统计数据。

3. 我国体育产业统计必须坚持“抓大放小”的原则

我国体育产业统计坚持“抓大放小”的原则十分重要。坚持“抓大放小”的原则有三层含义：其一，将体育专营机构、体育竞赛表演业生产单位、大商场大商店作为调查重点，这些单位是体育产业生产价值的主要提供者，它们提供的产值占据体育产业总产值和增加值的绝大多数。抓住了它们就抓住了体育产业的根本。例如，在许多城市体育用品的销售主要集中于有限的几个大商场，这些商场的体育用品销售额要占到这些城市的 70%以上。其二，对个体户、小型商店也并不是要放弃，而是在掌握个体户、小商店大体数量的基础上进行抽样调查或估算的方法进行统计。我国 11 个省市自治区体育产业统计工作的实践证明，对个体户绝对不能采用全面调查的方法，而只能采用抽样调查的方法。其三，我国体育产业主要集中于大城市。例如，在辽宁省体育产业统计过程中，沈阳和大连创造的体育产业增加值占据了辽宁省体育产业增加值的 70%以上；四川省成都市创造的体育产业增加值占据四川省体育产业增加值的 40%。因此，我国体育产业统计必须以大城市为重点进行调查，同时三大经济带也应当成为体育产业统计的重点。而对小城市尤其是一般的县城则没有必要进行深入细致的调查。

对于一些单位虚报瞒报的现象可以和税务局合作，采取税率推算的方法核查生产单位上报的数据。掌握税率一般可以推算出企业的主营业务收入，获得主营业务的收入数据就可以推算出这个企业的总产值、增加值等数据指标。通过税率探索也是对体育产业统计报表进行审查核实的有效方法。

4. 根据不同地区体育产业的业态特点有针对性地调查

我国不同省市自治区在体育产业的发展形态上有很大的差别。浙江省是体育用品制造业的大省，其主要特点是体育用品制造业的个体户数量庞大，同时浙江省也是一个文化、体育专业市场比较发达的省份；而辽宁省属于传统老工业基地，体育用品的生产是由企业来完成，个体户的数量有限；北京则是以体育服务业和体育用品销售业为主。因此，体育产业统计必须根据不同地区体育产业发展的业态特点，采取不同的方案进行有针对性的调查。

林显鹏

第五章 中国体育及相关产业统计分类研究

一、关于“体育及相关产业”概念界定问题的研究

体育产业的界定是进行体育产业统计工作的前提。当前，通过对国内外诸多观点的综合比较，特别是课题组连续召开的若干次重要会议，我们对体育产业的界定研究已经逐步清晰，最终形成了关于产业界定问题的关键性结论。这里，本课题组将从体育及相关产业分类的工作角度，对体育产业界定进行归纳总结。

（一）以往国内体育产业界对体育产业概念的认识

目前我国关于体育产业概念的界定大体上有以下四种观点。

1. 广义的体育产业

迄今为止，尽管国内外学者以“宽口径”的方式界定体育产业时确有多种陈述，但产业外延广义化的共同点却相当明显。“广义的体育产业”的典型表述是：与体育有关的一切生产、经营活动部门的总和，其产品包括体育物质产品、体育服务和劳务产品；其基本行业部门包括了健身娱乐业、竞技观赏业、体育用品业、体育传媒业、体育博彩业、体育广告业、体育饮品业等。原国家体育总局局长伍绍祖同志在 1995 年的全国体委主任会议上所作的《加快体育事业步伐，促进体育事业发展》的报告中又进一步将体育产业扩大，将体育产业概括为体育主体产业（指由体育部门归口管理的，发挥体育自身价值功能的，以提供体育服务为主的生产和经营活动的总合）、体育相关产业（指与体育有关的生产、经营活动，如体育场地、器械、运动服装、运动食品、体育广告、体育传媒等）和体办产业（指体育部门为创收和补助体育事业发展而开展的体育主体产业以外的各类生产、经营活动）的集合所构成。

这类观点的持有者主要是从两个方面作为其思维基点。一是倡导将体育市场的主客体（生产者和消费者）均归入体育产业的范畴。认为体育消费根本上决定了体育产业，体育产品生产也涉及有形物质的消费，因此体育产业应该包含生产物质产品和服务产品的行业部门；二是以政府部门工作的实际需要，围绕着体委系统创收途径的实际状况和创收目的，认为能够为体委部门获取经济利益并提供经费支持的各类产业均应归入体育产业的范畴。

2. 体育产业的体育事业说

有学者认为，体育事业包含了体育产业，或称体育产业是社会主义市场经济运行体制下的体育事业，它是体育事业由传统的计划经济转到社会主义市场经济体制下的称谓。持这类观点学者的思维基点有两个。一是将体育事业的概念范畴置于体育产业上一个层次来认识。认为在现代社会里，体育是人们从事由一定目标、规模、组织和系统活动构成的一种事业，亦即体育产业，体育的生产、经营活动符合这种活动的特性；二是将体育产业作为体制转型过程中体育事业功能延伸的一种形态，认为在计划体制下，发展体育事业只是考虑如何尽可能地增加传统意义上业务成果的产出，如竞赛场次、参加人数、参加比赛的奖牌数量和达标等。而在社会主义市场经济体制下，发展体育事业除了要追求“一次产出”外，还要追求“二次产出”，即把初次产出并且有良好社会效益的业务成果再转化为可以用实物形态和价值形态计量的经济效益，体育产业只是社会主义市场经济体制下运行的体育事业。

3. 体育产业的体育事业可盈利部分说

有的学者从实用性的角度提出了体育产业就是体育事业中可进入市场并可获得经济利益的那部分经济活动的总合，将此类提法简称为“体育产业的体育事业可盈利部分说”。持这种观点的学者将体育产业作为过程概念来处理，认为任何产业都是市场中真实存在的商品货币关系，没有市场，产业是不存在的。同时，又认为体育产业是否属于第二产业和第三产业或是混合产业并不重要，重要的是到底有哪些内容可以实实在在地进入市场，并能够切实盈利。

4. 狭义的体育产业——体育产业就是体育服务业

体育产业是生产和提供体育、运动服务或劳务产品的企业集合，或称以劳动形式向全社会提供各类体育服务的行业总合。包括健身娱乐业、体育竞赛表演业、咨询培训业、体育旅游业、体育经纪业、体育博彩业。其基本特点，是强调了产品的非实物性，以劳务或服务的“活动”形式存在，并提供满足人的身心等方面需求的使用价值，生产过程是消费者直接参与并享受的过程。持此类观点的学者的主要思维基点有两个。一是A.Fisher 等人提出的三次产业法是界定产业属性的重要依据，将体育产业定位在生产劳务或服务产品的行业第三产业范畴里，符合经济学原理；二是体育产品与生产的投入品之间有质的区别，两者不存在替代性，只存在互补性，故不能将它们视为相同产业生产的产品。有时，这种意义上的体育产业又称为体育本体产业。这种观点认为，体育产业是以活劳动非实物形态向社会提供各类体育劳务（服务），其产业主体是体育综合服务业，包括体育场馆服务业、体育竞赛和体育表演服务业、体育咨询培训服务业和体育医疗与康复服务业等部门。

这些观点都从一定的理论和实用角度对体育产业概念的界定作出了部分解释。然而，与当前我国体育产业不断发展变化的现实状况比较，特别是与本次针对我国体育产业

“统计分类”的实际要求比较，这些观点在认识和可操作性方面，都存在一定的偏差。

（二）对上述观点的辨析

“广义的体育产业”将生产物质产品的企业纳入体育产业的范畴，明显存在外延泛化的问题，有悖于上述产业经济学对产业划分的标准和逻辑学规则。（1）物质产品与服务或劳务具有完全不同的产品属性，彼此间没有替代的可能，故两类产品不符合同一商品市场的产业划分标准。例如，运动器械、运动服装等与可供观赏的动作技能组合的服务类产品因产品属性不同而具有不同商品市场的特征。（2）物质产品与服务或劳务产品在生产技术和工艺上存在着显著差异。大多数物质产品是根据某些机械或机电原理以及相应的程序生产的，而可供观赏的动作组合的服务类产品则根据解剖、生理、力学和训练学等原理，并通过人的身体运动生产的产品，两者在生产的技术和工艺方面的非相似性，也不符合第二层产业分类的标准。（3）生产物质产品的部门与提供服务或劳务产品的部门也不符合 A.Fisher 提出的三次产业分类法的要求。若按“广义的体育产业”的思维逻辑来演绎，则会得到一个非常荒谬的结果，即体委系统开办的运动器械企业、宾馆、农场等均可纳入体育产业（所谓的相关产业和体办产业），那么，房地产业、制药业等部门投资开办的职业体育俱乐部也就自然可纳入房地产业或制药业。如此类推，便得到体育产业可以无所不包，同时，它又可以被其他产业部门所包含的错误推论。由此可见，“体育产业外延的广义说”既不符合经济学原理，也与逻辑学规则相悖。

“体育产业的体育事业说”存在着概念关系不明，并且与现行实际改革不符的问题。任何学科的研究概念均有其特定指涉的本质内涵和相对明晰的外延结构。也就是说，研究概念的产生均以特定的有形现象或抽象内容为基础，以高度提炼的方式予以实现的一种概括。若将体育产业与体育事业置于同层次来考察，它们的内涵与外延均有着明显的差异，属全异关系的概念，即产业是同类经济活动的总合，事业是创造公益性、福利性公共产品的组织单位的集合。两者之间有着如下不同的特征。（1）从最终追求的目的来看，体育事业创造社会公共产品，其最终目的是凸显社会效益；体育产业所生产的是体育、运动服务或劳务产品，以及衍生的无形资产，其最终目的是通过市场交换，最大限度地实现经济效益。（2）从运行机制来看，体育事业的基本运行机制是由政府统一规划，在国家财政支持下，由各级行政部门统一步骤、统一管理的方式进行的；体育产业的运行机制则是按照供需关系的市场交换规则进行的，亦即“生产—供应—需求”的经济机制。（3）从组织形式来看，体育事业是由自上而下且隶属关系清晰的行政组织系统构成的；体育产业则以分散的且又是独立的（或相对独立的）经济实体构成的。（4）从投资主体来看，体育事业的投资主体是政府；体育产业的投资主体可以是国家，可以是个体，也可以是多元联合体。认同“体育产业的体育事业说”的学者从实际需要的角度（即体育产业最终目的是为体育事业服务的或体育事业在体制转型时需要实现经济效益的目的）论证“体育产业的体育事业说”的思维逻辑势必带来为政府部门或事业单位从事经营活动合理化，以维护已有利益格局之嫌。若从此角度出发，则现行体制改革或制度创新活动中的政府部门与其经营单位的分离都是多余的。事实上，现行体制创新活动在当今体制改革中是如此的重要，它从根本上划清了事业与产业的界线，明晰各自的结构和职能，彻底改变政企不分所带来的制度腐败，从而对社会发展和经济增长起到重要作用。

“体育产业的体育事业可盈利部分说”至少存在两方面的缺陷。一是概念的定义不完全性，事物性态的过程描述，并非就是事物的本质属性。持“体育产业的体育事业可盈利部分说”的学者从实用主义的角度将事物发展过程中的现象作为事物的本质来认识，显然具有不全面性，就好比有 4 个轮子在路上跑的是汽车，而停在车库里的汽车就不能称之为汽车一样。另一方面，这种界说排斥了原来体育事业中没有的但现确已成为体育产业构成部分的产业部门。换言之，排斥了在社会发展中为适应需求结构变动所产生的新兴的具有体育原生属性的产业部门，诸如现代保龄球服务部门、高尔夫球服务部门等。二是产业划分类型和层次的边界不清。“体育产业的体育事业可盈利说”在判定体育产业的外延结构时，并未注重第二产业和第三产业的划分规则，而是将获取经济利益作为唯一标准，以此为思维逻辑来认识体育产业，则必然回到“体育产业外延的广义说”的路径上，存在与此类界说相同的问题。

“狭义的体育产业说”较符合产业经济学理论和逻辑学的规则，首先，将生产和提供体育、运动服务或劳务产品的企业作为指涉对象，规定了体育产业的产品属性的同质性，符合“具有某种同一属性经济活动”的产业定义和以相同商品市场为单位的产业划分规则。第二，体育、运动服务或劳务产品的生产过程和技术工艺具有相似性，即都是以人体运动为基本要素，都具有相类似的生产所需的投入品，如运动设施、设备，都需按解剖、生理、力学等原理和规则生产体育产品，因此，符合以技术、工艺的相似性为依据的产业划分标准。第三，以活劳动的形式生产或提供体育、运动服务或劳务产品的产业是符合 A.Fisher、C.Clark、S.Kaznets 等人创立并发展的三次产业分类的标准，即体育产业属于第三产业。

然而，将体育产业仅仅定位于体育服务，对于我们制定体育产业统计分类来说，有三个致命缺陷。首先，与国外统计部门的通行做法不符。从分课题《国外体育产业统计研究》报告中，我们可以看到，在已经开始体育产业统计实际工作的澳大利亚、韩国等国家中，体育产业覆盖的范围远远不止体育服务，还包括了体育用品、体育建筑等跟体育密切相关，而且是体育产业独有的产业内容（详见分课题《国外体育产业统计研究》)。其次，与我国体育产业发展现实基础不符。课题组通过对我国代表性省市的实际调查发现，如果仅仅计算体育的服务与劳务，而将体育用品、体育建筑等与体育密切相关的物质产品排除在体育产业之外，无论从产业的实际内容和产业规模方面，都不能全面真实地反映出我国体育产业经济影响的全貌。最后，也是最重要的一点，这种划分与我国统计部门开展的类似产业统计规范不符。从国家统计局 2005 年发布的《文化及相关产业统计》中我们可以看到，文化产业的统计并不排斥物质产品，相反，将其作为文化产业的重要相关组成部分。因此，“狭义的体育产业说”并不符合开展“体育产业统计分类”的要求。

（三）“体育及相关产业”概念界定中遇到的争论性议题

1. “体育产业”与“体育相关产业”之间的关系

研讨过程中，部分专家建议省略“体育相关产业”的表述，而将其内容归类于“体育产业”本身。认为这样做的好处是能够更加明确“体育产业”的范围，从概念的表述上也不容易引起歧义。

2.“体育产业”界定的归属是“活动”还是“组织”

从统计部门的角度出发，更加倾向于在分类概念中使用“活动”的概念。而从产业经济学理论出发，很多学者认为应当从“生产单位”“组织”的角度定义产业。

3.“体育产业”界定的理论起点是“生产角度”还是“产品角度”

部分专家建议只从“生产”的角度确定产业范围，即只能是从产业活动范围进行统计界定；但也有专家建议应当从产品角度确定概念，因此概念中应当明确产品的消费需求内容。

（四）本课题组的分析

借鉴《文化及相关产业分类》和国外相关经验，我们的结论如下。

从体育产业行业分类的范围角度，我们认为，不能仅仅拘泥于“体育产业”，还应当包括“相关产业”。理由是从国民经济统计分类的原则看，行业分类的目的是为了全面反映该产业在国民经济中的地位和影响。因此，为了从产业链的角度观察体育产业活动，并进一步观察体育对社会经济的推动作用，我们建议在《体育产业分类》设置“体育相关产业”的分层，从而把那些为作为体育产业核心层面的“体育服务”的顺利生产而进行投入的产业活动，比如体育用品产业包括在《分类》当中。

从体育产业行业分类的工作任务角度，我们认为，体育及相关产业的界定应明确为“生产活动”而不是“生产单位”。根据我们的调查发现，在当前我国统计部门公布的行业划分中，[①] 明确规定为“体育”的内容远远不足以反映出我们体育产业的真实状况。大量体育产业活动的内容往往仅部分包含于国民经济行业分类的各个子类（比如体育中介活动，就包含于“其他未列明的商务服务”“社会经济咨询”等多个《国民经济行业分类》的行业小类当中）。此外，体育产业统计实践中会涉及大量兼营性活动(如宾馆饭店中兼营休闲健身活动)，即生产单位的行业归属并非体育行业，但其中包含了体

①当前国家统计部门公布实行的行业划分标准为《国民经济行业分类》（GB/T4754/2002）

育产业活动的内容。这两方面的现实决定了我们只有从产业活动定义出发，才有可能真实反映出我国体育产业的状况。从我们了解的情况看，从“生产活动”而不是“生产单位”进行体育产业的界定，也符合国家统计部门进行行业划分的准则。[①]

从体育产业行业分类的标准角度，我们认为，应当从产品角度界定体育及相关产业。首先，从需求角度出发，无论是“参与性”和“观赏性”，这两种需求本身存在模糊和交叉之处。其次，从以往文化产业等产业分类的国家标准来看，也都是从“产品提供”的角度进行划分，比如《文化产业分类》中的文化产业定义为：“为社会公众提供文化、娱乐产品和服务的产业活动，以及与这些活动有关联的产业活动的集合”。第三，在当前体育产品分类的国家标准尚未公布之前，从消费、需求的角度进行产业分类也不切实际。

（五）结论

综合以上分析，我们得出结论：

“体育及相关产业”是指“为社会公众提供体育产品和服务的产业活动，以及与这些活动有关联的产业活动的集合。”

二、关于《体育及相关产业分类》的研究

（一）产业分类综述

1. 产业（行业）分类的概念及其发展

（1）产业划分的概念

对全部经济活动的产业（我国统计部门习惯称之为“行业”）进行划分是国内外国民经济统计广泛采用的分类标准。行业是指从事相同性质的经济活动的所有单位集合。行业分类是按照单位或者劳动者从事的经济活动进行的分类，国民经济行业分类是对全社会经济活动进行的标准分类。

党的十一届三中全会以后，为了适应改革开放和国家对经济管理的需要，国家统计局于1984年颁布了《国民经济行业分类和代码》（GB/T4754—84）国家标准，1985年正式实施。1994年国家统计局和国家技术统计监督局对该标准进行了一次修订，《国民经济行业分类与代码》（GB/T4754-94）于1995年4月1日起实施。最近几年，根据我国产业结构调整的需要和国际交往日益增多、新兴产业的大量涌现以及加入

---

①虽然我们对体育产业的界定中遵从按照“产业活动”进行定义的规律，但是在体育产业统计实际工作中，指标的发放和数据的统计，仍然应当以“生产单位”为统计基础来统计体育产业活动。

WTO 后经济全球化对我国的挑战等新形势，更需要制定一部既能够反映我国现阶段经济活动的分类现状，又能与国际分类进行衔接和转化的国民经济行业分类标准。为此，国家统计局于 2002 年完成了对该标准的第二次修订，并于 2002 年 5 月 10 日正式颁布，定名为《国民经济行业分类》（GB/T4754/2002），这个标准同时也是当年开始正式实施的“第一次全国经济普查”所采用的标准。根据课题组了解，在经济普查过程中，对各个行业，尤其是体育行业的经济普查，基本上依据的就是这个标准。

(2) 产业划分的原则

国民经济行业分类标准是采用经济活动的同质性原则划分国民经济行业。即每一个行业的类别都是按照同一种经济活动的性质划分，而不是依据执行的会计制度或者部门管理等划分。

(3) 单位行业归属的确定

单位行业归属是按照主要活动确定单位的行业。

一个单位从事一种经济活动，即按照该活动确定单位的行业。

一个单位从事两种以上的经济活动，则按照主要活动确定单位的行业。如果无法用增加值确定该单位的主要活动，可依据销售收入、营业收入或者从业人员确定主要活动。

2. 国际标准产业分类的基本要求

由联合国制定的《全部经济活动的国际标准产业分类》（ISIC/Rev.3）规定产业划分的基本原则是经济活动的同质性，而不是按照所有制、所有权、组织类型和操作方法，因为它们与经济活动本身的性质无关。同时，ISCI 将“活动”定义为生产某种产品的过程，一项单一的活动就是生产同类产品的过程。一个单位的活动分为主要活动、次要活动和辅助活动三种，主要活动和次要活动的产品是要在市场销售或者免费提供的，而辅助活动的产品一般是该单位的中间消耗。ISIC 还规定，判断一个单位的产业类别以对其增加值最有帮助的主要活动为主，次要活动和辅助活动一般随主要活动划分产业。

由于世界各国经济发展水平和产业结构不同，各个国家的国家标准产业分类几乎没有相同的。为了国际比较，联合国统计委员会要求各个成员国的国家分类能够与 ISIC 的标准进行转换。目前，在国际上比较有影响的标准产业分类有《欧盟国家经济活动统计分类》《北美产业分类体系》和《澳大利亚与新西兰标准产业分类》。这些分类标准各具特色，分类结构虽然有所不同，但是基本上都可以与 ISIC 衔接和转换。

（二）我国体育产业分类现状

1. 理论回顾

我国体育产业是随着社会主义市场经济体制的建立逐渐发展起来的一个新兴产业。从 1980 年至今，我国体育产业的发展经历了萌芽和成长阶段，人们对体育产业的分类的认识也经历了由混乱到逐步清晰的过程。通过政府主管部门的艰苦工作和理论工作者的不断探索，当前，我国体育产业分类主要形成了以下五种观点。

第一种观点。1995年由国家体委制定的《体育产业发展纲要》（1995—2010）明确提出“现阶段我国体育产业包括三大类别，第一为体育主体产业，指发挥体育自身的经济功能和价值的体育经营活动，如对体育竞赛表演、训练、健身、娱乐、咨询、培训等方面的经营；第二指为体育活动提供服务的体育相关产业，如体育器材及体育用品的生产经营等；第三类，指体育部门开展的旨在补助体育事业发展的其他各类产业活动。”这是我国最早的比较系统的，同时也是官方的体育产业分类。

第二种观点。把体育产业视为提供各类体育物质产品和服务，以满足人民群众多样化体育消费需求的行业。认为体育产业由体育物质产品的生产与经营和体育服务产品的生产与经营这两个部分组成，主要包括体育健身娱乐业、体育竞赛表演业、体育用品制造业、体育彩票业、体育旅游业、体育转播业、体育金融保险业、体育经纪业八大类。国内外大多数研究学者和政府管理部门都倾向于这种观点。

第三种观点。认为体育产业就是提供各类体育服务的行业，是体育服务业的简称。在分类内容上与第二种观点相似，但是不包括体育用品制造业。国内一部分学者赞成这种观点。

第四种观点。认为体育产业是指体育事业中可以进入市场盈利的部分，不包括体育事业中的公益部分。

第五种观点。有学者提出体育产业就是社会主义市场经济体制下运行的体育事业，是社会主义市场经济对体育事业运作方式和产出结果提出了新的、更高的要求。

以上五种分类从不同的视角、不同的层面对我国体育产业的发展现状和行业划分进行了描述。不同分类形式的提出都有其自身合理的成分。然而，如果我们根据国家统计局制定的《国民经济行业分类》（GB/T4754-2002）对体育产业的定位，这五种分类则都难以达到符合国家规范的体育产业指标体系设置和统计的要求。表56中我们可以进一步了解到这五种分类在产业分类中的局限性。

表56　五种体育产业分类的特点比较

分类	优点	局限
第一种观点：《体育产业发展纲要》	统一了认识，分类上有一定兼容性	1. 采用了多种标准分类； 2. 产业的界定不准，范围不清，尤其是“娱乐”的很多方面不适于归入体育产业
第二种观点：产品与服务论	比较客观地反映了我国体育产业发展的实际情况；与《国民经济行业分类和说明》可衔接	1. 在现有体制下，某些行业发展尚未起步，不具统计意义； 2. 行业分类有缺项，如体育场馆业
第三种观点：服务论	其依据为三次产业论，具有一定的可操作性	1. 分类界定范围窄，缺项较多； 2. 统计数据可比性差
第四种观点：营利论	有助于开展统计	与国家颁布的《三次产业划分规定》相悖
第五种观点：事业论	涵盖的范围比较全面	含义界定方法不适合具体统计工作

按照2005年全国体育产业工作会议的提法，“从体育产业的结构情况看，经过十多年的发展，体育产业的结构发生了明显的变化，由过去以体育用品业为主，发展到以体育服务业为核心，即以健身休闲业、体育竞赛表演业、技术培训业、中介咨询业为主，体育用品业等相关产业共同组成的产业体系。”（《抓住机遇，奋发进取，积极推进新时期体育产业发展——张昊同志在2005年全国体育产业工作会议上的工作报告》，2005年6月18日）。我们认为，体育产业的分类中，至少不仅仅包括体育服务的内容，还应该将体育用品、体育建筑等相关产业予以明确。

2. 现行统计制度中的体育产业分类

国家统计制度涉及统计法规、统计标准、统计调查制度和方案、统计填报目录和指标解释五大部分内容。其中，统计法规主要涉及《统计法》及其实施细则、部门统计调查项目管理办法等；统计标准包括国民经济行业分类、三次产业划分规定、经济成分划分标准、企业登记注册类型划分标准、对公有和非公有控股经济的分类、大中小型企业划分办法；统计调查制度也就是统计报表制度，在具体的一些调查制度中，涉及报表填报的问题，由统计填报目录作为补充说明，从而对填报目录进行规范，统计调查制度中所涉及的统计指标，通过统计指标解释对统计指标的含义与口径进行界定。

含体育类指标的共有13个国家统计调查制度。

国家统计调查制度共40个，其中与体育有联系的共22个，直接包含体育类指标的共13个，主要如下。

① 农村社区基本情况调查制度：体育场馆。

② 农村固定资产投资抽样调查方案：文化、体育和娱乐业。

③ 建筑业统计报表制度：建筑业企业房屋建筑完成情况（文化、体育和娱乐用房）。

④ 批发和零售业、住宿和餐饮业统计报表制度：亿元以上商品交易市场成交情况（体育、娱乐用品类）。

⑤ 社会综合统计报表制度：1）文体广播经费；2）国民体质指数；3）经常参加体育锻炼人数占调查人数的比重。

⑥ 城市住户调查方案：1）主要耐用消费品拥有情况：健身器材；2）家庭消费支出：体育用品、健身活动。

⑦ 农村住户调查方案：农村居民家庭现金收入与支出（文教娱乐用品及服务）。

⑧ 城市社会经济基本情况统计报表制度：体育场馆数。

⑨ 县（市）社会经济基本情况统计报表制度：体育场馆数。

⑩ 县级市社会经济基本情况补充资料：体育场馆数。

⑪ 流通和消费价格统计调查方案：体育娱乐用品。

⑫ 工业品价格统计调查方案：体育娱乐用品。

⑬ 固定资产投资价格统计调查方案：体育娱乐用品。

含体育类别的统计填报目录共6个

统计填报目录共29个，其中，含体育类别的统计填报目录共6个。

①批发和零售业商品分类目录：体育、娱乐用品类。

②固定资产投资月报表主要行业目录：体育。

③农村住户账页记录编码：1）购买商品现金支出——体育健身器材、体育用品；2）生活服务支出——休闲娱乐费、文化、体育、娱乐用品修理费；3）非消费性支出——购买彩票。

④居民消费价格指数目录：1）衣着——运动衫裤（分男士、女士）；2）娱乐教育文化用品及服务——体育用品、健身活动。

⑤商品零售价格指数目录：1）衣着——运动衫裤（分男士、女士）；2）体育用品——球类、棋牌、健身器材。

⑥工业品出厂价格调查产品目录：1）运动帽；2）运动鞋、跑鞋、赛车鞋；3）扑克牌；4）体育用品——球类（13种）、体育器材及配件（27种）、训练健身器材（16种）、运动防护用品（8种）、其他体育用品（12种）。

含体育类的统计标准1个

统计标准共6个，其中与体育有联系的1个，直接包含体育类指标的1个，即国民经济行业分类，国民经济行业分类依范围大小划分为门类20个、大类98个、中类和小类若干。其中与体育有联系的门类有3个：文化、体育和娱乐业；批发和零售业；制造业。

①文化、体育和娱乐业：大类——体育；中类和小类——体育组织，指专业从事体育比赛、训练、辅导和管理的组织的活动；体育场馆，指可供观赏比赛的场馆和专供运动员训练用的场地的管理活动；其他体育，指上述未包括的体育活动。

②批发和零售业：1）大类——批发业；中类——文化、体育用品及器材批发，指各类文具用品、体育用品、图书、报刊、音像、电子出版物、首饰、工艺美术品、收藏品及其他文化用品、器材的批发和进出口活动；小类——体育用品批发。2）大类——零售业；中类——文化、体育用品及器材专门零售，指专门经营文具、体育用品、图书、报刊、音像制品、首饰、工艺美术品、收藏品、照相器材及其他文化用品的零售活动；小类——体育用品零售。

③制造业：大类——文教体育用品制造业；中类——体育用品制造；小类——

1）球类制造，指各种皮制、胶质、革制的可充气的运动用球，以及其他材料制成的各种运动用硬球、软球等球类产品的生产；

2）体育器材及配件制造，指各项竞技比赛和训练用器材及用品，体育场馆设施及器件的生产；

3）训练健身器材制造，指供健身房、家庭或体育训练用的健身器材及运动物品的制造；

4）运动防护用具制造，指用各种材质，为各项运动特制手套、鞋、帽和护具的生产活动；

5）其他体育用品制造，指钓鱼专用的各种用具及用品，以及上述未列明的体育用品制造。

由此，根据《国民经济行业分类》（GB/T4754-2002）中涉及体育产业的分类如表57。

表 57 现行《国民经济行业分类中》涉及体育产业的类别

代码				类别	说明
门类	大类	中类	小类		
C	24	242		体育用品制造	
			2421	球类制造	指各种材质的运动用球
			2422	体育器材及配件制造	指各项竞技比赛和训练用器材及用品，体育场馆设施及器件的生产
			2423	训练健身器材制造	指提供健身房、家庭和体育训练用的健身器材及运动物品的制造
			2424	运动防护用具制造	指各种材质生产的运动防护用具
			2429	其他体育用品制造	指钓鱼专用的各种用品和上述未列出体育用品的制造
H	63	634		文化、体育用品及器材批发	
			6342	体育用品批发	
	65	654		文化、体育用品及器材专门零售	
			6542	体育用品零售	
R	91			体育	
		911	9110	体育组织	指专业从事体育比赛、训练、辅导和管理的组织的活动
		912	9120	体育场馆	指可供观赏比赛的场馆和专供运动员训练的场地管理活动
		919	9190	其他体育	指上述未包括的体育活动
		923	9230	休闲健身娱乐活动	指主要面向社会开放的休闲健身娱乐场所的管理活动

资料来源：国民经济行业分类（GB/T4754-2002）,国家统计局，2002 年

3. 体育产业在第一次全国经济普查中的统计分类

表 58 体育产业在第一次全国经济普查中的行业分类注释

代码	名称	说明	注释
9110	体育组织	指专业从事体育比赛、训练、辅导和管理的组织的活动	—各种运动队活动 —各种体育俱乐部活动 —各种群众体育组织 —各种专项性体育管理组织（体育协会、管理中心） 不包括体育行政管理活动

（续表）

代码	名称	说明	注释
9120	体育场馆	指可供观赏比赛的场馆和专供运动员训练的场地管理活动	—综合性体育场 —综合体育馆 —体育训练基地 —游泳馆 —滑冰馆 —足、篮、排球场馆 —网球、羽毛球、乒乓球场馆 —棋牌馆
9190	其他体育	指上述未包括的体育活动	—体育项目中的经纪代理活动 —各种青少年业余体校 —社区、公园等场所的运动场所管理 —专业从事体育心理、保健、营养、器材、训练指导等服务活动 不包括运动员个人经纪行为

资料来源：第一次全国经济普查统计分类标准和目录，2005 年

在第一次全国经济普查统计分类中，对体育产业在国民经济中的分类进行了调整，将使我们对体育产业的分类和体育产业指标体系的设置有一个比较清晰的认识。

第一，与以往相比，新制定的《国民经济行业分类》，和《第一次全国经济普查统计分类标准》与 1985 年的《三次产业划分标准》相比，体育产业的地位明显提高。将体育产业与文化娱乐产业组合在一起，作为第三产业的一部分，符合联合国产业分类的基本原则，实现了国际标准的兼容，统计数据具有了可比性。

第二，新的产业分类使得我国体育产业在国民经济核算中占有一席之地，从而有可能为下一步的体育产业统计提供有效的信息支持。

第三，在新的国民经济行业分类颁布之前，该标准是我们进行有效统计的分析和调整体育产业统计分类口径的现实基础。

然而，从经济普查的结果来看，这种分类将体育用品、健身娱乐等体育本体和直接相关产业完全剥离出体育产业，其统计核算的范围比较狭窄，尚不能全面反映体育产业的全貌。

（三）国外体育产业统计分类情况

分课题《我国其他行业产业统计制度及国外体育产业统计工作研究》已经对前期国外体育产业统计分类作了详细论述。本课题重点是对目前已经比较成熟的国外做法进行补充和重点归纳。

从目前掌握的资料看，国外大部分国家中，体育产业都未能列入国家标准产业分类，或者即使列入也是由于各个国家开展的体育项目重点不同而彼此差异较大，一定程度上影响了我们对各个国家学术界提供的数据进行更有价值的比较。

但是从近几年的发展趋势看，由于体育产业在全球的快速增长，尤其是超大型体育赛事给当地带来了巨大的经济社会影响，某些承办过国际型大型赛事（比如奥运会和足球世界杯）国家的统计部门和体育部门都在积极地调整各自的产业分类，以便于国际比较。

从最近几年的情况看，由国家统计部门出面，进行官方体育产业专项统计的国家有澳大利亚、新西兰、日本、韩国等，目前我们能够得到其最新数据的是澳大利亚和韩国。

其中，澳大利亚统计局在其国家标准产业分类（Australian and New Zealand Standard Industrial Classification）之外，专门制定了本国的文化与休闲产业分类（Australian Culture and Leisure Classifications），体育产业的分类就包含在这个标准当中（表 59）。

表 59　澳大利亚体育产业分类

3	体育娱乐产业
31	赛狗①
32	体育场馆
33	体育服务
34	体育用品制造

资料来源：Australian Bureau of Statistics，2006；由于各国体育产业发展的状况不同，这里只列大类和中类，小类省略。

与此相对应，韩国文化观光部也于 2004 年制定了体育产业统计分类，并对外公布了实际数据(表 60)。

表 60　韩国体育产业分类

分类	比重%
体育用品业	29.3
体育场馆设施业（建筑与运营）	40.0
体育服务业	30.7
合计	100

资料来源：Chong, Kim, working paper for Ministry of Culture and Tourism of Korea, 2005

①值得注意的是，澳大利亚由于赛狗产业在体育竞赛表演业中将其单独列出，这一点与澳大利亚体育项目的国情有关，但是不具备推广意义；在该分类的说明当中，明确注明了 32，33，34 各个产业类别的统计中都扣除赛狗的相关统计，以免重复计算。

总之，通过对最新国外体育产业统计分类的考察，我们可以看到三点。

首先，体育用品业作为体育服务产业的中间投入产业和派生产业的双重属性，决定了它在体育产业分类中的重要地位。从规模上看，体育用品业（包括制造与销售）和体育建筑即使在发达国家也占到了近三分之一的比重。因此，在我国的体育产业分类中，体育用品业和体育场馆建筑业无疑占有重要地位。

其次，从《我国其他行业产业统计制度及国外体育产业统计工作研究》的分课题研究中，我们也可以发现，体育场馆设施一直是国外体育产业统计分类的重要内容。这与国外体育场馆设施的产权性质和经营模式有关，同时也值得我们借鉴。

最后，国外的体育产业统计基本都是包含了第二、第三产业的体育相关产业内容的，这也充分说明了体育产业的独特性。

（四）结论

通过以上分析，结合我们在“体育及相关产业”概念界定问题的研究中得到的基本结论，我们形成了如下共识。

《体育及相关产业分类》的制定起点和终点都必须依从于当前我国统计部门制定的《国民经济行业分类》（GB/T4754-2002）。

体育产业的产业内容广泛分布于《国民经济行业分类》中的各个类别当中，因此，《体育及相关产业分类》的制定工作将全面依据这些分类内容，并按照体育产业的定义对标准分类中涉及体育产业的内容进行归类整理。

结合国外体育产业统计分类的方法和国内类似产业统计方法，如《文化及相关产业分类》，在明确划分体育服务作为体育产业核心内容之外，我们还要将体育用品、体育建筑等重要内容在《分类》中予以明确。

由此，我们归纳出《体育及相关产业》分类的基本框架。

表 61　体育产业及相关产业分类框架

一、体育组织管理服务
二、体育场馆管理服务
三、体育健身休闲活动
四、体育中介服务
五、其他体育服务
六、 体育用品、服装、鞋帽及相关体育产品的制造
七、体育用品、服装、鞋帽及相关体育产品的销售
八、体育场馆建筑业

1. 《体育产业及相关产业分类 》 的特殊处理类别

(1) 延伸层。《分类》对第三层划分较粗的行业小类增设了延伸层，其目的是科学、准确、完整地描述这类行业所包括的文化活动。延伸层的类别不设代码和顺序号，在类别前用横线“—”表示。

(2) 含有部分体育活动的行业类别。《国民经济行业分类》是按照活动的同质性原则划分的，但从体育的角度观察，有些行业小类不是纯的体育产业活动。如行业小类“专业性团体”，指由同一领域的成员、专家组成的社会团体的活动，其中体育成员、专家组成的社会团体的活动只是“专业性团体”的一部分，为了在统计和管理中准确区分不属于体育产业的活动，我们在《体育产业分类》中对这类行业作标记 (*)，并加以说明。

2. 《体育及相关产业分类表》

表 62　体育及相关产业分类表

类 别 名 称	国民经济行业代码
一、体育组织管理活动	
1. 体育行政、事业组织管理活动	
社会事务管理机构 *	9424
— 体育社会事务管理机构	
体育组织（指专业从事体育比赛、训练、辅导和管理的组织的活动）	9110
— 各种职业体育俱乐部	
— 各种运动队	
— 各种群众性体育组织	
— 各种专项性体育管理组织（如体育协会、中心）	
2. 其他体育组织管理活动	
专业性团体 *	9621
— 体育成员、专家组成的社会团体的活动	
其他社会团体 *	9629
— 未列明的其他体育社会团体	
二、体育场馆管理活动	
1. 体育场馆（指可供观赏比赛的场馆和供运动员训练用场地的管理活动）	9120
— 综合体育场	
— 综合体育馆	
— 体育训练场馆	
— 游泳比赛场馆	
— 足、篮、排场馆	
— 网球、羽毛球、乒乓球场馆	
— 棋牌比赛场馆	
— 其他未列明的比赛场馆	

(续表)

类别名称	国民经济行业代码
三、体育健身休闲活动	
1. 休闲健身娱乐活动（指主要面向社会开放的休闲健身娱乐场所和其他体育娱乐场所的管理活动）	9230
—综合性体育娱乐场所（游泳、保龄、球类、健身等一体的综合性健身中心）	
—保龄球馆	
—健身中心（馆）	
—台球室、飞镖室	
—高尔夫球场	
—射击、射箭馆（场）	
—滑沙、滑雪以及模拟滑雪场所的活动	
—惊险娱乐活动场所（跳伞、滑翔、蹦极、攀岩、滑道等）	
—娱乐性军事训练	
—体能训练场所	
—其他未列明的休闲健身娱乐活动	
四、体育中介服务	
1. 体育商务服务	
其他未列明的商务服务 *	7499
—运动员的个人经纪代理活动	
—体育赛事票务代理活动	
—运动会筹备、策划、组织活动	
—其他未列明的体育商务服务	
2. 体育经济咨询	
社会经济咨询 *	7433
—体育经济咨询活动	
五、其他体育服务	
1. 体育培训服务	
职业技能培训 *	8491
—体育指导员培训	
—各种体育项目的职业和技能培训	
2. 体育科研服务	
社会人文科学研究与试验发展 *	7550
—体育科学研究与试验	
3. 体育设施租赁服务	
其他文化及日用品出租 *	7329
—体育设施租赁服务	
4. 体育彩票服务	
其他娱乐活动 *	9290
—体育彩票	

（续表）

类　别　名　称	国民经济行业代码
5．体育传媒服务	
图书出版 *	8821
—体育专业图书出版活动	
报纸出版 *	8822
—专业性体育报纸出版活动	
期刊出版 *	8823
—专业性体育期刊出版活动	
广播 *	8910
—专业性体育广播节目的制作、编排、播音、播放活动	
电视 *	8920
—专业性体育电视节目的制作、编排、交换、播放活动	
6. 其他未列明的体育服务活动	
其他体育	9190
—上述未列明的体育服务活动	
六、体育用品、服装、鞋帽及相关体育产品的制造	
1．体育用品制造	
球类制造	2421
体育器材及配件制造	2422
训练健身器材制造	2423
运动防护用具制造	2424
其他体育用品制造	2429
2．体育服装及鞋帽制造	
纺织服装制造 *	1810
—单件和成套生产的运动时穿的服装，包括各种运动服装制品	
制帽 *	1830
—各种运动帽制造	
皮鞋制造 *	1921
—皮运动鞋、跑鞋、足球鞋等制造	
—合成革、人造革运动鞋等制造	
橡胶鞋制造 *	2960
—网球、篮球、体操等类似运动鞋制造	
—其他专业运动鞋制造	
3．相关体育产品制造	
游艺用品及室内游艺器材制造 *	2452
—体育休闲器材及用品制造	
合成橡胶制造 *	2652
—体育场地塑胶跑道材料制造	

(续表)

类 别 名 称	国民经济行业代码
娱乐船和运动船的建造和修理 *	3753
— 划艇、单人艇、赛艇、帆船等运动船	
其他日用品生产专用设备制造 *	3649
— 体育用品专用机械设备	
七、体育用品、服装、鞋帽及相关体育产品的销售	
1. 体育用品销售	
体育用品批发	6342
体育用品零售	6542
2. 体育服装销售	
服装批发 *	6332
— 体育服装批发和进出口	
服装零售 *	6532
— 体育服装的专卖店、专门零售店和固定摊点销售	
3. 体育鞋帽销售	
鞋帽批发 *	6333
— 体育鞋帽批发和进出口	
鞋帽零售 *	6533
— 体育鞋帽的专卖店、专门零售店和固定摊点销售	
4. 相关体育产品的销售	
音像制品及电子出版物批发 *	6345
— 体育类光盘、磁带等出版物的零售和进出口	
音像制品及电子出版物零售 *	6545
— 体育类光盘、磁带等出版物的批发和进出口	
其他文化用品批发 *	6349
— 室内游艺器材中的弹球桌、飞镖、台球桌等批发	
— 综合经营文化、体育用品批发和进出口	
八、体育场馆建筑活动	
1. 体育馆房屋工程建筑	
房屋工程建筑 *	4710
— 观赏比赛和运动训练用体育馆建筑	
2. 体育场工程建筑	
其他土木工程建筑 *	4729
— 观赏比赛和运动训练用体育场建筑	
3. 体育场馆建筑安装业	
建筑安装业 *	4900
— 观赏比赛和运动员训练用体育场、馆的建筑安装业	

注：1. “*”表示该行业类别仅有部分活动属于体育及相关产业。

2. 类别前加横线“—”表示该行业小类的延伸层。

补充说明：对体育竞赛表演业的处理

从理论上看，体育产业的核心应当包括“体育竞赛表演业”和“体育健身休闲业”两大部分。从体育主管部门工作需求的角度，“体育竞赛表演业”的统计也居于核心地位。然而，在《体育及相关产业分类》中，我们只将“体育健身休闲业”单独列出，而“体育竞赛表演业”并未明确为一个独立的分类。这样做的原因如下。

第一，“体育竞赛表演业”尚不具有独立于其他行业分类的现实条件。表现为当前我国从事竞赛表演经营活动的主体尚不明确；从产业活动的范围角度看，体育竞赛表演业的外延非常宽泛，比如很多体育竞赛表演业既包括了体育组织管理活动，又包括了体育场馆管理活动和其他体育服务活动，甚至包括了体育用品设施的制造活动等各种交叉产业活动，从而导致“体育竞赛表演业”难以清晰、独立地划分出来。

第二，从国际比较的角度看，国外明确划分出“体育竞赛表演业”的统计分类尚未出现，通行的做法都是将其细分为体育组织管理、体育场馆管理和其他体育服务。

第三，从我国已经颁布的《国民经济行业分类标准》来看，并未将“体育竞赛表演业”作为一个单独的行业列出。因此，为了能够与国家统计制度相互衔接，确保工作的权威性与数据的可靠性，我们主张将“体育竞赛表演业”进一步细分为能够符合《国民经济行业分类标准》的行业分类。

未来，如果实际工作中有对“体育竞赛表演业”进行专项统计的需要，我们仍然能够从当前的分类中挑选出相关的分类进行测算。

杨 越 鲍明晓 杨小刚 张翠娜 何映昆 张 斌

第六章　中国体育及相关产业统计指标体系研究

一、研究的背景和目的、意义

近年来，随着我国体育管理体制改革的不断深入，政府的职能逐渐向宏观管理方面转变，由政府、社会、企业、私人共同办体育的多元化格局正在逐步形成，从而使体育及相关产业(以下简称"体育产业")在我国的许多地区得到了较快的发展。为了把握体育产业的整体发展状况，进行体育产业统计调查的必要性就逐渐凸现了出来，因此国内已相继有十几个省、自治区、直辖市组织实施了体育产业专项统计调查，有的省还进行了多次专项调查，取得了不少成果。但由于各地区进行体育产业统计调查时，统计指标体系各异、统计口径不一，影响了对我国体育产业发展状况的整体认识和地区间的比较，在为我国体育产业的宏观管理、战略规划服务方面受到很大的限制。在这一背景和形势下，国家体育总局会同国家统计局于 2006 年 5 月正式启动《中国体育及相关产业统计研究》项目，"体育及其相关产业统计指标体系研究"就是该项目的一个组成部分。

统计工作的中心任务，就是科学地制订一套统计指标体系，并采用科学的方法搜集有关统计指标的数值，用以反映社会经济现象的数量特征，达到正确认识社会经济活动规律的目的。从这一意义上来说，统计指标是统计工作的中心问题。由于产业统计的最终成果是通过统计指标来反映产业的状况，指标设计得是否科学合理，直接关系到产业统计调查能否顺利进行、调查结果能否较好地反映出产业的状况，所以统计指标的设计是产业统计研究的核心内容之一。本研究旨在设计出一套相对科学合理的统计指标体系，为各省市的体育产业统计工作提供一个指导性的方案框架，达到统一统计指标、统计口径的目的，使各地的统计结果具有可比性，以便汇总出全国体育产业的统计数据，更好地反映我国体育产业的整体状况，为我国体育产业的宏观管理、战略规划服务。

二、研究方法与过程

本课题主要通过文献调查、专家咨询和访谈法进行研究。

在研究工作的前期，查阅了经济统计学、社会统计学、国民经济核算等方面的专著；国家统计局的《国家统计调查制度（2005）》《经济普查年度 GDP 核算方案》《非经济普查年度 GDP 核算方案（试行）》《第二次全国基本单位普查办法》《第一次全国经济普查方案》等工作文件；上海、天津、江苏、山东的统计报表制度和深圳市的

《服务业重点行业抽样调查方案》；机械工业、旅游业、文化产业统计制度；各类会计制度、会计准则、税务制度；海关报关手册；二十余种统计年鉴和统计汇编资料；八十多篇各领域有关统计指标体系设计的论文和二十多篇有关体育产业统计的论文。

在指标体系设计过程中，走访了国家统计局工交司行业处、城市司住户处、经贸司综合处、核算司 GDP 生产核算处、服务业调查中心社会服务业处、设计管理司部门处的专家。参阅了“我国体育产业统计工作现状研究”“我国其他行业产业统计制度及发达国家体育产业统计工作研究”“我国体育及相关产业统计分类研究”三个分课题组的研究成果，以及广东、云南、天津、河北、浙江、辽宁、四川、重庆、北京等省（自治区、直辖市）的体育产业统计调查方案。走访了上海市和浙江省体育局，并分别与两省、市体育局和统计局的有关人员进行了座谈（注：国内、外体育产业统计中指标设置的情况在“我国体育产业统计工作现状研究”“我国其他行业产业统计制度及发达国家体育产业统计工作研究”两个分课题组的成果中已有详细描述，本文将不再赘述）。

指标体系初稿形成后，分别在 6 次由国家体育总局和部分省市体育局的体育产业管理人员、国家统计局和部分省市统计局的统计专家、体育产业管理理论研究及实务专家出席的专家联席会议上进行了咨询和讨论，听取修改意见。指标体系和实施方案的修改稿在“2006 年度全国体育事业统计年报汇总会”上征求了各省、自治区、直辖市体育统计实务工作者的意见。针对研究中的难点，分别对体育赛事、体育彩票、体育健身休闲、体育场馆建筑等领域的 6 位专家作了个别访谈，了解有关体育产业的具体情况；走访了民政部财务与机关内部事务司，了解民间非营利组织的有关情况。整个研究过程中还多次分别与上海市统计局、天津市统计局、上海市体育局的有关专家进行了讨论。在征求各方意见的基础上对指标体系做了多次修改。

三、本指标体系编制的基本原则和有关说明

（一）统计指标和指标体系的概念

统计指标是用来说明总体数量特征的概念和具体数值。统计指标一般包含有六个要素：指标名词、计量单位、核算方法、时间限制、空间范围、指标具体数值。从事统计指标的理论设计主要是制订和规范前三个要素，其中实质性的主要是指标名称和核算方法，而进行统计资料的收集整理则涉及后三个要素。

与统计指标相关联的还有标志。标志是用来说明总体单位的特征的概念或名称。许多统计指标的数值是由总体单位的标志值汇总而来的。

统计指标体系是由一系列相互依存、相互联系的统计指标所组成的多层次的指标群，它主要用于对总体各方面的数量特征进行系统的统计描述。

本研究主要是进行统计指标的理论设计，仅能给出统计指标体系中各指标的名称和含义（核算方法），也即只能设计出统计指标体系框架，其中指标的含义（核算方法）将在指标解释部分给出。另外，有关的标志需要在实施方案中结合调查表式给出。

（二）体育及其相关产业统计指标体系设置的原则

1. 整体性原则

指标体系应该是一个有机的整体，而不是一些孤立的指标的集合。体育及相关产业统计指标体系要能比较全面地反映我国体育产业基本状况的各个主要方面，包括规模、结构、对国民经济的贡献、经营状况与效益、主要业务活动成果等。

2. 可比性原则

统计指标在设计中要注意统计指标口径、核算方法的历史动态可比以及指标在空间范围内可比。遵从这一原则，要求设置的统计指标在体育产业动态发展过程中具有相对的稳定性，以便进行纵向和横向的比较，增强统计指标的分析功能。

3. 可操作性原则

指标的设置既要考虑理论上的合理性，又要考虑我国体育产业的实际情况，使所设计的统计指标能够在实践中较为准确地核算。统计指标设计要简明扼要、定义明确、分类界限清楚，在现有条件下便于基层统计人员理解和填报。

我国的体育管理体制还带有相当多的计划经济色彩，体育产业市场发育尚不完善，体育产业的结构也和西方发达国家有很大的区别。同时，我国的统计基础较差，特别是社会服务业的统计工作长期以来一直靠小样本抽样调查，基层单位对统计资料的积累不够，许多在西方发达国家由体育相关行业协会承担的统计工作在我国基本处于空白状态。因此，在设置指标时应充分考虑我国的现实情况，不能照搬西方发达国家的经验，同时要避免那些几乎无法取得数据的“死指标”。

4. 统一性原则

设计统计指标时应注意统计核算与会计核算、业务核算的联系和统一。统计指标是统计核算的工具，需要利用会计核算和业务核算的有关资料。因此，统计核算不能独自为阵，应注重几种核算之间的兼容与统一，以保证信息资源共享。另外，还要考虑遵循国民经济核算体系的统一要求，据此设计基层统计指标。尤其是要尽量减轻基层统计工作的负担，尽可能利用基层单位现有一套表中的有关指标。

基于这一原则，本课题选用的指标将尽量与我国现行的统计制度、会计制度接轨，特别是财务指标尽可能选用现行统计制度或第一次经济普查中所使用的指标，尽量与会计科目相对应。

（三）体育产业的内涵和外延界定

根据“体育及相关产业统计研究”总课题组的界定，本研究中的“体育及相关产业”是指“为社会公众提供体育服务和产品的活动，以及与这些活动有关联的活动的集合”。其外延包括体育组织、体育场馆、体育健身休闲业、体育中介服务业、其他体育服务业、体育用品服装鞋帽及相关体育产品制造业、体育用品服装鞋帽及相关体育产品销售业、体育场馆建筑业，具体见“体育及相关产业统计分类研究”分课题组制订的《体育及相关产业分类总表》中所列的各类产业活动。

(四) 关于指标设置的说明

根据上述对体育产业的界定和设置指标体系的原则，本研究将从规模与贡献指标、财务指标、业务活动指标、对外经济指标、居民体育消费指标五个方面来建立体育产业统计指标体系（图 12）。

- 体育产业统计指标
  - 规模与贡献指标
    - 增加值
    - 单位数
    - 从业人员数
  - 财务指标
    - 企业
      - 资产负债
      - 损益及分配
      - 其他
    - 行政、事业单位
      - 资产负债
      - 收入与支出
      - 经营税金
    - 民间非营利组织
      - 资产与净资产
      - 收入
      - 费用
    - 个体经营户
      - 资产
      - 营业收入
      - 营业支出
  - 业务活动与效果指标
    - 体育组织
      - 职业体育俱乐部
      - 优秀运动队
    - 体育场馆
    - 体育健身休闲
    - 体育彩票
  - 对外经济指标
    - 体育用品、器材、设备的国际贸易
    - 体育劳务
    - 体育竞赛表演
  - 居民体育消费指标
    - 城乡居民健身器材拥有量
    - 城乡居民购置体育用品支出
    - 城乡居民参与体育健身活动支出
    - 城乡居民购票观看体育比赛次数
    - 城乡居民观看体育比赛购买门票支出

图 12 体育产业统计指标体系结构

1. 规模与贡献指标

规模与贡献指标主要从增加值、单位数、从业人员数三个方面反映体育产业的规模及对国民经济的贡献，同时通过分类汇总也可反映我国体育产业的结构。这是产业统计中最核心的指标。

增加值的核算相当复杂，要涉及许多财务指标，我们将另外撰文说明体育产业增加值的核算方法。今后随着体育产业统计基础的改变，以及GDP核算方案可能的改变，体育产业增加值的核算方案也还会修改。所以如果计算增加值所需的指标全部进入指标体系，一方面将略显烦琐，另一方面也不利于统计指标体系的稳定性，所以本指标体系中并未将这些指标全都列入，而是根据反映财务状况的必要性选用财务指标。但以后在体育及其相关产业专项统计调查参考方案中，将结合增加值核算方案在调查表式中给出计算体育产业增加值所需的各个标志。

2. 财务指标

财务指标主要反映体育产业单位的资产情况、资本结构和经营效益。这是产业统计中最基本的内容。

财务指标根据执行的会计制度，按企业、行政事业单位、民间非营利组织、个体经营户分类设置。

其中，体育产业涉及的企业主要是执行《企业会计制度》和《小企业会计制度》，后者是前者的简化版，两者是相通的，所以归为一类。

《行政单位会计制度》和《事业单位会计制度》有相似之处，统计上经常将两者合并；体育彩票管理中心虽然在财务管理上有其特殊性，但其执行的会计制度也是《事业单位会计制度》，其财务指标暂时与行政事业单位合并。

体育领域中有不少民间非营利组织，如各类体育协会、社团、基金会、民办非企业单位性质的体育俱乐部等。民间非营利组织在整个国民经济中所处的地位并不突出，但在体育领域，随着体育协会、体育社团实体化的不断推进，其作用将日益增大，发达国家的经验也证明了这一点。我国的民间非营利组织原来大多执行事业单位会计制度或企业会计制度，但财政部、民政部在“关于认真贯彻实施《民间非营利组织会计制度》的通知”中明确要求“民间非营利组织应当自2005年1月1日起严格按照《民间非营利组织会计制度》进行会计核算”。因此，本指标体系中将民间非营利组织的财务指标单列一类。

个体经营户按规定应执行《个体工商户会计制度》，但在实践中许多个体经营户甚至没有会计账目，因此将其单设一类，并只用少数几个基本而必需的指标。

3. 业务活动与效果指标

业务活动指标主要反映体育产业业务活动的数量特征和效果。这是产业统计中反映产业的特殊性的指标。

体育及其相关产业是一个复合产业，外延很广，各个分领域的业务活动包罗万象，但体育产业最核心的内容是体育竞赛和健身休闲。另外，体育彩票的发行在我国的体育事业发展中起了重大的作用，体育彩票发行工作也已经成为我国体育部门的重要工作之一，其统计基础较好，有关数据比较容易获得。业务活动与效果指标较难借用现行的财务、统计指标，统计基础很差（除了体育彩票业），因此从可操作性原则出发，为了减轻基层单位的负担，主要针对职业体育俱乐部、优秀运动队、体育场馆、体育健身休闲、体育彩票等几个体育产业最重要的部分设置了指标。

从产业的角度来看，职业体育俱乐部、优秀运动队的主要业务是提供体育竞赛产品，因此用参加体育比赛的人次来反映业务量，并与因提供体育竞赛产品而取得的经济收益一起反映业务成果。按《体育及相关产业分类总表》的分类方法，体育场馆的主营业务应该是为体育比赛提供场地、设施，所以用承接体育比赛（指为体育比赛提供场地设施）的量来反映业务量，并与因承接体育比赛而取得的经济收益一起反映业务成果。

体育健身休闲业的主流是各类俱乐部，按其经营方式可分为会员制和非会员制。会员制是目前的发展方向，其营业收入主要有会费收入、各类消费卡销售收入和接待散客的收入，不同的收入结构在一定程度上反映了其经营模式和市场定位。由于主营业务的总收入已经在财务指标中反映了，所以在这里主要用会费收入、各类消费卡销售收入来反映经营模式和市场定位，并和会员人数、年活动人次一起反映业务活动量和成果。

发行体育彩票的主要目的是筹集公益金，而公益金是按销售额一定的比例提取的，但不同类型的彩票提取比例不同，因此用各类彩票的销售量及筹集公益金总额反映体育彩票业的业务活动量和成果，同时用销售点个数辅助说明业务活动量和规模。

4. 对外经济指标

对外经济也是产业统计的一个重要组成部分，有利于人们更全面地认识一个产业的发展状况。目前我国体育及其相关产业与国外的经济往来主要集中在体育劳务输出和引进、体育竞赛表演和体育用品、器材、设备的国际贸易三个方面，因此我们主要从这三方面设置指标反映我国体育产业与国外的经济往来情况。

5. 居民体育消费指标

居民体育消费指标主要是反映城、乡居民的体育消费情况。居民体育消费不是体育产业统计的本体内容，但有利于人们从另一个视角了解体育产业的发展状况，可以和体育产业统计结果相互补充、相互印证，对制订体育产业发展规划和政策也有较大的参考价值，因此作为补充指标列入。

四、体育及相关产业统计指标体系框架

(一)规模与贡献指标

增加值
单位数
从业人员年平均人数

(二) 财务指标

1. 企业

(1) 资产负债
资产总计
固定资产原价
累计折旧
本期折旧
负债合计
实收资本
其中：国家资本
集体资本
法人资本
个人资本
港澳台资本
外商资本

(2) 损益及分配
主营业务收入
主营业务成本
主营业务税金及附加
营业费用
管理费用
财务费用
营业利润
利润总额

(3) 其他

从业人员劳动报酬

劳动失业保险费

2. 行政、事业单位

(1) 资产负债

资产总计

固定资产原价

负债合计

(2) 收入与支出

本年收入合计

其中：财政拨款

上级补助收入

事业收入

经营收入

本年支出合计

其中：人员支出

公用支出

对个人和家庭补助支出

收支结余

(3) 经营税金

经营税金

3. 民间非营利组织

(1) 资产与净资产

资产总计

固定资产原价

累计折旧

负债合计

净资产合计

其中：限定性净资产

非限定性净资产

(2) 收入与费用

收入合计

其中：捐赠收入

会费收入

提供服务收入

政府补助收入
商品销售收入
投资收益
其他收入
费用合计
其中：业务活动成本
管理费用
筹资费用
其他费用

4. 个体经营户

固定资产原价
营业收入
营业支出
其中：雇员报酬
缴纳各种税金和费用

（三）业务活动与效果指标

1. 体育组织

(1) 职业体育俱乐部
广告赞助收入
门票收入
运动员转会收入
转播权收入
拥趸（Fans）用品经营收入
运动员参加体育比赛人次
(2) 优秀运动队
广告赞助收入
运动员参加体育比赛人次

2. 体育场馆

承接体育比赛项次
承接体育比赛天数
体育比赛观众人次
广告收入

承接体育比赛和训练收入

3. 体育健身休闲

会员年平均人数
年活动人次
会费收入
各类消费卡销售收入

4. 体育彩票

体育彩票销售量
　其中：竞猜型体育彩票
　　　　乐透型与数字型体育彩票
　　　　即开型体育彩票
　　　　其他体育彩票
　体育彩票筹集公益金总额
　年末体育彩票销售点个数

（四）对外经济指标

1. 体育用品、服饰进出口

体育用品、服饰出口总额
体育用品、服饰进口总额

2. 体育劳务

（1）体育劳务输出
　　人数
　　　其中：教练
　　　　　　运动员
　　合同额
　　　其中：输出教练合同额
　　　　　　输出运动员合同额
（2）体育劳务引进
　　人数
　　　其中：教练
　　　　　　运动员

合同额

其中：引进教练合同额

引进运动员合同额

3. **体育竞赛表演**

为取得赛事举办权支付给国际体育组织的费用

用于出国（或出境）训练、比赛的费用

（五）居民体育消费指标

城市居民家庭户均健身器材拥有量（套）
城市居民家庭户均购置体育用品支出
城市居民人均参与体育健身活动支出
城市居民家庭购置体育用品及参与体育健身活动支出占家庭可支配收入的比例
城市居民人均购票观看体育比赛次数
城市居民人均购买体育比赛门票支出
农村居民家庭户均健身器材拥有量（套）
农村居民家庭户均购置体育用品支出
农村居民人均参与体育健身活动支出
农村居民家庭购置体育用品及参与体育健身活动支出占家庭可支配收入的比例
农村居民人均购票观看体育比赛次数
农村居民人均购买体育比赛门票支出

五、体育及相关产业主要统计指标说明

（一）规模与贡献指标

增加值：是指各生产单位在生产过程中新增加的价值，是生产单位生产的物质产品和服务价值超过生产中所消耗的中间投入价值后的差额部分。（其核算方法将另外撰文说明）

单位数：包括专营体育业务和兼营体育业务的法人单位和个体户。

从业人员年平均人数：从业人员年平均人数＝（1 月平均从业人数 +2 月平均从业人数 +…+12 月平均从业人数）÷12，其中：月平均从业人数＝（月初从业人数 + 月末从业人数）÷2

（二）财务指标

1. 企业

这里的企业是指体育用品制造业、体育用品销售业、执行企业财务制度的体育服务业单位等。

（1）资产负债

资产总计：指企业拥有或控制的能以货币计量的经济资源，包括各种财产、债权和其他权利。资产按其流动性（即资产的变现能力和支付能力）划分为：流动资产、长期投资、固定资产、无形资产、递延资产和其他资产。根据企业会计“资产负债表”中“资产总计”项目的期末数填列。

固定资产原价：指企业在建造、购置、安装、改建、扩建、技术改造某项固定资产时所支出的全部货币总额。根据会计“资产负债表”中“固定资产原价”项的年末数填列。

累计折旧：指企业在报告期末提取的历年固定资产折旧累计数。根据会计“资产负债表”中“累计折旧”项的年末数填列。

本期折旧：指企业在报告年度内提取的固定资产折旧合计数。根据会计“财务状况变动表”中“固定资产折旧”项的数值填列。若企业执行2001年《企业会计制度》，该指标根据会计核算中《资产减值准备、投资及固定资产情况表》内“当年计提的固定资产折旧总额”项本年增加数填列。

负债合计：指企业所承担的能以货币计量，将以资产或劳务偿付的债务，偿还形式包括货币、资产或提供劳务。负债一般按偿还期长短分为流动负债和长期负债。根据会计“资产负债表”中“负债合计”的年末数填列。

实收资本：指企业投资者实际投入的资本（或股本），包括货币、实物、无形资产等各种形式的投入。实收资本按投资主体可分为国家资本、集体资本、法人资本、个人资本、港澳台资本和外商资本。根据会计“资产负债表”中“实收资本”项的年末数填列。

国家资本：指有权代表国家投资的政府部门或机构、直属事业单位对企业形成的资本金。根据会计“实收资本”科目计算填列。

集体资本：指由本企业职工等自然人集体投资或各种机构对企业进行扶持形成的集体性质的资本金。根据会计“实收资本”科目计算填列。

法人资本：指法人以其依法可支配的资产投入企业形成的资本金。根据会计“实收资本”科目计算填列。

个人资本：指自然人实际投入企业的资本金。根据会计“实收资本”科目计算填列。

港澳台资本：指我国香港、澳门和台湾地区投资者实际投入企业的资本金。根据会计“实收资本”科目计算填列。

外商资本：指外国投资者实际投入企业的资本金。根据会计“实收资本”科目计算填列。

⑵ 损益及分配

主营业务收入：指企业在销售商品、提供劳务等日常活动中所产生的收入总额。此项目应根据相关行业的“产品销售收入”“商品销售收入”“主营业务收入”“营业收入”“经营收入”“工程结算收入”等科目发生额填列。未执行 2001 年《企业会计制度》的工业企业，用“产品销售收入”年末累计数代替。

主营业务成本：根据会计“利润表”中对应指标年末累计数填列。未执行 2001 年《企业会计制度》的企业，用“产品销售成本”年末累计数代替。

主营业务税金及附加：根据会计“利润表”中对应指标年末累计数填列。未执行 2001 年《企业会计制度》的企业，用“产品销售税金及附加”年末累计数代替。

营业费用：根据会计“利润表”中对应指标年末数填列，未执行 2001 年《企业会计制度》的企业，用“产品销售费用”年末累计数代替。

管理费用：指企业行政管理部门为组织和管理生产经营活动而发生的各项费用，根据会计“利润表”中对应指标年末累计数填列。

财务费用：指企业为筹集生产经营所需资金等而发生的费用，包括利息支出、汇兑损失以及相关的金融机构手续费等，根据会计“利润表”中对应指标年末累计数填列。

营业利润：指企业从事生产经营活动所产生的利润，即主营业务利润加其他业务利润扣除管理费用、财务费用后的净额。根据会计“利润表”中对应指标年末累计数填列。

利润总额：指企业在生产经营过程中各种收入扣除各种耗费后的盈余，反映企业在报告期内实现的亏盈总额，包括营业利润、补贴收入、投资净收益和营业外收支净额。根据会计“利润表”中的对应指标年末累计数填列。

⑶ 其他

从业人员劳动报酬：指在报告期内支付给本单位从业人员的全部劳动报酬，包括工资、福利费、奖金、津贴及各种补助。根据会计“应付工资”“应付福利费”本年贷方累计发生额及其他会计核算资料计算填列。

劳动失业保险费：指企业向社会保障部门和保险公司为本单位职工支付的劳动保险、失业保险的费用。根据会计“管理费用”等相关成本、费用项目归纳计算填列。

2. 行政、事业单位

行政、事业单位指执行行政、事业单位财务制度的体育服务业单位。

⑴ 资产负债

资产总计：指行政事业单位占有或者使用的，能以货币计量的经济资源。包括流动资产、固定资产、债权和其他权利。根据会计“资产负债表”中“资产总计”项的期末数填列。

固定资产原价：指使用年限在一年以上，单位价值在规定标准以上，并在使用过程中基本保持原来物质形态的资产。包括房屋和建筑物、专用设备、一般设备、文物和陈列品、图书、其他固定资产等。该指标根据会计资产负债表中的固定资产原值年末数填列。

负债合计：是指单位所承担的能以货币计量，需要以资产和劳务偿付的债务。事业单位的负债包括借入款、应付账款、预收款、其他应付款、各种应缴款项等。行政单位主要有应缴预算款、应缴预算专户款、暂存款等。可根据“资产负债表”中的“负债合计”项填列。

(2) 收入与支出

本年收入合计：指行政事业单位从各种渠道获得的收入，包括财政拨款、行政单位预算外资金、上级补助收入、事业收入、事业单位经营收入、附属单位上缴收入和其他收入。根据收入决算表中的本年收入合计填列。

财政拨款：指单位本年度实际收到的本级财政拨款，含一般预算拨款和基金预算拨款。一级预算单位收到的应拨给下级单位使用的款项，年终决算时尚未拨出的，列为本单位财政拨款。

上级补助收入：指事业单位从主管部门和上级单位取得的非财政补助收入。

事业收入：指事业单位开展专业业务活动及辅助活动取得的收入。

经营收入：指事业单位在专业业务活动及辅助活动之外开展非独立核算经营活动取得的收入。

本年支出合计：指行政事业单位各项支出情况，包括基本支出、项目支出（包括行政事业性项目支出、基本建设项目支出和其他项目支出）、上缴上级支出、事业单位经营支出、对附属单位补助支出和结转自筹基建。

人员支出、公用支出、对个人和家庭的补助支出根据《2004年政府预算收支科目》中的目级科目规定的核算内容填列。这些科目反映行政事业单位基本支出、行政事业性项目支出和其他项目支出的明细情况，不包含基本建设项目支出的情况。

人员支出：指单位支付给在职职工和临时聘用人员的各类劳动报酬，以及为上述人员缴纳的各项社会保险费等。具体包括基本工资、津贴、奖金、社会保障缴费和上述未包括的人员支出。取自人员经费支出决算表中的本年人员经费支出合计。

公用支出：指单位在开展业务活动中购买商品和劳务的支出。具体包括办公费、印刷费、水电费、邮电费、取暖费、交通费、差旅费、会议费、培训费、招待费、福利费、劳务费、就业补助费、租赁费、物业管理费、维修费、专用材料费、办公设备购置费、专用设备购置费、交通工具购置费、图书资料购置费及上述科目未包括的日常公用支出。取自公用经费支出决算表中的本年公用经费支出合计。

对个人和家庭补助支出：指政府对个人和家庭的无偿性补助支出。包括离休费、退休费、退职(役)费、抚恤和生活补助、医疗费、住房补贴、助学金和其他未包括在上述科目的对个人和家庭补助支出等。取自人员经费支出决算中对个人和家庭补助支出合计。

收支结余：指行政（事业）结余和经营收支结余的合计项。行政（事业）结余是指行政事业单位年度各项事业收入与支出相抵后的余额。经营收支结余是指事业单位年度各项经营收入与支出相抵后的余额。可根据“收入支出决算表”中的“收支结余”项填列。

(3) 经营税金

经营税金：指事业单位提供劳务或销售产品应负担的税金及附加，包括营业税、城市维护建设税、资源税和教育费附加等。

3. 民间非营利组织

民间非营利组织指执行民间非营利组织会计制度的单位。

(1) 资产与净资产

资产总计：是指过去的交易或者事项形成并由民间非营利组织拥有或者控制的资源，该资源预期会给民间非营利组织带来经济利益或者服务潜力。包括流动资产、长期投资、固定资产、无形资产和受托代理资产等。根据会计“资产负债表”中“资产总计”项的期末数填列。

固定资产原价：是指民间非营利组织为行政管理、提供服务、生产商品或者出租目的而持有的，且预计使用年限超过 1 年、单位价值较高的有形资产。根据会计“资产负债表”中“固定资产原价”项的期末数填列。

累计折旧：指民间非营利组织在报告期末提取的历年固定资产折旧累计数。根据会计“资产负债表”中“累计折旧”项的年末数填列。

负债合计：指过去的交易或者事项形成的现时义务，履行该义务预期会导致含有经济利益或者服务潜力的资源流出民间非营利组织。包括流动负债、长期负债和受托代理负债等。根据会计“资产负债表”中“负债合计”项的期末数填列。

净资产合计：指资产减去负债后的余额。包括限定性净资产和非限定性净资产等。

限定性净资产：指使用受到资产提供者或者国家有关法律、行政法规所设置的时间限制或（和）用途限制的净资产。根据会计“资产负债表”中“限定性净资产”项的期末数填列。

非限定性净资产：指使用不受资产提供者或者国家有关法律、行政法规所设置的时间限制或用途限制的净资产，也即除限定性净资产之外的其他净资产。根据会计“资产负债表”中“非限定性净资产”项的期末数填列。

(2) 收入与费用

收入合计：指民间非营利组织开展业务活动取得的、导致本期净资产增加的经济利益或者服务潜力的流入。包括捐赠收入、会费收入、提供服务收入、政府补助收入、投资收益、商品销售收入等主要业务活动收入和其他收入等。根据会计“业务活动表”中“收入合计”项的本年累计数中的合计数填列。

捐赠收入：指民间非营利组织接受其他单位或者个人捐赠所取得的收入。根据会计“业务活动表”中“捐赠收入”项的本年累计数中的合计数填列。

会费收入：指民间非营利组织根据章程等的规定向会员收取的会费。根据会计“业务活动表”中“会费收入”项的本年累计数中的合计数填列。

提供服务收入：指民间非营利组织根据章程等的规定向其服务对象提供服务取得的收入，包括学费收入、医疗费收入、培训收入等。根据会计“业务活动表”中“提供服务收入”项的本年累计数中的合计数填列。

政府补助收入：指民间非营利组织接受政府拨款或者政府机构给予的补助而取得的收入。根据会计“业务活动表”中“政府补助收入”项的本年累计数中的合计数填列。

商品销售收入：指民间非营利组织销售商品（如出版物、药品等）等所形成的收入。根据会计“业务活动表”中“商品销售收入”项的本年累计数中的合计数填列。

投资收益：指民间非营利组织因对外投资取得的投资净损益。根据会计“业务活动表”中“投资收益”项的本年累计数中的合计数填列。

其他收入：指除上述主要业务活动收入以外的其他收入，如固定资产处置净收入、无形资产处置净收入等，不包括民间非营利组织接受的劳务捐赠。根据会计“业务活动表”中“其他收入”项的本年累计数中的合计数填列。

费用合计：指民间非营利组织为开展业务活动所发生的、导致本期净资产减少的经济利益或者服务潜力的流出。包括业务活动成本、管理费用、筹资费用和其他费用等。根据会计“业务活动表”中“费用合计”项的本年累计数中的合计数填列。

业务活动成本：指民间非营利组织为了实现其业务活动目标、开展其项目活动或者提供服务所发生的费用。根据会计“业务活动表”中“业务活动成本”项的本年累计数中的合计数填列。

管理费用：指民间非营利组织为组织和管理其业务活动所发生的各项费用，包括民间非营利组织董事会（或者理事会或者类似权力机构）经费和行政管理人员的工资、奖金、福利费、住房公积金、住房补贴、社会保障费、离退休人员工资及补助，以及办公费、水电费、邮电费、物业管理费、差旅费、折旧费、修理费、租赁费、无形资产摊销费、资产盘亏损失、资产减值损失、因预计负债所产生的损失、聘请中介机构费和应偿还的受赠资产等。根据会计“业务活动表”中“管理费用”项的本年累计数中的合计数填列。

筹资费用：指民间非营利组织为筹集业务活动所需资金而发生的费用，它包括民间非营利组织为了获得捐赠资产而发生的费用以及应当计入当期费用的借款费用、汇兑损失（减汇兑收益）等。民间非营利组织为了获得捐赠资产而发生的费用包括举办募款活动费、准备、印刷和发放募款宣传资料费以及其他与募款或者争取捐赠资产有关的费用。根据会计“业务活动表”中“筹资费用”项的本年累计数中的合计数填列。

其他费用：指民间非营利组织发生的、无法归属到上述业务活动成本、管理费用或者筹资费用中的费用，包括固定资产处置净损失、无形资产处置净损失等。根据会计“业务活动表”中“其他费用”项的本年累计数中的合计数填列。

4. 个体经营户

固定资产原价：指个体经营户为了其生产经营活动的正常进行而购建的房屋、机器、设备等。不包括为了经营而租用的房屋、机器、设备等。

营业收入：指个体经营户全年在生产经营过程中取得的全部收入。其中，个体工业营业收入是指产品销售收入，包括销售成品及自制半成品收入和对外加工费收入；个体批发零售贸易业营业收入是指商品销售实现收入；个体服务业营业收入指服务收入。

营业支出：指个体经营户全年在生产经营过程中发生的各项支出，包括支付给雇员的报酬、向政府机构或管理部门缴纳的各种税和各种管理费用以及生产成本支出等。为经营而租用的房屋和场地的费用，以及为雇员提供的工作服装等也包括在内。

雇员报酬：指个体经营户的业主或管理者向所雇佣的人员支付的各种报酬，包括工资、奖金；业主提供的雇员伙食费用支出；业主提供的雇员房租等。不包括个体经营户业主的报酬。

缴纳各种税金和费用：指个体经营户向政府机构或管理部门缴纳的各种税和各种管理费用。

（三）业务活动与效果指标

1. 体育组织

（1）职业体育俱乐部

职业体育俱乐部：是指将职业体育竞赛及其相关产品作为商品组织生产经营，具有独立的企业法人资格的经济实体。

广告赞助收入：指职业体育俱乐部以各种形式为企业进行广告宣传所得的报酬，包括俱乐部冠名、为企业拍摄广告片、球衣广告、比赛场地广告等收入，以及国内外社会团体、企业单位及个人自愿为俱乐部提供的赞助或以奖励等形式给予的赞助。广告赞助收入包括现金收入和实物收入，实物收入按市场价折算成现金计算。

门票收入：指职业体育俱乐部因参加比赛而得到的比赛门票分成。

运动员转会收入：是指职业体育俱乐部的运动员转会到其他职业体育俱乐部时，运动员转入的俱乐部因得到运动员而支付给运动员转出的俱乐部的费用。

转播权收入：指职业体育俱乐部所得到的各类传播媒体为取得比赛的转播权而支付的费用的分成。

拥趸（Fans）用品经营收入：指职业体育俱乐部的拥趸用品（如球迷用品，包括俱乐部的训练服、比赛服、带俱乐部标志的体育用品器材、各类纪念品及观看比赛时的用品等）销售收入和特许经营权收入。

运动员参加体育比赛人次：指参加各次比赛的运动员人数之和。一次比赛是指，由同一个组委会组织的、在一小段相对连续的时间中进行的比赛。联赛的每一轮、系列赛和分站赛的每一站、分阶段比赛的每一阶段都分别算一次比赛。

(2) 优秀运动队

优秀运动队：是指全国各省、市、自治区及计划单列市体育局所属的，以正式在编、享受体育津贴奖金制并从事奥运会和全运会项目的运动员为主组成的运动队及国家集训队。不包括具有独立企业法人资格的职业体育俱乐部。

广告赞助收入：指优秀运动队以各种形式为企业进行广告宣传所得的报酬，包括运动队冠名、为企业拍摄广告片、球衣广告、比赛场地广告等收入，以及国内外社会团体、企业单位及个人自愿为运动队提供的赞助或以奖励等形式给予的赞助。广告赞助收入包括现金收入和实物收入，实物收入按市场价折算成现金计算。

运动员参加体育比赛人次：指参加各次比赛的运动员人数之和。一次比赛是指，由同一个组委会组织的、在一小段相对连续的时间中进行的比赛。联赛的每一轮、系列赛和分站赛的每一站、分阶段比赛的每一阶段都分别算一次比赛。

2. 体育场馆

承接体育比赛项次：体育场馆承接体育比赛是指为体育比赛提供场馆设施。承接一次比赛可以是承接这个比赛的一部分。一次比赛是指，由同一个组委会组织的、在一小段相对连续的时间中进行的比赛。联赛的每一轮、系列赛和分站赛的每一站、分阶段比赛的每一阶段都分别算一次比赛。承接比赛项次是指承接各项目的比赛次数之和，项目按大项分。若承接一次综合性运动会中的 n 个项目的比赛，则计 n 项次。

承接体育比赛天数：是指所承接的各项目、各次比赛的天数之和。

体育比赛观众人次：从放观众进场到对观众清场为一个观赛场次，各观赛场次的观众人数之和为观众人次。

广告收入：指场馆冠名、固定广告牌等依托于场馆本身，而不是依托于某项比赛的广告收入。

承接体育比赛和训练收入：指因承接比赛而取得的场租费、门票分成、对依托于该项比赛的广告的收入分成及其他因承接比赛而取得的收入，以及为各类运动队提供训练场地、设施服务而取得的收入。

3. 体育健身休闲

会员年平均人数：会员是指办理了入会手续、为取得会籍支付了一定的费用且仍拥有会籍的人员。会员年平均人数＝（1 月平均会员人数 +2 月平均会员人数 +…+12 月平均会员人数）÷12，其中，月平均会员人数＝（月初会员人数 + 月末会员人数）÷2。

年活动人次：指到体育健身休闲机构参加活动的人次，包括会员和非会员的活动人次。

会费收入：指会费收入的合计数。会费是指会员为取得会籍而支付的费用和为了保持会籍而定期或不定期支付的费用。

各类消费卡销售收入：指各类消费卡销售收入的合计数。消费卡是指用于预付费消费的年卡、半年卡、季度卡、月卡、次卡等。

4. 体育彩票

体育彩票销售量：指体育彩票销售实现后取得的资金总额，包括彩票公益金、返奖奖金和发行经费三部分。体育彩票是指由国务院批准、由体育部门组织发行、销售的各类彩票，包括竞猜型体育彩票（如足球彩票、篮球彩票等）、乐透型与数字型体育彩票、即开型体育彩票及其他体育彩票。

体育彩票筹集公益金总额：指从期内销售的各类体育彩票所得资金中提取的公益金总额。

年末体育彩票销售点个数：指年末各类体育彩票销售站点的总数。包括同时销售体育彩票和福利彩票的站点、以其他业务为主兼营体育彩票销售的站点。

(四) 对外经济指标

1. 体育用品、服饰进出口

体育用品包括各类运动和健身休闲用品、器材及其配件和专用制造设备，体育服饰包括各类运动服装、运动鞋等。

体育用品、服饰出口总额：指实际出我国国境的体育用品、服饰货物总金额。包括对外贸易实际出口货物，来料加工装配出口货物，国家间无偿援助物资和赠送品，租赁期满归承租人所有的租赁货物，进料加工出口货物，边境地方贸易及边境地区小额贸易出口货物(边民互市贸易除外)，中外合资企业、中外合作经营企业、外商独资经营企业出口货物，离岸价格在规定限额以上的出口货样和广告品(无商业价值、无使用价值和免费提供出口的除外)，以及其他出口货物。我国规定出口货物按离岸价格统计。

体育用品、服饰进口总额：指实际进我国国境的体育用品、服饰货物总金额。包括对外贸易实际进口货物，来料加工装配进口货物，国家间、联合国及国际组织无偿援助物资和赠送品，华侨、港澳台同胞和外籍华人捐赠品，租赁期满归承租人所有的租赁货物，进料加工进口货物，边境地方贸易及边境地区小额贸易进口货物(边民互市贸易除外)，中外合资企业、中外合作经营企业、外商独资经营企业进口货物和公用物品，到、离岸价格在规定限额以上的进口货样和广告品(无商业价值、无使用价值和免费提供出口的除外)，从保税仓库提取在中国境内销售的进口货物，以及其他进口货物。我国规定进口货物按到岸价格统计。

2. 体育劳务

体育劳务输出：指我国各类体育组织按照与国（境）外政府有关机构、团体、企业、私人雇主所签合同规定，向国（境）外派遣各类体育劳务人员的经济活动。

体育劳务引进：指我国各类体育组织按照与国（境）外政府有关机构、团体、企业、私人雇主所签合同规定，由国（境）外引进各类体育劳务人员的经济活动。

签订的合同额：是指我国各类体育组织在报告期直接同国（境）外政府有关机构、

团体、企业、私人雇主所签合同的正式文本劳务合同（或具有法律效应的协议，下同）中的劳务人员报酬总价款和以前年度所签订合同（或协议）的未完成部分的总价款余额。不包括无效合同和中途解除的合同。

3. **体育赛事**

为取得赛事举办权支付给国际体育组织的费用：指我国的赛事举办机构在申办赛事成功后，向拥有赛事产权的国际体育组织购买赛事举办权的费用，不包括在申办过程中产生的费用。不包括拥有赛事产权的国际体育组织为我国的常住单位的情况。

用于出国（或出境）训练、比赛的费用：指职业体育俱乐部和优秀运动队在出国（或出境）参加比赛或进行训练的过程中产生的费用。

（五）居民体育消费指标

健身器材拥有量（套）：健身器材指供个人在家庭中进行健身的器材，如各类踏步器、跑步机、健身器、扩胸器、划船器、骑车器等。以套为单位，如多功能综合健身机计 1 套。

购置体育用品支出：指购置体育用品本身的支出，不包括购置过程中的交通、运输费等。体育用品指个人参加体育活动或进行健身锻炼时所用的器械、用具，如各类健身器材、球拍、球杆、球等，不包括运动服装、鞋帽。

参与体育健身活动支出：指为参与体育健身活动本身所支付的费用，包括健身场所门票、场租费、会费、购买消费卡（年卡、次卡等）的费用、参加比赛的报名费、参加健身培训班的学费等，不包括因此而产生的交通、饮食等费用。

购置体育用品及参与体育健身活动支出占家庭可支配收入的比例：该比例＝（全家购置体育用品支出 + 所有家庭成员参与体育健身活动支出之和）÷家庭可支配收入 × 100%

家庭可支配收入：指调查户可用于最终消费支出和其他非义务性支出以及储蓄的总和，即居民家庭可以用来自由支配的收入。它是家庭总收入扣除缴纳的所得税、个人缴纳的社会保障费以后的收入（如因参与统计调查而得到的记账补贴，不计算在内）。

购票观看体育比赛次数：从放观众进场到对观众清场为一个观赛场次。购票观看体育比赛次数指，自己支付门票款到现场观看的体育比赛的观赛场次累计数，不包括使用免费赠票和别人赠送的门票观看的比赛。

购买体育比赛门票支出：指用自己私人的钱款购买体育比赛门票的支出，不论所购买的门票是为了自己去观看比赛还是送人。

六、关于体育产业专项统计调查的建议

在进行体育产业专项调查时，可以根据体育产业各个分领域的特点，分别使用普查和抽样调查的方法，对兼营部分也可以使用调查和推算相结合的方法。

实施体育产业专项调查需要投入大量的人力、财力，长远来看不可能每年都作大规模调查，需要建立起一定的推测算方法，但由于我国体育产业统计的基础较差，目前缺乏进行推测算的基础数据，所以建议先作几次较为详细的体育产业专题调查，积累起一定的资料和经验，以后可将以普查为主、以抽样调查为主和以推算为主的方法交替使用。

指标体系中，规模与贡献指标是核心的指标，财务、规模与贡献、业务活动与成果三类指标相对较为重要，对外经济指标和补充指标则相对属于较外围的指标。因此若进行全国性的专项调查，建议使用指标体系中的所有指标，以取得完整的资料；若各省（自治区、直辖市）进行专项调查，可以使用全部指标，也可以只使用财务、规模与贡献、业务活动与成果三类指标；若不进行专项调查而以推算为主，则建议只给出规模与贡献指标，甚至只给出增加值。

对体育产业基础和统计基础都较差的省份，调查时也可将统计范围缩小为体育组织、体育场馆、体育健身休闲业、体育用品服装鞋帽及相关体育产品制造业、体育用品服装鞋帽及相关体育产品销售业，但应进行说明，并给出各个分领域的统计指标值，以便进行比较分析。

刘　炜　邹　延　吴幸勲　陶玉华　张尚立　杨　倩　楼小飞

第七章 中国体育及相关产业专项调查方案框架研究

一、设计体育及相关产业专项统计调查方案框架的背景和目的

近年来，体育及相关产业（以下简称“体育产业”）在我国的许多地区得到了较快的发展。为了把握体育产业的整体发展状况，国内已相继有十几个省、自治区、直辖市组织实施了体育产业专项统计调查，但由于统计指标体系各异、统计口径不一，影响了对我国体育产业发展状况的整体认识和地区间的比较，在为我国体育产业的宏观管理、战略规划服务方面受到很大的限制。

在这一背景和形势下，国家体育总局会同国家统计局于2006年5月正式启动《中国体育及相关产业统计研究》项目，“体育及相关产业专项统计调查方案框架”的设计是该项目的一个组成部分，旨在为各省市的体育产业统计工作提供一个指导性的方案框架，达到统一统计指标、统计范围、统计口径的目的，使各地的统计结果具有可比性，以便汇总出全国体育产业的统计数据，更好地反映我国体育产业的整体状况。

二、方案设计的指导思想

（一）注重可操作性

本方案主要用于体育产业专项调查，而非建立年报制度，因此调查指标应该是在现有基础上可以取得数据的，而不是提出要求，让各单位按此要求积累资料，所以需要充分考虑体育产业的现有统计基础和数据的可得性。

（二）注重与现行统计制度和会计制度的统一

为了尽量减轻基层统计工作的负担，要尽可能利用基层单位现有资料。本方案选用的指标应尽量与我国现行的统计制度、会计制度接轨，特别是财务指标尽可能选用现行统计制度或第一次经济普查中所使用的指标，或与会计科目相对应。

（三）调查结果应能反映出体育产业的基本情况

在上述两条的基础上，作为最基本的要求，调查结果应能反映体育产业的规模、结构及对国民经济的贡献。另外，在充分考虑数据可得性的前提下，尽可能反映体育组织、体育场馆、体育休闲健身和体育彩票等体育产业核心层的主要业务活动成果。

三、体育及相关产业的内涵、外延界定和专项调查的范围

根据“体育及相关产业统计研究”总课题组的界定，本研究中的“体育及相关产业”是指：“为社会公众提供体育服务和产品的活动，以及与这些活动有关联的活动的集合。”根据“体育及相关产业统计分类研究”分课题组的研究成果，体育及相关产业的外延主要是《体育及相关产业分类总表》中所列的各类产业活动。因此本专项调查的调查范围为以下八个分领域（具体细节请参阅《体育及相关产业分类总表》）。

1. 体育组织管理
2. 体育场馆管理
3. 体育健身休闲活动
4. 体育中介服务
5. 其他体育服务
6. 体育用品服装鞋帽及相关体育产品制造
7. 体育用品服装鞋帽及相关体育产品销售
8. 体育场馆建筑

对体育产业基础和统计基础都较差的省份，调查时也可适当缩小统计范围，只调查其中若干个分领域，但应尽量避免只调查某个分领域的一部分，同时应具体说明调查范围，并给出各个分领域的统计指标值，以便进行比较分析。

在具体实施过程中，可以根据各地的具体情况，对各类对象分别采用全面调查、抽样调查或根据典型调查进行估算等方法来实现。

四、统计指标

按本次《中国体育及相关产业统计研究》课题设置的指标体系，指标主要分五类：财务指标、规模与贡献指标、业务活动与效果指标、对外经济指标、补充指标。鉴于对外经济指标和补充指标的调查较为复杂，而前三类指标对反映我国体育产业的现状更为重要，所以本方案针对的统计指标主要是财务指标、规模与贡献指标、业务活动与效果指标，具体如下。

（一）规模与贡献指标

增加值
单位数
从业人员年平均人数

（二）财务指标

1. 企业

（1）资产负债
　资产总计
　固定资产原价
　累计折旧
　本期折旧
　负债合计
　实收资本
　　其中：国家资本
　　　　集体资本
　　　　法人资本
　　　　个人资本
　　　　港澳台资本
　　　　外商资本
（2）损益及分配
　主营业务收入
　主营业务成本
　主营业务税金及附加
　营业费用
　管理费用
　财务费用
　营业利润
　利润总额
（3）其他
　从业人员劳动报酬
　劳动失业保险费

2. 行政、事业单位

(1) 资产负债

资产总计

固定资产原价

负债合计

(2) 收入与支出

本年收入合计

其中：财政拨款

上级补助收入

事业收入

经营收入

本年支出合计

其中：人员支出

公用支出

对个人和家庭补助支出

收支结余

(3) 经营税金

3. 民间非营利组织

(1) 资产与净资产

资产总计

固定资产原价

累计折旧

负债合计

净资产合计

其中：限定性净资产

非限定性净资产

(2) 收入与费用

收入合计

其中：捐赠收入

会费收入

提供服务收入

政府补助收入

商品销售收入

投资收益

其他收入

费用合计
　其中：业务活动成本
　　　　管理费用
　　　　筹资费用
　　　　其他费用

4. **个体经营户**

固定资产原价
营业收入
营业支出
　其中：雇员报酬
　　　　缴纳各种税金和费用

（三）业务活动与效果指标

1. 体育组织

（1）职业体育俱乐部
　广告赞助收入
　门票收入
　运动员转会收入
　转播权收入
　拥趸（Fans）用品经营收入
　运动员参加体育比赛人次
（2）优秀运动队
　广告赞助收入
　运动员参加体育比赛人次

2. 体育场馆

承接体育比赛项次
承接体育比赛天数
体育比赛观众人次
广告收入
承接体育比赛和训练收入

3. 体育健身休闲

会员年平均人数
年活动人次

会费收入
各类消费卡销售收入

4. 体育彩票

体育彩票销售量
其中：竞猜型体育彩票
乐透型与数字型体育彩票
即开型体育彩票
其他体育彩票
体育彩票筹集公益金总额
年末体育彩票销售点个数

五、体育及其相关产业统计专项调查参考表式

（一）说明

1. 表式设计原则

在进行表式设计时，主要遵循以下几个原则。

（1）保证统计指标所需数据资料的获取。体育及相关产业统计指标中，有些可以直接调查得到，但有些必须通过多个指标计算而得，如增加值等，因此表式中的调查指标应涵盖测算增加值所需的资料。

（2）尽量与现行统计制度中的统计报表或经济普查使用的统计调查表接轨，以保证获取数据的可行性。现行统计制度中的统计报表和经济普查使用的统计调查表，都是通过有关专家反复论证、具有较高可行性，且已经为调查对象所熟悉的。规模以上工业企业和限额以上销售企业每年都要上报统计表，因此对这些企业我们基本是使用现行统计制度所用的调查表式，或适当简化。其他单位因为计算增加值的方法问题，不能直接使用现行统计制度中的调查表式，所以尽量在经济普查所用的表式基础上进行简化。

（3）在以上两个原则的基础上，尽量简化调查指标，以减轻调查对象的负担。减轻调查对象负担主要从两方面入手，一是控制调查指标数量，二是尽量选用有相应会计科目（或通过若干会计科目简单累加即可）的指标，以便获取指标数值。

2. 规模和限额的划分

体育用品制造企业的规模以上和规模以下、体育用品批发零售企业的限额以上和限额以下，按各省实行的标准执行。

（二）报表目录

表 63　报表

表号	表名	填报范围
TYCY01	单位基本情况	从事体育及相关产业的所有单位，包括兼营单位，不包括个体户和体育彩票销售站
TYCY02	规模以上体育用品制造企业财务状况及产值	规模以上体育用品制造企业（不含兼营体育用品制造的单位）
TYCY03	规模以下体育用品制造企业财务状况及产值	规模以下体育用品制造企业（不含兼营体育用品制造的单位）
TYCY04	限额以上体育用品批发、零售企业财务状况	限额以上体育用品批发、零售企业（不含兼营体育用品批发、零售的单位）
TYCY05	限额以下体育用品批发、零售企业财务状况	限额以下体育用品批发、零售企业（不含兼营体育用品批发、零售的单位）
TYCY06	体育服务业企业财务状况	执行企业会计制度的体育服务业单位（不含兼营体育服务的单位）
TYCY07	体育服务业行政、事业单位财务状况	执行行政、事业单位会计制度的体育服务业单位，以及各级体育彩票管理中心
TYCY08	体育服务业民间非营利组织单位财务状况	执行民间非营利组织会计制度的体育服务业单位，包括各类体育社会团体、基金会、民办非企业单位性质的体育俱乐部等
TYCY09	体育业务个体经营户调查表	从事体育业务的个体经营户，包括个体经营的体育彩票销售点
TYCY10	体育业务兼营单位调查表	兼营体育业务的企、事业单位（不含个体经营户）
TYCY11	业务活动调查表	职业体育俱乐部、优秀运动队管理单位、体育场馆、省级体育彩票管理中心、体育健身休闲业（含兼营单位）

（三）调查表式

表 64　单位基本情况表

单位代码：□□□□□□□□□-□　　表　　号：TYCY01
制表机关：
单位详细名称：　　文　　号：
审批机关：
批准文号：
2　　年　　有效期至：

单位所在地及行政区划　　行政区划代码(由调查机构填写) □□□□□□-□□□-□□□			
________省(自治区、直辖市) ________地(区、市、州、盟) ________县(区、市、旗)			
________乡(镇) ____________________街(村)、门牌号			
单位位于：__________街道办事处 ____________社区(居委会)、村委会			
联系方式　区　号 □□□□□ 电话号码 □□□□□□□□□□□ 分机号 □□□□□□ 传真号码 □□□□□□□□ 邮政编码 □□□□□□	电子信箱 ____________ 网　址 ____________		
主营还是兼营体育业务：1. 主营　　2. 兼营　□			
主要体育业务活动 (或主要产品) 1. ________；2. ________；3. ________			
国民经济行业代码(由调查机构填写)：□□□□			
登记注册类型：			
内资 110 国有 120 集体 130 股份合作 141 国有联营 142 集体联营 143 国有与集体联营	149 其他联营 151 国有独资公司 159 其他有限责任公司 160 股份有限公司 171 私营独资 172 私营合伙 173 私营有限责任公司	174 私营股份有限公司 190 其他 港澳台商投资 210 与港澳台商合资经营 220 与港澳台商合作经营 230 港澳台商独资 240 港澳台商投资股份有限公司	外商投资 310 中外合资经营 320 中外合作经营 330 外资企业 340 外商投资股份有限公司 □□□
执行会计制度类别：1 企业会计制度　2 事业单位会计制度　3 行政单位会计制度 4 民间非营利组织会计制度　9 其他会计制度　□			
机构类型：1 企业　2 事业单位　3 机关 4 社会团体　5 民办非企业单位　9 其他组织机构　□			
从业人员年平均人数（人）：			

单位负责人：　　填表人：　　联系电话：　　填表日期：20　年　月　日

表 65　规模以上体育用品制造企业财务状况及产值

单位代码：□□□□□□□□□-□　　　　表　　号：TYCY02

制表机关：

单位详细名称：

文　　号：

审批机关：

批准文号：

有效期至：

2　　　年　　　计量单位：千元

指标名称	代码	本年实际	指标名称	代码	本年实际
甲	乙	1	甲	乙	1
一、年末资产负债	—	—	营业费用	33	
流动资产合计	01		管理费用	34	
其中：短期投资	02		其中：税金	35	
应收账款	03		财产保险费	36	
存货	04		办公费	37	
其中：产成品	05		职工教育费	38	
流动资产年平均余额	06		财务费用	39	
长期投资	07		其中：利息支出	40	
固定资产合计	08		营业利润	41	
固定资产原价	09		投资收益	42	
其中：生产经营用	10		补贴收入	43	
累计折旧	11		营业外收入	44	
其中：本年折旧	12		利润总额	45	
固定资产净值年平均余额	13		应交所得税	46	
无形资产	14		广告费	47	
资产总计	15		研究开发费	48	
流动负债合计	16		劳动、失业保险费	49	
其中：应付账款	17		养老保险和医疗保险费	50	
长期负债合计	18		住房公积金和住房补贴	51	
负债合计	19		三、工资、福利费、增值税	—	—
所有者权益合计	20		本年应付工资总额（贷方累计发生额）	52	
其中：实收资本	21		其中：主营业务应付工资总额	53	
1. 国家资本	22		本年应付福利费总额（贷方累计发生额）	54	
2. 集体资本	23		其中：主营业务应付福利费总额	55	
3. 法人资本	24		本年应交增值税	56	
4. 个人资本	25		本年进项税额	57	
5. 港澳台资本	26		本年销项税额	58	
6. 外商资本	27				
二、损益及分配	—	—			
主营业务收入	28		四、总产值与销售产值	—	—
主营业务成本	29		工业总产值(当年价格)	B1	
主营业务税金及附加	30		工业销售产值(当年价格)	B2	
其他业务收入	31				
其他业务利润	32				

单位负责人：　　　填表人：　　　联系电话：　　　填表日期：2 0　年　月　日

表 66 规模以下体育用品制造企业财务状况及产值

单位代码：□□□□□□□□-□

单位详细名称：

表　　号：TYCY03
制表机关：
文　　号：
审批机关：
批准文号：
有效期至：

2　　年

计量单位：千元

指标名称	代码	本年实际
甲	乙	1
一、年末资产负债	—	—
固定资产原价	01	
累计折旧	02	
其中：本年折旧	03	
资产总计	04	
负债合计	05	
实收资本（股本）	06	
1. 国家资本（国家股）	07	
2. 集体资本（集体股）	08	
3. 法人资本（法人股）	09	
4. 个人资本（个人股）	10	
5. 港澳台商资本（港澳台商股）	11	
6. 外商资本	12	
二、损益及分配	—	—
主营业务收入	13	
主营业务成本	14	
产品销售税金及附加	15	
营业费用	16	
管理费用	17	
财务费用	18	
营业利润（亏损以“–”号填列）	19	
利润总额　（亏损以“–”号填列）	20	
三、其他财务指标	—	—
从业人员劳动报酬	21	
劳动、失业保险费	22	
本年应交增值税	23	
四、总产值和销售产值	—	
工业总产值（当年价格）	24	
工业销售产值（当年价格）	25	

单位负责人：　　填表人：　　联系电话：　　填表日期：20　年　月　日

表 67　限额以上体育用品批发和零售企业财务状况

单位代码：□□□□□□□□□-□　　　　表　　号：TYCY04

制表机关：

单位详细名称：

文　　号：

审批机关：

批准文号：

有效期至：

2　　　年　　　　计量单位：千元

指标名称	代码	本年实际	指标名称	代码	本年实际
甲	乙	1	甲	乙	1
一、年初存货	01		主营业务成本	19	
二、年末资产负债	—	—	主营业务税金及附加	20	
流动资产合计	02		主营业务利润	21	
其中：存货	03		其他业务利润	22	
固定资产原价	04		营业费用	23	
累计折旧	05		管理费用	24	
其中：本年折旧	06		其中：税金	25	
资产总计	07		差旅费	26	
负债合计	08		工会经费	27	
所有者权益合计	09		财务费用	28	
其中：实收资本	10		其中：利息支出	29	
国家资本	11		营业利润	30	
集体资本	12		利润总额	31	
法人资本	13		应交所得税	32	
个人资本	14		劳动、失业保险费	33	
港澳台商资本	15		住房公积金和住房补贴	34	
外商资本	16		四、工资、福利费、增值税	—	—
三、损益及分配	—	—	本年应付工资总额(贷方累计发生额)	35	
营业收入合计	17		本年应付福利费总额(贷方累计发生额)	36	
其中：主营业务收入	18		本年应交增值税	37	

单位负责人：　　　填表人：　　　联系电话：　　　填表日期：20　年　月　日

表 68　限额以下体育用品批发和零售企业财务状况

单位代码：□□□□□□□□□-□　　　　表　　号：TYCY05

制表机关：

单位详细名称：

文　　号：

审批机关：

批准文号：

有效期至：

2　　年　　　　计量单位：千元

指　标　名　称	代码	本年实际	指　标　名　称	代码	本年实际
甲	乙	1	甲	乙	1
一、年初存货	01		三、损益及分配	—	—
二、年末资产负债	—	—	营业收入合计		14
固定资产原价	02		其中：主营业务收入		15
累计折旧	03		主营业务成本		16
其中：本年折旧	04		主营业务税金及附加		17
资产总计	05		营业费用		18
负债合计	06		管理费用		19
实收资本	07		财务费用		20
其中：国家资本	08		营业利润		21
集体资本	09		利润总额		22
法人资本	10		四、其他	—	—
个人资本	11		从业人员劳动报酬		23
港澳台商资本	12		劳动、失业保险费		24
外商资本	13		本年应交增值税		25

单位负责人：　　　填表人：　　　联系电话：　　　填表日期：20　年　月　日

表 69 体育服务业企业财务状况

单位代码：□□□□□□□□□-□

单位详细名称：

表　　号：TYCY06
制表机关：
文　　号：
审批机关：
批准文号：
有效期至：

2　　年

计量单位：千元

指标名称	代码	本年实际
甲	乙	1
1. 资产总计	01	
2. 固定资产原价	02	
3. 累计折旧	03	
其中：本年折旧	04	
4. 负债合计	05	
5. 实收资本	06	
其中：国家资本	07	
集体资本	08	
法人资本	09	
个人资本	10	
港澳台商资本	11	
外商资本	12	
6. 营业收入合计	13	
其中：主营业务收入	14	
7. 主营业务成本	15	
8. 主营业务税金及附加	16	
9. 营业费用	17	
10. 管理费用	18	
11. 财务费用	19	
12. 营业利润	20	
13. 利润总额	21	
14. 从业人员劳动报酬	22	
15. 劳动、失业保险费	23	

单位负责人：　　　　填表人：　　　　联系电话：　　　　填表日期：20　年　月　日

表 70　体育服务业行政、事业单位财务状况

单位代码：□□□□□□□□□-□

单位详细名称：

表　　号：TYCY07
制表机关：

文　　号：
审批机关：
批准文号：
有效期至：

2　　　年

计量单位：千元

指标名称	代码	本期实际
甲	乙	1
1. 资产总计	01	
2. 固定资产原价	02	
本年折旧（限体育彩票管理中心填写）	03	
3. 负债合计	04	
4. 收入合计	05	
其中：财政拨款	06	
上级补助收入	07	
事业收入	08	
经营收入	09	
5. 支出合计	10	
其中：人员支出	11	
公用支出	12	
其中：福利费	13	
劳务费	14	
就业补助费	15	
取暖费	16	
差旅费	17	
各种设备、交通工具及图书资料购置费	18	
对个人和家庭补助支出	19	
其中：助学金	20	
抚恤金和生活补助	21	
6. 收支结余	22	
7. 经营税金（限事业单位和体育彩票管理中心填写）	23	

单位负责人：　　　　填表人：　　　　联系电话：　　　　填表日期：2 0　年　月　日

表 71　体育服务业民间非营利组织单位财务状况

单位代码：□□□□□□□□□-□　　　　表　　号：TYCY08
制表机关：
单位详细名称：
文　　号：
审批机关：
批准文号：
有效期至：
2　　年　　　　计量单位：千元

指标名称	代码	本期实际
甲	乙	1
一、资产与净资产	—	—
资产总计	01	
固定资产原价	02	
累计折旧	03	
负债合计	04	
净资产合计	05	
其中：限定性净资产	06	
非限定性净资产	07	
二、收入与费用	—	—
收入合计	08	
其中：捐赠收入	09	
会费收入	10	
提供服务收入	11	
政府补助收入	12	
商品销售收入	13	
投资收益	14	
其他收入	15	
费用合计	16	
其中：业务活动成本	17	
其中：工资	18	
税费	19	
固定资产折旧	20	
管理费用	21	
其中：工资	22	
税费	23	
固定资产折旧	24	
筹资费用	25	
其他费用	26	

单位负责人：　　填表人：　　联系电话：　　填表日期：2 0　年　月　日

表 72 体育业务个体经营户调查表

表　　号：TYCY09
制表机关：

文　　号：
审批机关：
批准文号：
2　　年　　　　有效期至：

一、个体经营户基本情况

问卷编号（由调查机构和调查员填写）：□□□□□□－□□□－□□□－□□□

个体经营户名称：________________

业主(经营者)姓名：________________

联系电话(含区号和分机)：________________

主要体育业务活动(由调查员填写)：________________

国民经济行业代码(由调查员填写)：□□□□

二、个体经营户主要经济指标（计量单位：千元）

指　标　名　称	代　码	计量单位	本期实际
甲	乙	丙	1
从业人员平均人数（人）	01	人	
营业支出	02	千元	
其中：雇员报酬	03	千元	
缴纳各种税金和费用	04	千元	
固定资产原价	05	千元	
营业收入	06	千元	

体育彩票销售站除以上内容外，还需填写下述内容：

销售站类型：

1. 只销售体育彩票　2. 只销售体育彩票和福利彩票　3. 除彩票外还销售其他商品　□

本年体育彩票销售佣金收入（千元）：________________

本年福利彩票销售佣金收入（千元）：________________

填表人：　　　　联系电话：　　　　填表日期：20　年　月　日

表73　兼营体育业务单位调查表

单位代码：□□□□□□□□□-□

单位详细名称：

表　　号：TYCY10
制表机关：
文　　号：
审批机关：
批准文号：
有效期至：
计量单位：千元

2　　年

主要体育业务活动 (最多填6项)	国民经济行业代码 (由调查员填写)	体育业务营业收入 (单位：千元)
1.	□□□□	
2.	□□□□	
3.	□□□□	
4.	□□□□	
5.	□□□□	
6.	□□□□	

各类业务总的营业收入（千元）：________________

其中：

各类体育业务总的营业收入（千元）：________________

体育业务从业人员年平均人数（人）：________________

单位负责人：　　填表人：　　联系电话：　　报出日期：20　年　月　日

表 74　业务活动调查表

单位代码：□□□□□□□□□-□

单位详细名称：

2　　年

表　　号：TYCY11
制表机关：
文　　号：
审批机关：
批准文号：
有效期至：

职业体育俱乐部填写	本年广告赞助收入（千元）：______ 本年门票收入（千元）：______ 本年运动员转会收入（千元）：______ 本年转播权收入（千元）：______ 本年拥趸（Fans）用品经营收入（千元）：______ 本年运动员参加体育比赛人次：______	
优秀运动队管理单位填写	本年广告赞助收入（千元）：______ 本年运动员参加体育比赛人次：______	
体育场馆填写	类别 1. 综合体育场 2. 综合体育馆 3. 体育训练基地 4. 游泳比赛场馆 5. 足、篮、排场馆 6. 网球、羽毛球、乒乓球场馆 7. 棋牌比赛场馆 8. 其他未列明比赛场馆 □	承接体育比赛项次：______ 承接体育比赛天数：______ 体育比赛观众人次（万人次）：______ 广告收入（千元）：______ 承接体育比赛和训练收入（千元）：______
体育健身休闲业单位填写	类别 01. 综合性体育娱乐场所 02. 保龄球馆 03. 健身中心（馆） 04. 台球室、飞镖室 05. 高尔夫球场 06. 射击、射箭馆（场） 07. 滑沙、滑雪以及模拟滑雪场所的活动 08. 惊险娱乐活动场所 09. 娱乐性军事训练 10. 体能训练场所 11. 其他未列明的休闲健身娱乐活动 □□	会员年平均人数（人）：______ 全年活动人次（万人次）：______ 会费收入（千元）：______ 各类消费卡销售收入（千元）：______
省级体育彩票管理中心填写	1. 本年体育彩票销售总量（千元）：______ 其中：竞猜型彩票（千元）：______ 乐透型与数字型彩票（千元）：______ 即开型彩票（千元）：______ 其他彩票（千元）：______ 2. 本年筹集彩票公益金总额（千元）：______ 3. 年末体育彩票销售点个数（个）：______	

填表人：　　　　联系电话：　　　　填表日期：2 0　年　月　日

主要调查指标说明

一、单位基本情况

单位代码：是根据中华人民共和国国家标准《全国组织机构代码编制规则》(GB11714—1997)，由组织机构代码登记主管部门给每个企业、事业单位、机关和社会团体颁发的在全国范围内唯一的、始终不变的法定代码。所有单位均应填报此项。

已经领取了组织机构代码的单位必须使用法定代码，不得使用临时代码。在填写时，要按照技术监督部门颁发的《中华人民共和国组织机构代码证》上的代码填写。

尚未领到组织机构代码或不属于组织机构代码赋码范围的单位，一律使用由市统计局赋予的临时代码。已在历次普查中赋予了临时代码的单位，应继续使用，不得重新申请新的临时代码。

单位详细名称：指经有关部门批准正式使用的单位全称。所有单位均填写本项。

企业的详细名称按工商部门登记的名称填写；行政、事业单位的详细名称按编制部门登记、批准的名称填写；社会团体、民办非企业单位和基层群众自治组织的详细名称按民政部门登记、批准的名称填写。填写时要求使用规范化汉字全称，与单位公章所使用的名称完全一致。

凡经登记主管机关核准或批准，具有两个或两个以上名称的单位，要求填写一个法人单位名称，同时用括号注明其余的单位名称。

单位所在地及行政区划：指单位实际所处的详细地址及行政区划代码等。本栏分如下三部分填写。

第一部分：行政区划代码，由所在地调查机构统一填写，填表单位免填。

行政区划代码：指单位所在地区的行政区划代码，具体代码可向当地统计局咨询。

行政区划代码共有12位阿拉伯数字，分为三段。第一段为6位数字，表示县及县以上的行政区划，统一按《中华人民共和国行政区划代码》(GB2260)填写；第二段为3位数字，表示街道、镇和乡；第二段3位代码中的第一位数字为类别标识，以“0”表示街道，“1”表示镇，“2和3”表示乡，“4和5”表示政企合一的单位；第二、三位数字为该代码段中各行政区划的顺序号。具体编码方法如下。

(1) 街道的代码从001—099由小到大顺序编写；

(2) 镇的代码从100—199由小到大顺序编写；

(3) 乡的代码从200—399由小到大顺序编写；

(4) 政企合一单位的代码从400—599由小到大顺序编写。

第三段的3位数字，表示居民委员会和村民委员会的代码，用3位顺序码表示。具体编码方法如下。

(1) 居民委员会的代码从001—199由小到大顺序编写;

(2) 村民委员会的代码从200—399由小到大顺序编写。

第二部分：单位实际所在地的详细地址。所有单位均填写本项。要求写明单位所在的省(自治区、直辖市)、地(区、市、州、盟)、县(区、市、旗)、乡(镇)以及具体街(村)的名称和详细的门牌号码，不能填写通讯号码或通讯信箱号码。

第三部分：单位归属的街道办事处、社区、居(村)委会。所有单位均填写本项。位于城市内的单位填写所在街道办事处及社区、居委会的名称；位于农村的单位填写所在村委会的名称。

联系方式：包括长途区号、电话号码、分机号、传真号码、邮政编码、电子信箱和网站地址。所有单位均填写本项。

在填写电话号码时，将号码以左顶齐方式从左向右填写在方框内；号码超过所列空位时，向方框外右面扩充。电话号码以填写固定座机电话号码为主，对于确实没有座机电话号码的单位，可以填写主要负责人的移动电话号码。

主营体育业务：指以《体育及相关产业分类总表》中所列的某类产业活动为主营业务。

兼营体育业务：指以《体育及相关产业分类总表》中所列的各类产业活动之外的业务为主营业务，但同时兼营《体育及相关产业分类总表》中所列的某类产业活动。填写时根据单位的具体情况将相应编号填入后面的方框中。

主要体育业务活动(或主要产品)：所有单位均填写本项。具体填写各单位的一至三种主要体育业务活动（或主要产品）名称，并按其重要程度或总产值所占比重，从大到小顺序排列。

国民经济行业代码：基层单位免填。由所在地调查机构根据各单位填写的主要业务活动（或主要产品名称)，对照《国民经济行业分类》（GB/T4754—2002）填写行业小类代码。

登记注册类型：所有单位均填写本项。

企业或企业产业活动单位的登记注册类型，按其在工商行政管理机关登记注册的类型填写。机关、事业单位和社会团体及其他组织的登记注册类型，按其主要经费来源和管理方式，根据实际情况，比照《企业登记注册类型与代码》确定。

工商行政管理部门对企业(单位)登记注册的类型分为以下几种：

国有企业：指企业全部资产归国家所有，并按《中华人民共和国企业法人登记管理条例》规定登记注册的非公司制的经济组织。不包括有限责任公司中的国有独资公司。

集体企业：指企业资产归集体所有，并按《中华人民共和国企业法人登记管理条例》规定登记注册的经济组织。

股份合作企业：指以合作制为基础，由企业职工共同出资入股，吸收一定比例的社会资产投资组建，实行自主经营，自负盈亏，共同劳动，民主管理，按劳分配与按股分红相结合的一种集体经济组织。

两个及两个以上相同或不同所有制性质的企业法人或事业单位法人，按自愿、平等、互利的原则，共同投资组成的经济组织称为联营企业。联营企业包括国有联营企业、集体联营企业、国有与集体联营企业和其他联营企业。

国有联营企业：指所有联营单位均为国有。

集体联营企业：指所有联营单位均为集体。

国有与集体联营企业：指联营单位既有国有也有集体。

其他联营企业：指上述三种联营企业之外的其他联营形式的企业。

根据《中华人民共和国公司登记管理条例》规定登记注册，由两个以上、五十个以下的股东共同出资，每个股东以其所认缴的出资额对公司承担有限责任，公司以其全部资产对其债务承担责任的经济组织称为有限责任公司。有限责任公司分为国有独资公司以及其他有限责任公司。

国有独资公司：指国家授权的投资机构或者国家授权的部门单独投资设立的有限责任公司。

其他有限责任公司：指国有独资公司以外的其他有限责任公司。

股份有限公司：指根据《中华人民共和国公司登记管理条例》规定登记注册，其全部注册资本由等额股份构成并通过发行股票筹集资本，股东以其认购的股份对公司承担有限责任，公司以其全部资产对其债务承担责任的经济组织。

由自然人投资设立或由自然人控股，以雇佣劳动为基础的营利性经济组织称为私营企业。包括按照《公司法》《合伙企业法》《私营企业暂行条例》以及《个人独资企业法》规定登记注册的私营独资企业、私营有限责任公司、私营股份有限公司、私营合伙企业和个人独资企业。

私营独资企业：指按《私营企业暂行条例》的规定，由一名自然人投资经营，以雇佣劳动为基础，投资者对企业债务承担无限责任的企业。

个人独资企业指按《个人独资企业法》《个人独资企业登记管理办法》的规定，由一个自然人投资，财产为投资人个人所有，投资人以其个人财产对企业债务承担无限责任的经营实体。个人独资企业填表时归入私营独资企业。

私营合伙企业：指按《合伙企业法》或《私营企业暂行条例》的规定，由两个以上自然人按照协议共同投资、共同经营、共负盈亏，以雇佣劳动为基础，对债务承担无限责任的企业。

私营有限责任公司：指按《公司法》《私营企业暂行条例》的规定，由两个以上自然人投资或由单个自然人控股的有限责任公司。

私营股份有限公司：指按《公司法》的规定，由五个以上自然人投资，或由单个自然人控股的股份有限公司。

其他内资企业：指上述内资企业之外的其他内资经济组织。

与港澳台商合资经营企业：指港澳台地区投资者与内地的企业依照《中华人民共和国中外合资经营企业法》及有关法律的规定，按合同规定的比例投资设立，分享利润和分担风险的企业。

与港澳台商合作经营企业：指港澳台地区投资者与内地企业依照《中华人民共和国中外合作经营企业法》及有关法律的规定，依照合作合同的约定进行投资或提供条件设立，分配利润、分担风险和亏损的企业。

港澳台商独资经营企业：指依照《中华人民共和国外资企业法》及有关法律的规定，在内地设立的由港澳台地区投资者在内地全额投资设立的企业。

港澳台商投资股份有限公司：指根据国家有关规定，经商务部(包括原外经贸部)批准设立，并且其中港、澳、台商的股本占公司注册资本的比例达25%以上的股份有限公司。凡其中港、澳、台商的股本占公司注册资本的比例小于25%的，属于内资中的股份有限公司。

中外合资经营企业：指外国企业或外国人与中国内地企业依照《中华人民共和国中外合资经营企业法》及有关法律的规定，按合同规定的比例投资设立，分享利润和分担风险的企业。

中外合作经营企业：指外国企业或外国人与中国内地企业依照《中华人民共和国中外合作经营企业法》及有关法律的规定，依照合作合同的约定进行投资或提供条件设立，分配利润、分担风险和亏损的企业。

外资企业：指依照《中华人民共和国外资企业法》及有关法律的规定，在中国内地设立的由外国投资者全额投资设立的企业。

外商投资股份有限公司：指根据国家有关规定，经商务部(包括原外经贸部)批准设立，并且其中外资的股本占公司注册资本的比例达25%以上的股份有限公司。凡其中外资股本占公司注册资本的比例小于25%的，属于内资中的股份有限公司。

执行会计制度类别：分为执行企业会计制度、事业会计制度、行政单位会计制度、民间非营利组织会计制度和其他会计制度五种情况。根据各单位实际执行的会计制度将相应编号填写在后面方框中。所有法人单位均填写本项。

企业会计制度：执行工业企业会计制度、施工企业会计制度、运输(交通)企业会计制度、运输(铁路)企业会计制度、运输(民用航空)企业会计制度、公路经营企业会计制度、邮电通信企业会计制度、农业企业会计制度、国有林场和苗圃会计制度、国有农牧渔良种场会计制度、水利工程管理单位会计制度、商品流通企业会计制度、旅游饮食服务企业会计制度、金融企业会计制度、城市合作银行会计制度、保险公司会计制度、股份有限公司会计制度、对外经济合作企业会计制度等的企业(单位)选填此项。包括实行企业化管理、执行企业会计制度的事业单位。

事业单位会计制度：执行事业会计制度的各类事业单位选填此项。包括执行特殊行业会计制度的事业单位(如执行科学事业单位会计制度、中小学校会计制度、高等学校会计制度、医院会计制度、测绘事业单位会计制度、国家物资储备资金会计制度等)以及执行事业会计制度的社会团体，但不包括实行企业化管理、执行企业会计制度的事业单位。

行政单位会计制度：执行行政会计制度的单位选填此项。包括各类行政机关、政党机关及社会团体，但不包括执行事业会计制度的社会团体。

民间非营利组织会计制度：执行民间非营利组织会计制度的单位选填此项。包括依照国家法律、行政法规登记的社会团体、基金会、民办非企业单位和寺院、宫观、清真寺、教堂等，但不包括仍在执行事业会计制度的社会团体。

其他会计制度：不执行以上四类会计制度的单位选填此项。

机构类型：所有法人单位均填写本项。机构类型分为企业、事业单位、机关、社会团体、民办非企业单位和其他组织机构，分别如下。

企业：包括领取《企业法人营业执照》的各类企业；个人独资企业、合伙企业；由其他行政主管部门依据有关法律法规审批成立，且具备法人条件的企业；未经有关部门批准、但实际从事生产经营活动的企业。

事业单位：指经机构编制部门批准成立和登记或备案，领取《事业单位法人证书》，取得法人资格的单位；还包括由其他行政主管部门依据有关法律法规审批成立，且具备法人条件的事业单位。

机关：包括国家权力机关、国家行政机关、国家司法机关、政党机关、政协组织、人民解放军、武警部队和其他机关。

社会团体：包括由中央机构编制管理部门直接管理其机关机构编制的群众团体，还包括经各级民政部门核准登记，领取《社会团体法人证书》的各类社会团体。

民办非企业单位：包括经各级民政部门核准登记，领取《民办非企业单位(法人)登记证书》的民办非企业单位。

其他组织机构：指除企业法人、事业单位法人、机关法人、社会团体法人和民办非企业法人以外的其他符合法人条件的单位。

从业人员年平均人数：指年内各月平均拥有的从业人员人数，其计算公式如下

$$\text{全部从业人员年平均人数} = \frac{\text{1 月平均人数} + \text{2 月平均人数} + \cdots\cdots + \text{12 月平均人数}}{12}$$

$$\text{月平均人数} = \frac{\text{月初从业人员数} + \text{月末从业人员数}}{2}$$

二、规模以上体育用品制造企业财务状况表

资产总计：指企业拥有或控制的能以货币计量的经济资源，包括各种财产、债权和其他权利。资产按其流动性(即资产的变现能力和支付能力)划分为：流动资产、长期投资、固定资产、无形资产、递延资产和其他资产。根据会计“资产负债表”中“资产总计”项的期末数填列。

流动资产合计：流动资产指企业可以在一年内或者超过一年的一个生产周期内变现或者耗用的资产，包括现金及各种存款、短期投资、应收及预付款项、存货等。根据会

计“资产负债表”中“流动资产合计”项的期末数填列。

短期投资：指企业购入的各种能随时变现并准备随时变现的、持有时间不超过1年(含1年)的股票、债券和基金，以及不超过1年(含1年)的其他投资减去已提（跌）价准备后的净额。根据会计“资产负债表”中“短期投资”项的期末数填报。

应收账款：指企业因销售商品、产品、提供劳务等，应向购货单位或接受劳务单位收取款项。该指标根据会计“资产负债表”中“应收账款”项的年末数填报。未执行2001年《企业会计制度》的企业，用“应收账款净额” 期末数代替。

存货：指企业在生产经营过程中为销售或耗用而储备的各种资产，包括原材料、周转材料、包装物、低值易耗品、在产品、自制半成品、产成品等。根据会计“资产负债表”中“存货”项的期末数填列。

产成品：指企业报告期末已经加工生产并完成全部生产过程，可以对外销售的制成产品。根据企业会计“资产负债表”中“产成品”的期末数填报。

流动资产年平均余额：指企业在报告期内全部流动资产的平均余额。计算公式如下。

$$\text{流动资产年平均余额}=\frac{\text{1至12月各月月初、月末流动资产之和}}{24}$$

长期投资：根据会计“资产负债表”中“长期投资”项的年末数填报。

固定资产合计：固定资产指企业使用期限超过一年的房屋、建筑物、机器、机械、运输工具以及其他与生产、经营有关的设备、器具、工具等。不属于生产经营主要设备的物品，单位价值在2000元以上，并且使用年限超过2年的，也应当作为固定资产。“固定资产合计”根据会计“资产负债表”中“固定资产合计”项的期末数填列。

固定资产原价：指企业在建造、购置、安装、改建、扩建、技术改造某项固定资产时所支出的全部货币总额。根据会计“资产负债表”中“固定资产原价”项的期末数填列。

生产经营用固定资产：固定资产按其经济用途和使用情况综合分为七大类：生产经营用固定资产、非生产经营用固定资产、租出固定资产、不需用固定资产、未使用固定资产、土地、融资租入固定资产。

生产经营用固定资产指直接服务于企业生产、经营过程的各种固定资产，包括生产经营用的房屋、建筑物、机器设备、器具、工具等。

固定资产折旧：指对固定资产由于磨损和损耗而转移到产品中去的那一部分价值的补偿。一般根据固定资产原价(选用双倍余额递减法计提折旧的企业，为固定资产账面净值)和确定的折旧率计算。

累计折旧：指企业在报告期末提取的历年固定资产折旧累计数。根据会计“资产负债表”中“累计折旧”项的年末数填列。

本年折旧：指企业在报告年度内提取的固定资产折旧合计数。根据会计“财务状况变动表”中“固定资产折旧”项的数值填列。若企业执行2001年《企业会计制度》，该指标根据会计核算中《资产减值准备、投资及固定资产情况表》内“当年计提的固定资产折旧总额”项本期增加数填列。

固定资产净值年平均余额：固定资产净值指固定资产原价减去累计折旧后的净额，其平均余额指报告期内余额的平均数。计算公式如下。

$$固定资产净值年平均余额=\frac{1至12月各月月初、月末固定资产净值之和}{24}$$

无形资产：指企业长期使用而没有实物形态的资产，包括专利权、非专利技术、商标权、著作权、土地使用权、商誉等。根据“资产负债表”中“无形资产”项目的期末数填列。

负债合计：指企业所承担的能以货币计量，将以资产或劳务偿付的债务，偿还形式包括货币、资产或提供劳务。负债一般按偿还期长短分为流动负债和长期负债。根据会计“资产负债表”中“负债合计”的期末数填列。

流动负债合计：指企业在一年内或超过一年的一个营业周期内需要偿还的债务，包括短期借款、应付票据、应付账款、预收账款、应付工资、应交税金、应付利润、预提费用等。根据企业会计“资产负债表”中“流动负债合计”的期末数填报。

应付账款：根据会计“资产负债表”中的“应付账款”的年末贷方余额填报。

长期负债合计：指企业偿还期在一年以上或者超过一年的一个营业周期以上的债务，包括长期借款、长期应付款、应付债券等。根据会计“资产负债表”中的“长期负债合计”的期末数填报。

所有者权益合计：指企业投资人对企业净资产的所有权。企业净资产为企业全部资产与企业全部负债的差额，包括实收资本、资本公积、盈余公积、未分配利润等。根据会计“资产负债表”中“所有者权益”项的期末数填列。

实收资本：指企业投资者实际投入的资本(或股本)，包括货币、实物、无形资产等各种形式的投入。实收资本按投资主体可分为国家资本、集体资本、法人资本、个人资本、港澳台资本和外商资本。根据会计“资产负债表”中“实收资本”项的期末数填列。

国家资本：指有权代表国家投资的政府部门或机构、直属事业单位对企业形成的资本金。根据会计“实收资本”科目计算填列。

集体资本：指由本企业职工等自然人集体投资或各种机构对企业进行扶持形成的集体性质的资本金。根据会计“实收资本”科目计算填列。

法人资本：指法人以其依法可支配的资产投入企业形成的资本金。根据会计“实收资本”科目计算填列。

个人资本：指自然人实际投入企业的资本金。根据会计“实收资本”科目计算填列。

港澳台资本：指我国香港、澳门和台湾地区投资者实际投入企业的资本金。根据会计“实收资本”科目计算填列。

外商资本：指外国投资者实际投入企业的资本金。根据会计“实收资本”科目计算填列。

主营业务收入：根据会计“利润表”中对应指标的本年累计数填列。未执行2001年《企业会计制度》的企业，用“产品销售收入”的本期累计数代替。

主营业务成本：根据会计“利润表”中对应指标的本年累计数填列。未执行2001年《企业会计制度》的企业，用“产品销售成本”的本期累计数代替。

主营业务税金及附加：根据会计“利润表”中对应指标的本年累计数填列。未执行2001年《企业会计制度》的企业，用“产品销售税金及附加”的本期累计数代替。

其他业务收入：根据会计“利润表”中对应指标的本期累计数填列。

其他业务利润：根据会计“利润表”中对应指标的本年期累计数填列。

营业费用：根据会计“利润表”中对应指标的本年累计数填列。未执行2001年《企业会计制度》的企业，用“产品销售费用”的本期累计数代替。

管理费用：指企业行政管理部门为组织和管理生产经营活动而发生的各项费用。根据会计“利润表”中对应指标的本期累计数填列。

税金：指企业按规定从管理费用中支付的各种税金，包括房产税、土地使用税、车船使用税、印花税等。根据会计“管理费用”科目归纳本期累计数填列。

财产保险费：指企业向保险公司投保所支付的财产保险费用。根据会计“管理费用”科目中的对应项目的本期累计数填列。

办公费：指企业实际支付的文具、印刷、邮电、办公用品等的办公费用，但不包括图纸及制图用品。根据相关费用分析填报。

职工教育费：指按职工工资总额的1.5%计提，并实际用于职工培训、学习的费用。根据企业会计“职工教育费”明细科目的贷方累计发生额填列或有关发生费用分析填列。

财务费用：指企业为筹集生产经营所需资金等而发生的费用，包括利息支出、汇兑损失以及相关的金融机构手续费等。根据会计“利润表”中对应指标的本期累计数填列。

利息支出：指企业在生产经营期间利息支出扣除利息收入后的净额。根据会计“财务费用”科目归纳计算本期累计数填列。

营业利润：指企业从事生产经营活动所产生的利润，即主营业务利润加其他业务利润扣除管理费用、财务费用后的净额。根据会计“利润表”中对应指标的本期累计数填列。

投资收益：根据企业会计“利润表”中“投资收益”项的本期累计数填列。

补贴收入：指企业实际收到的补贴收入，包括实际收到的先征后返的增值税；企业按销量或工作量等，依据国家规定的补助定额计算并按期给予的定额补贴。根据“补贴收入”的发生额分析填列。

营业外收入：根据企业会计“利润表”中“营业外收入”项的本期累计数填列。

利润总额：指企业在生产经营过程中各种收入扣除各种耗费后的盈余，反映企业在报告期内实现的亏盈总额，包括营业利润、补贴收入、投资净收益和营业外收支净额。根据会计“利润表”中的对应指标的本期累计数填列。

应交所得税：指企业按税法规定，应从生产经营等活动的所得中交纳的税金。根据会计“利润表”中的对应指标的本期累计数填列。

广告费：根据会计“营业费用”等科目中对应项目填列。

研究开发费：指企业从事研究开发活动所发生的研究开发经费支出。本项目应根据“营业费用”科目中明细项目填列。

劳动、失业保险费：指企业向社会保障部门和保险公司为本单位职工支付的劳动保险、待业保险的费用。根据会计“管理费用”等科目中的相关项目归纳计算填列。

养老保险和医疗保险费：根据会计“营业费用”“管理费用”科目中的相关项目归纳计算填列。

住房公积金和住房补贴：根据会计“营业费用”“管理费用”科目中的相关项目归纳计算填列。

本年应付工资总额：指企业在报告期内支付给本单位职工的全部工资，它反映企业本期累计应付的工资总额，而不是会计“应付工资”科目的余额。根据会计“应付工资”科目的本期贷方累计发生额填列。

主营业务应付工资总额：指报告期内企业应付给与主营业务直接有关人员的工资。工业企业是指应付给与工业生产经营活动直接有关的职工工资总额，根据会计“应付工资”科目中本期转入“生产成本”“制造费用”“管理费用”“产品销售费用”科目的贷方发生额(即本期应由上述科目负担的工资)归纳填列。

本年应付福利费总额：指企业在报告期内累计提取的福利费总额，它反映本期应付福利费的全部发生额，而不是会计“应付福利费”科目的余额。根据会计“应付福利费”科目的本期贷方累计发生额填列。

主营业务应付福利费总额：指报告期内企业应付给与主营业务直接有关人员的福利费。工业企业是指应付给与工业生产经营活动直接有关的职工福利费总额，根据会计“应付福利费”科目的贷方发生额从“生产成本”“制造费用”“管理费用”“产品销售费用”科目中提取的福利费归纳填列。

本年应交增值税：指企业按税法规定，从事货物销售或提供加工、修理修配劳务等增加货物价值的活动本期应交纳的税金。指企业在报告期应交增值税额。计算公式如下。

本年应交增值税＝销项税额－(进项税额－进项税额转出)－出口抵减内销产品应纳税额－减免税款＋出口退税

本年进项税额：指工业企业在报告期内购入货物或接受应税劳务而支付的、准予从销项税额中抵扣的增值税额。

本年销项税额：指工业企业在报告期内销售货物或提供应税劳务应收取的增值税额。

工业总产值(当年价格)：指工业企业在报告期内生产的以货币形式表现的工业最终

产品和提供工业劳务活动的总价值量。包括三部分：生产的成品价值、对外加工费收入、自制半成品在制品期末期初差额价值。

• 成品价值：指企业在报告期内生产，并在报告期内不再进行加工，经检验合格、包装入库的已经销售和准备销售的全部工业成品(包括半成品)价值合计。成品价值中包括企业生产的自制设备及提供给本企业在建工程、其他非工业部门和生活福利部门等单位使用的成品价值，但不包括用订货者来料加工的成品(半成品)价值。

工业总产值是按现行价格计算的。成品价值按成品实物量乘以本年不含应交增值税(销项税额)的产品实际销售平均单价计算。会计核算中按成本价格转账的自制设备和自产自用的成品，按成本价格计算生产成品价值。

• 对外加工费收入：指企业在报告期内完成的对外承做的工业品加工(包括用订货者来料加工生产)的加工费收入和对外工业品修理作业所收取的加工费收入。对外加工费收入按不含应交增值税(销项税额)的价格计算，可根据会计“产品销售收入”科目的有关资料取得。

对于以对外加工生产为主，对外加工费收入所占比重较大的企业，如果对外加工费收入出现跨年度支付的情况，为保证总产值生产口径计算的准确性，则应将对外加工费收入按实际情况调整，记录本年应实际收取的对外加工费收入。

• 自制半成品在制品期末期初差额价值。为了使工业总产值与工业中间投入中的物耗价值一致，以便同口径地计算工业增加值。规定本指标的计算原则是：凡是企业会计产品成本核算中计算半成品、在制品成本，则工业总产值中必须包括自制半成品在制品期末期初差额价值。反之则不包括。

自制半成品在制品期末期初差额价值等于自制半成品在制品期末价值减去期初价值后的余额，如果期末价值小于期初价值，该指标为负值，企业在计算产值时，应按负值计算，不能作为零处理。

工业总产值计算的具体规定。

① 凡自备原材料，不论其加工繁简程度如何，一律按全价，即包括自备原材料的价值，计算工业总产值。

② 凡来料加工，加工企业一律按财务上结算的加工费计算工业总产值，即不包括定货者来料的价值。一般分两种情况：一是工业企业之间的来料加工，加工企业(即承包单位)按财务上结算的加工费计算工业总产值；委托加工的企业(即发包单位)按全价计算工业总产值。二是工业企业与非工业企业之间的来料加工，当工业企业作为加工企业时一律按加工费计算工业总产值。

③ 自制半成品、在制品期末期初差额价值，原则上应计入工业总产值，但如果会计产品成本核算中不计算自制半成品、在制品成本，则不计入工业总产值；如果会计产品成本核算中计算自制半成品、在制品成本的，则计入工业总产值。

工业销售产值(当年价格)：是以货币形式表现的，工业企业在报告期内销售的本企业生产的工业产品或提供工业性劳务价值的总价值量。工业销售产值包括内容如下。

① 销售成品价值：指企业在报告期内实际销售(包括本期生产和非本期生产)的全部

成品、半成品的总价值，即按报告期产品的实际销售数量乘以不含增值税(销项税额)的产品实际销售平均单价计算。销售成品价值包括为本企业在建工程、生活福利部门等提供的成品和自制设备价值，不包括用定货者来料加工的成品和半成品价值。

② 对外加工费收入：指企业在报告期内完成的对外承接的工业品加工(包括用定货者来料加工的产品)的加工费收入；对外工业品修理作业可收取的加工费收入和对内非工业部门提供的加工修理、设备安装等收入。对外加工费收入按不含增值税(销项税额)的价格计算。

三、规模以下体育用品制造企业财务状况表

资产总计：指企业拥有或控制的能以货币计量的经济资源，包括各种财产、债权和其他权利。资产按其流动性(即资产的变现能力和支付能力)划分为：流动资产、长期投资、固定资产、无形资产、递延资产和其他资产。根据会计“资产负债表”中“资产总计”项的期末数填列。

固定资产原价：指企业在建造、购置、安装、改建、扩建、技术改造某项固定资产时所支出的全部货币总额。根据会计“资产负债表”中“固定资产原价”项的期末数填列。

固定资产折旧：指对固定资产由于磨损和损耗而转移到产品中去的那一部分价值的补偿。一般根据固定资产原价(选用双倍余额递减法计提折旧的企业，为固定资产账面净值)和确定的折旧率计算。“累计折旧”：指企业在报告期末提取的历年固定资产折旧累计数。根据会计“资产负债表”中“累计折旧”项的年末数填列。“本年折旧”：指企业在报告年度内提取的固定资产折旧合计数。根据会计“财务状况变动表”中“固定资产折旧”项的数值填列。若企业执行 2001 年《企业会计制度》，该指标根据会计核算中《资产减值准备、投资及固定资产情况表》内“当年计提的固定资产折旧总额”项本期增加数填列。

负债合计：指企业所承担的能以货币计量，将以资产或劳务偿付的债务，偿还形式包括货币、资产或提供劳务。负债一般按偿还期长短分为流动负债和长期负债。根据会计“资产负债表”中“负债合计”的期末数填列。

实收资本：指企业投资者实际投入的资本(或股本)，包括货币、实物、无形资产等各种形式的投入。实收资本按投资主体可分为国家资本、集体资本、法人资本、个人资本、港澳台资本和外商资本。根据会计“资产负债表”中“实收资本”项的期末数填列。

国家资本：指有权代表国家投资的政府部门或机构、直属事业单位对企业形成的资本金。根据会计“实收资本”科目计算填列。

集体资本：指由本企业职工等自然人集体投资或各种机构对企业进行扶持形成的集体性质的资本金。根据会计“实收资本”科目计算填列。

法人资本：指法人以其依法可支配的资产投入企业形成的资本金。根据会计“实收资本”科目计算填列。

个人资本：指自然人实际投入企业的资本金。根据会计“实收资本”科目计算填列。

港澳台资本：指我国香港、澳门和台湾地区投资者实际投入企业的资本金。根据会计“实收资本”科目计算填列。

外商资本：指外国投资者实际投入企业的资本金。根据会计“实收资本”科目计算填列。

主营业务收入：根据会计“利润表”中对应指标的本年累计数填列。未执行2001年《企业会计制度》的企业，用“产品销售收入”的本期累计数代替。

主营业务成本：根据会计“利润表”中对应指标的本年累计数填列。未执行2001年《企业会计制度》的企业，用“产品销售成本”的本期累计数代替。

主营业务税金及附加：根据会计“利润表”中对应指标的本年累计数填列。未执行2001年《企业会计制度》的企业，用“产品销售税金及附加” 的本期累计数代替。

营业费用：根据会计“利润表”中对应指标的本年累计数填列。未执行2001年《企业会计制度》的企业，用“产品销售费用”的本期累计数代替。

管理费用：指企业行政管理部门为组织和管理生产经营活动而发生的各项费用。根据会计“利润表”中对应指标的本期累计数填列。

财务费用：指企业为筹集生产经营所需资金等而发生的费用，包括利息支出、汇兑损失以及相关的金融机构手续费等。根据会计“利润表”中对应指标的本期累计数填列。

营业利润：指企业从事生产经营活动所产生的利润，即主营业务利润加其他业务利润扣除管理费用、财务费用后的净额。根据会计“利润表”中对应指标的本期累计数填列。

利润总额：指企业在生产经营过程中各种收入扣除各种耗费后的盈余，反映企业在报告期内实现的亏盈总额，包括营业利润、补贴收入、投资净收益和营业外收支净额。根据会计“利润表”中的对应指标的本期累计数填列。

从业人员劳动报酬：指在报告期内支付给本单位从业人员的全部劳动报酬，包括工资、福利费、奖金、津贴及各种补助。根据会计“应付工资”“应付福利费”本年贷方累计发生额及其他会计核算资料计算填列。

劳动、失业保险费：指企业向社会保障部门和保险公司为本单位职工支付的劳动保险、待业保险的费用。根据会计“管理费用”等科目中的相关项目归纳计算填列。

本年应交增值税：指企业按税法规定，从事货物销售或提供加工、修理修配劳务等增加货物价值的活动本期应交纳的税金。指企业在报告期应交增值税额。计算公式为：

本年应交增值税 = 销项税额 − (进项税额 − 进项税额转出) − 出口抵减内销产品应纳税额 − 减免税款 + 出口退税

工业总产值(当年价格)：指工业企业在报告期内生产的以货币形式表现的工业最终

产品和提供工业劳务活动的总价值量。包括三部分：生产的成品价值、对外加工费收入、自制半成品在制品期末期初差额价值。

① 成品价值：指企业在报告期内生产，并在报告期内不再进行加工，经检验合格、包装入库的已经销售和准备销售的全部工业成品(包括半成品)价值合计。成品价值中包括企业生产的自制设备及提供给本企业在建工程、其他非工业部门和生活福利部门等单位使用的成品价值，但不包括用订货者来料加工的成品(半成品)价值。

工业总产值是按现行价格计算的。成品价值按成品实物量乘以本年不含应交增值税(销项税额)的产品实际销售平均单价计算。会计核算中按成本价格转账的自制设备和自产自用的成品，按成本价格计算生产成品价值。

② 对外加工费收入：指企业在报告期内完成的对外承做的工业品加工(包括用订货者来料加工生产)的加工费收入和对外工业品修理作业所收取的加工费收入。对外加工费收入按不含应交增值税(销项税额)的价格计算，可根据会计“产品销售收入”科目的有关资料取得。

对于以对外加工生产为主，对外加工费收入所占比重较大的企业，如果对外加工费收入出现跨年度支付的情况，为保证总产值生产口径计算的准确性，则应将对外加工费收入按实际情况调整，记录本年应实际收取的对外加工费收入。

③ 自制半成品在制品期末期初差额价值。为了使工业总产值与工业中间投入中的物耗价值一致，以便同口径地计算工业增加值，规定本指标的计算原则是：凡是企业会计产品成本核算中计算半成品、在制品成本，则工业总产值中必须包括自制半成品在制品期末期初差额价值。反之则不包括。

自制半成品在制品期末期初差额价值等于自制半成品在制品期末价值减去期初价值后的余额，如果期末价值小于期初价值，该指标为负值，企业在计算产值时，应按负值计算，不能作为零处理。

工业总产值计算的具体规定。

① 凡自备原材料，不论其加工繁简程度如何，一律按全价，即包括自备原材料的价值，计算工业总产值。

② 凡来料加工，加工企业一律按财务上结算的加工费计算工业总产值，即不包括定货者来料的价值。一般分两种情况：一是工业企业之间的来料加工，加工企业(即承包单位)按财务上结算的加工费计算工业总产值；委托加工的企业(即发包单位)按全价计算工业总产值。二是工业企业与非工业企业之间的来料加工，当工业企业作为加工企业时一律按加工费计算工业总产值。

③ 自制半成品、在制品期末期初差额价值，原则上应计入工业总产值，但如果会计产品成本核算中不计算自制半成品、在制品成本，则不计入工业总产值；如果会计产品成本核算中计算自制半成品、在制品成本的，则计入工业总产值。

工业销售产值(当年价格)：是以货币形式表现的，工业企业在报告期内销售的本企业生产的工业产品或提供工业性劳务价值的总价值量。工业销售产值包括的内容如下。

① 销售成品价值：指企业在报告期内实际销售(包括本期生产和非本期生产)的全部

成品、半成品的总价值，即按报告期产品的实际销售数量乘以不含增值税(销项税额)的产品实际销售平均单价计算。销售成品价值包括为本企业在建工程，生活福利部门等提供的成品和自制设备价值，不包括用定货者来料加工的成品和半成品价值。

② 对外加工费收入：指企业在报告期内完成的对外承接的工业品加工(包括用定货者来料加工的产品)的加工费收入；对外工业品修理作业可收取的加工费收入和对内非工业部门提供的加工修理、设备安装等收入。对外加工费收入按不含增值税(销项税额)的价格计算。

四、限额以上体育用品批发和零售企业财务状况

资产总计：指企业拥有或控制的能以货币计量的经济资源，包括各种财产、债权和其他权利。资产按其流动性(即资产的变现能力和支付能力)划分为：流动资产、长期投资、固定资产、无形资产、递延资产和其他资产。根据会计“资产负债表”中“资产总计”项的年末数填列。

流动资产合计：流动资产指企业可以在一年内或者超过一年的一个生产周期内变现或者耗用的资产，包括现金及各种存款、短期投资，应收及预付款项、存货等。根据会计“资产负债表”中“流动资产合计”项的年末数填列。

存货：指企业在生产经营过程中为销售或耗用而储备的各种资产，包括原材料、周转材料、包装物、低值易耗品、在产品、自制半成品、产成品等。根据会计“资产负债表”中“存货”项的年末数填列。“年初存货”根据会计“资产负债表”中“存货”项的年初数填列。

固定资产原价：指企业在建造、购置、安装、改建、扩建、技术改造某项固定资产时所支出的全部货币总额。根据会计“资产负债表”中“固定资产原价”项的年末数填列。

固定资产折旧：指对固定资产由于磨损和损耗而转移到产品中去的那一部分价值的补偿。一般根据固定资产原价(选用双倍余额递减法计提折旧的企业，为固定资产账面净值)和确定的折旧率计算。“累计折旧”：指企业在报告期末提取的历年固定资产折旧累计数。根据会计“资产负债表”中“累计折旧”项的年末数填列。“本年折旧”：指企业在报告年度内提取的固定资产折旧合计数。根据会计“财务状况变动表”中“固定资产折旧”项的数值填列。若企业执行2001年《企业会计制度》，该指标根据会计核算中《资产减值准备、投资及固定资产情况表》内“当年计提的固定资产折旧总额”项本年增加数填列。

负债合计：指企业所承担的能以货币计量，将以资产或劳务偿付的债务，偿还形式包括货币、资产或提供劳务。负债一般按偿还期长短分为流动负债和长期负债。根据会计“资产负债表”中“负债合计”的年末数填列。

所有者权益合计：指企业投资人对企业净资产的所有权。企业净资产为企业全部资

产与企业全部负债的差额，包括实收资本、资本公积、盈余公积、未分配利润等。根据会计“资产负债表”中“所有者权益”项的年末数填列。

实收资本：指企业投资者实际投入的资本(或股本)，包括货币、实物、无形资产等各种形式的投入。实收资本按投资主体可分为国家资本、集体资本、法人资本、个人资本、港澳台资本和外商资本。根据会计“资产负债表”中“实收资本”项的年末数填列。

国家资本：指有权代表国家投资的政府部门或机构、直属事业单位对企业形成的资本金。根据会计“实收资本”科目计算填列。

集体资本：指由本企业职工等自然人集体投资或各种机构对企业进行扶持形成的集体性质的资本金。根据会计“实收资本”科目计算填列。

法人资本：指法人以其依法可支配的资产投入企业形成的资本金。根据会计“实收资本”科目计算填列。

个人资本：指自然人实际投入企业的资本金。根据会计“实收资本”科目计算填列。

港澳台资本：指我国香港、澳门和台湾地区投资者实际投入企业的资本金。根据会计“实收资本”科目计算填列。

外商资本：指外国投资者实际投入企业的资本金。根据会计“实收资本”科目计算填列。

营业收入合计：根据会计“利润表”中有关指标计算填列。

主营业务收入：指企业在销售商品、提供劳务等日常活动中所产生的收入总额。此项目应根据相关行业的“产品销售收入”“商品销售收入”“主营业务收入”“营业收入”“经营收入”“工程结算收入”等科目发生额填列。未执行 2001 年《企业会计制度》的工业企业，用“产品销售收入”年末累计数代替。

主营业务成本：根据会计“利润表”中对应指标计算填列。未执行 2001 年《企业会计制度》的企业，用“产品销售成本”年末累计数代替。

主营业务税金及附加：根据会计“利润表”中对应指标年末累计数填列。未执行 2001 年《企业会计制度》的企业，用“产品销售税金及附加”年末累计数代替。

主营业务利润：根据会计“利润表”中对应指标年末累计数填列。

其他业务利润：根据会计“利润表”中对应指标年末累计数填列。

营业费用：根据会计“利润表”中对应指标年末数填列。未执行 2001 年《企业会计制度》的企业，用“产品销售费用”年末累计数代替。

管理费用：指企业行政管理部门为组织和管理生产经营活动而发生的各项费用。根据会计“利润表”中对应指标年末累计数填列。

税金：指企业按规定从管理费用中支付的各种税金，包括房产税、土地使用税、车船使用税、印花税等。根据会计“管理费用”科目归纳年末累计数填列。

差旅费：根据会计“管理费用”科目中的对应项目填列。

工会经费：根据会计“管理费用”科目中的对应项目填列。

财务费用：指企业为筹集生产经营所需资金等而发生的费用，包括利息支出、汇兑损失以及相关的金融机构手续费等。根据会计“利润表”中对应指标年末累计数填列。

利息支出：指企业在生产经营期间利息支出扣除利息收入后的净额。根据会计“财务费用”科目归纳计算填列。

营业利润：指企业从事生产经营活动所产生的利润，即主营业务利润加其他业务利润扣除管理费用、财务费用后的净额。根据会计“利润表”中对应指标年末累计数填列。

利润总额：指企业在生产经营过程中各种收入扣除各种耗费后的盈余，反映企业在报告期内实现的亏盈总额，包括营业利润、补贴收入、投资净收益和营业外收支净额。根据会计“利润表”中的对应指标年末累计数填列。

应交所得税：指企业按税法规定，应从生产经营等活动的所得中交纳的税金。根据会计“利润表”中对应指标年末累计数填列。

劳动、失业保险费：指企业向社会保障部门和保险公司为本单位职工支付的劳动保险、失业保险的费用。根据会计“管理费用”等相关成本、费用项目归纳计算填列。

住房公积金和住房补贴：根据会计“管理费用”等科目中的相关项目归纳计算填列。

本年应付工资总额：指企业在报告期内支付给本单位职工的全部工资，它反映企业本期累计应付的工资总额，而不是会计“应付工资”科目的余额。根据会计“应付工资”科目的本期贷方累计发生额填列。

本年应付福利费总额：指企业在报告期内累计提取的福利费总额，它反映本期应付福利费的全部发生额，而不是会计“应付福利费”科目的余额。根据会计“应付福利费”科目的本期贷方累计发生额填列。

本年应交增值税：指企业按税法规定，从事货物销售或提供加工、修理修配劳务等增加货物价值的活动本期应交纳的税金。企业在报告期应交增值税额，计算公式为：

本年应交增值税 = 销项税额 – (进项税额 – 进项税额转出) – 出口抵减内销产品应纳税额 – 减免税款 + 出口退税

五、限额以下体育用品批发和零售企业财务状况

资产总计：指企业拥有或控制的能以货币计量的经济资源，包括各种财产、债权和其他权利。资产按其流动性(即资产的变现能力和支付能力)划分为：流动资产、长期投资、固定资产、无形资产、递延资产和其他资产。根据会计“资产负债表”中“资产总计”项的年末数填列。

存货：指企业在生产经营过程中为销售或耗用而储备的各种资产，包括原材料、周转材料、包装物、低值易耗品、在产品、自制半成品、产成品等。“年初存货”根据会计“资产负债表”中“存货”项的年初数填列。

固定资产原价：指企业在建造、购置、安装、改建、扩建、技术改造某项固定资产时所支出的全部货币总额。根据会计“资产负债表”中“固定资产原价”项的年末数填列。

固定资产折旧：指对固定资产由于磨损和损耗而转移到产品中去的那一部分价值的补偿。一般根据固定资产原价(选用双倍余额递减法计提折旧的企业，为固定资产账面净值)和确定的折旧率计算。“累计折旧”：指企业在报告期末提取的历年固定资产折旧累计数。根据会计“资产负债表”中“累计折旧”项的年末数填列。“本年折旧”：指企业在报告年度内提取的固定资产折旧合计数。根据会计“财务状况变动表”中“固定资产折旧”项的数值填列。若企业执行2001年《企业会计制度》，该指标根据会计核算中《资产减值准备、投资及固定资产情况表》内“当年计提的固定资产折旧总额”项本年增加数填列。

负债合计：指企业所承担的能以货币计量，将以资产或劳务偿付的债务，偿还形式包括货币、资产或提供劳务。负债一般按偿还期长短分为流动负债和长期负债。根据会计“资产负债表”中“负债合计”的年末数填列。

实收资本：指企业投资者实际投入的资本(或股本)，包括货币、实物、无形资产等各种形式的投入。实收资本按投资主体可分为国家资本、集体资本、法人资本、个人资本、港澳台资本和外商资本。根据会计“资产负债表”中“实收资本”项的年末数填列。

国家资本：指有权代表国家投资的政府部门或机构、直属事业单位对企业形成的资本金。根据会计“实收资本”科目计算填列。

集体资本：指由本企业职工等自然人集体投资或各种机构对企业进行扶持形成的集体性质的资本金。根据会计“实收资本”科目计算填列。

法人资本：指法人以其依法可支配的资产投入企业形成的资本金。根据会计“实收资本”科目计算填列。

个人资本：指自然人实际投入企业的资本金。根据会计“实收资本”科目计算填列。

港澳台资本：指我国香港、澳门和台湾地区投资者实际投入企业的资本金。根据会计“实收资本”科目计算填列。

外商资本：指外国投资者实际投入企业的资本金。根据会计“实收资本”科目计算填列。

营业收入合计：根据会计“利润表”中有关指标计算填列。

主营业务收入：指企业在销售商品、提供劳务等日常活动中所产生的收入总额。此项目应根据相关行业的“产品销售收入”“商品销售收入”“主营业务收入”“营业收入”“经营收入”“工程结算收入”等科目发生额填列。未执行2001年《企业会计制度》的工业企业，用“产品销售收入”年末累计数代替。

主营业务成本：根据会计“利润表”中对应指标计算填列。未执行2001年《企业会计制度》的企业，用“产品销售成本”年末累计数代替。

主营业务税金及附加：根据会计“利润表”中对应指标年末累计数填列。未执行2001年《企业会计制度》的企业，用“产品销售税金及附加”年末累计数代替。

营业费用：根据会计“利润表”中对应指标年末数填列。未执行2001年《企业会计制度》的企业，用“产品销售费用”年末累计数代替。

管理费用：指企业行政管理部门为组织和管理生产经营活动而发生的各项费用。根据会计“利润表”中对应指标年末累计数填列。

财务费用：指企业为筹集生产经营所需资金等而发生的费用，包括利息支出、汇兑损失以及相关的金融机构手续费等。根据会计“利润表”中对应指标年末累计数填列。

营业利润：指企业从事生产经营活动所产生的利润，即主营业务利润加其他业务利润扣除管理费用、财务费用后的净额。根据会计“利润表”中对应指标年末累计数填列。

利润总额：指企业在生产经营过程中各种收入扣除各种耗费后的盈余，反映企业在报告期内实现的亏盈总额，包括营业利润、补贴收入、投资净收益和营业外收支净额。根据会计“利润表”中对应指标年末累计数填列。

从业人员劳动报酬：指在报告期内支付给本单位从业人员的全部劳动报酬，包括工资、福利费、奖金、津贴及各种补助。根据会计“应付工资”“应付福利费”本年贷方累计发生额及其他会计核算资料计算填列。

劳动、失业保险费：指企业向社会保障部门和保险公司为本单位职工支付的劳动保险、失业保险的费用。根据会计“管理费用”等相关成本、费用项目归纳计算填列。

本年应交增值税：指企业按税法规定，从事货物销售或提供加工、修理修配劳务等增加货物价值的活动本期应交纳的税金。指企业在报告期应交增值税额。计算公式为：

本年应交增值税 = 销项税额 − (进项税额 − 进项税额转出) − 出口抵减内销产品应纳税额 − 减免税款 + 出口退税

六、体育服务业企业财务状况

资产总计：指企业拥有或控制的能以货币计量的经济资源，包括各种财产、债权和其他权利。资产按其流动性(即资产的变现能力和支付能力)划分为：流动资产、长期投资、固定资产、无形资产、递延资产和其他资产。根据会计“资产负债表”中“资产总计”项的年末数填列。

固定资产原价：指企业在建造、购置、安装、改建、扩建、技术改造某项固定资产时所支出的全部货币总额。根据会计“资产负债表”中“固定资产原价”项的年末数填列。

固定资产折旧：指对固定资产由于磨损和损耗而转移到产品中去的那一部分价值的补偿。一般根据固定资产原价(选用双倍余额递减法计提折旧的企业，为固定资产账面净值)和确定的折旧率计算。“累计折旧”：指企业在报告期末提取的历年固定资产折旧累计数。根据会计“资产负债表”中“累计折旧”项的年末数填列。“本年折旧”：指企业在报告年度内提取的固定资产折旧合计数。根据会计“财务状况变动表”中“固定资产折旧”项的数值填列。若企业执行 2001 年《企业会计制度》，该指标根据会计核算中《资产减值准备、投资及固定资产情况表》内“当年计提的固定资产折旧总额”项本年增加数填列。

负债合计：指企业所承担的能以货币计量，将以资产或劳务偿付的债务，偿还形式包括货币、资产或提供劳务。负债一般按偿还期长短分为流动负债和长期负债。根据会计“资产负债表”中“负债合计”的年末数填列。

实收资本：指企业投资者实际投入的资本(或股本)，包括货币、实物、无形资产等各种形式的投入。实收资本按投资主体可分为国家资本、集体资本、法人资本、个人资本、港澳台资本和外商资本。根据会计“资产负债表”中“实收资本”项的年末数填列。

国家资本：指有权代表国家投资的政府部门或机构、直属事业单位对企业形成的资本金。根据会计“实收资本”科目计算填列。

集体资本：指由本企业职工等自然人集体投资或各种机构对企业进行扶持形成的集体性质的资本金。根据会计“实收资本”科目计算填列。

法人资本：指法人以其依法可支配的资产投入企业形成的资本金。根据会计“实收资本”科目计算填列。

个人资本：指自然人实际投入企业的资本金。根据会计“实收资本”科目计算填列。

港澳台资本：指我国香港、澳门和台湾地区投资者实际投入企业的资本金。根据会计“实收资本”科目计算填列。

外商资本：指外国投资者实际投入企业的资本金。根据会计“实收资本”科目计算填列。

营业收入合计：根据会计“利润表”中有关指标计算填列。

主营业务收入：指企业在销售商品、提供劳务等日常活动中所产生的收入总额。此项目应根据相关行业的“产品销售收入”“商品销售收入”“主营业务收入”“营业收入”“经营收入”“工程结算收入”等科目发生额填列。未执行 2001 年《企业会计制度》的工业企业，用“产品销售收入”年末累计数代替。

主营业务成本：根据会计“利润表”中对应指标计算填列。未执行 2001 年《企业会计制度》的企业，用“产品销售成本”年末累计数代替。

主营业务税金及附加：根据会计“利润表”中对应指标年末累计数填列。未执行 2001 年《企业会计制度》的企业，用“产品销售税金及附加”年末累计数代替。

营业费用：根据会计“利润表”中对应指标年末数填列。未执行 2001 年《企业会计制度》的企业，用“产品销售费用”年末累计数代替。

管理费用：指企业行政管理部门为组织和管理生产经营活动而发生的各项费用。根据会计“利润表”中对应指标年末累计数填列。

财务费用：指企业为筹集生产经营所需资金等而发生的费用，包括利息支出、汇兑损失以及相关的金融机构手续费等。根据会计“利润表”中对应指标年末累计数填列。

营业利润：指企业从事生产经营活动所产生的利润，即主营业务利润加其他业务利润扣除管理费用、财务费用后的净额。根据会计“利润表”中对应指标年末累计数填列。

利润总额：指企业在生产经营过程中各种收入扣除各种耗费后的盈余，反映企业在报告期内实现的亏盈总额，包括营业利润、补贴收入、投资净收益和营业外收支净额。根据会计“利润表”中对应指标年末累计数填列。

从业人员劳动报酬：指在报告期内支付给本单位从业人员的全部劳动报酬，包括工资、福利费、奖金、津贴及各种补助。根据会计“应付工资”“应付福利费”本年贷方累计发生额及其他会计核算资料计算填列。

劳动、失业保险费：指企业向社会保障部门和保险公司为本单位职工支付的劳动保险、失业保险的费用。根据会计“管理费用”等相关成本、费用项目归纳计算填列。

七、体育服务业行政、事业单位财务状况

资产总计：指行政事业单位占有或者使用的，能以货币计量的经济资源。包括流动资产、固定资产、债权和其他权利。取自资产负债表中的资产合计年末数。

固定资产原价：指使用年限在一年以上，单位价值在规定标准以上，并在使用过程中基本保持原来物质形态的资产。包括房屋和建筑物、专用设备、一般设备、文物和陈列品、图书、其他固定资产等。该指标根据会计核算中固定资产资料计算填列。取自资产负债表中的固定资产原值年末数。

本年折旧（限体育彩票管理中心填写）：指在报告年度内提取的固定资产折旧合计数。根据《彩票业务会计处理规定》要求增设的“121 累计折旧”科目的本期贷方累计数填列。

负债合计：是指单位所承担的能以货币计量，需要以资产和劳务偿付的债务。事业单位的负债包括借入款、应付账款、预收款、其他应付款、各种应缴款项等。行政单位主要有应缴预算款、应缴预算专户款、暂存款等。可根据“资产负债表”中的“负债合计”项填列。

收入合计：指行政事业单位从各种渠道获得的收入，包括财政拨款、行政单位预算外资金、上级补助收入、事业收入、事业单位经营收入、附属单位上缴收入和其他收入。取自收入决算表中的本年收入合计。

财政拨款：指单位本年度实际收到的本级财政拨款，含一般预算拨款和基金预算拨款。一级预算单位收到的应拨给下级单位使用的款项，年终决算时尚未拨出的，要编制本报表时列为本单位财政拨款。

上级补助收入：填列事业单位从主管部门和上级单位取得的非财政补助收入。

事业收入：填列事业单位开展专业业务活动及辅助活动取得的收入。

经营收入：填列事业单位在专业业务活动及辅助活动之外开展非独立核算经营活动取得的收入。

支出合计：指行政事业单位各项支出情况，包括基本支出、项目支出(包括行政事业性项目支出、基本建设项目支出和其他项目支出)、上缴上级支出、事业单位经营支出、对附属单位补助支出和结转自筹基建。

人员支出、公用支出、对个人和家庭的补助支出根据《2004 年政府预算收支科目》中的目级科目规定的核算内容填列。这些科目反映行政事业单位基本支出、行政事业性项目支出和其他项目支出的明细情况，不包含基本建设项目支出的情况。

人员支出：指单位支付给在职职工和临时聘用人员的各类劳动报酬，以及为上述人员缴纳的各项社会保险费等。具体包括基本工资、津贴、奖金、社会保障缴费和上述未包括的人员支出。取自人员经费支出决算表中的本年人员经费支出合计。

公用支出：指单位在开展业务活动中购买商品和劳务的支出。具体包括办公费、印刷费、水电费、邮电费、取暖费、交通费、差旅费、会议费、培训费、招待费、福利费、劳务费、就业补助费、租赁费、物业管理费、维修费、专用材料费、办公设备购置费、专用设备购置费、交通工具购置费、图书资料购置费及上述科目未包括的日常公用支出。取自公用经费支出决算表中的本年公用经费支出合计。

福利费：反映单位根据国家统一规定按工资总额一定比例提取的福利费。取自公用经费支出决算表中日常公用支出(或公务费)下的明细科目。

劳务费：指支付给单位和个人的劳务费用，如翻译费、咨询费、手续费等。取自公用经费支出决算表中日常公用支出(或公务费)下的明细科目。

就业补助费：指支付给国有企业下岗职工、残疾人、退伍军人的就业补助费。取自公用经费支出决算表中日常公用支出(或公务费)下的明细科目。

取暖费：指单位取暖用燃料费、热力费、炉具购置费、锅炉临时工工资、节煤奖以及由单位统一支付的在职职工和离退休人员宿舍取暖费等。取自公用经费支出决算表中日常公用支出(或公务费)下的明细科目。

差旅费：指单位工作人员出差、出国的住宿费、伙食补助费，杂费，干部及大中专学生调遣费，调干家属旅费补助等。取自公用经费支出决算表中日常公用支出(或公务费)下的明细科目。

各种设备、交通工具及图书资料购置费：指单位购置办公家具、一般办公设备、专用设备、交通工具的支出，以及购置按固定资产管理的各类图书、资料的支出。取自公用经费支出决算表中日常公用支出(或公务费)下的明细科目。

对个人和家庭的补助支出：指政府对个人和家庭的无偿性补助支出。包括离休费、退休费、退职(役)费、抚恤和生活补助、医疗费、住房补贴、助学金和其他未包括在上述科目的对个人和家庭补助支出等。取自人员经费支出决算中对个人和家庭补助支出合计。

助学金：指支付给各类学校学生助学金、奖学金、学生贷款贴息、出国留学(实习)

人员生活费，青少年业余体校学员伙食补助费和生活费补贴，以及按协议由我方负担或享受我方奖学金的来华留学生、进修生生活费等。取自人员经费支出决算中对个人和家庭补助支出中明细科目。

抚恤和生活补助：指按规定支付给烈士家属、牺牲病故人员家属的一次性和定期抚恤金，革命残疾人员的抚恤金，离退休人员等其他人员的各项抚恤金；优抚对象定期定量生活补助费，退伍军人生活补助费，国有企业下岗职工基本生活费(不含代缴和社会保险费)，行政事业单位职工和遗属生活补助，因公负伤等住院治疗、住疗养院期间的伙食补助费，长期赡养人员补助费；城乡贫困人员、灾民、归侨、外侨及其他人员的生活救济费，包括城市居民的最低生活保障费，随同资源枯竭矿山破产但未参加养老保险统筹的矿山所属集体企业退休人员按最低生活保障标准发放的生活费，农村五保户、贫困户、麻风病人的生活救济费，精减退职老弱残职工救济费等。取自人员经费支出决算中对个人和家庭补助支出中明细科目。

收支结余：指行政(事业)结余和经营收支结余的合计项。行政(事业)结余是指行政事业单位年度各项事业收入与支出相抵后的余额。经营收支结余是指事业单位年度各项经营收入与支出相抵后的余额。可根据“收入支出决算表”中的“收支结余”项填列。

经营税金(限事业单位和彩票管理中心填)：指事业单位提供劳务或销售产品应负担的税金及附加，包括营业税、城市维护建设税、资源税和教育费附加等。

八、体育服务业民间非营利组织单位财务状况

资产总计：是指过去的交易或者事项形成并由民间非营利组织拥有或者控制的资源，该资源预期会给民间非营利组织带来经济利益或者服务潜力。包括流动资产、长期投资、固定资产、无形资产和受托代理资产等。根据会计“资产负债表”中“资产总计”项的期末数填列。

固定资产原价：是指民间非营利组织为行政管理、提供服务、生产商品或者出租目的而持有的，且预计使用年限超过 1 年、单位价值较高的有形资产。根据会计“资产负债表”中“固定资产原价”项的期末数填列。

累计折旧：指民间非营利组织在报告期末提取的历年固定资产折旧累计数。根据会计“资产负债表”中“累计折旧”项的年末数填列。

负债合计：指过去的交易或者事项形成的现时义务，履行该义务预期会导致含有经济利益或者服务潜力的资源流出民间非营利组织。包括流动负债、长期负债和受托代理负债等。根据会计“资产负债表”中“负债合计”项的期末数填列。

净资产合计：指资产减去负债后的余额。包括限定性净资产和非限定性净资产等。

限定性净资产：指使用受到资产提供者或者国家有关法律、行政法规所设置的时间限制或（和）用途限制的净资产。根据会计“资产负债表”中“限定性净资产”项的期末数填列。

非限定性净资产：指使用不受资产提供者或者国家有关法律、行政法规所设置的时间限制或用途限制的净资产，也即除限定性净资产之外的其他净资产。根据会计“资产负债表”中“非限定性净资产”项的期末数填列。

收入合计：指民间非营利组织开展业务活动取得的、导致本期净资产增加的经济利益或者服务潜力的流入。包括捐赠收入、会费收入、提供服务收入、政府补助收入、投资收益、商品销售收入等主要业务活动收入和其他收入等。根据会计“业务活动表”中“收入合计”项的本年累计数中的合计数填列。

捐赠收入：指民间非营利组织接受其他单位或者个人捐赠所取得的收入。根据会计“业务活动表”中“捐赠收入”项的本年累计数中的合计数填列。

会费收入：指民间非营利组织根据章程等的规定向会员收取的会费。根据会计“业务活动表”中“会费收入”项的本年累计数中的合计数填列。

提供服务收入：指民间非营利组织根据章程等的规定向其服务对象提供服务取得的收入，包括学费收入、医疗费收入、培训收入等。根据会计“业务活动表”中“提供服务收入”项的本年累计数中的合计数填列。

政府补助收入：指民间非营利组织接受政府拨款或者政府机构给予的补助而取得的收入。根据会计“业务活动表”中“政府补助收入”项的本年累计数中的合计数填列。

商品销售收入：指民间非营利组织销售商品（如出版物、药品等）等所形成的收入。根据会计“业务活动表”中“商品销售收入”项的本年累计数中的合计数填列。

投资收益：指民间非营利组织因对外投资取得的投资净损益。根据会计“业务活动表”中“投资收益”项的本年累计数中的合计数填列。

其他收入：指除上述主要业务活动收入以外的其他收入，如固定资产处置净收入、无形资产处置净收入等，不包括民间非营利组织接受的劳务捐赠。根据会计“业务活动表”中“其他收入”项的本年累计数中的合计数填列。

费用合计：指民间非营利组织为开展业务活动所发生的、导致本期净资产减少的经济利益或者服务潜力的流出。包括业务活动成本、管理费用、筹资费用和其他费用等。根据会计“业务活动表”中“费用合计”项的本年累计数中的合计数填列。

业务活动成本：指民间非营利组织为了实现其业务活动目标、开展其项目活动或者提供服务所发生的费用。根据会计“业务活动表”中“业务活动成本”项的本年累计数中的合计数填列。

业务活动成本中的工资：工资指职工的工资总额，包括在工资总额内的各种工资、奖金、津贴等。本指标是指本年工资总额中应计入业务活动成本的部分，根据“应付工资”和“业务活动成本”科目对照填列。

业务活动成本中的税费：税费指民间非营利组织按照有关国家税法规定应当交纳的各种税费，如营业税、增值税、所得税、房产税等。本指标是指本年税费中应计入业务活动成本的部分，根据“应交税金”和“业务活动成本”科目对照填列。

业务活动成本中的固定资产折旧：固定资产折旧指对固定资产由于磨损和损耗而转移到产品和服务中去的那一部分价值的补偿。本指标是指本年固定资产折旧中应计入业务活动成本的部分，根据“累计折旧”和“业务活动成本”科目对照填列。

管理费用：指民间非营利组织为组织和管理其业务活动所发生的各项费用，包括民间非营利组织董事会（或者理事会或者类似权力机构）经费和行政管理人员的工资、奖金、福利费、住房公积金、住房补贴、社会保障费、离退休人员工资及补助，以及办公费、水电费、邮电费、物业管理费、差旅费、折旧费、修理费、租赁费、无形资产摊销费、资产盘亏损失、资产减值损失、因预计负债所产生的损失、聘请中介机构费和应偿还的受赠资产等。根据会计“业务活动表”中“管理费用”项的本年累计数中的合计数填列。

管理费用中的工资：工资指职工的工资总额，包括在工资总额内的各种工资、奖金、津贴等。本指标是指本年工资总额中应计入管理费用的部分，根据“应付工资”和“管理费用”科目对照填列。

管理费用中的税费：税费指民间非营利组织按照有关国家税法规定应当交纳的各种税费，如营业税、增值税、所得税、房产税等。本指标是指本年税费中应计入管理费用的部分，根据“应交税金”和“管理费用”科目对照填列。

管理费用中的固定资产折旧：固定资产折旧指对固定资产由于磨损和损耗而转移到产品和服务中去的那一部分价值的补偿。本指标是指本年固定资产折旧中应计入管理费用的部分，根据“累计折旧”和“管理费用”科目对照填列。

筹资费用：指民间非营利组织为筹集业务活动所需资金而发生的费用，它包括民间非营利组织为了获得捐赠资产而发生的费用以及应当计入当期费用的借款费用、汇兑损失（减汇兑收益）等。民间非营利组织为了获得捐赠资产而发生的费用，包括举办募款活动费、准备、印刷和发放募款宣传资料费以及其他与募款或者争取捐赠资产有关的费用。根据会计“业务活动表”中“筹资费用”项的本年累计数中的合计数填列。

其他费用：指民间非营利组织发生的、无法归属到上述业务活动成本、管理费用或者筹资费用中的费用，包括固定资产处置净损失、无形资产处置净损失等。根据会计“业务活动表”中“其他费用”项的本年累计数中的合计数填列。

九、体育业务个体经营户调查表

问卷编号：问卷编号前12位为个体经营户所在地的行政区划代码（居/村委会地址码），由调查机构填写，后3位为本居/村委会内体育业务个体户的顺序号（从001到999），由调查员填写。

个体经营户名称：指在工商行政管理部门注册登记的名称。未经工商管理部门注册的个体户，填写主要经营活动名称。

业主(经营者)姓名：业主或实际经营者的姓名。

联系电话：能够与业主(经营者)联系的电话，需包含区号和分机号。

主要体育业务活动：由调查员按实际的业务活动填写。如果不止一种业务活动，可根据近几年每一种业务活动占营业收入的比重来判断，按比重最大的填写。

国民经济行业代码：由调查员根据所填写的主要体育业务活动名称，按照《国民经济行业分类》(GB/T 4754—2002)行业小类选择（即填写 4 位代码）。

从业人员平均人数：从业人员指参加经营活动的所有人员，包括经营者、参加经营活动的家庭成员、帮手和学徒。从业人员平均人数计算公式为：报告期内从业人员最多时的人数加从业人员最少时的人数，再除以 2。

营业支出：指个体经营户在生产经营过程中发生的各项支出，包括支付给雇员的报酬、向政府机构或管理部门缴纳的各种税和各种管理费用以及生产成本支出等。为经营而租用的房屋和场地的费用，以及为雇员提供的工作服装等也包括在内。

雇员报酬：指个体经营户的业主或管理者向所雇佣的人员支付的各种报酬，包括工资、奖金，业主提供的雇员伙食费用支出，业主提供的雇员房租等。不包括个体经营户业主的报酬。

缴纳各种税金和费用：指个体经营户向政府机构或管理部门缴纳的各种税金总和。包括销售税金及附加(城市维护建设税、消费税、资源税、营业税和教育费附加)、增值税、所得税，以及房产税、印花税、车船使用税、土地使用税，以及各种管理费用(包括工商管理费、税务代理费、年检费、消防费、卫生费、联防费、绿化费等)。

固定资产原价：指个体户为了其生产经营活动的正常进行而购建的房屋、机器和设备等。个体户的固定资产规定为：使用期限超过 1 年并且单位价值在 1000 元以上的房屋、机器和设备等。不够此标准的不能算为固定资产。固定资产原价按购买时的价值填写。

营业收入：指个体经营户全年在生产经营过程中取得的全部收入。其中，个体工业营业收入是指产品销售收入，包括销售产成品及自制半成品收入和对外加工费收入；个体批发零售贸易业营业收入是指商品销售实现收入；彩票销售的营业收入指销售彩票的佣金（提成）收入。

十、兼营体育业务单位调查表

兼营体育业务单位：指以《体育及相关产业分类总表》中所列的各类产业活动之外的业务为主营业务，但同时兼营《体育及相关产业分类总表》中所列的某类产业活动的单位。

主要体育业务活动：填写兼营单位的一至六种主要体育业务活动具体名称，并按其重要程度或总产值所占比重，从大到小顺序排列。

国民经济行业代码：基层单位免填。由所在地调查机构根据各单位填写的主要业务活动，对照《国民经济行业分类》（GB/T4754—2002）填写行业小类代码。

体育业务营业收入：指所对应的（同一行中的）体育业务的营业收入。如所生产的体育产品的销售收入、体育商品销售实现的收入、提供各类体育服务取得的收入、体育场地建筑的工程结算收入等。

各类业务总的营业收入：指兼营体育业务的单位各类业务总的营业收入。根据“产品销售收入”“商品销售收入”“主营业务收入”“营业收入”“经营收入”“工程结算收入”等科目发生额填列。未执行2001年《企业会计制度》的工业企业，用“产品销售收入”年末累计数代替。

各类体育业务总的营业收入：指所兼营的所有体育业务的营业收入之和。

体育业务从业人员年平均人数：指兼营体育业务的单位中，从事体育业务的人员的年平均人数。年平均人数计算公式为：

$$\text{年平均人数}=\frac{1\text{月平均人数}+2\text{月平均人数}+\cdots\cdots+12\text{月平均人数}}{12}$$

$$\text{月平均人数}=\frac{\text{月初人员数}+\text{月末人员数}}{2}$$

若部分员工同时从事体育业务和非体育业务，则“月平均人数”也可根据体育业务工作量和非体育业务工作量进行估算。

十一、业务活动调查表

（一）职业体育俱乐部

职业体育俱乐部：是指将职业体育竞赛及其相关产品作为商品组织生产经营，具有独立的企业法人资格的经济实体。

广告赞助收入：指职业体育俱乐部以各种形式为企业进行广告宣传所得的报酬，包括俱乐部冠名、为企业拍摄广告片、球衣广告、比赛场地广告等收入，以及国内外社会团体、企业单位及个人自愿为俱乐部提供的赞助或以奖励等形式给予的赞助。广告赞助收入包括现金收入和实物收入，实物收入按市场价折算成现金计算。

门票收入：指职业体育俱乐部因参加比赛而得到的比赛门票分成。

运动员转会收入：是指职业体育俱乐部的运动员转会到其他职业体育俱乐部时，运动员转入的俱乐部因得到运动员而支付给运动员转出的俱乐部的费用。

转播权收入：指职业体育俱乐部所得到的各类传播媒体为取得比赛的转播权而支付的费用的分成。

拥趸（Fans）用品经营收入：指职业体育俱乐部的拥趸用品（如球迷用品，包括俱乐部的训练服、比赛服、带俱乐部标志的体育用品器材、各类纪念品及观看比赛时的用品等）销售收入和特许经营权收入。

运动员参加体育比赛人次：指参加各次比赛的运动员人数之和。一次比赛，是指由同一个组委会组织的、在一小段相对连续的时间中进行的比赛。联赛的每一轮、系列赛和分站赛的每一站、分阶段比赛的每一阶段都分别算一次比赛。

（二）优秀运动队

优秀运动队：是指全国各省、市、自治区及计划单列市体育局所属的，以正式在编、享受体育津贴奖金制并从事奥运会和全运会项目的运动员为主组成的运动队及国家集训队。不包括具有独立企业法人资格的职业体育俱乐部。

广告赞助收入：指优秀运动队以各种形式为企业进行广告宣传所得的报酬，包括运动队冠名、为企业拍摄广告片、球衣广告、比赛场地广告等收入，以及国内外社会团体、企业单位及个人自愿为运动队提供的赞助或以奖励等形式给予的赞助。广告赞助收入包括现金收入和实物收入，实物收入按市场价折算成现金计算。

运动员参加体育比赛人次：指参加各次比赛的运动员人数之和。一次比赛，是指由同一个组委会组织的、在一小段相对连续的时间中进行的比赛。联赛的每一轮、系列赛和分站赛的每一站、分阶段比赛的每一阶段都分别算一次比赛。

（三）体育场馆

承接体育比赛项次：体育场馆承接体育比赛是指为体育比赛提供场馆设施。承接一次比赛可以是承接这个比赛的一部分。一次比赛，是指由同一个组委会组织的、在一小段相对连续的时间中进行的比赛。联赛的每一轮、系列赛和分站赛的每一站、分阶段比赛的每一阶段都分别算一次比赛。承接比赛项次是指承接各项目的比赛次数之和，项目按大项分。若承接一次综合性运动会中的 n 个项目的比赛，则计 n 项次。

承接体育比赛天数：是指所承接的各项目、各次比赛的天数之和。

体育比赛观众人次：从放观众进场到对观众清场为一个观赛场次，各观赛场次的观众人数之和为观众人次。

广告收入：指场馆冠名、固定广告牌等依托于场馆本身，而不是依托于某项比赛的广告收入。

承接体育比赛和训练收入：指因承接比赛而取得的场租费、门票分成、对依托于该项比赛的广告的收入分成及其他因承接比赛而取得的收入，以及为各类运动队提供训练场地、设施服务而取得的收入。

（四）体育健身休闲

会员年平均人数：会员是指办理了入会手续、为取得会籍支付了一定的费用且仍拥有会籍的人员。

$$\text{会员年平均人数} = \frac{\text{1月会员平均人数}+\text{2月会员平均人数}+\cdots\cdots+\text{12月会员平均人数}}{12}$$

$$\text{会员月平均人数} = \frac{\text{月初会员人数}+\text{月末会员人数}}{2}$$

年活动人次：指到体育健身休闲机构参加活动的人次，包括会员和非会员的活动人次。

会费收入：指本年会费收入的合计数。会费是指会员为取得会籍而支付的费用和为了保持会籍而定期或不定期支付的费用。

各类消费卡销售收入：指各类消费卡销售收入的合计数。消费卡是指用于预付费消费的年卡、半年卡、季度卡、月卡、次卡等。

（五）体育彩票管理中心

体育彩票销售量：指体育彩票销售实现后取得的资金总额，包括彩票公益金、返奖奖金和发行经费三部分。体育彩票是指由国务院批准、由体育部门组织发行、销售的各类彩票，包括竞猜型体育彩票（如足球彩票、篮球彩票等）、乐透型与数字型体育彩票、即开型体育彩票及其他体育彩票。

体育彩票筹集公益金总额：指从期内销售的各类体育彩票所得资金中提取的公益金总额。

年末体育彩票销售点个数：指年末各类体育彩票销售站点的总数。包括同时销售体育彩票和福利彩票的站点、以其他业务为主兼营体育彩票销售的站点。

刘　炜　黄海燕

第八章　2004年中国体育及相关产业测算报告

一、前言

随着中国体育产业的蓬勃发展以及政府职能的转变，体育产业统计工作日趋成为进一步发展中国体育产业的一项基础性、必要性工作。中央和地方有关部门对此相当重视，迄今为止，全国相继有11个省市采用专项调查的方法对当地体育产业的发展情况进行了统计，取得了一定的成果，为推动当地体育产业发展发挥了重要的作用。但由于上述省市在开展体育产业统计过程中，没有统一调查范围及对象，而且统计的年份也不一，因此，难以反映全国体育产业的发展情况；另一方面，由于体育产业专项调查的统计成本较高，通过专项调查进行全国范围内的体育产业统计的难度较大，探索中国体育产业统计的其他途径与方法很有必要。基于此，2006年5月，国家体育总局委托中国体育产业学会开展《中国体育及相关产业统计研究》项目，对体育产业的界定、分类、统计指标体系、实施方案等问题进行了深入探讨，本文就是该项目的一部分。

为了全面掌握中国第二产业、第三产业的发展规模、结构和效益等情况，建立健全基本单位名录库及其数据库系统，国务院决定，每五年进行一次全国范围（台湾、香港、澳门地区除外）的经济普查，2004年正式组织实施了“全国第一次经济普查”。由于普查对象是在中华人民共和国境内从事第二产业、第三产业活动的全部法人单位、产业活动单位和个体经营户，中国体育及相关产业的经济活动均被纳入了经济普查工作范围。从理论上说，从全国经济普查数据中获取2004年中国体育产业的统计数据是完全可能的。基于此，本文以全国第一次经济普查数据为基础，依据体育及相关产业分类，对2004年中国体育及相关产业的核心指标进行数据统计，并对当年中国体育及相关产业状况进行分析，旨在为政府有关部门制定体育产业政策提供决策咨询。

二、研究对象及方法

（一）研究对象

本文的研究对象是2004年中国体育及相关产业总产出（总产值）、增加值及从业人员三个核心指标，以及统计结果所反映出的中国体育及相关产业的总体情况和结构特征。

（二）研究方法

本文在对2004年中国体育及相关产业核心指标进行统计的过程中，主要运用了以下几种方法。

1. 检索

所谓检索是指在国家统计局提供的全国第一次经济普查资料中，直接搜索出完全属于体育产业分类范畴小类的相关数据。由于这一方法是直接从全国第一次经济普查公布的资料中获取数据，因此准确度和可信度最高，是本次统计研究的首选方法。在全国第一次经济普查资料中直接能够检索的小类包括体育组织（9110）[①]、体育场馆（9120）、其他体育（9190）、体育健身娱乐活动（9230）、体育用品制造（242）、体育用品销售（6342、6542），检索的目的是为了核算这些类别的核心指标。具体检索的数据如表75所示。

表75 全国第一次经济普查中体育产业数据检索表

工业企业	规模以上工业企业	工业总产值、本年折旧、资产总计、主营业务收入、主营业务税金及附加、管理费用、税金、财产保险、差旅费、工会经费、办公费、职工教育费、派遣费、营业利润、补贴收入、劳动失业保险费、养老保险和医疗保险费、住房公积金和住房补贴、本年应付工资总额、本年应付福利费总额、本年应交增值、本年进项税额、本年销项税额、工业中间投入合计、全部从业人员年平均人数
	规模以下工业企业	工业总产值、本年折旧、资产总计、营业收入合计、产品销售税金及附加、费用合计、营业利润、从业人员劳动报酬、劳动失业保险费、全部从业人员年平均人数
服务业企业		本年折旧、资产总额、营业收入合计、主营业务税金及附加、费用合计、营业利润、从业人员劳动报酬、劳动失业保险费、全部从业人员年平均人数
行政事业单位		固定资产原价、本年收入合计（财政拨款、上级补助收入、事业收入、经营收入、人员支出、公用支出、福利费）、劳务费、就业补助费、取暖费、差旅费、各种设备、交通工具及图书资料购置费、对个人和家庭补助支出、助学金、抚恤和生活补助、经营税收、全部从业人员年平均人数

①注：括号内数字为国民经济行业代码中的小类代码。以下同。

（续表）

批发零售业企业	限额以上批发零售业企业	本年折旧、资产总额、营业收入合计、产品销售税金及附加、费用合计、税金、差旅费、工会经费、营业利润、劳动失业保险费、住房公积金和住房补贴、本年应付工资总额、本年应付福利费总额、全部从业人员年平均人数
	限额以下批发零售业企业	本年折旧、资产总计、营业收入合计、业务税金及附加、费用合计、营业利润、从业人员劳动报酬、劳动失业保险费、全部从业人员年平均人数

2. 剥离

本文的剥离方法是指从国家统计局经济普查中心“全国第一次经济普查单位名录库”和“财务报表库”中通过输入关键词的办法，剥离出全国第一次经济普查中含有体育及相关产业活动的经济数据。通过剥离获得的数据主要涉及体育中介服务、其他体育服务、体育相关产品制造与销售等。为了保证剥离的精确度与科学性，该过程由国家统计局经济普查中心主持，先后进行了两轮试验性剥离，并在此基础上不断修正和完善，最终进行了第三轮正式剥离。本文所用数据为第三次剥离的数据。剥离方法的具体步骤如下。

第一，明确剥离的对象类别名称及其代码。依照体育产业分类目录，本文确定了以下剥离的对象，具体如表 76 所示。

第二，设立剥离所用“关键词”。根据体育实践活动中的常用名词，提出剥离所用的“关键词”，并经专家认可。具体关键词分为两大类，共 108 个。第一类为体育专用检索词，包括体育、运动、训练、比赛、竞技、裁判、健身等；第二类为运动项目名称检索词，具体为国家体育总局正式颁布的运动项目名称，包括 99 个奥运项目及部分非奥运项目。

第三，剥离相关财务数据。在全国第一次经济普查单位名录库法人单位字段里，按照上述关键词对法人单位进行剥离建库，用该库中的法人代码与财务报表库进行连接，取得相关财务数据（具体内容同表 76）。

表 76　剥离对象及其代码表

剥离对象的类别名称	代码
社会事务管理机构	9424
专业性团体	9621
其他社会团体	9629
其他娱乐活动	9290
其他未列明的商务服务	7499

（续表）

剥离对象的类别名称	代码
社会经济咨询	7433
职业技能培训	8491
社会人文科学研究与试验发展	7550
其他文化及日用品出租	7329
图书出版	8821
报纸出版	8822
期刊出版	8823
广播	8910
电视	8920
游艺用品及室内游艺器材制造	2452
合成橡胶制造	2652
娱乐船和运动船的建造和修理	3753
其他日用品生产专用设备制造	3649
音像制品及电子出版物批发	6345
音像制品及电子出版物零售	6545
其他文化用品批发	6349
房屋工程建筑	4710
其他土木工程建筑	4729
建筑安装业	4900

3. 测算

所谓测算是指在广泛利用现有体育及相关产业统计数据的基础上，根据事物之间的内在联系和发展趋势，所采取的相对科学、合理的统计分析方法。本文中对体育彩票、宾馆饭店中的体育健身休闲活动（补充体育健身休闲活动的兼营部分）以及体育服装、鞋帽制造和销售的核心指标统计采用了测算的方法。之所以对上述类别采取测算的方法主要是由于中国体育产业发展的现实情况，导致在全国第一次经济普查数据中难以获取上述类别的有效数据。对于以上类别的具体测算方法如下。

（1）体育彩票。体育彩票发行是由国家严格控制和管理的，每年的发行额数据很容易获得，但对于总产出、增加值等核心指标的数据统计却很难。通常来讲，体育彩票的总产出和增加值是由以下机构实现的：一是从事体育彩票发行、销售管理活动的各级体育彩票管理中心；二是为体育彩票发行、销售提供技术支持与服务的企业和机构；三是专业从事体育彩票市场营销推广和销售的企业、销售网点等。

受统计时间和成本约束，我们不能对以上单位进行专项调查，因此，本文对体育彩票总产出和增加值的核算问题多轮次地征求了专家意见，形成了最终的观点，即体育彩票发行、销售机构所提供服务的总产出约等于其发行费（体育彩票销售总额的15%）；体育彩票发行、销售机构所提供服务的增加值包括人员工资、水电费、打印费等，约等于体育彩票销售总额的8%。

(2) 宾馆饭店中的体育健身休闲活动。由于体育健身行业发展的自身特点，很多体育健身休闲活动都属于兼营活动，而且总量较大，在对体育健身休闲活动核心指标进行统计时，必须将其兼营部分考虑其中。经分析，宾馆饭店中兼营体育健身休闲活动比例较大，而且浙江省还专门对此进行了专项调查，再加之《2004年全国星级饭店宾馆统计公报》中可以获得部分测算的基础数据，因此，本文对宾馆饭店中的体育健身休闲活动的核心指标进行了测算。该测算以2003年浙江省宾馆饭店兼营体育健身休闲活动的抽样调查所获得的数据为基础，结合《2004年全国星级饭店宾馆统计公报》中获得的浙江省宾馆饭店中从业人员、营业税金和营业收入三个指标占全国宾馆饭店相应指标的比例关系，并采用取中值法，测算出全国宾馆饭店中体育健身休闲活动的核心指标数据。

(3) 体育服装、鞋帽制造。本文对体育服装、鞋帽制造核心指标的测算建立在一个假设前提之上，即某地区体育服装、鞋帽制造水平与该地区纺织服装、鞋、帽制造水平成正相关。该类别的测算以2003年浙江省体育服装、鞋帽制造的抽样调查所获得的数据为基础，并用全国第一次经济普查中浙江省规模以上“纺织服装、鞋、帽制造”的工业企业总产值占全国规模以上“纺织服装、鞋、帽制造”的工业企业总产值比重为调整系数进行测算。

(4) 体育服装、鞋帽销售。本文对体育服装、鞋帽销售核心指标的测算以全国第一次经济普查数据为基础，并用2003年浙江省体育服装、鞋帽销售的抽样调查所获得的系数进行调整获得最终结果。具体如下：体育服装、鞋帽批发零售相关数据 = 服装、鞋帽批发零售的相关数据 × 调整系数。其中体育服装批发、零售的调整系数为0.1；体育鞋帽批发、零售的调整系数为0.342。

需要说明的是，采用浙江省的相关系数对全国体育服装、鞋帽销售核心指标进行测算精确度不够，但由于受时间和统计成本约束，我们难以获得全国范围内的相关系数，故用浙江省的系数进行间接测算。

4. 核算

本文所指的核算是指对以上检索、剥离方法所得的基础数据，严格按照全国第一次经济普查有关规定，对体育及相关产业各小类的增加值进行核算，具体核算方法如表77所示。

表 77　体育及相关产业各类别增加值核算方法表

工业企业	规模以上工业企业	增加值 =75% × 生产法核算数值 +25% × 收入法核算数值 其中： 增加值（生产法）= 主营业务收入 + 本年应交增值税 − 中间投入 增加值（收入法）= 固定资产本年折旧 + 主营业务税金及附加 + 税金 + 差旅费 × 6.4%+ 工会经费 + 排污费 + 营业利润 + 劳动、失业保险费 + 养老保险和医疗保险费 + 住房公积金和住房补贴 + 本年应付工资总额 + 本年应付福利费总额 + 本年应交增值税
	规模以下工业企业	增加值 = 固定资产本年折旧 + 本年应交增值税（营业收入 × 6%）+ 产品销售税金及附加 + 费用合计 × 5.4%+ 营业利润 + 从业人员劳动报酬 + 劳动、失业保险费
服务业企业		增加值 = 固定资产本年折旧 + 主营业务税金及附加 + 费用合计 × 6.3%+ 营业利润 + 从业人员劳动报酬 + 劳动失业保险费
行政事业单位		增加值 = 固定资产原值 × 4%+ 人员支出 + 福利费 + 劳务费 + 取暖费 + 差旅费 × 6.4%+（对个人和家庭补助支出 − 助学金 − 抚恤和生活补助）+ 经营税金
批发零售业企业	限额以上批发零售业企业	增加值 = 固定资产本年折旧 + 产品销售税金及附加 + 费用合计 × 1.2%+ 税金 + 差旅费 × 6.4%+ 工会经费 + 营业利润 + 本年应交增值税（营业收入 × 17%）+ 劳动失业保险费 + 住房公积金和住房补贴 + 本年应付工资总额 + 本年应付福利费总额
	限额以下批发零售业企业	增加值 = 固定资产本年折旧 + 业务税金及附加 + 费用总额 × 1.8%+ 营业利润 + 从业人员劳动报酬 + 劳动、失业保险费 + 应交增值税（营业收入 × 4%）

资料来源：国家统计局《年度 GDP 核算方案》

三、研究结果

（一）2004 年中国体育及相关产业统计结果

1. 各类别统计结果

本文运用检索、剥离、测算、核算等研究方法，对体育及相关产业分类中小类的核心指标数据进行了严格的统计（但需要说明的是，由于统计成本过高或统计条件不成熟等各种原因，体育及相关产业分类中体育场馆建筑业及图书出版等少数类别的核心指标缺失），得出了最终的统计结果。

表 78 至表 84 详细列明了体育组织管理活动、体育场馆管理活动、体育健身休闲活动等 7 个中类的统计结果，具体如下。

（1）体育组织管理活动类

表 78　体育组织管理活动类核心指标统计结果表

类　别	总产出（单位：人民币千元）	增加值（单位：人民币千元）	从业人员（单位：人）
社会事务管理机构	8677908	2494149	60178
体育组织	5045017	1738492	48813
专业性团体	233779	79099	13186
其他社会团体	348052	52367	4871
合计	14304756	4364107	127048

注：社会事务管理结构、专业性团体、其他社会团体相关数据运用剥离和核算的方法获得；体育组织的相关数据运用检索和核算的方法获得。

表 78 显示，体育组织管理活动类对应 4 个国民经济行业代码，经统计，该类别从业人员为 127048 人，创造了 143.04756 亿元的总产出，对 GDP 的贡献为 43.64107 亿元。

（2）体育场馆管理活动类

表 79　体育场馆管理活动类核心指标统计结果表

类　别	总产出（单位：人民币千元）	增加值（单位：人民币千元）	从业人员（单位：人）
体育场馆	2637064	1474796	30014

注：以上数据运用检索和核算的方法获得。

表 79 显示，体育场馆管理活动类对应 1 个国民经济行业代码，该类别从业人员为 30014 人，创造了 26.37064 亿元的总产出，对 GDP 的贡献为 14.74796 亿元。

（3）体育健身休闲活动类

表 80　体育健身休闲活动类核心指标统计结果表

类　别	总产出（单位：人民币千元）	增加值（单位：人民币千元）	从业人员（单位：人）
休闲健身娱乐活动	5806908	3068547	80708
其他娱乐活动	1187334	155100	1592
兼营的体育健身休闲管理活动	2151000	1835000	60284
合计	9145242	5058647	142584

注：体育健身娱乐活动的相关数据运用检索和核算的方法获得；其他娱乐活动的相关数据运用剥离和核算的方法获得；兼营的体育健身休闲管理活动运用测算的方法获得。

表 80 显示，体育健身休闲活动类对应两个国民经济行业代码，其中体育健身娱乐活动包括主营和兼营两部分。该类别从业人员为 142584 人，创造了 91.45242 亿元的总产出，对 GDP 的贡献为 50.58647 亿元。

(4) 体育中介服务类

表 81 体育中介服务类核心指标统计结果表

类 别	总产出（单位：人民币千元）	增加值（单位：人民币千元）	从业人员（单位：人）
其他未列明的商务服务	880979	155236	5751
社会经济咨询	17260	3139	349
合计	898239	158375	6100

注：以上数据均通过剥离和核算的方法获得。

表 81 显示，体育中介服务类对应两个国民经济行业代码。该类别从业人员为6100人，创造了 8.98239 亿元的总产出，对 GDP 的贡献为 1.58375 亿元。

(5) 其他体育服务类

表 82 其他体育服务类核心指标统计结果表

类 别	总产出（单位：人民币千元）	增加值（单位：人民币千元）	从业人员（单位：人）
职业技能培训 *	2135907	1036984	33947
社会人文科学研究与试验发展 *	49388	21292	528
其他文化及日用品出租 *	3051	2237	66
其他娱乐活动 *（体育彩票）	2312000	1233600	–
图书出版 *	–	–	–
报纸出版 *	275888	65567	1209
期刊出版 *	41556	12033	273
广播 *	14814	6780	327
电视 *	50068	13077	597
其他体育	1376143	825075	20389
合计	6258815	3216645	57336

注：1. 以上数据中“其他体育”数据通过检索和核算的方法获得；体育彩票数据通过测算获得，其他类别数据通过剥离和核算的方法获得。

2. “–”表示相关数据缺失。

表 82 显示，其他体育服务类对应 10 个国民经济行业代码。该类别从业人员为 57336 人，创造了 62.58815 亿元的总产出，对 GDP 的贡献为 32.16645 亿元。

(6) 体育用品、服装、鞋帽及相关体育产品制造类

表 83 体育用品、服装、鞋帽及相关体育产品制造类核心指标统计结果表

类 别	总产值（单位：人民币千元）	增加值（单位：人民币千元）	从业人员（单位：人）
体育用品制造（5）	36790119	7906021	305053
体育服装、鞋帽制造（4）	88210084	20994000	715677
相关体育产品制造（4）	302672	148016	3535
合计	125302875	29048037	1024265

注：1. 以上数据中体育用品制造数据通过检索的方法获得，体育服装、鞋帽制造数据通过测算的方法获得，相关体育产品制造数据通过剥离和核算的方法获得。

2. “( )”表示包含的国民经济行业代码个数。（下同）

表 83 显示，体育用品、服装、鞋帽及相关体育产品制造类包括 3 个小类，对应 13 个国民经济行业代码。该类别从业人员为 1024265 人，创造了 1253.02875 亿元的总产值，对 GDP 的贡献为 290.48037 亿元。

(7) 体育用品、服装、鞋帽及相关体育产品销售类

表 84 体育用品、服装、鞋帽及相关体育产品销售类核心指标统计结果表

类 别	总产出（单位：人民币千元）	增加值（单位：人民币千元）	从业人员（单位：人）
体育用品销售（2）	47777827	8652226	159163
体育服装、鞋帽销售（4）	39901063	7109073	47968
相关体育产品销售（3）	85469	2133	254
合计	87764359	15763432	207385

注：以上数据中体育用品销售数据通过检索和测算的方法获得，体育服装、鞋帽制造销售通过测算方法获得，相关体育产业销售数据通过剥离和核算的方法获得。

表 84 显示，体育用品、服装、鞋帽及相关体育产品销售类包括 3 个小类，对应9 个国民经济行业代码。该类别从业人员为 207385 人，创造了 877.64359 亿元的总产出，对 GDP 的贡献为 157.63432 亿元。

2. 结果汇总

根据以上各类别的统计结果，本文对其进行了汇总，得到了 2004 年中国体育及相关产业的核心指标统计数据，具体如表 85 所示。

表 85　2004 年中国体育及相关产业统计结果

类　别	总产值 / 总产出（单位：人民币千元）	增加值（单位：人民币千元）	从业人员（单位：人）
合计	247018600	59461229	1594732
一、体育组织与管理活动	14304756	4364107	127048
二、体育场馆管理活动	2637064	1474796	30014
三、体育健身休闲管理活动	9145242	5058647	142584
四、体育中介服务	898239	158375	6100
五、其他体育服务（包括体育彩票）	6966065	3593845	57336
六、体育用品、服装、鞋帽及相关体育产品的制造	125302875	29048037	1024265
体育用品制造	36790119	7906021	305053
体育服装、鞋帽制造	88210084	20994000	715677
体育相关产品制造	302672	148016	3535
七、体育用品、服装、鞋帽及相关体育产品的销售	87764359	15763432	207385
体育用品销售	47777827	8652226	159163
体育服装、鞋帽销售	39901063	7109073	47968
体育相关产品销售	85469	2133	254

表 85 显示，2004 年中国体育及相关产业的从业人员为 1594732 人，共创造总产出（总产值）2470.186 亿元，对 GDP 的贡献为 594.61229 亿元。

为了保证该统计方法的科学性和结果的可靠性，我们组织国家统计局、地方统计局及其他有关专家召开了 3 次专题研讨会，统计结果得到了这些专家的基本认可。但需要说明的是，由于中国体育及相关产业涉及的行业和部门较多，现行体育领域的统计基础较薄弱，缺乏基础资料，使得整个统计工作难度颇大。本着谨慎原则，本文对缺乏基础数据的类别进行了认真的分析和推敲，力争做到所有体育及相关产业的类别都有相关的数据，但个别小类数据仍然缺失，我们认为，以上结果仍可能保守，有关中国体育及相关产业总量数据很可能偏低。但从整体上看，统计结果是科学、可信的，个别行业的小类数据缺失或偏小，但在宏观层面上不影响对中国体育及相关产业发展的总体规模及产业结构状况的判断。

（二）　讨论与分析

虽然以上统计结果只反映了中国体育及相关产业的核心指标数据，但从这些数据中仍可以看出中国体育及相关产业发展的一些特征。

1. 中国体育及相关产业的发展初具规模

从表 86 看，2004 年中国体育及相关产业从业人员约 160 万人，实现总产出（总产值）2470.2 亿元，增加值约 594.6 亿元。从业人员方面，2004 年中国房地产服务业为 120.2 万人①，住宿和餐饮业的从业人员为 162.6 万人②；增加值方面，2003 年中国农、林、牧、渔服务业的增加值为 313.4 亿元③，地质勘查业水利管理业的增加值为348.8 亿元④。

表 86　中国体育及相关产业与其他行业数据对比表

	增加值（人民币亿元）	从业人员（万人）
体育及相关产业	594.6	160
房地产服务业	–	120.2
住宿和餐饮业	–	162.6
农、林、牧、渔服务业	313.4	–
地质勘查业水利管理业	348.8	–

资料来源：《2005 年中国统计年鉴》，上注 1、注 2、注 3、注 4。

就从业人员而言，中国体育及相关产业从业人员与“住宿和餐饮业”相当，高于“房地产服务业”的从业人员数；就增加值而言，中国体育与相关产业的经济总量接近于“农、林、牧、渔服务业”和“地质勘查业水利管理业”总量之和。数据分析表明，从总体上看，中国体育产业已初步具备“新的经济增长点”的雏形，特别是对吸纳就业人员的积极作用更是不可低估。

2. 中国体育及相关产业的人均产出高于全国平均水平

从统计数据看，2004 年，中国体育及相关产业的从业人员人均创造增加值为 3.73 万元，其中“体育服务”行业从业人员人均创造的增加值为 5.33 万元 / 人⑤。《2005 年中国统计年鉴》显示，2004 年中国 GDP 为 136875.9 亿元⑥，从业人员为

①2005 中国统计年鉴：131，表 5–9。

②2005 中国统计年鉴：130，表 5–9。

③2005 中国统计年鉴：55，表 3–5。

④2005 中国统计年鉴：55，表 3–5。

⑤本文中“体育服务”与体育用品制造相对应，指表 85 中的一、二、三、四、五、七 6 个类别；而“体育服务业”与“体育用品业”相对应，指表 85 中的一、二、三、四、五 5 个类别。

⑥2005 中国统计年鉴：51，表 3–1。

75200 万人[①]，第三产业的增加值为 43720.6 亿元[②]，从业人员为 23011 万人[③]。文化及相关产业的统计数据显示，其人均从业人员创造的增加值为 2.81 万元；文化服务行业平均为 2.67 万元。

表 87　中国体育及相关产业与其他行业人均产出对比表

	增加值（人民币亿元）	从业人员（万人）	人均产出（万元）
体育及相关产业	594.6	160	3.73
其中：体育服务	304.13	57	5.33
国民经济	136875.9	75200	1.82
第三产业	43720.6	23011	1.90
文化及相关产业	3576.7	1273	2.81
其中：文化服务	1718.5	644.6	2.67

以上数据可以看出，中国体育及相关产业人均创造的增加值明显高于中国人均国内生产总值，也高于文化及相关产业人均创造的增加值；“体育服务”各行业人均创造的增加值远高于全国第三产业、文化及相关产业人均创造的增加值。这些数据说明，中国体育产业人均创造的增加值高于全国平均水平，是一个高回报的产业。

3. 中国体育及相关产业对国民经济的贡献还偏小

据《2005 年中国统计年鉴》显示，2004 年中国国内生产总值为 136875.9 亿元，城镇从业人员为 26476 万人[④]。按此计算，2004 年中国体育产业及相关产业所创造的增加值占 GDP 的 0.42%，从业人员占城镇从业人员的 0.60%；此外，根据前面提供的第三产业从业人员及增加值的数据计算，“体育服务”所创造的增加值占第三产业增加值的 0.70%，占第三产业从业人员的 0.25%。

有研究表明，2000 年英国体育产业占该国 GDP 的 1.8%，加拿大为 1.2%。相比之下，中国体育及相关产业与国外发达国家差距较为明显。另一方面，与中国文化及相关产业的统计数据相比，差距也很明显。2003 年中国文化及相关产业所创造的增加值已经占 GDP 的 3.1%，占城镇从业人员的 5.0%[⑤]。这充分表明，中国体育及相关产业对国民经济的贡献还偏小，这也正说明了中国当前体育及相关产业发展尚处于起步阶段、幼

①2005 中国统计年鉴：119，表 5–3。
②2005 中国统计年鉴：51，表 3–1。
③2005 中国统计年鉴：119，表 5–3。
④文化产业统计研究资料汇编：110。
⑤2005 中国统计年鉴：117，表 5–1。

稚阶段，但发展的空间很大，将会对中国第三产业的发展起积极的推动作用。

4. 中国体育产业内部结构还不平衡

统计结果显示，2004 年中国体育及相关产业中，“体育服务”的从业人员为 570467 人，创造增加值约 304.13 亿元，占体育及相关产业总增加值的 51.2%，这说明中国体育及相关产业以第三产业活动为主。统计结果还显示，2004 年中国“体育服务业”的从业人员为 363082 人，占总体的 27%，创造的增加值为 146.5 亿元，占总体的 24.7%，“体育用品业”（包括体育相关产品的制造和销售）的从业人员为1231650 人，创造增加值约 448.1 亿元，分别占总体的 73%和 75.3%。

从国外的体育产业发展情况看，体育产业发达程度越高，体育服务业的所占比重越大，目前美国、英国等西方发达国家体育服务业均超过了体育用品业。但从以上数据看，中国体育服务业的增加值与体育用品业相比差距较大，体育服务业在体育及相关产业中所占比重偏低。由此反映出，中国体育及相关产业内部结构还不平衡，体育服务业的发展还处于初期阶段。这与目前中国是一个用品业的制造大国不无关系。

四、结论

- 以全国经济普查数据为基础，综合运用检索、剥离、测算、核算等方法统计中国体育及相关产业核心指标是可行的，为体育产业建立了一条成本低、可信度高、科学性强的统计途径。
- 2004 年中国体育及相关产业的从业人员约为 160 万人，实现总产出（总产值）2470 亿元，增加值约 595 亿元。说明目前中国体育及相关产业已初具规模。
- 中国体育及相关产业的人均产出高于全国平均水平，“体育服务”从业人员人均创造的增加值明显高于第三产业、文化产业服务从业人员创造的增加值。
- 中国体育及相关产业还处于起步阶段，对国民经济的贡献还不大；而且产业结构还不平衡，体育服务业所占比重较小，体育相关产业制造所占比重较大。

五、研究局限性与建议

本文的局限性主要表现在以下方面。

第一，由于国家综合统计部门现有国民经济统计制度中，直接与体育产业相关的类别较少，可直接利用的数据源也不多，很多数据都是要通过关键词检索的办法，通过在全国经济普查所建立的数据库中剥离获得。因此，测算所得的结果也会存在一定误差。

第二，由于中国兼营体育产业活动的单位比重较大，而现有的全国经济普查主要是针对专营单位的调查。因此，系统误差在所难免。

第三，由于时间和成本的约束，在当前无其他更有效方法的情况下，一些小类数据利用了部分省市的相关数据和系数进行测算。因此，测算数据与真实数据间存在一定的偏差。

针对以上局限性，本文对后续研究的建议如下。

第一，建立中国体育及相关产业名录库。

第二，在2007或2008年对前两年度中国体育及相关产业进行专项调查，获得未来中国体育及相关产业统计的相关基础数据，为未来体育及相关产业的统计建立基础。

第三，抓住国家统计局修改国民经济行业分类的契机，尽可能使现有体育产业分类中的部分核心类别有独立代码。

第四，争取在全国第二次经济普查中增加反映体育及相关产业发展状况的重要指标。

张　林　黄海燕（执笔）　张　立　杨宽宽　宋雪清　沈　娜

第九章 中国体育赛事统计制度研究

一、总说明

本次体育产业统计实施方案分课题建议研究制定“体育竞赛统计制度”，依托正在酝酿改革的体育事业统计制度，在体育事业统计中添加能够反映体育系统内竞赛表演活动财务状况指标以及其他活动内容的统计报表，由系统内的各级赛事审批部门进行发放和回收，为核算我国的体育竞赛表演业提供基础数据。

我国社会经济的不断发展和改革开放不断深入的新形势下，对体育事业统计的指标、方法、制度等方面提出了更高的要求。我国体育事业统计中关于对体育赛事的统计仅包括举办运动会的次数、参赛人数的统计，目前的统计未能较全面地反映体育赛事的经济活动内容。因此对体育产业的核心业态体育竞赛表演业的统计亟待解决。

本次建立体育系统内体育赛事统计制度，其目的是摸清我国体育系统内所举办的体育赛事的收入和支出、总体规模以及对就业状况的影响，为做好体育竞赛表演业发展规划提供科学的决策依据。

（一）统计范围和统计对象

本项制度的统计范围暂定为：在我国境内举办或参赛的、总产出达到一定水平的承办单位为体育系统内各级单位的体育赛事。包括国内体育赛事和在中国举办的国际性赛事。

调查对象为体育系统内举办（参赛）单位。

（二）统计目的

一是反映赛事的收入和支出，但不反映赛事的资产状况，因为赛事是一项活动，而不是一个确定的实体，一项赛事结束后经济活动也随之结束，其使用资产的变化是通过资产的结转来完成。

二是能直接核算赛事的增加值。

(三) 统计内容

1. **基本情况**

包括体育赛事的基本情况以及举办单位的法人单位名称及代码、单位地址、隶属关系等。

2. **财务状况**

包括体育赛事的收入和支出情况、从业人员等情况。

(四) 统计表式

1. **体育赛事基本状况表**
2. **体育赛事财务状况表**

(五) 调查及报送方式

通过体育事业统计制度落实体育系统内报表的报送形式：由系统内各级具有赛事审批权的部门在各项赛事报批时发放报表，在赛事结束后，由该审批部门负责回收，并进行年度汇总。由各省市体育局的产业处或财务处负责汇总各省市范围内赛事审批部门的报表，并报送国家体育总局经济司。国家体育总局直属系统的财务报表直接上报。

二、报表目录

表 88

表号	表名	报告期别	填报范围	报送单位	报送日期及方式	页码
体育赛事01表	体育赛事基本情况表	2007年报	体育系统内举办（参赛）单位	国家体育总局、各项目管理中心、各省市体育局、各省市直属系统单位	于12月20日前报送磁盘	3
体育赛事02表	体育赛事财务状况表	2007年报	体育系统内举办（参赛）单位	国家体育总局、各项目管理中心、各省市体育局、各省市直属系统单位	于12月20日前报送磁盘	4

三、调查表式

表 89 体育赛事基本情况表

01 统计登记号：□□□□□□□□□
02 法人单位代码：□□□□□□□□-□
03 法人单位名称（盖章）：____________________
04 单位地址：________________________________ 有效期至：2008 年 1 月
05 单位行政区划码：□□□□□□

---

06 体育赛事名称（公章）
07 单位隶属关系：□ 1. 中央级 2. 省（区、市）级 3. 市（州、盟）级 4. 县（市、区、旗）级
08 单位所属关系：□ 1. 体育局系统 2. 其他系统
09 比赛时间： 年 月 日至 年 月 日
10 竞赛经费来源：□ 1. 承办自筹 2. 缴纳承办费 3. 差额拨款 4. 全额拨款 5. 经费自筹
11 赛事范围：□ 1. 国际 2. 国内 3. 省（市）际 4. 省（市）内
12 赛事性质：□ 综合性赛事 □ 单项体育赛事 □ 联赛（1. 承办 2. 参赛）
13 赛事报批：□ 1. 计划内赛事 □ 2. 计划外赛事
14 赛事项目（综合性赛事略）：□ 1. 足球（023） 2. 篮球（047） 3. 排球（048）
4. 乒乓球（050） 5. 羽毛球（051） 6. 网球（052） 7. 田径（001） 8. 游泳（002）
9. 其他 （项目序号：□□□ ）
15 参赛运动员人数：
16 观众总人数 ：______________；赛事总比赛场次：___________
17 裁判员人数：__________ 临时工作人员数：________ 志愿者人数：________

单位负责人： 填表人： 联系电话： 报出日期：20 年 月

表 90　体育赛事财务状况表

统计登记号：□□□□□□□□□

法人单位代码：□□□□□□□□-□

法人单位名称（盖章）：______________ 有效期至：2008 年 1 月

指标名称	计量单位	代码	实际发生
甲	乙	丙	丁
一、资产总计	千元	01	
其中：固定资产折旧	千元	02	
二、收入合计：	千元	03	
财政补助收入：	千元	04	
上级补助收入：	千元	05	
事业收入：	千元	06	
其中：赞助收入	千元	07	
门票收入	千元	08	
广告收入	千元	09	
电视转播权转让收入	千元	10	
捐赠收入	千元	11	
其他收入	千元	12	
经营收入：	千元	13	
三、支出项目合计：	千元	15	
赛事直接支出：	千元	16	
其中：申办费用	千元	17	
场地租赁费用	千元	18	
消耗体育用品费用	千元	19	
人员支出：	千元	20	
公用支出：	千元	21	
其中：	千元	22	
各种设备购置费	千元	23	
四、收支结余	千元	24	
其中：固定资产	千元	25	
流动资产	千元	26	
无形资产	千元	27	
五、经营税金（限事业单位填）	千元	28	
六、期末从业人员数	人	29	

单位负责人：　　　　填表人：　　　　联系电话：　　　　报出日期：20　　年　　月

四、填写说明及指标解释

（一）《体育赛事基本状况表》

1. 02 **法人单位代码**

根据中华人民共和国国家标准《全国组织机构代码编制规则》（GB11714—1997），由组织机构代码登记主管部门赋给每个企业、事业单位、机关和社会团体的，在全国范围内唯一的，始终不变的法定代码。

填写说明：按照质量技术监督部门颁发的《单位代码证书》上的代码填写。对于尚未领到国家代码或不属于国家统一代码赋码范围，需要填报调查表的单位，一律由各省市统计局赋予临时代码。

2. 03 **法人单位名称**

即经有关部门批准正式使用的单位详细名称。

填写说明：企业（单位）的详细名称按工商部门登记的名称填写；行政、事业单位的详细名称按编制部门登记、批准的名称填写；社会团体、民办非企业单位和基层群众自治组织的详细名称按民政部门登记、批准的名称填写。在填写时要求使用规范化汉字全称，与企业（单位）的公章所使用的名称一致并盖单位公章。

凡经登记主管机关核准或批准，具有两个或两个以上名称的单位，要求填写一个主要的单位名称，同时用括号注明其余的单位名称。

3. 04 **单位地址**

根据本单位所在地的详细地址填写。详细地址按邮政部门认可的单位所在地地址填写，应包括区（县）、乡（镇）、村街（路）名称和门牌号（室），不要填写通讯信箱号。对于在固定活动房或破墙开店的单位，没有具体门牌号，可按邮政通讯可达地址填写。

4. 05 **单位行政区划代码**

根据本单位主要经营活动地点的邮政编码填写。

5. 06 **体育赛事名称**

计划内赛事按照登记的名称填写，计划外赛事需写明全称。

6. 07 **隶属关系**

是指该单位的主管部门的行政级别。分中央、省、市、县四级。

7. 08 **单位所属关系**

包括体育局系统的其他系统。体育局系统指省、地、县级体育行政部门单独办公和体育行政部门与文化行政部门合并的办公的机构。如某县文体局、海南省文化广电出版体育局等。目前在体育事业统计中其他系统不统计，所以计算机默认为体育局系统。

8. 09 **比赛时间**

赛事开展的起讫时间。

9. 10 **竞赛经费来源**

计划内赛事的填报参照《全国竞赛（国际）计划（国内举办）》和《全国竞赛计划》对经费来源的界定。

10. 12 **赛事性质中的联赛一项**

联赛中的各级组织和参赛单位分别填写。

11. 14 **赛事项目**

综合性赛事不需填此项，除报表中列出的项目外，其他项目填报名称和项目序号，序号填写参照附件《我国正式开展的体育项目一览表》。

12. 16 **观众总人数**

观看赛事各场比赛的人数累计。单场，指从观众进场到全部离场计为一次单场。赛事总比赛场次，指各单场的累计数。

其中，02、05、07、08 等项目是体育事业统计中已有的指标，填写参照《体育事业统计年报指标解释和填报说明》。

（二）《体育赛事财务状况表》

该表根据国家统计局制定的 103 表（财务状况表）的修改表，修改的部分及部分指标解释如下。

(1) 因为赛事的统计不按照年度，因此无“上年结余”“上年同期实际”两项。“本年实际”改为“实际发生”。

(2) “事业收入”增加“其中：赞助收入、门票收入、广告收入、电视转播权转让收入、捐赠收入、其他收入”。原因是可分类统计体育行政事业单位开展体育赛事取得的收入，包括赞助收入、门票收入、广告收入、捐赠收入、电视转播权转让收入以及其他收入。如果某些赛事的有些项目没有涉及，则不用填写。其中赞助收入表示体育赛事赞助的合同金额，而广告收入表示赞助回报之外的广告收入。

(3) “固定资产折旧”即为体育赛事使用自有场馆及辅助设施的折旧费，若比赛使用的是免费提供的场馆，则相当于虚拟租金。

(4) “收支结余”分为三项：固定资产结余、流动资产结余和无形资产结余。各项指的都是赛后减去赛前的差额。无形资产按照账面的价值计算。

(5) 为统计体育赛事所发生的直接费用，在支出项目中单列“赛事直接支出”，它包括各项除去人员支出和体育赛事间接支出的各项直接费用，如申办费、场馆及设施租赁费、场地广告制作费等。

(6) 所有项目除直接用于赛事之外的均按照会计惯例的分摊原则进行分摊。

(7) 其他各项103表的指标解释。

①“财政补贴收入”对应103表“财政拨款”，是指体育行政事业单位从主管部门、上级单位或直接从财政部门取得的体育事业费，包括经常性经费和专项资金。在体育赛事中主要是体育赛事的专项经费，以及体育竞赛补助。

②“上级补助收入”对应103表中的06项“上级补助收入”，是指体育行政事业单位从主管部门、上级单位或直接从财政部门取得的各种非财政补助收入。在体育赛事中主要是上级补助中的除财政补贴收入之外的收入。

③“经营收入”对应103表中的08项“经营收入”，是指开展体育赛事之外的经营收入，如利息收入等。

④“期末从业人员数”对应103表中的99项“期末从业人员数”，是指直接从事体育赛事的国内工作人员数（含裁判员、运动员、临时工作人员和志愿者人数）。

由于体育赛事是按照体育赛事活动统计，而不是按照年度统计，因此期末从业人员数应根据工作人员的实际参与赛事的工作时间换算成相当于“人·年”的单位。考虑到志愿者统计较为困难，除直接统计每个志愿者的工作天数，再换算成“人·年”的方法外，也可用志愿者津贴总额÷平均每个志愿者每天的津贴÷国家法定的一年工作天数，得出一年中的志愿者人数。

附件一：关于建立体育系统内体育赛事统计制度的论证报告

本次体育产业统计实施方案分课题建议研究制定“体育竞赛统计制度”，依托正在酝酿改革的体育事业统计制度，在体育事业统计中添加能够反映体育系统内竞赛表演活动财务状况指标以及其他活动内容的统计报表，由系统内的各级赛事审批部门进行发放和回收，为核算我国的体育竞赛表演业提供基础数据。

一、关于建立体育赛事统计制度的可行性

《中华人民共和国体育法》第13条“国家对体育竞赛实行分级分类管理。全国综

合性运动会由国务院体育行政部门管理或者由国务院体育行政部门会同有关组织管理。全国单项体育竞赛由该项运动的全国性协会负责管理。地方综合性运动会和地方单项体育竞赛的管理办法由地方人民政府制定。”《全国体育竞赛管理办法（试行）》第五条指出，“举办体育竞赛实行审批登记制度。国务院体育行政部门负责审批在中华人民共和国境内举办的全国性和国际性体育竞赛；县级以上地方各级人民政府体育行政部门负责审批地方性体育竞赛。”该法规和办法规定了体育系统内各级体育部门的赛事的管理权和审批权，为各项赛事在报批时发放体育赛事统计报表提供了渠道保障。并且，由上海市人民政府制定的《上海市体育竞赛管理办法》中规定，“举办人应当在体育竞赛结束之日起30日内，向体育行政部门提交竞赛情况总结、成绩册和具有审计资格的机构出具的竞赛经费收支审计报告”。而《广州市体育竞赛表演市场管理办法》规定，“举办人应在体育竞赛表演活动结束后15日内，向体育行政部门报送本次活动情况的有关统计报表”。这两项办法为报表的回收提供了实施的可行性。

建议可通过体育事业统计制度落实体育系统内报表的报送形式，即由系统内各级具有赛事审批权的部门在各项赛事报批时发放报表，在赛事结束后，由该审批部门负责回收，并进行年度汇总。由各省市体育局的产业处或财务处负责汇总各省市范围内赛事审批部门的报表，并报送国家体育总局经济司。国家体育总局直属系统的财务报表直接上报。

通过走访各级体育部门以及统计部门，得出通过纳入体育事业统计进行体育系统内赛事统计的可行性。鉴于体育系统内举办的赛事占我国举办的所有赛事绝大部分，考虑到系统外统计的复杂性和可行性，决定先建立系统内的体育赛事的统计制度，不排斥系统外赛事的统计。

本方案中体育赛事统计报表的设计参考已进行赛事收支统计的上海市体育局内部核算的相关报表以及相关赛事的财务数据，设计能够反映体育赛事基本状况的核心指标，为核算赛事增加值提供依据。

二、制定体育赛事统计报表的目的和原则

（一）本方案制定的目的

一是反映赛事的收入和支出，但不反映赛事的资产状况，因为赛事是一项活动，而不是一个确定的实体，一项赛事结束则经济活动也随之结束，其使用资产的变化是通过资产的结转来完成。

二是能直接核算赛事的增加值。

三是能反映对就业状况的影响。

（二）围绕和把握以下几条原则，初步制定了体育赛事统计报表

(1) 坚持与体育事业统计接轨，在相关概念和指标解释上保持一致。拟定的统计报表中包含目前体育事业统计中已有的指标，并添加其他财务状况指标和业务活动指标。

(2) 参考已进行赛事收支统计的省市的相关报表，设计能够反映体育赛事的核心指标，为核算赛事增加值提供依据。

(3) 围绕为统计工作服务的原则，所报数据的真实可信，添加较少的统计指标，指标设计简要明晰、操作性较强，并有较可靠的数据来源，不增加统计人员工作负担。

(4) 所设计的报表的指标注重可行性和预见性，立足于体育竞赛表演业的发展现状，并能反映体育赛事的发展趋势。

(5) 确保所得的统计数据为决策服务，指导今后的竞赛表演市场的规范化和产业化。

三、关于体育赛事财务状况指标的设定以及国内生产总值的现价核算

目前国内生产总值的核算程序是首先确定填报单位的统计类别，然后根据该类别单位所适用的核算方法，利用该单位的财务状况表中的相应指标的数据计算。因此，为了完成体育赛事的财务状况统计报表的设计，就必须决定以下事项。

一是依据活动举办单位的性质进行归类。

二是确定该类单位的 GDP 核算方法。

三是依据核算 GDP 的具体要求设计财务状况统计报表。

（一）体育赛事的 GDP 核算归类

(1) 目前国内 GDP 统计对象的理论分类（联合国推荐的市场经济国家所采用的“国民账户体系”，简称 SNA，1993），见图 13。

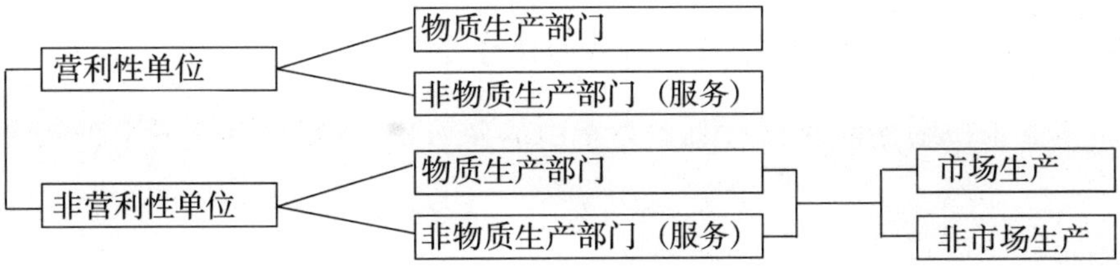

图 13

市场生产：有明确的产品和市场交易的价格，交易价格能反映生产的成本和消费者偏好。

非市场生产（包括货物和服务）：由一般政府和为住户服务的非营利性机构的免费或没有经济意义的价格提供给住户或全社户的服务。（蒋萍．非市场服务产出核算．北京：中国统计出版社，2005：31-32）

(2) 目前统计报表中服务类行业的GDP统计对象分类。①非营利性服务单位，如行政、事业单位增加值核算（表91）。②营利性服务单位，如服务业增加值的核算（表92）。

(3) 文化产业统计研究资料中对文化服务行业的GDP统计分类。①执行企业会计制度的文化服务业。②执行行政事业单位会计制度的文化单位。

(4) 对体育赛事GDP统计对象的分类的可能

A方案 如文化产业统计一样分为两类：企业（市场生产）和行政事业单位（非市场生产），即部分B1和部分B2方案。

B方案 分为一类，可设为B1（全部为非市场生产单位）。

或者为B2（全部为市场生产单位）。

本课题组建议采用A或者B1方案。

（二）确定体育赛事GDP核算方法

1. 国内GDP核算方法

(1) 生产法：GDP = 总产出 - 中间投入。

(2) 收入法：GDP = 劳动者报酬 + 生产税净额 + 固定资产折旧 + 营业盈余。

(3) 支出法：GDP = 消费 + 资本形成 + 净出口。

消费 = 居民消费 + 政府消费。

2. 核算方法适用范围

生产法：农林牧渔业、工业、建筑业、运输邮电通信业、批发零售业、餐饮业等。

收入法：保险业、房地产业、国家机关、党政机关和团体、其他行业（卫生文化和体育等）（许宪春．中国国民经济核算与分析．北京：中国财政经济出版社，2001）。

3. 目前统计报表中服务类行业的GDP统计的计算方法

(1) 行政、事业单位增加值核算（即A方案中的非市场生产单位），采用收入法核算。

增加值 = 固定资产折旧 + 工资及福利 + 税金。

= 固定资产折旧 + 基本工资 + 补助工资 + 其他工资 + 职工福利费 + 社会保障费 + 销售税金。

表 91　行政、事业单位财务状况表（103 表）与增加值项目对应表

行政、事业单位财务状况表（103 表）与增加值项目对应表

指标名称	代码	总产出	增加值构成							
			劳动者报酬					营业盈余		
			工资性收入	福利保险费	其他收入	生产税净额	固定资产折旧	营业利润	补贴收入	其他
一、年末资产负债										
固定资产原价	31	4%√					4%√			
#本年计提折旧	34									
二、本年收入合计	320									
1. 国家补助收入	209	√								
2. 上级补助收入	210									
3. 事业收入	321									
4. 经营收入	322									
5. 附属单位上缴收入	323									
6. 其他收入	324									
三、本年支出合计	330									
1. 业务事业支出	331	√								
基本工资	332		√							
补助工资	333		√							
其他工资	334		√							
职工福利费	335			√						
社会保障费	336			√						
助学金	337	(–) √								
公务费	338									
#交通费	339									
设备购置费	340	(–) √								
修缮费	341									
业务费	342									
业务招待费	343									
其他费用	344									
2. 经营支出	345	√								
3. 对下级单位补助支出	346									
4. 上缴上级支出	347									
5. 结转自筹基建	348									
6. 专项经费支出	349	√								
7. 销售税金	309	√				√				
#增值税	305									
营业税及附加	164									
四、经费结余	361									
#提取专业基金	350									
应交所得税	216									
转入事业基金	360									

注：1. 总产出 =31×4%+331-337-340+345+349+309；增加值 =31×4%+332+333+334+335+336+309

2. “√”为计算增加值所需指标，其中“(-)”为减号。

说明：1. 计算总产出时，“专项经费支出”中应扣除设备款支出和形成固定资产的支出。

计算增加值时，应把“经费支出”中支付给个人的工资、福利和社会保障等费用加到增加值中。这部分数据可根据有关数据或调查数据推算。

2. 代码 309“销售税金”中如果没包括增值税，增加值中应加上增值税。

（2）服务业（营利性单位）增加值核算（即 A 方案中的市场生产单位）。

增加值 = 固定资产折旧 + 税金 + 工资及福利 + 营业利润

= 固定资产折旧 + 营业税及附加 + 税金 + 劳动、待业保险费 + 住房公积金 + 工会经费 + 排污、养路费 + 营业利润 + 应付工资总额 + 应付福利费 + 增值税。

表 92　服务业企业财务状况表（103 表）与增加值项目对应表

服务业企业财务状况表（103 表）与增加值项目对应表

指标名称	代码	总产出	增加值构成							
			劳动者报酬					营业盈余		
			工资性收入	福利保险费	其他收入	生产税净额	固定资产折旧	营业利润	补贴收入	其他
一、年末资产负债										
本年折旧	34						√			
二、损益及分配	105									
营业收入	134	√								
营业费用	154									
营业税金及附加	164					√				
经营利润	180									
其他业务收入	181									
其他业务利润	182									
管理费用	190									
#税金	191					√				
财产保险	192									
劳动、待业保险费	193			√						
住房公积金	194			√						
工会经费	195				60%√					40%√
坏账损失	196									
排污费、养路费	197					√				
财务费用	200									
#利息支出	201									
利息收入	202									
营业利润	205							√		
投资收入	207									
#股票投资收益	208									
国家补贴收入	209					(-)√			√	

（续表）

指标名称	代码	总产出	增加值构成							
			劳动者报酬					营业盈余		
			工资性收入	福利保险费	其他收入	生产税净额	固定资产折旧	营业利润	补贴收入	其他
损益调整	229									
营业外收入	211									
营业外支出	212									
利润总额	215									
#应交所得税	216									
转作奖金的利润	220									
应付利润	218									
#已分配股利	219									
三、工资、福利及补充资料										
本年度应付工资总额	301		√							
#主营业务应付工资总额	302									
本年应付福利费总额	303			√						
#主营业务应付福利费总额	304									
本年应交增值税	305					√				
城市维护费（房地产管理业填）	414	√								

注：1. 总产出 =134+414；增加值 =34+164+191+193+194+195+209+197+205+301+303+305

2. “√”为计算增加值所需指标，其中“(–)”为减号。

说明：服务业包括公共设施服务业、居民服务业、旅馆业、租赁服务业、旅游业、娱乐服务业、信息咨询服务业、计算机应用服务业和其他社会服务业。

对比两类单位的增加值核算：除一些小项目外，基本公式的差别仅在于营业利润一项。

4. 非市场服务单位中的三种服务业的GDP核算

（1）总产出核算（投入替代法）。总产出 = 经常性业务支出 + 固定资产折旧 = 总支出。适用于三种服务业（教育、文艺及广播电影电视业、卫生、体育和社会福利保障业、科学研究和综合技术服务业）（不含企业和企业管理的事业单位）的总产出核算。(蒋萍．非市场服务产出核算． 北京：中国统计出版社，2005：98)

（2）GDP核算。GDP= 总产出 – 中间投入 = 总支出 – 中间投入。

非营利性单位的中间投入指非营利性单位从事业务活动所消耗的物质产品和服务。具体包括办公费、水电费、邮电费、公用取暖费、燃料费、修理费、租赁费、价值易耗品、材料费、印刷费、书报费、运输费、仓储费、保险服务费、管理费、宣传广告费等。（刘长新，蒋萍．国民经济统计学．北京：中国财政经济出版社，1995：186）

5. 体育赛事增加值核算方法

本课题建议鉴于统计对象为体育系统内的体育赛事，可将统计对象归纳为非市场生产单位。

由于体育赛事缺乏基本的不变价体系，因而目前只能进行现价的 GDP 核算，因为 GDP 中包括固定资产折旧。但为了方便说明，以下首先不加入折旧，即推算的是国内生产净值 NDP，推算后再加入折旧后仍然为国内生产总值 GDP。

生产法的 NDP = 总产出 – 中间投入 = 总收入 – 中间支出　　(1)

收入法的 NDP = 劳动者报酬 + 生产税净额 + 营业盈余

= 工资及福利 + (税金及费用 – 补贴) + 结余　　(2)

同时有：生产法的 NDP= 收入法的 NDP

结余 = 收入 – 支出

当认为体育赛事属于非市场生产时，此时政府和上级的补贴被看做是政府购买公共产品的支出，同时用投入代替支出，可得出：

NDP= 总支出 – 中间支出　　(3)

但是体育赛事并非纯粹的非市场生产，有通过市场获得的收入，即事业收入和经营收入，这时就出现两种情况，一是总收入大于总支出，结余为正，这说明市场弥补了部分支出，结余是体育赛事的市场贡献。因此采用公式 (1)。二是总收入小于总支出，结余为负，说明市场无法弥补支出，则采用公式 (3)。因此就是结余为正 (收入 > 支出) 时用公式 (1)，结余为负 (收入 < 支出) 时用公式 (3)，结余的两种情况统一为：

NDP = 总支出 – 中间投入 + 正的结余　　(4)

并且考虑到行政事业单位统计采用收入法核算 GDP 的现状，则公式 (4) 转化为：

GDP = 固定资产折旧 + 工资及福利 + 经营税金 + 正的收支结余。

邱伟昌　李南筑（执笔）　杨为民　陈　晓　黄海燕　孙胜男

第二篇

专项调查篇

第十章 全国体育及相关产业专项调查实施方案

为全面反映我国体育及相关产业发展情况，进一步完善体育及相关产业政策，促进体育及相关产业又好又快发展，按照《中华人民共和国统计法》的有关规定，结合我国体育及相关产业统计现状，特制定本方案。

一、统计任务

（一）全面、准确地掌握2006、2007年我国体育及相关产业的总产出、增加值、从业人员等指标及产业结构数据。

（二）完善我国体育及相关产业统计指标体系，初步建立我国体育及相关产业统计系统与工作制度。

二、统计范围与统计对象

体育及相关产业是指为社会公众提供体育服务和产品的活动，以及与这些活动有关联的活动的集合。具体内容如下。

• 体育组织管理活动：专门为社会公众提供比赛、训练、辅导和管理的组织的活动，如体育事务管理机构、各类体育组织以及体育社会团体的活动。

• 体育场馆管理活动：为社会公众提供观赏比赛和专业训练的体育场馆管理活动，如综合性比赛场馆、训练用场地的管理活动。

• 体育健身休闲活动：为社会公众提供的可供参与和选择的各种健身休闲活动场所的管理活动。

• 体育中介活动：为社会公众提供的体育中介活动，如各种体育商务代理、经纪、咨询活动。

• 其他体育活动：为社会公众提供的其他体育服务活动。包括体育培训服务、体育科研服务、体育彩票服务、体育传媒服务、体育展览服务、体育市场管理服务、体育场馆设计服务、体育场所保洁服务和体育文物及文化保护服务。

• 体育用品、服装鞋帽及相关体育产品制造：提供体育服务所必须的体育用品、服装、鞋帽及相关体育产品的制造活动。

- 体育用品、服装鞋帽及相关体育产品销售：提供体育服务所必须的体育用品、服装、鞋帽及相关体育产品的销售活动。
- 体育场馆建筑活动：提供体育服务所必须的体育场馆建筑活动。

（一）统计范围

本次统计范围的确定以《体育及相关产业分类总表》为基础，考虑到目前分类中有些业态在我国发展尚未成熟，或者统计难度很大，根据抓大放小的原则，从科学、合理、可行的角度出发，确定以下必须调查的范围：社会事务管理机构；体育组织；体育场馆；体育健身休闲；体育彩票服务；体育用品制造、体育服装及鞋帽制造；体育用品销售、体育服装销售及鞋帽销售。

浙江、上海、北京、广东、天津等统计基础较好的省（区、市）在有条件的情况下，要对体育中介服务和体育培训服务开展统计。

有关省市在完成上述调查任务的基础上，可以根据当地的实际情况与条件，有选择地对分类中的其他类别进行调查。

（二）统计对象

社会事务管理机构：各级政府所属的体育主管部门。包括中央、省（自治区、直辖市）、地级市、区（县）级体育行政机关或具有行政职能的事业单位。若体育行政机构与其他社会事务管理机构合署办公，调查对象则为合署办公机构中的体育行政处室。

体育组织：各类专业从事体育比赛、训练、辅导和管理的组织的活动。包括各类具有法人资格的体育事业单位、职业体育俱乐部、运动项目管理中心、训练基地、少体校、职业运动技术学院、运动协会、学会、青少年体育俱乐部、社区体育俱乐部及体育民办非企业等，不包括具有事业单位性质的公共体育场馆及体育彩票管理机构。

体育场馆：特指依托体育场馆资源所开展的经济活动。调查对象包括独立核算的公共体育场馆。这里的公共体育场馆是指由国家投资或筹集社会资金兴建、各级体育行政部门或国有资产管理部门管辖的体育场馆。如体育中心、综合性体育场（馆）、篮球房（馆）、排球房（馆）、手球房（馆）、体操房（馆）、羽毛球房（馆）、乒乓球房（馆）等。

体育健身休闲：主营或兼营体育健身休闲活动的组织与机构。包括健身会所，健身俱乐部，体质测试、健康评估及健身康复所等以盈利为目的的、独立核算的企业法人单位，三星级及以上宾馆饭店中提供体育健身休闲服务的部门，向社会开放的高校体育场馆。

体育中介服务：为实现体育产品或服务的交易而充当媒介的、独立核算的服务业企业法人单位。包括主营或兼营体育中介业务的体育经纪公司、体育咨询公司、票务公司、体育广告公司等。

体育培训服务：以传授体育运动技能为内容及手段，属于非学历教育范畴的独立核算的组织或机构。包括武校、网球学校、足球学校等。

体育彩票服务：从事体育彩票印制、发行、销售、管理等行为的组织和机构。包括区（县）及以上体育彩票管理部门、体育彩票销售机构及个体销售网点、体育彩票印务公司等。

体育用品制造：以球类、体育器材及配件、训练健身器材、运动防护用具等加工为主营业务的、独立核算的工业企业法人单位。

体育服装鞋帽制造：以运动服装、运动鞋帽等加工为主营业务的、独立核算的工业企业法人单位。这里的运动服装指单件和成套生产的适合体育活动时穿着的服装，包括各式运动服、游泳装、滑雪服、田径服、滑雪衫等；运动鞋指各种材质制造的适合体育活动时穿着的运动鞋、旅游鞋、徒步鞋、跑鞋、足球鞋、网球鞋、篮球鞋、体操鞋、训练鞋、滑雪靴、滑雪板靴、越野滑雪鞋等；运动帽指各种材质制造的适合体育活动时佩戴的帽子。

体育用品销售：主营或兼营球类、体育器材及配件、训练健身器材、运动防护用具等批零业务的、独立核算的商业企业法人单位。包括体育用品专卖店、专营店（百货公司、大型超市的专卖店除外），大型超市、百货公司等。

体育服装鞋帽销售：主营或兼营体育服装、鞋帽等批零业务的、独立核算的商业企业法人单位。包括体育服装专卖店、专营店（百货公司、大型超市的专卖店除外）、大型超市、百货公司等。

三、统计原则与方法

体育及相关产业统计涉及生产、流通和服务等领域，根据目前现有的行政管理体制和统计调查制度的特点，确定以下原则与方法。

（一）统计原则

1．充分利用现有行政管理体制的原则，即有主管部门的体育及相关产业单位，由主管部门负责。

2．全面调查、抽样调查、典型调查与统计报表相结合的原则。

3．充分利用现行报表制度的原则，有关资料凡能从现有调查或报表中取得的，不再另行布置报表。

（二）统计方法

在统计实施过程中，各省(自治区、直辖市)可以根据当地的具体情况，对各类对象采用从省市统计局直接获取数据，开展全面调查、抽样调查、典型调查及测算等各种方法来实现。抽样调查、典型调查和测算方法要严格按照统计部门的有关规定进行，以保证调查结果的科学性、可靠性。对有关统计范围的具体数据获取方法建议如下，见表 93。

表 93

数据获取方法	统计对象
由省市统计局提供数据	体育用品制造（242）
	体育用品销售（6342、6542）
开展全面调查获取数据	社会事务管理机构（9424）
	体育组织（9110）
	体育场馆（9120）
	体育彩票相关机构（9290）
	体育健身休闲中的高校体育场馆（9230）
开展抽样调查，并通过测算获取数据	体育健身休闲中的健身企业法人单位（9230）
	体育健身休闲中的三星级及以上宾馆饭店（9230）
	体育中介服务机构（7499、7433、9190）
	体育培训服务机构（8491）
	体育服装鞋帽制造（1810、1830、1921、2960、3081）
	体育服装鞋帽销售（6332、6333、6532、6533）
开展典型调查获得相关系数，并通过测算获取数据	百货公司、大型超市中的体育用品、体育服装及鞋帽销售（6511、6512）

（三）统计方法的进一步说明

1．由于国家统计局已经建立了《工业统计报表制度》《批发零售贸易、餐饮业统计制度》，而体育用品制造和体育用品销售都有直接的四位代码，因此，相关数据可以直接从各省市统计局获取。

2．社会事务管理机构、体育组织、体育场馆以及体育彩票相关机构基本上是属于体育系统内单位，因此，各省市体育部门可以先建立相关的名录库，再在此基础上开展全面调查。此外，由于各省市高校的名录均已明确，故可以通过各省市教育部门配合对此进行全面调查。

3．由于各省市缺乏主营体育健身休闲的健身企业法人单位、体育中介服务机构以及体育培训服务机构的名录，因此，在对上述类别进行统计时，需先与工商和统计部门合作，建立相关名录库，并在此基础上进行抽样调查。具体抽样数量如下。

表 94

调查对象	样本量	
体育健身休闲中的健身企业法人单位	＜500 家，	20%抽样
	500～1000 家，	15%抽样
	1001～2000 家，	10%抽样
	＞2000 家，	5%抽样
体育中介服务机构	＜100 家，	50%抽样
	100～200 家，	40%抽样
	201～500 家，	30%抽样
	＞500 家，	20%抽样
体育培训服务机构	＜100 家，	50%抽样
	100～200 家，	40%抽样
	201～500 家，	30%抽样
	＞500 家，	20%抽样

4．由于目前旅游部门已经存在三星级及以上宾馆饭店的名录，因此，本次统计可以在此基础上进行抽样调查。抽样的具体数量为：三星级宾馆饭店，10%抽样；四星级宾馆饭店，20%抽样；五星级宾馆饭店，25%抽样。

5．由于国家统计局已经建立了《工业统计报表制度》《批发零售贸易、餐饮业统计制度》，而体育服装鞋帽制造和销售所属的有四位代码的类别都有相关数据，因此，可以在此基础上，根据各省市统计局相关代码的名录库进行抽样调查（5%抽样），获取体育服装鞋帽制造和销售占服装、鞋帽制造和销售的比例关系，并通过这一相关系数推算获取最终结果。

6．由于百货公司和大型超市中存在着大量体育用品、体育服装及鞋帽的销售行为，从总体而言，体育用品、体育服装和鞋帽的销售量在不同的百货公司和大型超市中占总销量的比例关系相差不大，因此，可以通过对上述单位开展典型调查，获取体育用品、体育服装和鞋帽的销售量分别占总销量的比例，并通过这一系数进行推测算获取最终结果。具体典型调查的样本量为：百货公司 10 家，大型超市 10 家。

四、统计调查的表式

针对需要开展全面、抽样及典型调查的部分，体育及相关产业工作小组专门设计了 16 张表式，表式列表如下表所示。其中表 TYCY01 为单位基本情况表；表 TYCY02 至表 TYCY06 为开展全面调查所使用的表式；表 TYCY07 至表 TYCY11 为开展抽样调查和典型调查所使用的表式；表 TYCY12 至表 TYCY16 请各省市统计局提供数据。具体表式见附件三《体育及相关产业统计调查表式》。

表 95

表号	表名	填报范围
TYCY01	单位基本情况	从事体育及相关产业的所有单位，包括兼营单位，不包括个体户和体育彩票销售站
TYCY02	体育服务业企业财务状况	执行企业会计制度的体育服务业单位（不含兼营体育服务的单位）
TYCY03	体育服务业行政、事业单位财务状况	执行行政、事业单位会计制度的体育服务业单位，以及各级体育彩票管理中心
TYCY04	体育服务业民间非营利组织单位财务状况	执行民间非营利组织会计制度的体育服务业单位，包括各类体育社会团体、基金会、民办非企业单位性质的体育俱乐部等
TYCY05	体育彩票个体经营户调查表	从事个体经营的体育彩票销售点
TYCY06	高校体育场馆调查表	高校体育场馆
TYCY07	三星级及以上宾馆饭店调查表	三星级及以上宾馆饭店
TYCY08	百货公司、大型超市中体育用品、体育服装鞋帽销售情况调查表	百货公司和大型超市
TYCY09	服装、鞋帽销售企业中体育服装鞋帽销售情况调查表	服装、鞋帽批发、零售企业
TYCY10	服装、鞋帽制造企业中体育服装鞋帽产值情况调查表	服装、鞋帽制造企业
TYCY11	抽样情况汇总表	各省市体育局
TYCY12	体育用品制造、体育用品销售业增加值及收入法构成项目	请各省市统计局提供
TYCY13	体育用品制造业(242)企业基本情况及主要经济指标	请各省市统计局提供
TYCY14	体育用品销售业基本情况及主要财务指标	请各省市统计局提供
TYCY15	体育服装鞋帽制造相关企业总产出、增加值、从业人员数	请各省市统计局提供
TYCY16	体育服装鞋帽销售相关企业总产出、增加值、从业人员数	请各省市统计局提供

五、调查表格发放

表 96

调查范围	所发放表格的表号
社会事务管理机构	对每个调查对象同时发放表 TYCY01（单位基本情况）和表 TYCY03（体育服务业行政、事业单位财务状况）
体育组织	1）对体育事业单位同时发放表 TYCY01（单位基本情况）和表 TYCY03（体育服务业行政、事业单位财务状况） 2）对体育社会团体和民办非企业单位同时发放表 TYCY01（单位基本情况）和表 TYCY04（体育服务业民间非营利组织单位财务状况） 3）对企业性质的职业体育俱乐部发放表 TYCY01（单位基本情况）和表 TY-CY02（体育服务业企业财务状况）

（续表）

调查范围	所发放表格的表号
体育场馆	1）对执行行政、事业单位会计制度的公共体育场馆同时发放表 TYCY01（单位基本情况）和表 TYCY03（体育服务业行政、事业单位财务状况） 2）对执行企业会计制度的公共体育场馆同时发放表 TYCY01（单位基本情况）和表 TYCY02（体育服务业企业财务状况）
体育健身休闲	1）体育健身休闲企业法人单位同时发放表 TYCY01（单位基本情况）和表 TY-CY02（体育服务业企业财务状况） 2）对体育健身休闲业务的宾馆饭店发放表 TYCY07（三星级及以上宾馆饭店调查表） 3）对体育健身休闲业务的高校体育场馆发放表 TYCY06（高校体育场馆调查表）
体育中介服务	对每个调查对象同时发放表 TYCY01（单位基本情况）和表 TYCY02（体育服务业企业财务状况）
体育培训服务	1）对执行行政、事业单位会计制度的体育培训机构同时发放表 TYCY01（单位基本情况）和表 TYCY03（体育服务业行政、事业单位财务状况） 2）对执行企业会计制度的体育培训机构同时发放表 TYCY01（单位基本情况）和表 TYCY02（体育服务业企业财务状况）
体育彩票服务	1）对执行行政、事业单位会计制度的体育彩票管理机构同时发放表 TYCY01（单位基本情况）和表 TYCY03（体育服务业行政、事业单位财务状况） 2）对执行企业会计制度的体育彩票相关机构同时发放表 TYCY01（单位基本情况）和表 TYCY02（体育服务业企业财务状况） 3）对个体经营的彩票销售点发放 TYCY05（体育彩票个体经营户调查表）
体育服装鞋帽制造	对服装鞋帽制造企业发放表 TYCY10（服装、鞋帽制造企业中体育服装鞋帽产值情况调查表）
体育服装鞋帽销售	1）对服装鞋帽制造企业发放表 TYCY09（服装、鞋帽销售企业中体育服装鞋帽销售情况调查表） 2）对百货公司和大型超市发放表 TYCY08（百货公司、大型超市中体育用品、体育服装鞋帽销售情况调查表）

六、数据处理

体育及相关产业统计软件由统计工作小组负责设计，各省市向统计工作小组上传统计调查的原始数据，由工作小组对数据进行分析和处理。

七、组织领导

为保证统计工作的顺利进行，由国家体育总局和国家统计局领导及有关方面负责同志共同组成体育及相关产业专项调查领导小组。领导小组下设办公室，设在国家体育总局经济司。

表 97　体育及相关产业统计调查表

单位基本情况表

单位代码：□□□□□□□□□-□　　　表　　号：TYCY01

制表机关：

单位详细名称：　　　文　　号：

审批机关：

批准文号：

2　　年　　　有效期至：

单位所在地及行政区划　　行政区划代码(由调查机构填写) □□□□□□			
________省(自治区、直辖市) ________地(区、市、州、盟) ________县(区、市、旗)			
________乡(镇) ____________________街(村)、门牌号			
单位位于：__________街道办事处 __________社区(居委会)、村委会			
联系方式　区　号 □□□□□；电话号码 □□□□□□□□□□□□；分 机 号 □□□□□□；传真号码 □□□□□□□□□；邮政编码 □□□□□□		电子信箱 ________　网　址 ________	
主要体育业务活动(或主要产品) 1. ________； 2. ________； 3. ________			
国民经济行业代码(由调查机构填写)：□□□□			
登记注册类型：			
内资	149 其他联营	174 私营股份有限公司	外商投资
110 国有	151 国有独资公司	190 其他	310 中外合资经营
120 集体	159 其他有限责任公司	港澳台商投资	320 中外合作经营
130 股份合作	160 股份有限公司	210 与港澳台商合资经营	330 外资企业
141 国有联营	171 私营独资	220 与港澳台商合作经营	340 外商投资股份有限公司
142 集体联营	172 私营合伙	230 港澳台商独资	
143 国有与集体联营	173 私营有限责任公司	240 港澳台商投资股份有限公司	□□□
执行会计制度类别：1 企业会计制度　2 事业单位会计制度　3 行政单位会计制度　4 民间非营利组织会计制度　5 个体工商户会计制度　6 其他会计制度 □			
机构类型：1 企业　2 事业单位　3 机关　4 社会团体　5 民办非企业单位　6 其他组织机构 □			
从业人员年平均人数（人）：			

单位负责人：　　　填表人：　　　联系电话：　　　填表日期：20　　年　　月　　日

表 98　体育服务业企业财务状况

单位代码：□□□□□□□□-□　　　　表　　号：TYCY02
制表机关：

单位详细名称：

文　　号：
审批机关：
批准文号：
有效期至：

2 0　　年　　　　计量单位：千元

指标名称	代码	本年实际	
甲	乙	2006 年	2007 年
1. 资产总计	01		
2. 固定资产原价	02		
3. 累计折旧	03		
其中：本年折旧	04		
4. 负债合计	05		
5. 实收资本	06		
其中：国家资本	07		
集体资本	08		
法人资本	09		
个人资本	10		
港澳台商资本	11		
外商资本	12		
6. 营业收入合计	13		
其中：主营业务收入	14		
7. 主营业务成本	15		
8. 主营业务税金及附加	16		
9. 营业费用	17		
10. 管理费用	18		
11. 财务费用	19		
12. 营业利润	20		
13. 利润总额	21		
14. 从业人员劳动报酬	22		
15. 劳动、失业保险费	23		

单位负责人：　　　　填表人：　　　　联系电话：　　　　填表日期：20　　年　　月　　日

表 99　体育服务业行政、事业单位财务状况

单位代码：□□□□□□□□□-□

单位详细名称：

20　　年

表　　号：TYCY03
制表机关：
文　　号：
审批机关：
批准文号：
有效期至：
计量单位：千元

指标名称	代码	本期实际	
甲	乙	2006 年	2007 年
1. 资产总计	01		
2. 固定资产原价	02		
本年折旧（限体育彩票管理中心填写）	03		
3. 负债合计	04		
4. 收入合计	05		
其中：财政拨款	06		
上级补助收入	07		
事业收入	08		
经营收入	09		
5. 支出合计	10		
其中：人员支出	11		
公用支出	12		
其中：福利费	13		
劳务费	14		
就业补助费	15		
取暖费	16		
差旅费	17		
各种设备、交通工具及图书资料购置费	18		
对个人和家庭补助支出	19		
其中：助学金	20		
抚恤金和生活补助	21		
6. 收支结余	22		
7. 经营税金（限事业单位和体育彩票管理中心填写）	23		

单位负责人：　　填表人：　　联系电话：　　填表日期：20　　年　　月　　日

表 100　体育服务业民间非营利组织单位财务状况

单位代码：□□□□□□□□□-□

单位详细名称：

20　年

表　　号：TYCY04
制表机关：

文　　号：
审批机关：
批准文号：
有效期至：
计量单位：千元

指标名称	代码	本期实际	
甲	乙	2006 年	2007 年
一、资产与净资产	—	—	—
资产总计	01		
固定资产原价	02		
累计折旧	03		
负债合计	04		
净资产合计	05		
其中：限定性净资产	06		
非限定性净资产	07		
二、收入与费用	—	—	—
收入合计	08		
其中：捐赠收入	09		
会费收入	10		
提供服务收入	11		
政府补助收入	12		
商品销售收入	13		
投资收益	14		
其他收入	15		
费用合计	16		
其中：业务活动成本	17		
其中：工资	18		
税费	19		
固定资产折旧	20		
管理费用	21		
其中：工资	22		
税费	23		
固定资产折旧	24		
筹资费用	25		
其他费用	26		

单位负责人：　　填表人：　　联系电话：　　填表日期：20　　年　　月　　日

表 101　个体经营体育彩票销售网点调查表

表　　号：TYCY05
制表机关：

文　　号：
审批机关：
批准文号：
2 0　　年　　　　有效期至：

一、销售网点基本情况

销售点所在地行政区划（由调查机构填写）：□□□□□□
网点编号（终端号）：□□□□□□
业主(经营者)姓名：________________
联系电话(含区号和分机)：________________
销售站类型：1. 只销售体育彩票　2. 只销售体育彩票和福利彩票　3. 除彩票外还销售其他商品　□

二、主要经济指标（计量单位：千元）

指 标 名 称	代 码	计量单位	本期实际
甲	乙	丙	1
2006 年情况：	—	—	—
从业人员平均人数（人）	01	人	
全年营业总支出	02	千元	
其中：雇员报酬	03	千元	
缴纳各种税金和费用	04	千元	
营业场所租金	05	千元	
固定资产原价	06	千元	
全年营业总收入	07	千元	
其中：体育彩票销售佣金收入	08	千元	
福利彩票销售佣金收入	09	千元	
2007 年情况：	—	—	—
从业人员平均人数（人）	11	人	
全年营业总支出	12	千元	
其中：雇员报酬	13	千元	
缴纳各种税金和费用	14	千元	
营业场所租金	15	千元	
固定资产原价	16	千元	
全年营业总收入	17	千元	
其中：体育彩票销售佣金收入	18	千元	
福利彩票销售佣金收入	19	千元	

填表人：　　　　　联系电话：　　　　　填表日期：20　　年　　月　　日

表 102　高校体育场馆调查表

单位代码：□□□□□□□□□-□　　　　　　　　表　　号：TYCY06

制表机关：

学校详细名称：　　　　　　　　　　　　　　　文　　号：

审批机关：

批准文号：

有效期至：

单位所在地及行政区划　　行政区划代码(由调查机构填写) □□□□□□ __________ 省(自治区、直辖市) __________ 地(区、市、州、盟) __________ 县(区、市、旗) __________ 乡(镇) ____________________ 街(村)、门牌号 单位位于：__________ 街道办事处 __________ 社区(居委会)、村委会		
联系方式	区　　号 □□□□□ 电话号码 □□□□□□□□□□□ 分 机 号 □□□□□□ 传真号码 □□□□□□□□ 邮政编码 □□□□□□	电子信箱 __________ 网　　址 __________
2006 年营业性收入合计（千元）：__________ 2006 年从业人员年平均人数（人）：__________ 2007 年营业性收入合计（千元）：__________ 2007 年从业人员年平均人数（人）：__________		

单位负责人：　　　　　填表人：　　　　　联系电话：　　　　　报出日期：20　　年　　月　　日

表 103　三星级及以上宾馆饭店调查表

单位代码：□□□□□□□□□-□

表　　号：TYCY07
制表机关：
文　　号：
审批机关：
批准文号：
有效期至：

单位详细名称：

单位所在地及行政区划　　行政区划代码(由调查机构填写) □□□□□□ ________省(自治区、直辖市) ________地(区、市、州、盟) ________县(区、市、旗) ________乡(镇) ________________________街(村)、门牌号 单位位于：________街道办事处 ________社区(居委会)、村委会	
联系方式　区　　号 □□□□□ 电话号码 □□□□□□□□□□ 分 机 号 □□□□□□ 传真号码 □□□□□□□□ 邮政编码 □□□□□□	电子信箱 ________________ 网　　址 ________________
2006 年体育健身部门营业收入合计（千元）：________________ 2006 年体育健身部门从业人员年平均人数（人）：________________ 2007 年体育健身部门营业收入合计（千元）：________________ 2007 年体育健身部门从业人员年平均人数（人）：________________	

单位负责人：　　　填表人：　　　联系电话：　　　报出日期：20　　年　　月　　日

表 104　百货公司、大型超市中体育用品、体育服装鞋帽销售情况调查表

单位代码：□□□□□□□□□-□

单位详细名称：

表　　号：TYCY08
制表机关：
文　　号：
审批机关：
批准文号：
有效期至：

单位所在地及行政区划　　　　行政区划代码(由调查机构填写) □□□□□□

__________省(自治区、直辖市) __________地(区、市、州、盟) __________县(区、市、旗)

__________乡(镇) ______________________________街(村)、门牌号

单位位于：__________街道办事处 __________社区(居委会)、村委会

联系方式		
	区　　号 □□□□□	电子信箱 __________
	电话号码 □□□□□□□□□□□	
	分 机 号 □□□□□□	
	传真号码 □□□□□□□□	网　　址 __________
	邮政编码 □□□□□□	

业态：1. 百货公司　　2. 大型超市　□

年份	指标名称	单位	本年实际
2006年	销售收入	千元	
	其中：体育用品销售收入	千元	
	体育服装销售收入	千元	
	体育鞋帽销售收入	千元	
	期末从业人员数	人	
	其中：从事体育用品、体育服装鞋帽销售从业人员数	人	
2007年	销售收入	千元	
	其中：体育用品销售收入	千元	
	体育服装销售收入	千元	
	体育鞋帽销售收入	千元	
	期末从业人员数	人	
	其中：从事体育用品、体育服装鞋帽销售从业人员数	人	

单位负责人：　　　填表人：　　　联系电话：　　　报出日期：20　年　月　日

表 105 服装、鞋帽销售企业中体育服装鞋帽销售情况调查表

单位代码：□□□□□□□□□-□

表　　号：TYCY09
制表机关：
文　　号：
审批机关：
批准文号：
有效期至：

单位详细名称：

单位所在地及行政区划　　　　行政区划代码(由调查机构填写) □□□□□□

＿＿＿＿＿省(自治区、直辖市) ＿＿＿＿＿地(区、市、州、盟) ＿＿＿＿＿县(区、市、旗)

＿＿＿＿＿乡(镇) ＿＿＿＿＿＿＿＿＿＿＿＿＿＿＿＿街(村)、门牌号

单位位于：＿＿＿＿＿街道办事处 ＿＿＿＿＿＿社区(居委会)、村委会

联系方式：

区　　号	□□□□□
电话号码	□□□□□□□□□□□
分 机 号	□□□□□□
传真号码	□□□□□□□□
邮政编码	□□□□□□

电子信箱＿＿＿＿＿＿＿＿

网　　址＿＿＿＿＿＿＿＿

所属行业：　1. 服装批发　2. 鞋帽批发　3. 服装零售　4. 鞋帽零售　□

年份	指标名称	单位	本年实际
2006 年	销售收入	千元	
	其中：体育服装鞋帽销售收入	千元	
	期末从业人员数	人	
	其中：体育服装鞋帽销售从业人员数	人	
2007 年	销售收入	千元	
	其中：体育服装鞋帽销售收入	千元	
	期末从业人员数	人	
	其中：体育服装鞋帽销售从业人员数	人	

单位负责人：　　填表人：　　联系电话：　　报出日期：20　　年　　月　　日

表 106　服装、鞋帽制造企业中体育服装鞋帽产值情况调查表

单位代码：□□□□□□□□□-□

单位详细名称：

表　　号：TYCY10
制表机关：
文　　号：
审批机关：
批准文号：
有效期至：

单位所在地及行政区划　　行政区划代码(由调查机构填写) □□□□□□ ________省(自治区、直辖市) ________地(区、市、州、盟) ________县(区、市、旗) ________乡(镇) ________________街(村)、门牌号 单位位于：________街道办事处 ________社区(居委会)、村委会			
联系方式	区　　号 □□□□□ 电话号码 □□□□□□□□□□□ 分 机 号 □□□□□□ 传真号码 □□□□□□□□ 邮政编码 □□□□□□		电子信箱 ________ 网　　址 ________
所属行业：	1. 纺织服装制造　2. 制帽　3. 皮鞋制造 4. 橡胶靴鞋制造　5. 塑料鞋制造　□		

年份	指标名称	单位	本年实际
2006 年	工业总产值（当年价格）	千元	
	其中：体育服装鞋帽产值	千元	
	期末从业人员数	人	
	其中：从事体育服装鞋帽制造的从业人员数	人	
2007 年	总产值	千元	
	其中：体育服装鞋帽产值	千元	
	期末从业人员数	人	
	其中：从事体育服装鞋帽制造的从业人员数	人	

表 107　抽样情况汇总表

表　　号：TYCY11

行　业	抽样框	抽样框内单位总数	抽样调查单位数		
			仍在经营的单位数(实际调查单位数)	抽样抽到但已停止经营的单位数	合计
体育健身休闲企业	自建名录库				
三星级及以上宾馆饭店	自建名录库				
体育中介服务机构	自建名录库				
体育培训服务机构	自建名录库				
纺织服装制造(1810)	小类中所有单位				
制帽(1830)	小类中所有单位				
皮鞋制造(1921)	小类中所有单位				
橡胶靴鞋制造(2960)	小类中所有单位				
塑料鞋制造(3081)	小类中所有单位				
服装批发(6332)	小类中所有单位				
鞋帽批发(6333)	小类中所有单位				
服装零售(6532)	小类中所有单位				
鞋帽零售(6533)	小类中所有单位				

抽样方法具体说明（可加附页）：

表 108 体育用品制造、体育用品销售业增加值及收入法构成项目

（单位：亿元）

省（区、市）：________________

表　　号：TYCY12

年份	行业（代码）	总产出	增加值	劳动者报酬	固定资产折旧	生产税净额	营业利润
2006	体育用品制造(242)						
	体育用品批发(6342)						
	体育用品零售(6542)						
2007	体育用品制造(242)						
	体育用品批发(6342)						
	体育用品零售(6542)						

表 109 体育用品制造业(242)企业基本情况及主要经济指标

（单位：亿元）

表　　号：TYCY13

年份	企业单位数(个)	工业总产值(当年价格)	资产总计	固定资产原价	负债合计	主营业务收入	主营业务成本	主营业务税金及附加	利润总额	全部从业人员年平均人数(万人)
2006										
2007										

表 110　体育用品销售业基本情况及主要财务指标

（单位：亿元）

表　　号：TYCY14

年份	行业（代码）	法人企业（个）	产业活动单位（个）	全部从业人员年平均人数(万人)	主营业务收入	主营业务成本	主营业务税金及附加	主营业务利润
2006	体育用品批发（6342）							
	体育用品零售（6542）							
2007	体育用品批发（6342）							
	体育用品零售（6542）							

表 111　体育服装鞋帽制造相关企业总产出、增加值、从业人员数

表　　号：TYCY15

年份	行业	单位数（个）	工业总产值（亿元）	总产出（亿元）	增加值（亿元）	全部从业人员年平均人数（万人）
2006	纺织服装制造（1810）					
	制帽（1830）					
	皮鞋制造（1921）					
	橡胶靴鞋制造（2960）					
	塑料鞋制造（3081）					
2007	纺织服装制造（1810）					
	制帽（1830）					
	皮鞋制造（1921）					
	橡胶靴鞋制造（2960）					
	塑料鞋制造（3081）					

表 112 体育服装鞋帽销售相关企业总产出、增加值、从业人员数

表 号：TYCY16

年份	行业	单位数（个）	主营业务收入（亿元）	总产出（亿元）	增加值（亿元）	全部从业人员年平均人数（万人）
2006	服装批发（6332）					
	鞋帽批发（6333）					
	服装零售（6532）					
	鞋帽零售（6533）					
	百货零售（6511）					
	超级市场零售（6512）					
2007	服装批发（6332）					
	鞋帽批发（6333）					
	服装零售（6532）					
	鞋帽零售（6533）					
	百货零售（6511）					
	超级市场零售（6512）					

张 林 刘 炜 黄海燕

第十一章　全国体育及相关产业统计软件系统设计方案

前　言

企业基本情况统计的及时与准确性关系到政府的宏观经济政策，是政府制定产业导向、加强宏观调控的依据。随着我国经济持续稳定的发展、市场经济体制的不断完善，体育作为朝阳产业，在国民经济中的作用和影响日益显现，与此同时，体育产业基本情况的变动也明显加快。因此，及时、准确地掌握体育产业的基本情况及其更新信息，成为国家体育总局面临的重要课题。

然而，我国体育产业统计滞后于体育产业的发展以及不能完全反映体育产业活动的全过程，是当前我国体育产业统计过程中存在的主要问题。为此，我们在广泛调研和深入研究之后，设计了体育产业统计软件系统方案，以使体育产业数据的采集和统计成为一个有机的整体，并更为规范、高效和便捷。

一、系统目标

设计并开发出一套体育产业统计软件系统，实现体育及相关产业企事业（单位）基本信息及体育产业指标体系数据的录入、修改、查询和汇总统计，从而既提高体育产业统计登记工作的效率，又确保体育产业数据的完整性、真实性、可靠性和安全性；为全面反映我国体育及相关产业发展现状，准确核算我国体育及相关产业的增加值，全面分析我国体育及相关产业对经济增长的作用提供一个软件平台和数据库支撑。有了便捷、可靠的数据来源，就能为有关部门制定体育及相关产业政策、加强体育及相关产业市场管理提供决策依据，以进一步推动我国体育及相关产业健康、有序发展。

二、系统总体架构

（一）系统组织结构图

整个系统分四级管理，即区（县）体育局数据登记管理中心、市体育局数据登记管理中心、省体育局数据登记管理中心、体育产业数据管理中心。具体结构如图 14 所示。

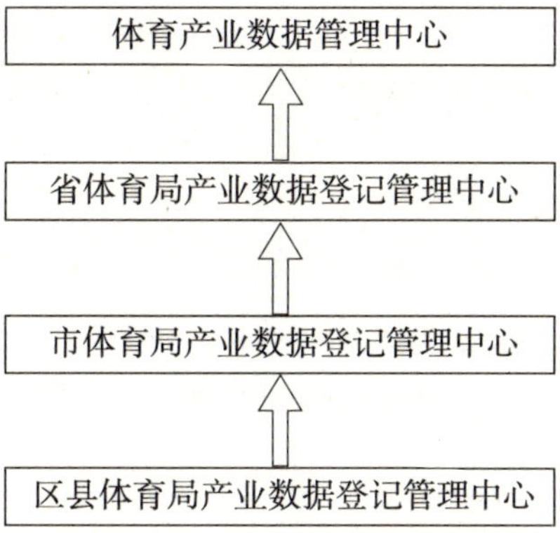

图 14　系统组织结构图

各体育局产业数据登记管理中心负责数据的录入和上传，各区县体育局登记录入的数据上传到市体育局，各市体育局将数据汇总后上传到省体育局，各省体育局将数据汇总后最终上传到体育产业数据管理中心，实现数据的全部汇总。

（二）系统的软件架构

考虑到体育产业统计登记的企事业（单位）数量多、填报工作量大、操作时间长、涉及部门人员多、数据准确可靠性要高等因素，单纯地采用一种软件结构不能满足也不适于实际工作需要，因此本系统采用 B/S+C/S 的体系结构，充分利用两种体系结构的优点，既能为用户提供友好和简单的操作环境，又能随时获得最新的客户环境；既能有效地利用相同信息减少填报的工作量，又能有效保证报表流转的快捷和方便。

具体来讲，由于各区县体育局产业数据登记点数量多，分布又较为分散，考虑到系统的可维护性，这些登记点的软件系统宜采用 B/S 架构，对省、市体育局产业数据登记管理中心和体育产业数据管理中心而言，由于有大量的数据汇总与报表管理等操作，宜采用 B/S+C/S 的体系结构，从而提高整个系统的数据传输与汇总统计操作的效率。

三、系统功能介绍

该系统由统计登记管理、数据传输、统计报表管理、数据备份及系统设置五个子系统组成。

（一）统计登记管理系统

该系统功能为：实现体育及相关产业企事业（单位）的基本信息及体育产业指标体系数据的录入、修改和查询等功能。

在录入数据时系统通过数据库核查该企事业（单位）是否已经登记过，如已经登记了，就不能重复登记；反之，则允许录入并审核该单位的数据，如果审核通过则作入库处理。

如果已经入库的单位数据需要修改或删除，则先输入该单位的代码，系统自动提取出该单位的所有数据，然后可以进行修改或删除。

已经入库的单位数据可以通过选择单位代码、名称、地址、所属行业、登记注册类型等查询条件进行查询，系统自动将符合条件的所有数据提取并显示出来。

（二）数据传输

1. 系统的数据流程

该系统的主要功能是完成各体育产业数据登记管理中心数据的导出、上传和数据导入功能，以便系统进行数据的统计与汇总，具体包括数据导出和导入两大功能，其过程如图 15 所示。

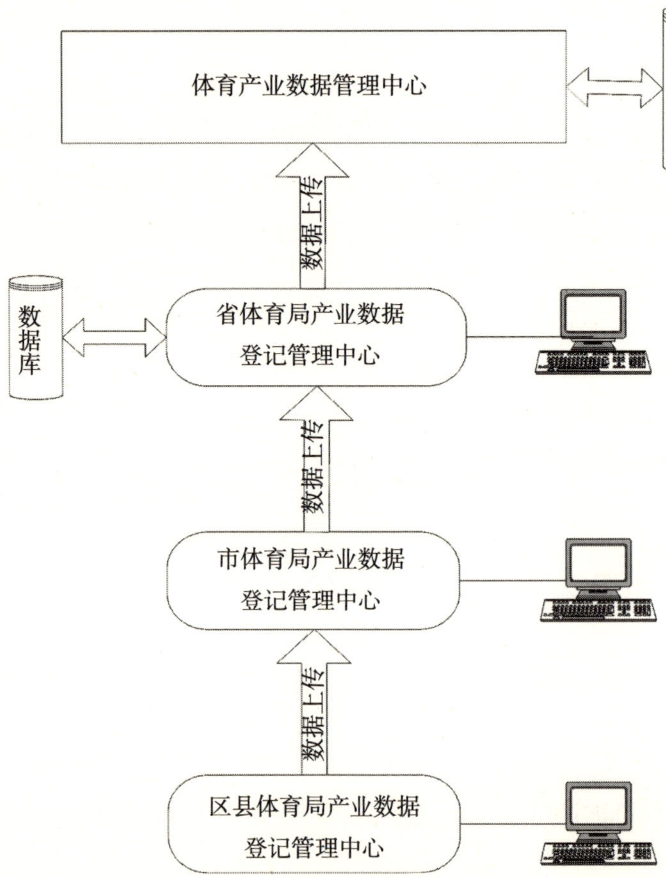

图 15　系统数据流程图

各区县体育局产业数据登记管理中心首先将其统计调查的企事业单位的数据录入并审核无误后，将所有登记的数据导出并上传到其上级部门（市体育局产业数据登记管理中心）；各市体育局产业数据登记管理中心将其统计登记的产业数据录入完成并审核无误后，会同其下属登记点上传上来的所有数据导出，并上传至其上级管理部门（省体育局产业数据登记管理中心）；同样，各省体育局产业数据登记管理中心也将其统计登记的产业数据录入完成并审核无误后，会同其下属登记点上传上来的所有数据导出，并上传至体育产业数据管理中心，从而完成所有调查的企事业单位数据的汇总功能，为后续系统的统计分析等操作提供了可靠的数据保障。

2. **数据上传方式**

该系统支持两种数据上传方式。方式一：数据文件送达；方式二：电话拨号上传。方式一（数据文件送达）的具体过程如下：各产业数据登记管理中心首先将其统计登记的所有数据导出，生成上传的数据文件（支持 Excel、Txt、Dbf 等格式），然后将数据文件通过电子邮件、刻录光盘或其他存储设备送达到其上级部门的登记管理中心，上级部门收到该文件后通过系统的数据导入功能将其中的数据自动导入到自己的产业数据库中，从而完成数据的传输功能。方式二（电话拨号上传）:不需要先将数据导出，而是直接通过电话拨号，拨通上级部门登记管理中心的数据库服务器，然后系统自动实现数据的上传操作。

这两种数据上传方式各有其优缺点。第一种方式操作环节较多，效率较低，但容易操作，成本相对低廉；第二种方式虽然数据上传快，效率高，但需要在各级数据登记管理中心添置相应的拨号上传的硬件设备，成本较高。考虑到整个体育产业统计调查的频率不是很高，所以推荐采用第一种数据上传方式。

如果系统采用 B/S 架构，则数据登记管理中心录入的数据直接进入其上级部门的数据库服务器中，不存在数据上传的问题，无须进行数据的上传操作。

（三）统计报表生成

该系统的功能是对汇总后的所有企事业单位的体育产业数据进行查询统计，并生成各种报表，以供政府或其他管理部门使用。

（四）数据备份

该系统的功能是完成体育产业数据库数据的备份，以使系统的物理故障或其他不安全因素给系统带来的损失降低到最低程度。系统采用双机冗余联机热备份，支持联机和脱机备份，从而保证了系统数据的安全性，为系统的可靠性提供了保障。

（五）系统设置

该系统主要完成系统的一些初始化设置功能，如操作员的管理、系统字典表的维护、行政区划的设置和系统操作日志的管理等。

四、系统特点

• 先进性

软件采用 B/S+C/S 的体系结构，结合两种体系的优点；

采用成熟的软件开发工具，程序运行稳定可靠；

采用先进的 DCOM 技术，采用面向对象编程。

• 可靠性

系统在设计时充分考虑了系统的稳定性和可靠性。系统采用容错设计，以保证数据的准确可靠。系统在数据录入时自动进行数据的查重，在数据正式入库前进行数据的审核，以保证数据的正确可靠。

• 安全性

系统对不同级别的统计局设置不同的操作权限，对不同的操作员设置不同的操作权限；上传数据采用 DES 加密，以保证数据的安全性。

• 操作简单、便捷

系统登记录入界面的设计与实际企事业（单位）填报的表格相一致，而且系统会根据登记的企事业单位的不同类别，自动显示或隐藏相应的输入项。友好的用户界面，使操作人员能用键盘、鼠标方式，方便、简捷地使用本系统。

• 可扩展性

系统采用模块化结构设计，系统软件升级相当方便，可以根据用户的实际情况来灵活进行功能的更改和添加，可根据不同要求增加新功能模块和子系统以满足用户的个性化要求。

• 可维护性

由于系统的软件采用 B/S 的设计架构，各类操作均可通过浏览器完成，不用在客户工作站和个人 PC 安装任何软件，从而大大减少了系统的维护工作量。

• 开放性

系统的软件设计符合相关的国际标准，完全设计成为一个开放性的系统，为以后与其他系统的兼容提供保证。此外，系统在功能设计上提供了数据的导出功能，可以将统计登记的产业数据以 Excel、Dbf 等多种文件格式导出，便于系统同其他系统间实现数据的共享。

● 规范性

系统的规范性体现在程序的结构化、文档规范化、代码合理化等方面。

所有的信息代码编制均满足数据的完整性、系统性、合理性及可扩充性、唯一性的原则。

五、系统运行环境

（一）操作系统

Windows XP，Windows 2000 Professional，Windows 2000 Server，Windows 2003。

（二）数据库

SQLServer 2000 Personal，SQLServer 2000 Enterprise

系统配置（登记点操作人员使用的计算机）

肖 毅

第十二章 全国体育及相关产业统计软件系统操作手册

第一节 系统安装

一、系统运行环境

全国体育及相关产业统计软件系统可运行在 Windows 98、Windows 2000 及 Windows XP 等操作系统中（推荐使用 Windows XP），适用于网络及单机工作环境。

（一）硬件配置

1. 计算机配置：至少是 256 兆内存，显示器分辨率至少为 1024×768，硬盘剩余空间：2GM 以上。

2. 数据通讯接口：USB 口、刻录机、E-mail 三种方式中至少保证一种可以使用（数据上报和接收数据）。

3. 打印机：可以不配。

（二）软件环境

1. 应用软件运行于 32 位环境下。

2. 操作系统平台：MS Windows9x、Windows 2000 系列及 WindowsXP 系列中文版。

3. 数据库平台：各区县登记点采用 Microsoft Office 2000 及以上版本中的 Accesss 数据库；地市局或省局登记点可根据自身情况选择 Access 或 SQLSERVER 单机版（须单独购买）。

二、系统安装

插入全国体育及相关产业统计软件系统安装光盘，找到“系统安装”目录下的 setup.exe 文件，并执行。具体操作如下。

（一）系统启动

在“开始”菜单中选择【程序】→【体育及相关产业统计软件系统】，点击【体育产业统计软件系统】即可启动应用程序。

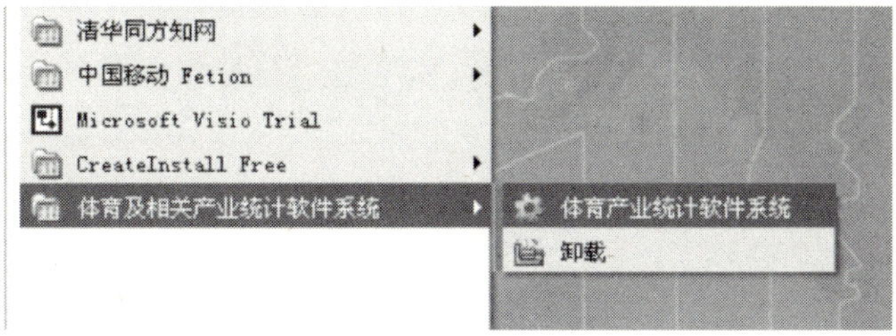

系统启动后，必须先登录成功后才能进入系统，系统登录界面如下图。

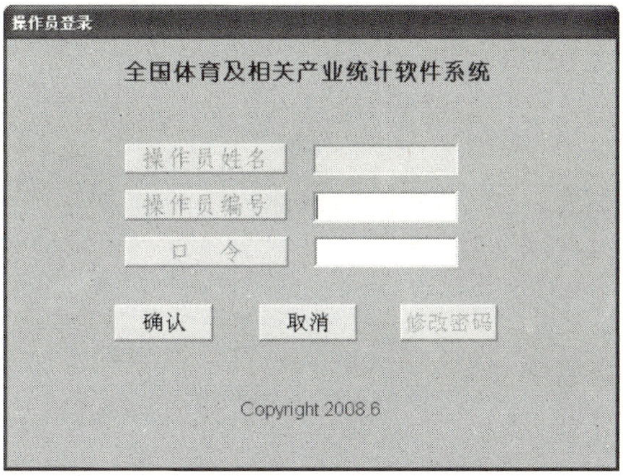

输入操作员编号和口令，点击【确认】按钮，系统自动检验输入的操作员编号和口令的合法性，登录成功后，即可进入系统的主界面，如下图所示。

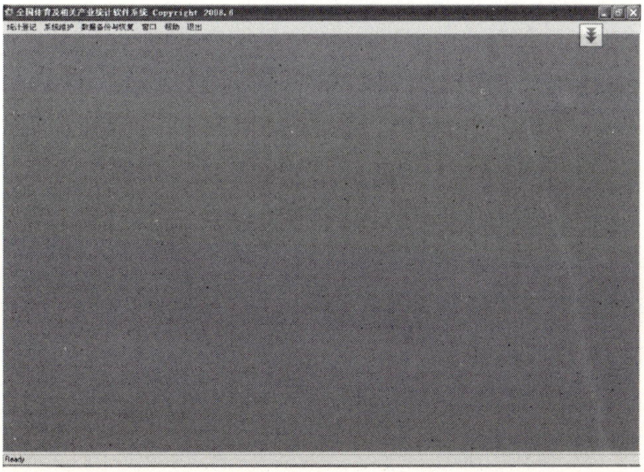

(二) 系统退出

点击主界面上的退出菜单，即可退出系统。

第二节　系统使用说明

一、系统设置

(一) 登记点设定

在录入体育产业统计数据之前，必须先设定所在地所属的行政区划代码，该操作的执行非常重要，将影响到信息的录入和修改：对于国家体育总局，输入“000000”；对于各省（自治区、直辖市）体育局，应输入本省（自治区、直辖市）的区划代码；对于各地区（市、州、盟）体育局，应输入本地区（市、州、盟）的区划代码。此外还须输入机器编号（当多台机器同时录入时，用于区分不同的机器，机器编号从01到99)，具体操作如下图所示。

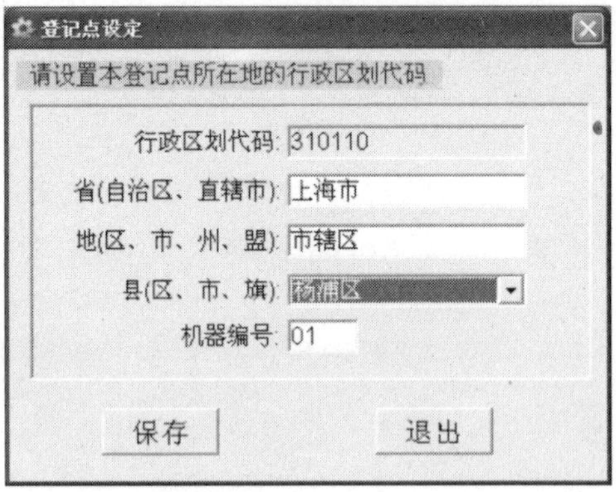

如果没有输入初始区划代码，而直接输入单位和指标信息，系统将给出提示，如下所示。

（二）操作员管理

在第一次登录成功进入系统主界面后，应及时进入操作员管理模块，增添或更改现有操作员的密码，并记住新的操作员密码，否则将无法登录系统。具体操作如下图所示。

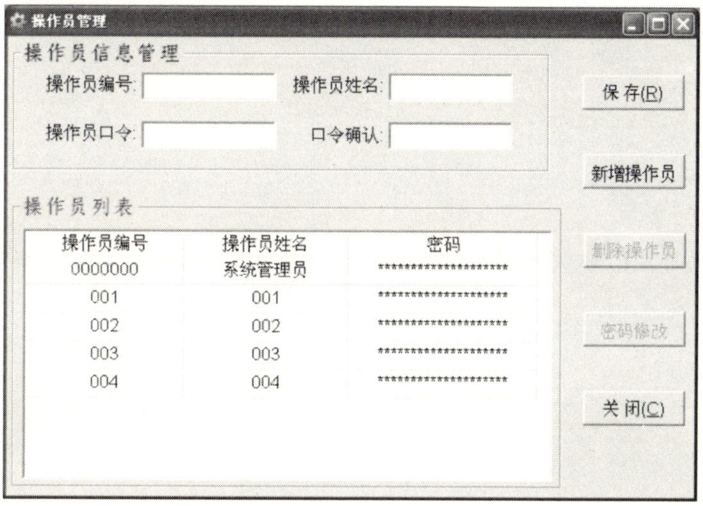

注：双击操作员列表中的某一条记录，即可进行操作员信息的修改、删除和密码的修改等操作。

二、体育服务业统计登记管理

该模块主要包括体育服务业信息的录入、修改、查询和删除等操作。

（一）信息录入

选择【统计登记】→【体育服务业】，点击【信息录入】，即可进入录入界面。体育服务业的统计信息录入包括基本信息和财务指标数据录入两个部分。先录入基本信息，然后选择录入单位对应的财务报表类型，系统自动根据选择的财务报表类型激活相应的财务指标录入界面。基本信息和财务指标数据录入界面中带“*”的项为必须录入项，若这些项没有录入，在保存数据时，系统会给出相应的错误提示信息。具体界面如下面各图所示。

基本信息录入界面

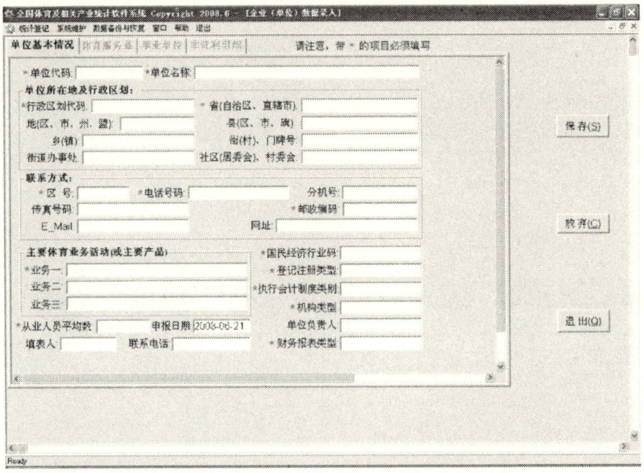

体育服务业财务指标录入界面

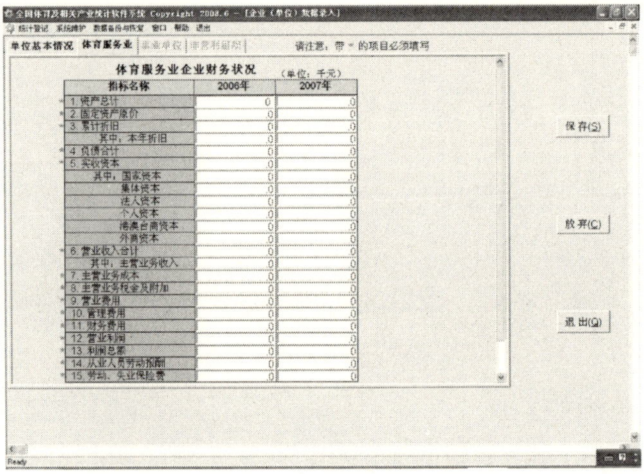

体育行政、事业单位财务指标录入界面

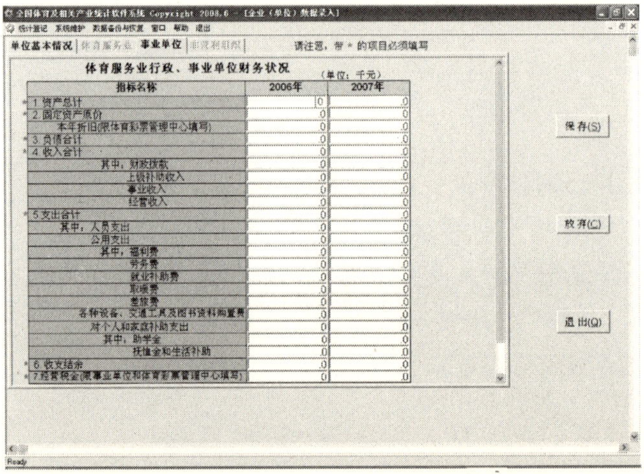

非营利组织财务指标录入界面

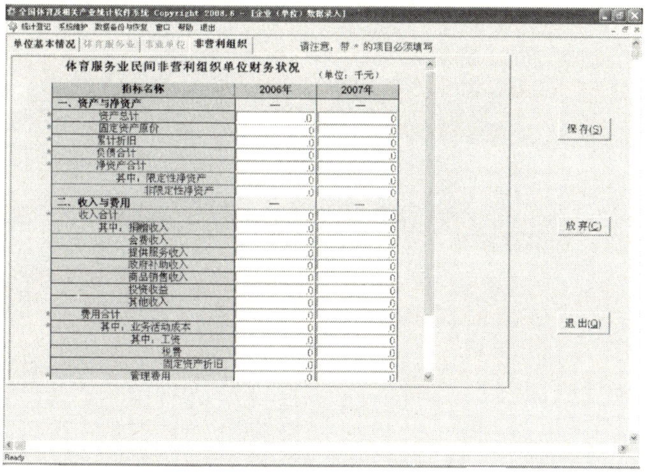

（二）信息修改

选择【统计登记】→【体育服务业】，点击【信息修改】，即可进入修改界面。输入要修改单位的单位代码，按回车键，系统自动从数据库中调出已保存的该单位的信息，修改完成后点击【保存】按钮，系统将更新后的该单位信息保存到后台数据库中，如下图所示。

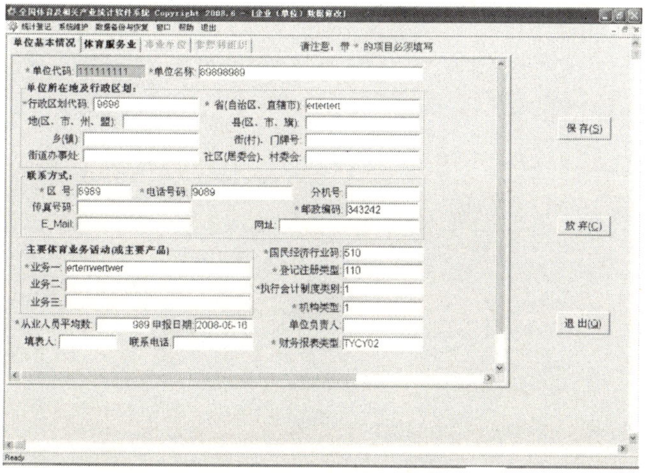

注：输入单位代码并按回车键后，该输入项被加灰显示，表示该项是不能修改的。

（三）信息查询

在修改界面中如果不记得单位代码是多少，可以先通过系统的模糊查询功能找到该单位的代码后再进行修改。模糊查询界面如下图所示。

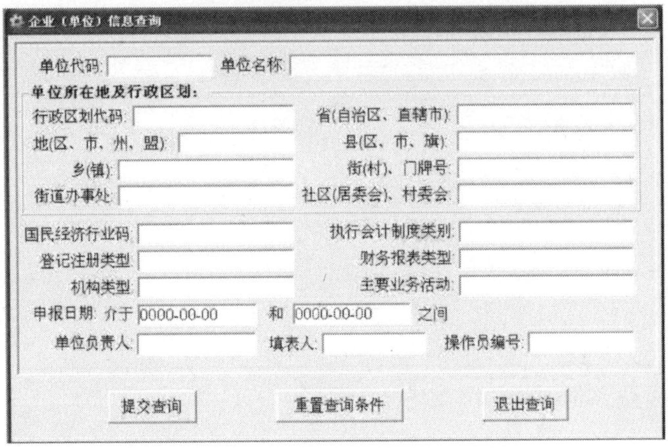

输入你知道的全部或部分查询条件后，点击【提交查询】按钮，系统自动将符合条件的单位检索出来，显示在如下图的列表中。

选中查询结果列表中的某一条记录，双击该记录，系统在修改界面中显示该记录的详细信息，从而也可以进行数据的修改操作。

此外，还可将查询出来的所有数据通过【数据导出】按钮，导出为多种不同格式的数据文件，以便后续的数据上传。详见“数据上传”和“数据接收”模块。数据导出界面如下图所示。

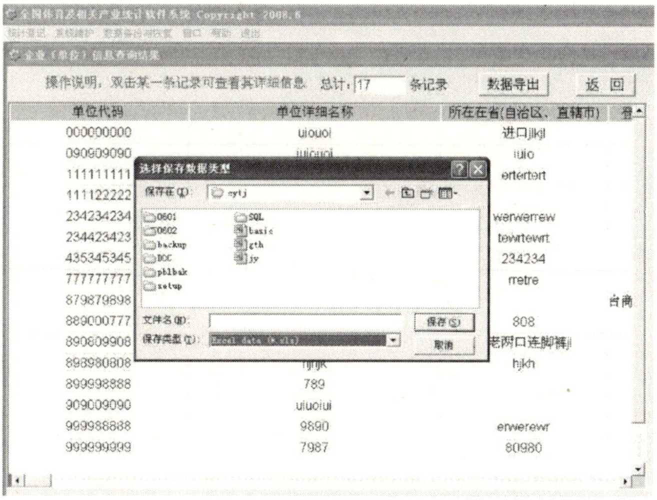

（四）登记信息删除

对录入的错误数据可以选择删除操作，将其从数据库中永久删除掉，具体操作如下图所示。

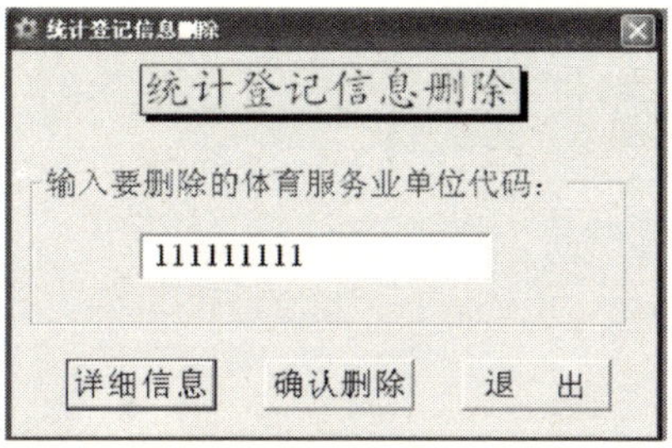

输入要删除的单位代码后，点击【确认删除】按钮，系统提示如下图所示的确认信息，选择【确定】按钮即可完成删除操作，选择【取消】按钮将放弃删除操作。

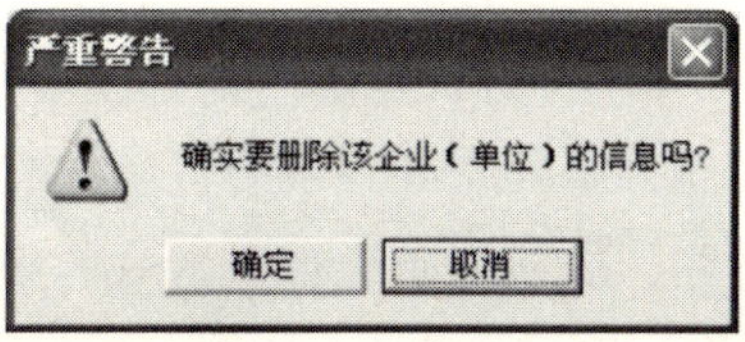

在删除之前还可以点击【详细信息】按钮，系统将该代码对应的详细信息显示在修改界面中，以进一步让你确认该记录是否需要删除。其界面与数据修改界面相同。

三、彩票销售网点统计登记管理

该模块主要包括彩票销售网点信息的录入、修改、查询和删除等操作。

(一) 信息录入

选择【统计登记】→【彩票销售网点】，点击【信息录入】，即可进入录入界面。彩票销售网点的统计信息录入包括基本信息和财务指标数据录入两个部分。具体界面如下图，图中带“*”的项为必须录入项。若这些项没有录入，在保存数据时，系统会给出相应的错误提示信息。

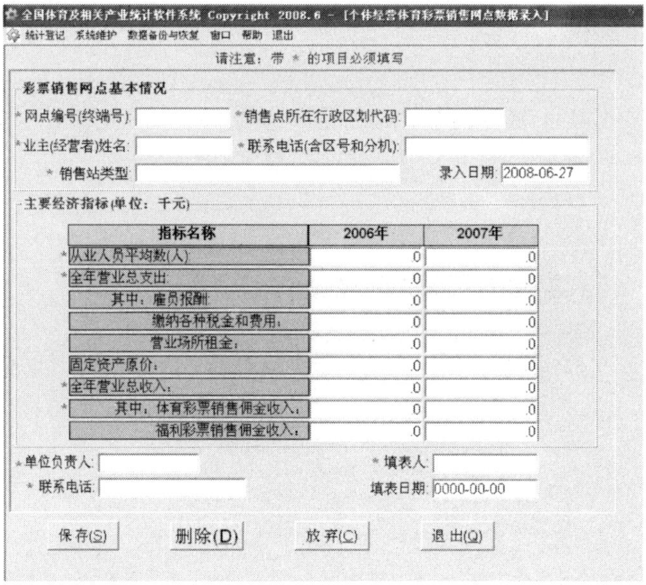

(二) 信息修改

选择【统计登记】→【个体经营户】，点击【信息修改】，即可进入修改界面。输入要修改彩票销售网点的网点编号，按回车键，系统自动从数据库中调出已保存的该单位的信息，修改完成后点击【保存】按钮，系统将更新后的该彩票销售网点的信息保存到后台数据库中，如下图所示。

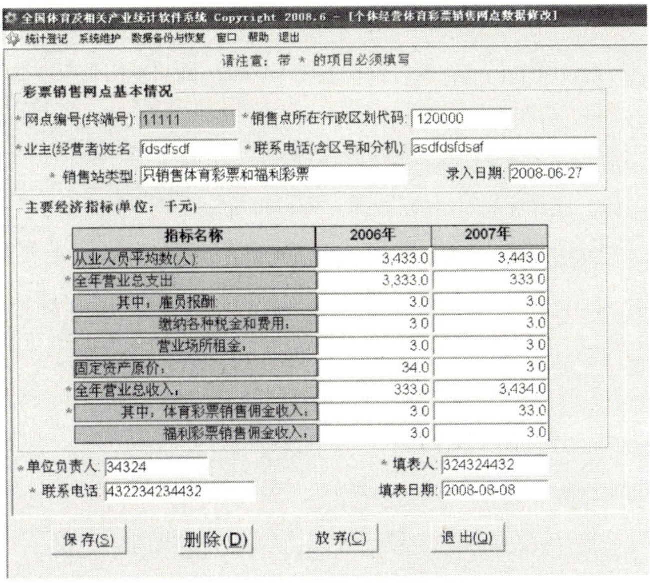

注：输入彩票销售网点的网点编号并按回车键后，网点编号输入项被加灰显示，表示该项是不能修改的。

（三）信息查询

在修改界面中如果不记得网点编号是多少，可以先通过系统模糊查询功能找到该彩票销售网点的网点编号后再进行修改。模糊查询界面如下图所示。

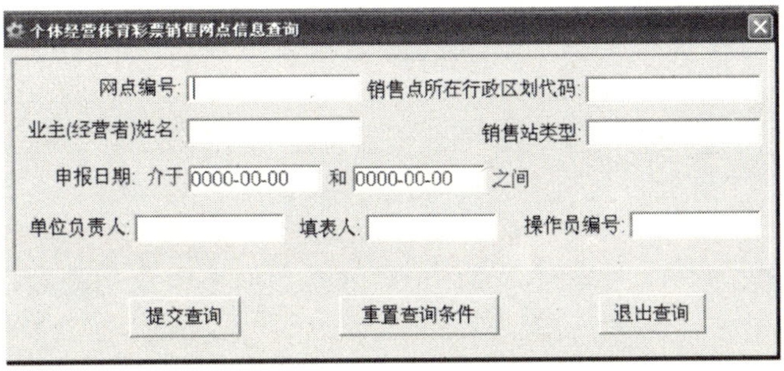

输入你知道的全部或部分查询条件后，点击【提交查询】按钮，系统自动将符合条件的彩票销售网点检索出来，显示在如下图的列表中。

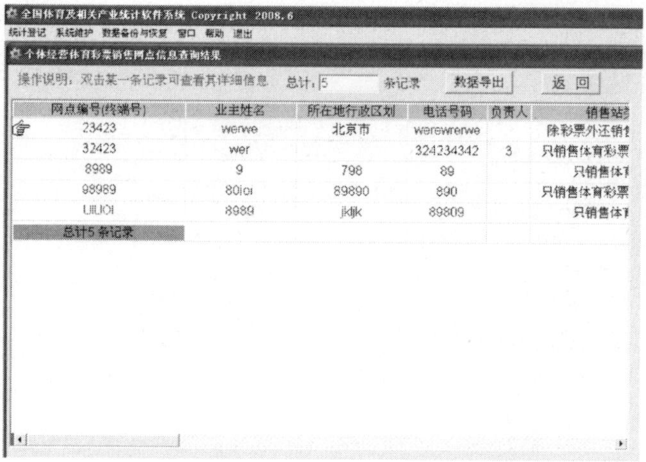

选中查询结果列表中的某一条记录，双击该记录，系统在修改界面中显示该记录的详细信息，从而也可以进行数据的修改操作。

此外，还可将查询出来的所有数据通过点击【数据导出】按钮，导出为多种不同格式的数据文件，以便后续的数据上传。详见“数据上传”和“数据接收”模块。数据导出界面如下图所示。

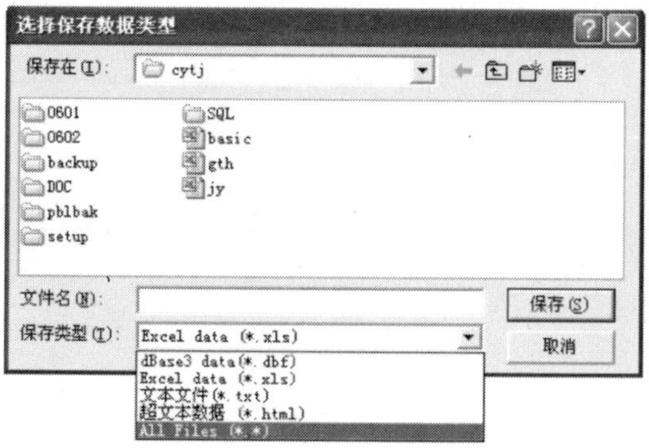

（四）登记信息删除

对录入的错误数据可以选择删除操作，将其从数据库中永久删除掉，具体操作如下图所示。

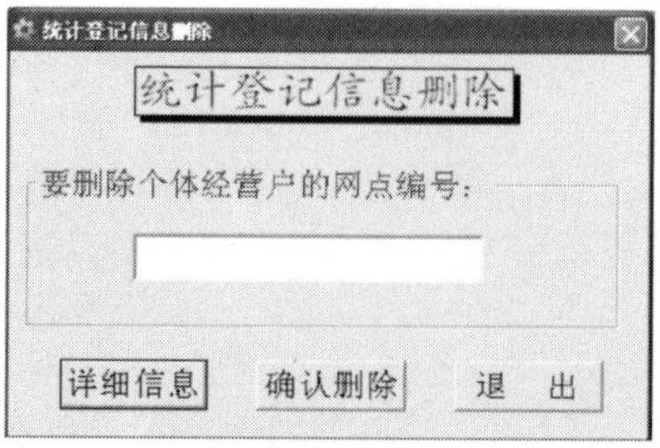

输入要删除的单位代码后，点击【确认删除】按钮，系统提示如下图所示的确认信息，选择【确定】按钮即可完成删除操作，选择【取消】按钮将放弃删除操作。

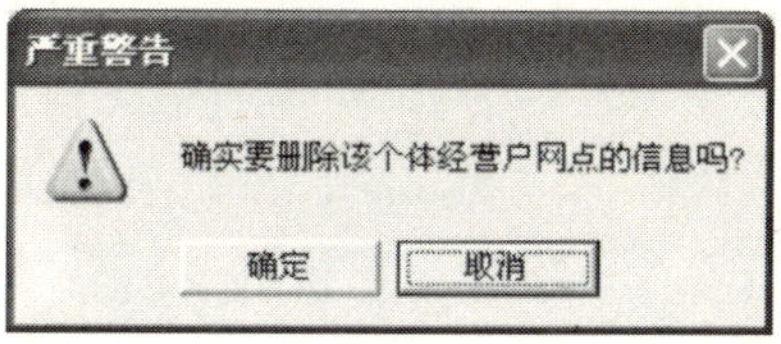

在删除之前还可以点击【详细信息】按钮，系统将该代码对应的详细信息显示在修改界面中，以进一步让你确认该记录是否需要删除。其界面与数据修改界面相同，此处略。

四、高校体育场馆统计登记管理

该模块主要包括高校体育场馆信息的录入、修改、查询和删除等操作。

（一）信息录入

选择【统计登记】→【高校体育场馆】，点击【信息录入】，即可进入录入界面。高校体育场馆的统计登记信息录入包括基本信息和财务指标数据录入两个部分。具体界面如下图，图中带“*”的项为必须录入项。若这些项没有录入，在保存数据时，系统会给出相应的错误提示信息。

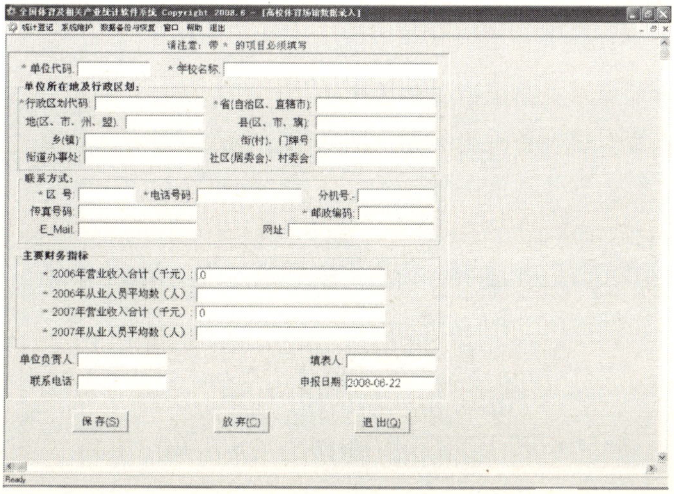

（二）信息修改

选择【统计登记】→【高校体育场馆】，点击【信息修改】，即可进入修改界面。输入要修改高校体育场馆的单位代码，按回车键，系统自动从数据库中调出已保存的该单位的信息，修改完成后点击【保存】按钮，系统将更新后的该高校体育场馆的信息保存到后台数据库中，如下图所示。

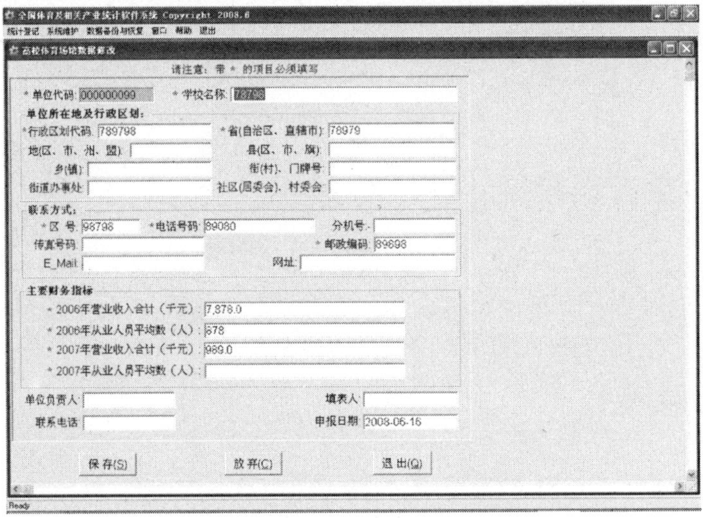

注：输入高校体育场馆的单位代码并按回车键后，单位代码输入项被加灰显示，表示该项是不能修改的。

（三）信息查询

在修改界面中如果不记得单位代码是多少，可以先通过系统模糊查询功能找到该单位代码后再进行修改。模糊查询界面如下图所示。点击【重置查询条件】按钮可以清空查询条件，再重新输入其他查询条件。

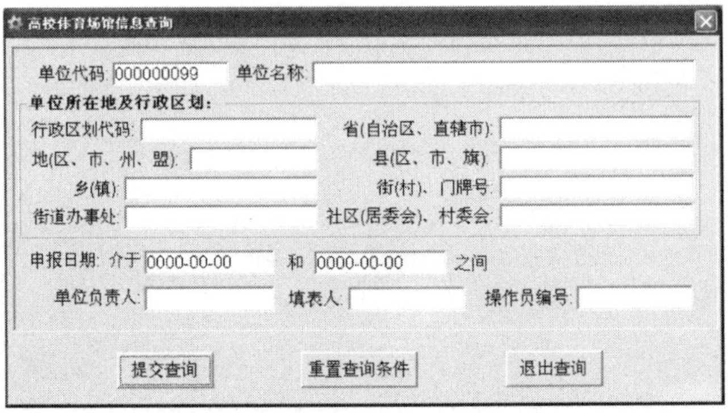

输入你知道的全部或部分查询条件后，点击【提交查询】按钮，系统自动将符合条件的高校体育场馆检索出来，显示在如下图的列表中。

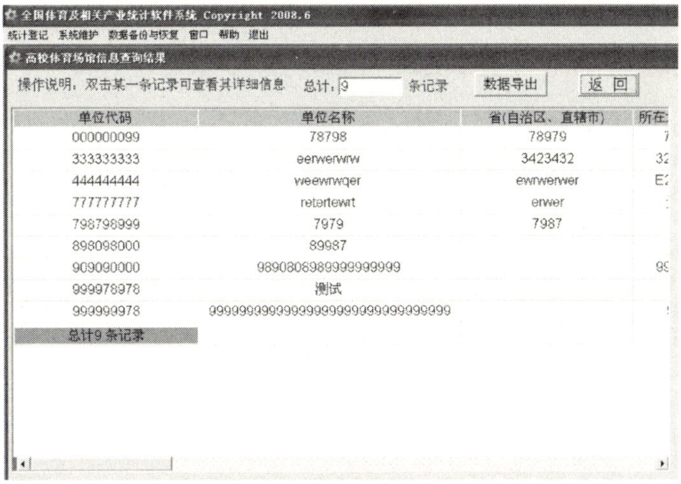

选中查询结果列表中的某一条记录，双击该记录，系统在修改界面中显示该记录的详细信息，从而也可以进行数据的修改操作。

此外，还可将查询出来的所有数据通过【数据导出】按钮，导出为多种不同格式的数据文件，以便后续的数据上传。详见“数据上传”和“数据接收”模块。数据导出界面如下图所示。

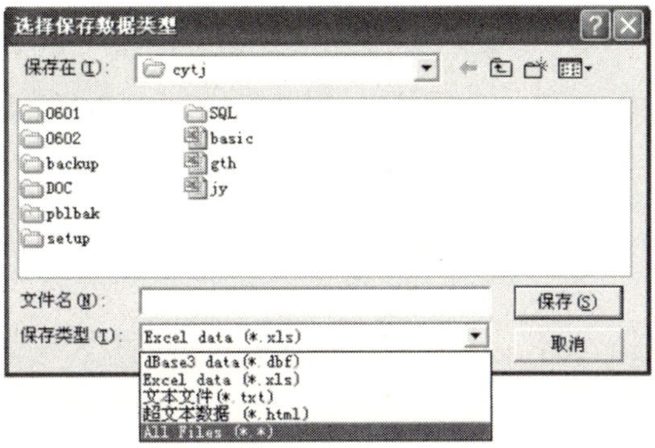

(四) 登记信息删除

对录入的错误数据可以选择删除操作，将其从数据库中永久删除掉，具体操作如下图所示。

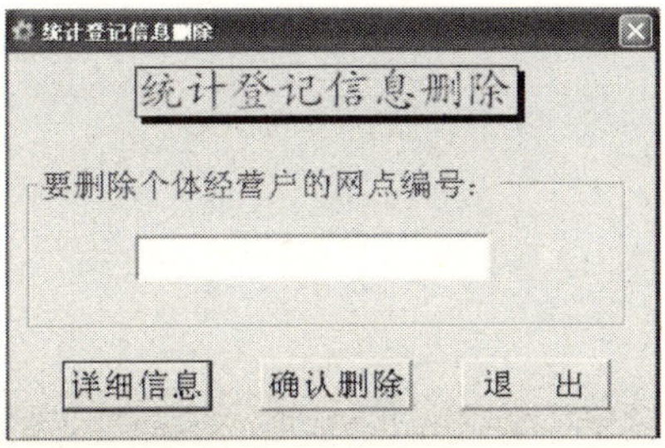

输入要删除的单位代码后，点击【确认删除】按钮，系统提示如下图所示的确认信息，选择【确定】按钮即可完成删除操作，选择【取消】按钮将放弃删除操作。

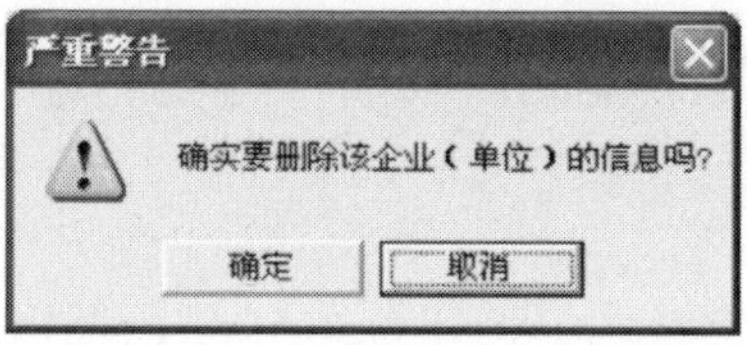

在删除之前还可以点击【详细信息】按钮，系统将该代码对应的详细信息显示在修改界面中，以进一步让你确认该记录是否需要删除。其界面与数据修改界面相同，此处略。

五、三星级及以上宾馆饭店统计登记管理

该模块主要包括三星级及以上宾馆饭店信息的录入、修改、查询和删除等操作。

（一）信息录入

选择【统计登记】→【三星级及以上宾馆饭店】，点击【信息录入】，即可进入录入界面。三星级及以上宾馆饭店的统计登记信息录入包括基本信息和财务指标数据录入两个部分。具体界面如下图，图中带“*”的项为必须录入项。若这些项没有录入，在保存数据时，系统会给出相应的错误提示信息。

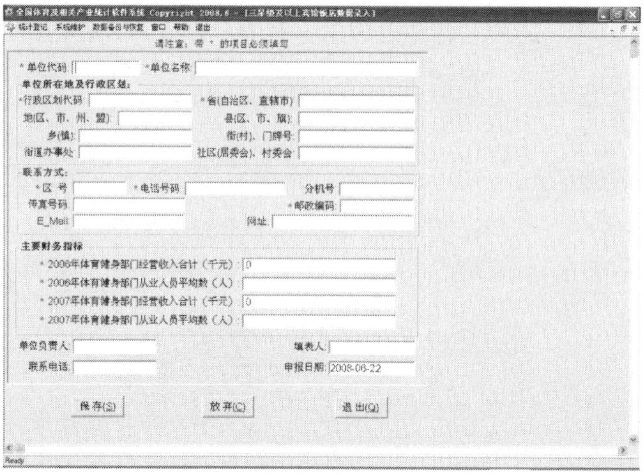

（二）信息修改

选择【统计登记】→【三星级及以上宾馆饭店】，点击【信息修改】，即可进入修改界面。输入要修改三星级及以上宾馆饭店的单位代码，按回车键，系统自动从数据库中调出已保存的该单位的信息，修改完成后点击【保存】按钮，系统将更新后的该三星级及以上宾馆饭店的信息保存到后台数据库中，如下图所示。

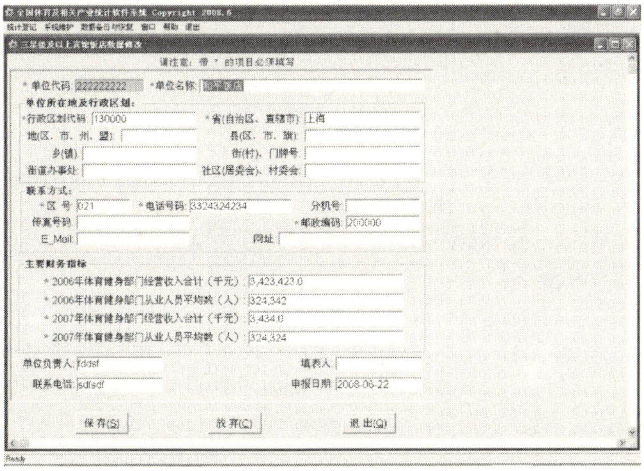

注：输入三星级及以上宾馆饭店的单位代码并按回车键后，单位代码输入项被加灰显示，表示该项是不能修改的。

（三）信息查询

在修改界面中如果不记得单位代码是多少，可以先通过系统模糊查询功能找到该单位代码后再进行修改。模糊查询界面如下图所示。点击【重置查询条件】按钮可以清空查询条件，再重新输入其他查询条件。

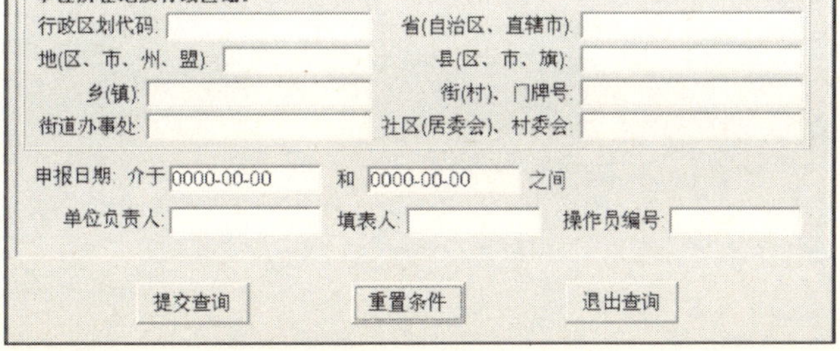

输入你知道的全部或部分查询条件后，点击【提交查询】按钮，系统自动将符合条件的三星级及以上宾馆饭店检索出来并显示在列表中，具体操作与上面介绍的查询操作相同，此处略。

选中查询结果列表中的某一条记录，双击该记录，系统在修改界面中显示该记录的详细信息，从而也可以进行数据的修改操作。

此外，还可将查询出来的所有数据通过【数据导出】按钮，导出为多种不同格式的数据文件，以便后续的数据上传。详见“数据上传”和“数据接收”模块。

（四）登记信息删除

具体操作与前面介绍的删除操作相同，此处略。

六、百货公司、大型超市统计登记管理

该模块主要包括百货公司、大型超市信息的录入、修改、查询和删除等操作。

（一）信息录入

选择【统计登记】→【百货公司、大型超市】，点击【信息录入】，即可进入录入界面。百货公司、大型超市的统计登记信息录入包括基本信息和财务指标数据录入两个部分。具体界面如下图，图中带“*”的项为必须录入项。若这些项没有录入，在保存数据时，系统会给出相应的错误提示信息。

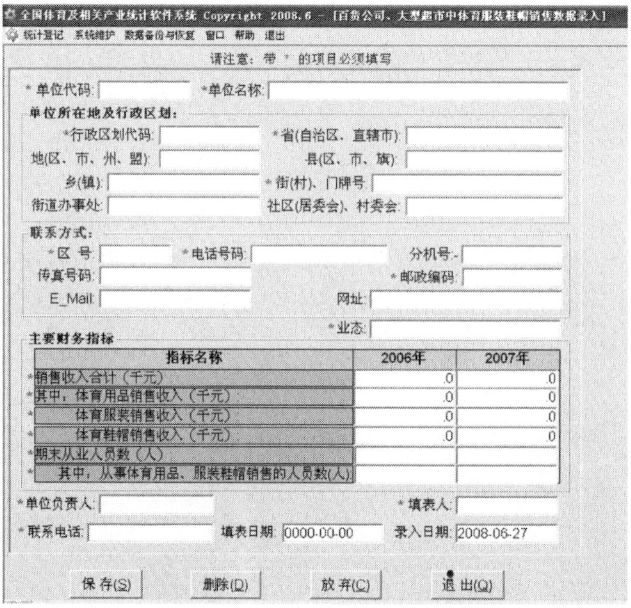

（二）信息修改

选择【统计登记】→【百货公司、大型超市】，点击【信息修改】，即可进入修改界面。输入要修改百货公司、大型超市的单位代码，按回车键，系统自动从数据库中调出已保存的该单位的信息，修改完成后点击【保存】按钮，系统将更新后的该百货公司、大型超市的信息保存到后台数据库中，如下图所示。

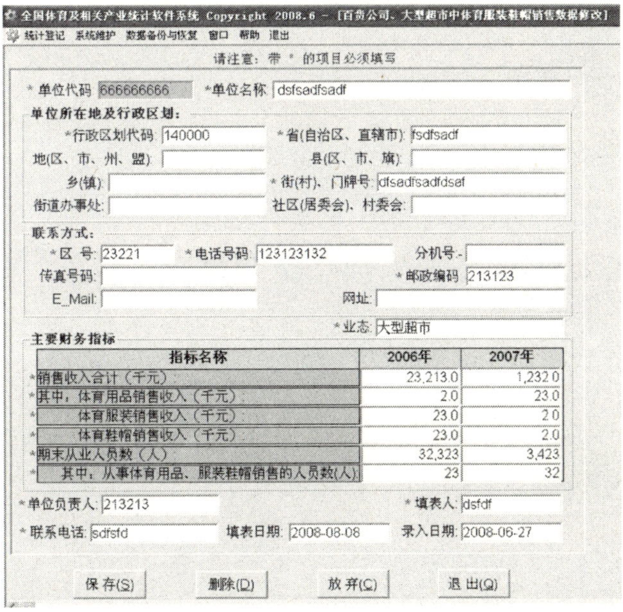

注：输入百货公司、大型超市的单位代码并按回车键后，单位代码输入项被加灰显示，表示该项是不能修改的。

（三）信息查询

在修改界面中如果不记得单位代码是多少，可以先通过系统模糊查询功能找到该单位代码后再进行修改。模糊查询界面如下图所示。点击【重置查询条件】按钮可以清空查询条件，再重新输入其他查询条件。

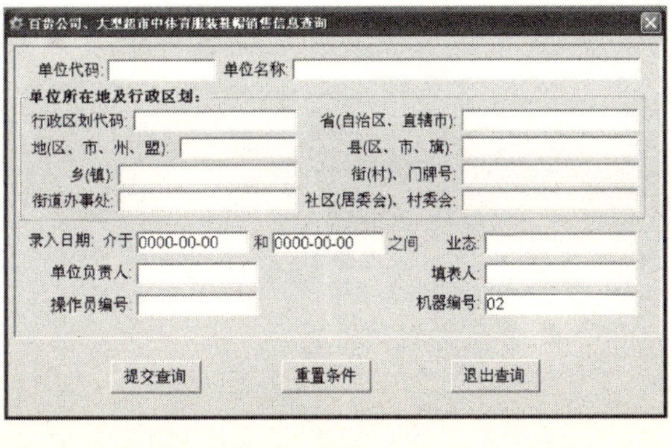

输入你知道的全部或部分查询条件后，点击【提交查询】按钮，系统自动将符合条件的百货公司、大型超市检索出来并显示在列表中，具体操作与上面介绍的查询操作相同，此处略。

选中查询结果列表中的某一条记录，双击该记录，系统在修改界面中显示该记录的详细信息，从而也可以进行数据的修改操作。

此外，还可将查询出来的所有数据通过【数据导出】按钮，导出为多种不同格式的数据文件，以便后续的数据上传。详见“数据上传”和“数据接收”模块。

（四）登记信息删除

具体操作与前面介绍的删除操作相同，此处略。

七、体育服装鞋帽销售统计登记管理

该模块主要包括体育服装鞋帽销售信息的录入、修改、查询和删除等操作。

（一）信息录入

选择【统计登记】→【体育服装鞋帽销售】，点击【信息录入】，即可进入录入界面。体育服装鞋帽销售的统计登记信息录入包括基本信息和财务指标数据录入两个部分。具体界面如下图，图中带“*”的项为必须录入项。若这些项没有录入，在保存数据时，系统会给出相应的错误提示信息。

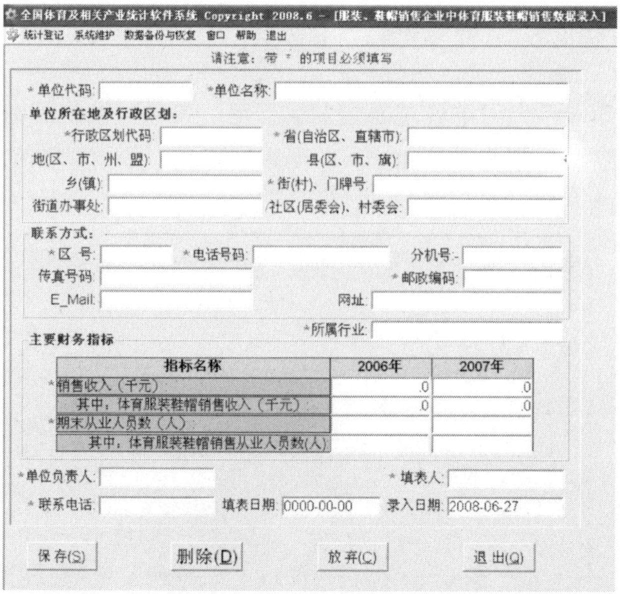

（二）信息修改

选择【统计登记】→【体育服装鞋帽销售】，点击【信息修改】，即可进入修改界面。输入要修改体育服装鞋帽销售的单位代码，按回车键，系统自动从数据库中调出已保存的该单位的信息，修改完成后点击【保存】按钮，系统将更新后的该体育服装鞋帽销售的信息保存到后台数据库中，如下图所示。

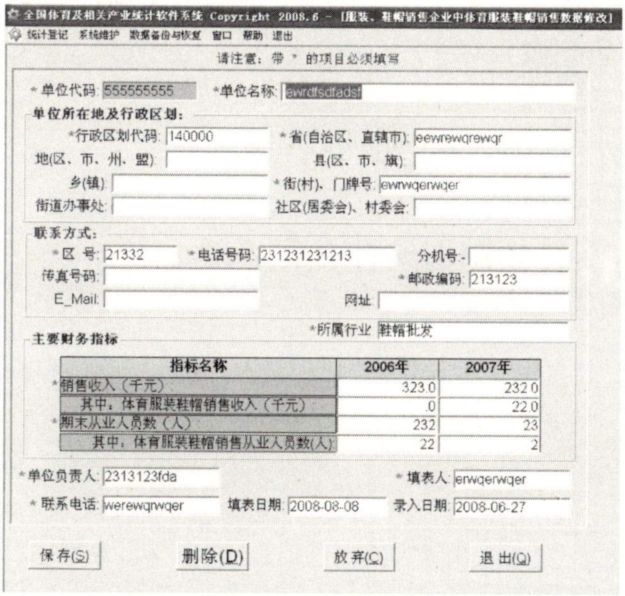

注：输入体育服装鞋帽销售的单位代码并按回车键后，单位代码输入项被加灰显示，表示该项是不能修改的。

（三）信息查询

在修改界面中如果不记得单位代码是多少，可以先通过系统模糊查询功能找到该单位代码后再进行修改。模糊查询界面如下图所示。点击【重置查询条件】按钮可以清空查询条件，再重新输入其他查询条件。

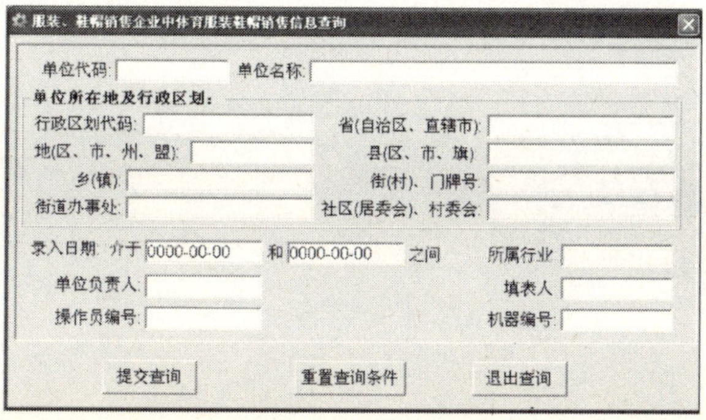

输入你知道的全部或部分查询条件后，点击【提交查询】按钮，系统自动将符合条件的体育服装鞋帽销售检索出来并显示在列表中，具体操作与上面介绍的查询操作相同，此处略。

选中查询结果列表中的某一条记录，双击该记录，系统在修改界面中显示该记录的详细信息，从而也可以进行数据的修改操作。

此外，还可将查询出来的所有数据通过【数据导出】按钮，导出为多种不同格式的数据文件，以便后续的数据上传。详见“数据上传”和“数据接收”模块。

（四）登记信息删除

具体操作与前面介绍的删除操作相同，此处略。

八、体育服装鞋帽制造统计登记管理

该模块主要包括体育服装鞋帽销售信息的录入、修改、查询和删除等操作。

（一）信息录入

选择【统计登记】→【体育服装鞋帽制造】，点击【信息录入】，即可进入录入界面。体育服装鞋帽制造的统计登记信息录入包括基本信息和财务指标数据录入两个部分。具体界面如下图，图中带“*”的项为必须录入项。若这些项没有录入，在保存数据时，系统会给出相应的错误提示信息。

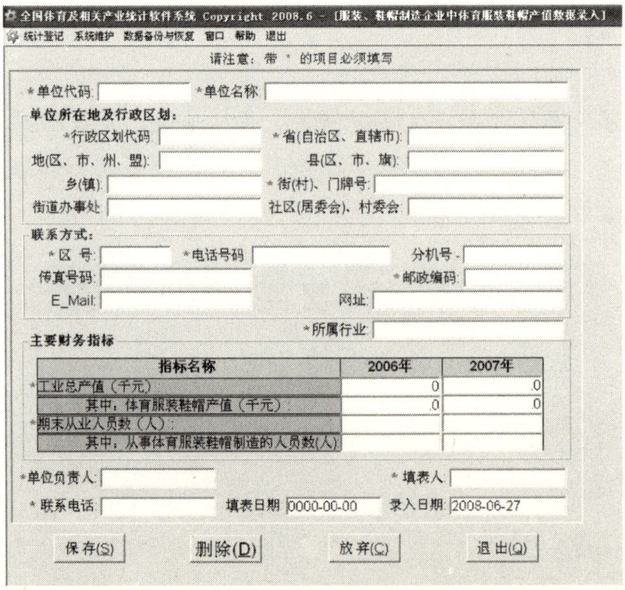

（二）信息修改

选择【统计登记】→【体育服装鞋帽制造】，点击【信息修改】，即可进入修改界面。输入要修改体育服装鞋帽制造的单位代码，按回车键，系统自动从数据库中调出已保存的该单位的信息，修改完成后点击【保存】按钮，系统将更新后的该体育服装鞋帽制造的信息保存到后台数据库中，如下图所示。

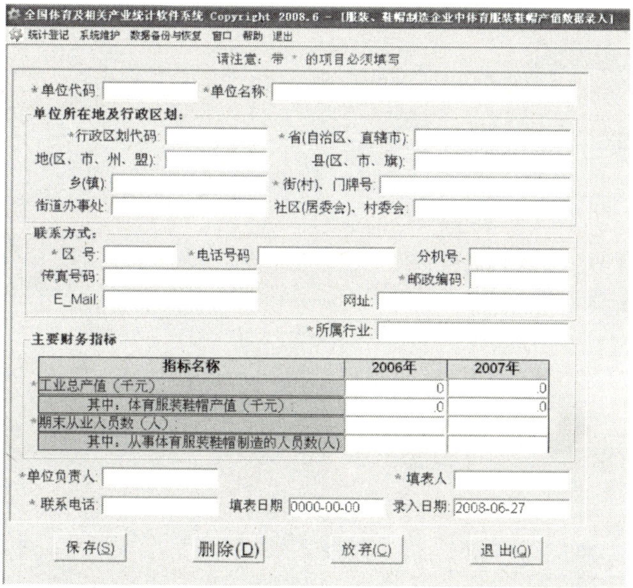

注：输入体育服装鞋帽制造的单位代码并按回车键后，单位代码输入项被加灰显示，表示该项是不能修改的。

（三）信息查询

在修改界面中如果不记得单位代码是多少，可以先通过系统模糊查询功能找到该单位代码后再进行修改。模糊查询界面如下图所示。点击【重置查询条件】按钮可以清空查询条件，再重新输入其他查询条件。

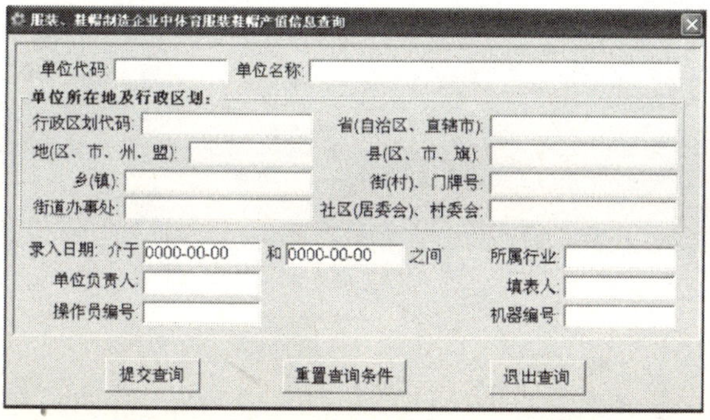

输入你知道的全部或部分查询条件后，点击【提交查询】按钮，系统自动将符合条件的体育服装鞋帽制造检索出来并显示在列表中，具体操作与上面介绍的查询操作相同，此处略。

选中查询结果列表中的某一条记录，双击该记录，系统在修改界面中显示该记录的详细信息，从而也可以进行数据的修改操作。

此外，还可将查询出来的所有数据通过【数据导出】按钮，导出为多种不同格式的数据文件，以便后续的数据上传。详见“数据上传”和“数据接收”模块。

(四) 登记信息删除

具体操作与前面介绍的删除操作相同，此处略。

九、数据备份与恢复

该模块主要完成系统数据上传、数据接收、数据备份与恢复等功能。

(一) 数据上报

数据上报操作主要用于区县、地市以及省级登记点向各自的上级部门上报统计登记的各种数据。

选择【数据备份与恢复】→【数据上报】，再从弹出的子菜单中逐一选择你将上传的数据项，并选择想要生成的文件格式，即可生成相应格式的数据文件，然后将该数据文件通过 E-mail、刻录光盘或移动存储设备上传到上级主管部门，从而完成数据的上传操作。具体界面如下（以体育服务业数据上报为例）。

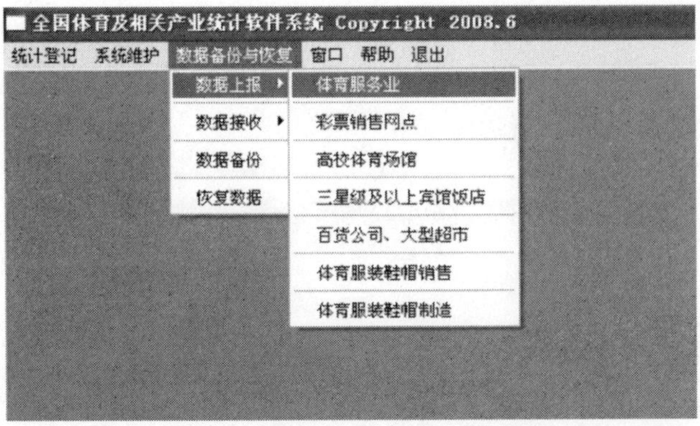

选择【体育服务业】菜单项后，弹出如下界面。

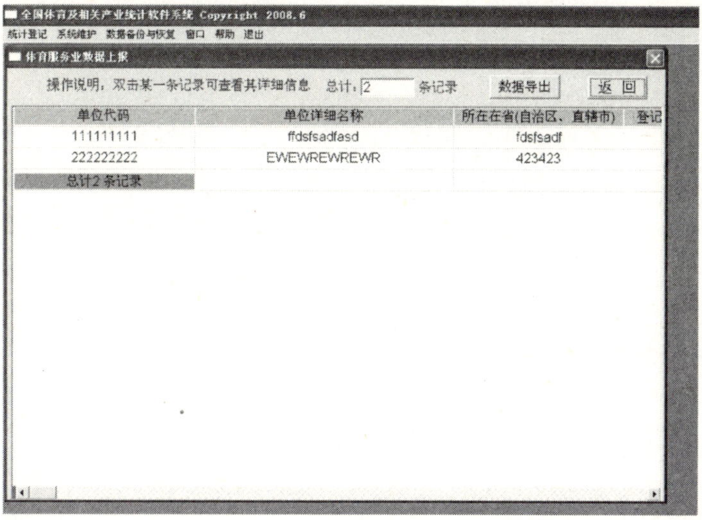

点击【数据导出】按钮后，弹出如下数据文件保存窗口。

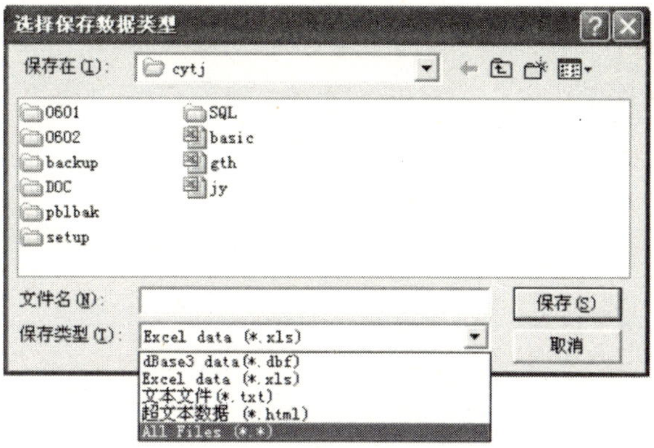

选择你想要保存的数据文件类型，并输入数据文件名后，即可生成要上报的该类统计的数据文件。

注：数据上报操作必须按统计登记的不同表格逐一进行，并且保存为不同的数据文件名。

（二）数据接收

选择【数据备份与恢复】→【数据接收】，再从弹出的子菜单中逐一选择你将接收的数据项，并选择下级部门上报上来的数据文件，即可进行数据的接收（数据合并）操作。具体操作如下面各图所示（以体育服务业数据接收为例）。

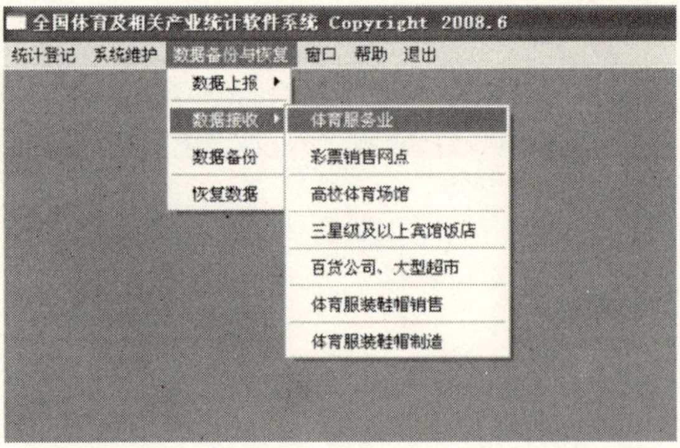

选择【体育服务业】菜单项后，弹出如下界面。

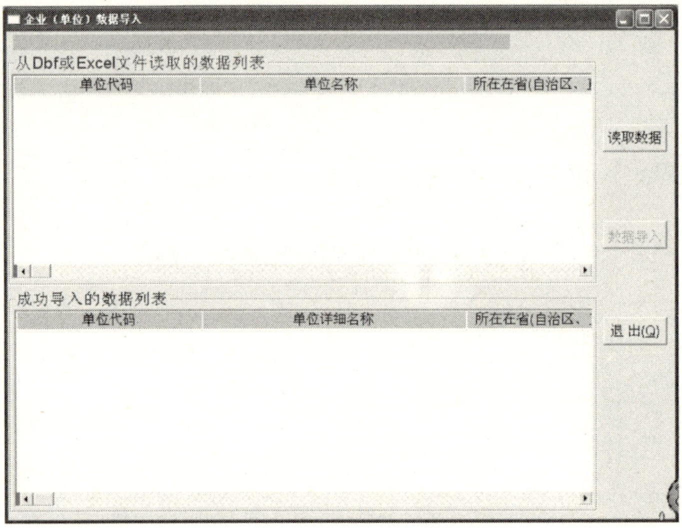

点击【读取数据】按钮后，弹出数据选择界面，如下图。

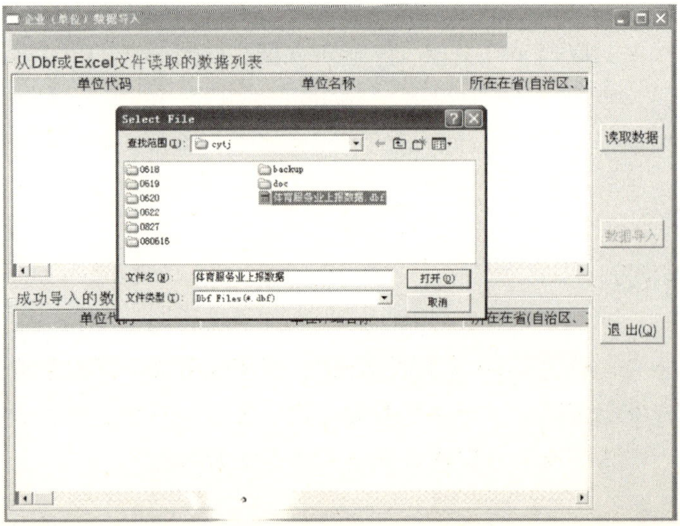

选择“体育服务业上报数据”文件后，点击【打开】按钮，数据文件里的数据就自动导入到临时表中，并显示在“从 Dbf 或 Excel 文件读取的数据列表”中，如下图所示。

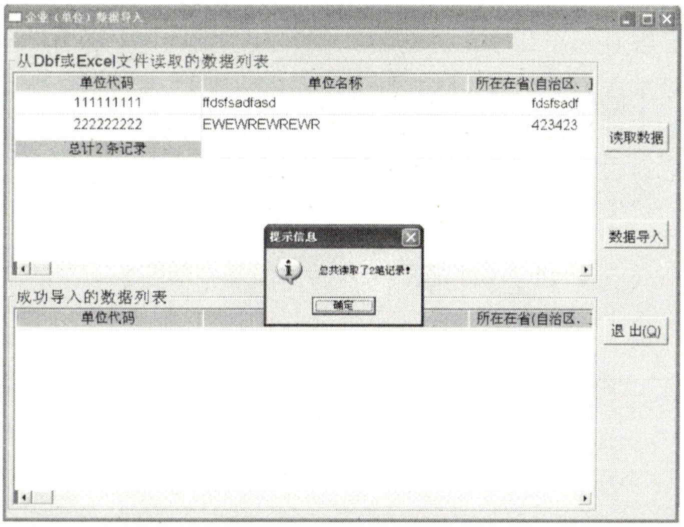

然后点击【数据导入】按钮，系统自动将数据导入到后台数据库中的正式表中，从而完成下级机构统计登记数据的上报及汇总功能，如下图所示。

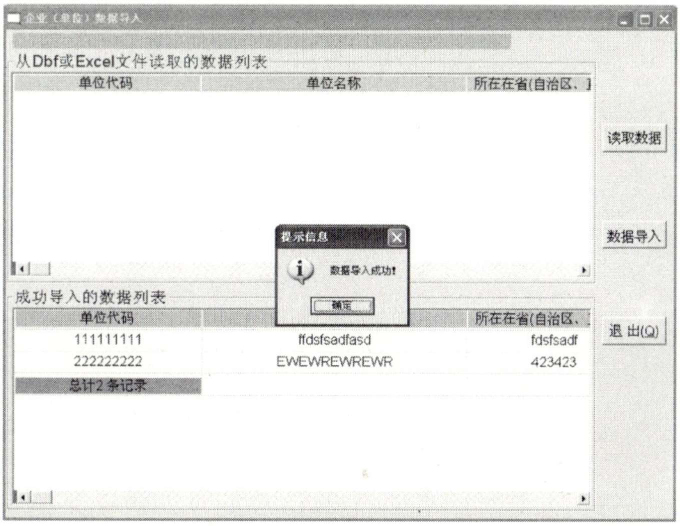

（三）数据备份

该功能将各登记点已录入的数据进行备份，以防止系统崩溃时数据的丢失。该操作可在每天下班时执行一次，以备份最新的所有统计登记数据。

(四) 数据恢复

该功能用于在各登记点计算机出现故障并修复故障后，进行统计登记应用软件系统的恢复，从而保证本登记点已录入的数据可以成功的恢复。

注：该操作应谨慎使用，不能经常操作，只能在计算机系统出现故障后，进行统计软件应用系统的恢复时，并在征得系统管理员许可的条件下才能进行，否则可能造成不可预想的后果。

肖　毅

第十三章 全国体育及相关产业专项调查工作报告

从2006年5月开始，国家体育总局联合国家统计局共同开展了全国体育及相关产业统计研究工作，形成了一系列重要研究成果，为实施全国体育产业统计工作、探索我国体育产业统计工作的长效机制奠定了扎实的基础。为了进一步推进我国体育及相关产业统计工作，全面、准确地把握我国体育及相关产业发展的基本情况，2008年9月，国家体育总局体育经济司向各省（市）下发《关于开展全国体育及相关产业专项调查的通知》（体经字〔2008〕481号），决定在全国范围内部署开展体育及相关产业专项调查工作。在国家体育总局、国家统计局的领导和支持下，在中国体育科学学会体育产业分会以及有关省（市）的共同努力下，本次全国体育及相关产业专项调查工作已顺利完成。

本次体育及相关产业专项调查是我国首次由国家体育总局和国家统计局牵头，中国体育科学学会体育产业分会具体组织实施的，全国范围的体育产业专项调查，也是国际上第一次由政府部门组织实施的，涉及面如此之广的体育产业统计调查，它对推动我国体育产业发展具有里程碑式的意义。

一、全国体育及相关产业专项调查工作背景

（一）统计工作是促进体育产业快速发展的需要

北京奥运会的成功举办和中国体育代表团取得的辉煌成绩标志着我国体育事业发展进入一个新的历史高度，开始由“体育大国”向“体育强国”迈进。体育产业作为体育工作的重要组成部分，在我国由“体育大国”向“体育强国”迈进过程中，发挥着越来越重要的作用。胡锦涛总书记在北京奥运会、残奥会总结表彰大会上的讲话中指出：“要发展体育产业，引导更多社会力量兴办体育，促进体育事业和体育产业协调发展。”这是党中央对我国体育产业发展提出的根本要求，也是体育产业工作落实科学发展观的重要任务。

改革开放以来，随着国民经济快速发展，人民生活水平不断提高，群众精神文化需求日益增长，体育消费持续活跃，体育市场迅速发展，体育产业正成为服务业中一个独具特色的重要门类和新的经济增长点，在构建和谐社会，扩大国内消费需求，调整产业

结构，转变经济增长方式，增进人民群众身心健康和改善生活质量方面的地位和作用日趋突出。但在市场经济条件下，推动一个产业快速、健康地发展既要遵循市场经济的规律，发挥市场在资源配置中的基础性作用，同时也要有良好政策环境的引导和扶持。因此，我们需要对整个产业的发展状况有一个全面的把握，这样才能有的放矢，突出重点，统筹协调，推动科学发展。

（二）统计工作滞后成为阻碍体育产业发展的重要瓶颈

长期以来，由于没有建立统一的体育产业统计标准和相应的统计制度，我国的体育产业统计基础一直很薄弱，在国民经济行业分类中，只有体育组织（9110）、体育场馆（9111）、其他体育（9119）、体育用品批发（6342）、体育用品零售（6542）、体育用品制造（242）6个行业代码，国家统计部门每年公布的统计数据中，仅能够找出很少一部分反映我国体育产业发展的数据，这使得我们无法全面掌握我国体育产业的发展状况，这给我国体育产业的宏观管理、战略规划造成了很大困难，影响了国家体育产业政策的制定和实施。

2000年开始，在国家体育总局的支持与帮助下，浙江、北京、广东、辽宁、四川、安徽、云南、重庆、内蒙古、天津等十几个省市先后开展了体育产业统计工作，取得了较大的成绩，但由于缺乏科学、统一的分类标准以及全国整体领导和监控，造成各地体育产业统计各行其是，体育产业分类、统计口径不一，指标体系、实施办法等更是存在着很大差异，一定程度上影响了对我国体育产业发展状况的认识和地区间的比较。也由于我国体育产业的整体存量不清，增量统计不全，体育产业在国民经济中的地位和对社会经济的作用不能得到很好反映。

正是出于这样的考虑，国家体育总局和国家统计局共同决定，在前期研究成果的基础上，制定《全国体育及相关产业专项调查实施方案》，并启动全国体育及相关产业专项调查工作，旨在通过部分核心指标的数据，客观、全面地反映我国体育及相关产业的发展态势。

（三）服务业统计成为促进服务业发展的重要基础性工作

随着我国经济结构的调整、经济发展方式的转变，服务业已经成为国民经济的重要拉动力量和增长点，加快发展服务业，事关我国经济社会发展全局，是推进现代化建设的一项重要战略措施，党中央和国务院都高度重视服务业发展的问题。因此，现阶段，就必须要加强对服务业的宏观调控和管理，尤其要建立与服务业快速发展相适应的科学、规范的统计调查体系和制度，以全面、系统、及时地实施对服务业发展的统计，准确反映我国服务业发展规模、结构、效益及地区分布、行业分布等情况，切实解决服务业统计缺乏统一管理、统计调查制度不健全、统计方法滞后、统计力量薄弱以及部门信息共享渠道不畅等问题，为制定服务业发展规划、政策，加强对服务业发展的宏观调控，满足国民经济核算和部门管理提供基础保证。2007年国务院下发的《关于加快发展服务业的若干意见》提出，要"尽快建立科学、统一、全面、协调的服务业统计调查制度和信息管理制度，完善服务业统计调查方法和指标体系，充实服务业统计力量，增加经费投入。充分发挥各部门和行业协会的作用，促进服务行业统计信息交流，建立健全共享机制，提高统计数据的准确性和及时性，为国家宏观调控和制定规划、政策提供依据"。

为贯彻落实国务院的《意见》精神，国家统计局积极研究推进措施，努力改进和完善常规服务业统计，加强对部门服务业统计工作的支持和指导，帮助和指导部门建立面向全行业的服务业统计制度。近年来，在国家统计局的支持下，文化、信息、海洋、旅游等部门纷纷开展了产业统计，为这些产业制定规划和政策提供了依据。但由于历史的原因，统计局系统的体育产业数据还很不健全，尚不能满足体育部门和社会各方面对体育产业数据的深入需求，急需进行体育产业统计工作。这也是开展本次体育及相关产业专项调查的一个重要背景。

二、体育及相关产业专项调查组织实施

体育产业不是体育部门的产业，是全社会的体育产业，它的包容性很强，分散在国民经济行业分类的第二产业和第三产业之中，属于复合型的产业，因此，体育产业专项调查工作不同于传统的体育事业统计，是一个系统工程，涉及很多相关领域；另外，在如此大的范围内开展体育产业专项调查在我国还是第一次，在世界上也处于领先水平，它是我国体育产业发展中一项具有开创性和里程碑意义的工作，工作过程中必然会遇到很多新情况、新问题，还需要进行认真的探索，在实践中找出解决问题的途径和方法。

从更深层次看，体制性问题也造成了本次体育产业专项调查工作的困难。由于我们长期实行的是以部门管理为主要特征的管理体系，使得整个工作的有机整体被人为地分割成一个一个的系统。而体育产业专项调查工作的统计范围基本覆盖了全社会众多行业，统计对象不仅包括体育系统内的单位，还包括社会上从事体育经营的组织和单位。另外，长期以来我们的体育统计主要是一种事业统计，关注更多的是作为一项事业的规模和状况，而缺乏对体育经济活动的统计。因此，目前我国体育产业统计基础相当薄弱，实施专项调查的难度非常大。

在本次全国体育及相关产业的专项调查的具体实施中，大家充分考虑了本次专项调查工作的艰巨性，迎难而上，着重抓好重点环节和关键步骤，确保了本次专项调查工作的顺利进行。

（一）全国体育及相关产业专项调查组织实施

1. 制定和完善专项调查方案

科学、可行的专项调查方案是本次体育及相关产业统计工作的基础。在专项调查方

案设计之初，我们就从遵循统计一般规律、符合统计工作基本要求出发，提出了方案设计要坚持的几个原则：一是要达到相对科学、准确的基本要求。在调查范围、调查对象和调查方法的确定，调查表格以及统计软件的设计上严格把关，通过规范工作提高调查结果的可信度，使调查的结果能经得起检验。二是坚持抓大放小的原则。中国幅员辽阔，体育产业属全社会的产业，且涉及生产、流通和服务等领域，同时，体育产业统计工作基础较差，因此，要充分考虑这些现实情况，并从可行性和投入产出的效益出发，突出调查重点。三是坚持方案的灵活性原则。由于我国区域经济发展不平衡，致使体育产业发展的地区差异也较大，统计工作的基础也是如此，因此，在全国方案的设计上，除在调查范围、对象、方法上作出一些基本要求，满足全国体育产业数据的推测算和各省（市）横向比较外，尽量留出建议性、自选性部分，以便各省（市）根据自己的特色和需求制定调查方案，实施调查工作。

为了设计本次专项调查的方案，研究工作组先后与国家统计局，上海、天津、北京等地方统计局以及各省（市）体育局的相关人员进行了沟通和探讨，形成了全国体育及相关产业专项调查初步方案。2008 年 6 月，为进一步论证方案的科学性和可行性，研究工作组将方案初稿发给各省（市）征求意见，并根据意见对调查方案进行了必要的调整与修正。7 月，工作组先后走访了浙江、广东、云南、江苏四省，对方案进一步论证。在上述工作的基础上，最终形成了《全国体育及相关产业专项调查方案》。根据《方案》，本次专项调查的任务是：全面、准确掌握 2006、2007 年我国体育及相关产业的总产出、增加值、从业人员等指标及产业结构数据，完善我国体育及相关产业统计指标体系，探索建立我国体育及相关产业统计制度。

全国共有包括北京、山西、黑龙江、上海、浙江、安徽、福建、河南、湖北、广东、重庆、四川、云南、甘肃、青海在内的 15 个省（市）参加本次体育及相关产业专项调查工作。调查范围以《体育及相关产业分类（试行）》为基础，同时综合考虑目前我国各地体育及相关产业发展的实际情况，根据抓大放小的原则，从科学、可行的角度出发，确定为三个部分：第一部分是各省（市）必须调查的类别。包括社会事务管理机构、体育组织、体育场馆、体育健身休闲、体育彩票服务、体育用品制造、体育服装及鞋帽制造、体育用品销售、体育服装销售及鞋帽销售。第二部分是建议有条件省（市）统计的类别。具体包括体育中介服务、体育培训服务、体育建筑等。第三部分是各省（市）体育及相关产业的特色类别。具体包括《体育及相关产业分类（试行）》中除以上两部分以外的其他类别。调查对象除了体育彩票销售点外，全为法人单位，个体户和产业活动单位不在调查范围之内。根据调查对象的特点及各省（市）的具体情况，本次专项调查采用了多种方法加以实现，包括全面调查、抽样调查、典型调查及在现有数据的基础上进行推测算等。抽样调查、典型调查和推测算方法严格按照统计部门的有关规定进行，以确保统计结果的科学性、可靠性。方案还要求，各省（市）在《全国体育及相关产业专项调查方案》的基础上，结合自身的实际情况，制定本省（市）体育及相关产业专项调查实施方案，稳步推进各省（市）体育及相关产业专项调查工作。

此外，为了进一步指导各省（市）体育产业数据的核算工作，领导小组办公室有关专家会同国家统计局核算司的同志一起，根据本次专项调查的方案要求，经过认真研究与讨论，制定了《全国体育及相关产业核心指标测算方案》，为各省（市）体育及相关产业调查数据的核算工作提供了科学、可靠的依据。

2. 加强专项调查组织机构建设

本次专项调查工作是我国开展的第一次体育产业专项调查，涉及面广、情况复杂、工作难度大。总局领导对此高度重视，多次与国家统计局、国家发改委协调，取得了他们的积极支持。为加强对本次专项调查工作的领导，国家体育总局、国家统计局和国家发展改革委联合成立了全国体育及相关产业专项调查领导小组，领导小组组长由国家体育总局王钧副局长和国家统计局李强总统计师担任。成员由国家体育总局经济司、体育信息中心，国家统计局统计设计管理司、国民经济核算司、社会和科技统计司以及体育产业分会的相关负责人组成。领导小组下设办公室，设在体育产业分会，具体负责本次专项调查的组织和实施工作，主要工作包括：对开展本次专项调查工作提供技术支持和业务培训，提供咨询和信息服务，对各省（市）专项调查工作进行监控和指导，对各省（市）上报数据进行汇总和整理，并在此基础上对全国体育及相关产业核心指标的数据进行测算。

为规范日常工作，领导小组办公室建立了相关的财务制度、简报制度、联络员制度、例会制度等。专项调查期间，根据工作进度，办公室共撰写工作简报10余期，召开专题会议20余次，为专项调查工作的顺利完成打下了坚实的基础。此外，为进一步做好本次专项调查的宣传工作，加强各省（市）的信息交流，扩大专项调查工作的影响，办公室还分别以国家体育总局和中国体育科学学会体育产业分会官方网站为平台，开通了全国体育及相关产业专项调查专栏，及时发布专项调查相关信息，为全国体育及相关产业专项调查工作建立了有效沟通的平台。

3. 建立多部门协同机制，为专项调查提供有效保障

体育及相关产业专项调查工作涉及社会的很多方面，仅靠体育部门是不行的，必须得到有关部门的支持，尤其是统计、发改委等部门，没有这些部门的参与，工作无法有效开展。为此，国家体育总局与有关部门进行了积极的沟通，得到了他们的大力支持，在专项调查工作的诸多关键环节，都有国家统计局有关部门的积极参与。为了切实做好体育及相关产业专项调查的相关工作，2008年11月7日，国家体育总局、国家发展改革委和国家统计局三部委联合下发了《关于做好全国体育及相关产业专项调查的通知》（体经字［2008］600号），要求各地体育、发展改革和统计部门充分认识做好这次专项调查工作的重要意义，要增强责任意识，加强领导，通力协作，明确职责，各司其职，并按照工作部署，精心组织，切实做好这项推进体育产业长远发展的基础性工作。三部委的联合发文，体现了各相关单位领导对本次全国体育及相关产业专项调查工作的高度重视，为各省（市）体育产业专项调查工作的顺利开展提供了有效保障。

4. 积极开展培训与咨询，有序推进专项调查工作

认真做好培训工作，是本次专项调查得以高质量完成的关键，办公室对此非常重视。2008 年 9 月 26—28 日，在办公室的精心组织和筹备下，全国体育及相关产业工作培训会在成都召开，国家统计局核算司、设计管理司、社会科技统计司有关领导、专项调查领导小组办公室成员以及全国 17 省（市）体育局和统计局的同志参加了培训工作会，有关专家针对专项调查组织实施、名录库建设和统计软件应用等重要环节进行了集中业务培训，并解答了相关问题。会议的召开，为顺利实施全国体育及相关产业专项调查工作奠定了基础，为全面深入开展工作开了个好头。2009 年 1 月 7—9 日，办公室在广东湛江组织召开了全国体育及相关产业专项调查中期会议，会议对参与此次专项调查工作的 15 个省（市）前一阶段工作情况进行了总结评估，并针对后期数据核算和上报进行业务培训，确保了全国体育及相关产业专项调查工作的顺利完成。

为了能够更好地对各省（市）体育及相关产业专项调查工作提供培训和指导，确保本次专项调查的顺利进行，办公室还组织专人先后前往甘肃、云南、山西、浙江、安徽、广东、上海等省（市）开展业务培训，为这些省（市）提供技术支持；此外，办公室还建立了专人值班制度，对各省（市）在调查过程中遇到的具体困难与问题，及时给予解答和反馈，为本次专项调查的有序进行奠定了良好的基础。

5. 实行动态监控，确保专项调查工作质量

专项调查工作的质量是数据质量的基础，而数据质量又是统计的生命，调查的成败取决于最终的数据质量，因此，对各省（市）实行动态监控，确保专项调查工作的质量就成为关键。本次专项调查的动态监测包括两块：一是对本次专项调查的重点环节进行动态监控。2008 年 10 月初，办公室对各省（市）上报的方案，会同相关方面的专家进行评审，针对其中的一些问题，结合实际，提出了相关建议，并于 2008 年 10 月 20 日以全国体育及相关产业专项调查领导小组办公室名义，下发了关于各省（市）体育产业专项调查工作方案的回复。此外，针对本次专项调查最为重要的名录库建设环节，办公室给予了高度重视，对各省（市）的名录库建设过程进行了动态监控和指导。二是各省（市）专项调查的日常监控工作。为了做好与各省（市）的协调和沟通工作，办公室先后建立了联络员体系和周报制度，每周定时与各省（市）的联络员进行电话联系，了解各省（市）每周的工作进展情况，并形成周报，发给经济司和领导小组办公室成员，使大家能够及时掌握各省（市）工作动态；此外，办公室还通过网络形式，每天与联络员进行联系和沟通，保证了信息渠道的畅通。以上动态监控措施的有效实施，有力地确保了本次专项调查工作的质量。

总之，体育及相关产业专项调查工作是一项工作量艰巨、协调难度大的项目，它能够从课题研究阶段迅速转为项目实施阶段，离不开国家体育总局、国家统计局领导的大力支持，也离不开研究工作组精心设计的科学合理的专项调查方案；此外，体育及相关产业专项调查工作的顺利完成与国家体育总局、国家统计局、国家发改委以及中国体育

科学学会体育产业分会的密切配合、周密部署、精心组织直接相关。

（二）各省（市）体育及相关产业专项调查经验

1. 领导重视是基础

体育及相关产业专项调查工作开展以来，各省（市）体育局领导高度重视，他们一致认为本次全国统一组织开展的体育及相关产业专项调查工作对于全面摸清本省（市）体育产业的家底，探索体育产业政策措施，提高体育产业工作水平具有十分重要的意义。接到总局的通知后，各省（市）体育局主要领导就开始紧锣密鼓地部署专项调查的筹备工作，在人力、物力、财力上给予充分的保证，及时与发改委、统计局、工商局、调查大队等部门沟通，协调各方面的关系，并成立了由省（市）体育局和统计局主要领导牵头的工作领导小组。福建省体育局在面临备战全运的艰巨任务下，将专项调查工作作为一个重要任务来抓，多次作出重要批示，期间，局长还亲自走访了省统计局，取得省统计局的大力支持，成立了由省体育局局长徐国正为组长，省统计局副局长张福坤和省体育局副局长吴立官为副组长，省统计局有关处室及福建师大体科院院长为成员的省专项调查领导小组。甘肃省体育局会同教育厅、旅游局、统计局、财政厅和工商局五家联合发文，共同开展体育及相关产业专项调查工作。河南省把体育产业专项调查作为“一把手工程”来抓，由省体育局韩时英局长担任领导小组组长，专门拿出经费开展此次专项调查工作。正是各省（市）领导的高度重视，为本次体育及相关产业专项调查工作奠定了基础。

2. 组织有序是前提

精心组织、科学谋划、周密部署是各省（市）有序开展本次专项调查工作的前提。按照全国方案的要求，各省（市）分别成立了专项调查领导小组和工作小组，并对工作进行了科学的职能划分。浙江省按照全国的统一部署，根据本省实际情况，专门制定了专项调查实施细则，明确了工作职责和责任分工。福建省体育局在专项调查办公室基础上搭建了合理的组织架构，专项调查办公室下设综合协调组、统计核算组、专项调查组、数据处理组、课题研究组五个小组。其中，综合协调组主要负责制定调查方案、组织动员培训、部署开展调查、协调各方关系、考核总结表彰、保障经费到位、文字处理及宣传等工作；统计核算组主要负责建立名录库、抽取样本、测算、核算等工作；专项调查组主要负责培训、调查、填报、审核、督导、检查验收等工作；数据处理组主要负责录入、汇总、数据处理、报送信息数据及相关技术支持；课题研究组主要负责体育及相关产业状况调研分析报告的撰写及后续数据库资源开发应用研究。

3. 积极协调是关键

本次体育及相关产业专项调查工作涉及社会的很多方面，仅靠体育部门远远不够，必须协调统计、工商等多个部门。为了做好本次专项调查工作，各省（市）与有关部门进行了积极的沟通和协调，这也是本次专项调查得以成功的关键。江苏省积极与市统计局协调沟通，共同制定计划方案，进行职责分工，充分发挥统计局在统计工作中的特殊优势。浙江省的体育产业专项调查工作得到了省统计局的大力支持。早在成都参加全国会议时，两部门已就专项调查工作达成共识。后经多次协商，共同下发专项调查工作文件，根据有统有分的原则，共同制定专项调查工作实施方案。省统计局的有关职能处室主要负责人，都作为调查办公室成员，并将调查工作落实到具体的工作人员。省体彩管理中心根据体彩销售的网点现状，落实各市的体彩中心，组织开展本次专项调查。教育部门也积极配合这项调查工作，在全省高校财务工作会议上，直接将高校体育场馆调查表布置、培训到各有关单位。财政部门积极落实调查经费。民政、工商等部门帮助提供单位名录。

4. 沟通顺畅是保障

有效的沟通机制为各省（市）体育及相关产业专项调查工作的顺利完成提供了保障。湖北省专门建立了专项调查的QQ群，并通过QQ平台与各地、市、州沟通，解决工作中遇到的各种问题，及时发布专项调查相关信息；福建省通过专项调查办公室，省体育局、省统计局、福建师大、省体育总会、省体育用品联合会、省体彩中心建立起完善的沟通协调机制，定期召开专项调查碰头会，及时沟通协调解决遇到的困难和问题，以确保各项工作的有序进行；河南省在工作开展过程中，一直保持与所属县（市、区）单位的联系，及时掌握工作进度，并定期进行专项检查和抽查工作，督促专项调查工作的开展，帮助具体调查统计人员解决困难和问题；四川省为此次专项调查工作专门制定了《四川省体育及相关产业专项调查工作联络员制度》，并配套建立了联络员通讯录和QQ工作群，发现问题及时沟通、及时解决，这些制度和措施的建立，保障了信息交流、传输的通畅，提高了工作效率。

5. 质量控制是生命

体育及相关产业专项调查工作是一项系统工程，数据质量的好坏直接关系到调查工作的成败。因此，专项调查的质量控制成为各省（市）狠抓的重点，这也是本次调查得以成功的一个主要经验。福建省为了保证调查质量，省调查办从一开始就把质量控制放在首位，针对各个阶段工作重点提出具体要求，把质量控制贯穿于调查的实施方案、业务培训、调查登记、收表审表、实地检查、数据录入和数据处理等过程；江苏省从调查启动起就认识到质量控制的重要性，积极采取切实有效的措施保证数据质量，从报表填报、报表审核和数据录入三个重要环节对数据质量进行严格控制。

总而言之，各省（市）开展本次专项调查的好做法和先进经验是全国体育及相关产业专项调查顺利完成的保证，同时，这些经验和做法也为各省（市）将来建立体育产业统计的长效机制打下了坚实的基础。

三、2006、2007 年全国体育及相关产业专项调查结果

在各省（市）体育及相关产业专项调查结果以及国家统计局提供数据的基础上，领导小组办公室根据专项调查方案，对 2006、2007 年全国体育及相关产业核心指标的数值分别进行了核算，具体包括总产出、增加值、从业人员三大指标。核算方法具体如下。

在调查省（市）数据基础上进行数据拟合（以下简称“拟合法”）；

在全国各省（市）专项调查系数基础上利用全国现有统计基础数据进行推测算（以下简称“系数法”）。

方法选择的基本原则是，能够运用“系数法”核算的类别尽量运用“系数法”，对于不能运用“系数法”核算的类别则运用“拟合法”进行测算。根据这一原则，在最终全国数据的核算上，利用“系数法”核算的类别有体育用品制造、体育服装制造、体育鞋帽制造、体育用品销售、体育服装销售、体育鞋帽销售和体育建筑几个部分；利用“拟合法”进行核算的有体育社会事务管理机构、体育组织、体育场馆、体育健身休闲、体育彩票、体育培训等几个部分。

（一）总体情况

2006 年全国体育及相关产业从业人员 256.30 万人，实现总产出 3022.14 亿元，增加值 982.89 亿元，占当年 GDP 的 0.46%；2007 年全国体育及相关产业从业人员283.74 万人，实现总产出 3828.29 亿元，创造增加值 1265.23 亿元，占当年 GDP 的0.49%，比 2006 年增长 22.83%（按可比价计算，下同）。

表 113　2006、2007 年全国体育及相关产业核心指标结果一览

		2006 年			2007 年		
		总产出（亿元）	增加值（亿元）	从业人员（万人）	总产出（亿元）	增加值（亿元）	从业人员（万人）
总　计		3022.14	982.89	256.30	3828.29	1265.23	283.74
体育组织管理活动		152.35	74.80	18.71	197.26	89.36	18.98
体育场馆管理活动		28.44	18.24	2.58	34.49	23.04	2.41
体育健身休闲活动		99.19	46.98	11.78	117.59	58.79	13.32
体育中介活动		6.91	2.02	0.87	8.47	3.00	0.96
其他体育服务	体育培训	8.70	4.64	1.91	18.00	7.91	2.21
	体育彩票	31.40	21.47	11.11	41.48	29.63	13.37
体育用品、服装鞋帽制造		2423.41	705.12	195.44	3020.76	898.1	214.00
体育用品、服装鞋帽销售		141.13	76．45	11.13	219.09	110.77	15.20
体育建筑		130.61	33.17	2.77	171.15	44.63	3.29

（二）各大类情况

1. 体育组织管理活动

体育组织管理活动是指专门为社会公众提供比赛、训练、辅导和管理的组织的活动。本次专项调查包括体育社会事务管理机构和体育组织两部分。

表 114 显示，2006 年全国体育组织管理活动从业人员 18.71 万人，实现总产出 152.35 亿元，创造增加值 74.80 亿元；2007 年体育组织管理活动从业人员 18.98 万人，实现总产出 197.26 亿元，较 2006 年增长 26.07%，创造增加值 89.36 亿元，较去年增长 16.32%。

表 114　2006、2007 年体育组织管理活动核心指标结果一览

	2006 年			2007 年		
	总产出（亿元）	增加值（亿元）	从业人员（万人）	总产出（亿元）	增加值（亿元）	从业人员（万人）
体育组织管理活动	152.35	74.80	18.71	197.26	89.36	18.98

2. 体育场馆管理活动

体育场馆管理活动是指为社会公众提供观赏比赛和专业训练的体育场馆管理活动，如综合性比赛场馆，训练用场地的管理活动等。

表 115 显示，2006 年全国体育场馆管理活动从业人员 2.58 万人，实现总产出 28.44 亿元，创造增加值 18.24 亿元；2007 年体育场馆管理活动从业人员 2.41 万人，实现总产出 34.49 亿元，较 2006 年增长 18.08%，创造增加值 23.04 亿元，较去年增长 22.99%。

表 115　2006、2007 年体育场馆管理活动核心指标结果一览

	2006 年			2007 年		
	总产出（亿元）	增加值（亿元）	从业人员（万人）	总产出（亿元）	增加值（亿元）	从业人员（万人）
体育场馆管理活动	28.44	18.24	2.58	34.49	23.04	2.41

3. 体育健身休闲活动

体育健身休闲活动是指为公众提供的可供参与和选择的各种健身休闲活动场所的管理活动。

表 116 显示，2006 年全国体育健身休闲活动从业人员 11.78 万人，实现总产出 99.19 亿元，创造增加值 46.98 亿元；2007 年体育健身休闲活动从业人员 13.32 万人，

实现总产出 117.59 亿元，较 2006 年增长 15.43%，创造增加值 58.79 亿元，较 2006 年增长 21.85%。

表 116　2006、2007 年体育健身休闲活动核心指标结果一览

	2006 年			2007 年		
	总产出（亿元）	增加值（亿元）	从业人员（万人）	总产出（亿元）	增加值（亿元）	从业人员（万人）
体育健身休闲活动	99.19	46.98	11.78	117.59	58.79	13.32

4. 体育中介活动

体育中介活动是指为社会公众提供的体育中介服务，如各种体育商务代理、经纪、咨询活动。

表 117 显示，2006 年全国体育中介活动从业人员 0.87 万人，实现总产出 6.91 亿元，创造增加值 2.02 亿元；2007 年体育中介活动从业人员 0.96 万人，实现总产出 8.47 亿元，较 2006 年增长 19.35%，创造增加值 3.00 亿元，较 2006 年增长 44.61%。

表 117　2006、2007 年体育中介活动核心指标结果一览

	2006 年			2007 年		
	总产出（亿元）	增加值（亿元）	从业人员（万人）	总产出（亿元）	增加值（亿元）	从业人员（万人）
体育中介服务	6.91	2.02	0.87	8.47	3.00	0.96

5. 其他体育活动

其他体育活动是指为社会公众提供的其他体育服务活动。本次专项调查中包括体育培训活动和体育彩票两部分。

表 118 显示，2006 年全国体育培训活动从业人员 1.91 万人，实现总产出 8.70 亿元，创造增加值 4.64 亿元；2007 年体育培训活动从业人员 2.21 万人，实现总产出 18.00 亿元，较 2006 年增长 107.72%，创造增加值 7.91 亿元，较 2006 年增长 71.16%。

2006 年全国体育彩票从业人员 11.11 万人，实现总产出 31.40 亿元，创造增加值 21.47 亿元；2007 年体育彩票活动从业人员 13.37 万人，实现总产出 41.48 亿元，较 2006 年增长 28.63%，创造增加值 29.63 亿元，较 2006 年增长 34.38%。

表 118　2006、2007 年其他体育活动核心指标结果一览

	2006 年			2007 年		
	总产出（亿元）	增加值（亿元）	从业人员（万人）	总产出（亿元）	增加值（亿元）	从业人员（万人）
体育培训活动	8.70	4.64	1.91	18.00	7.91	2.21
体育彩票	31.40	21.47	11.11	41.48	29.63	13.37

6. 体育用品、服装、鞋帽制造

体育用品、服装、鞋帽制造是指提供体育服务所必须的体育用品、服装、鞋帽及相关体育产品的制造活动。本次专项调查包括体育用品制造、体育服装制造和体育鞋帽制造三个部分。

表 119 显示，2006 年全国体育用品、服装、鞋帽制造从业人员 195.44 万人，实现总产出 2423.41 亿元，创造增加值 705.12 亿元；2007 年从业人员为 214 万人，实现总产出 3020.76 亿元，较 2006 年增长 18.38%，创造增加值 898.10 亿元，较 2006 年增长 20.96%。

表 119　2006、2007 年体育用品、服装、鞋帽制造业核心指标结果一览

	2006 年			2007 年		
	总产出（亿元）	增加值（亿元）	从业人员（万人）	总产出（亿元）	增加值（亿元）	从业人员（万人）
合 计	2423.41	705.12	195.44	3020.76	898.10	214.00
体育用品制造	580.82	150.99	38.05	657.73	170.28	40.92
体育服装制造	900.12	269.35	69.30	1145.43	345.23	78.14
体育鞋帽制造	942.47	284.78	88.09	1217.6	382.59	94.94

7. 体育用品、服装、鞋帽销售

体育用品、服装、鞋帽销售是指提供体育服务所必须的体育用品、服装、鞋帽及相关体育产品的销售活动。

表 120 显示，2006 年全国体育用品、服装、鞋帽销售从业人员 11.13 万人，实现总产出 141.13 亿元，创造增加值 76.45 亿元；2007 年体育用品、服装、鞋帽销售从业人员 15.20 万人，实现总产出 219.09 亿元，较 2006 年增长 47.29%，创造增加值 110.77 亿元，较 2006 年增长 37.47%。

表 120　2006、2007 年体育用品、服装、鞋帽销售核心指标结果一览

	2006 年			2007 年		
	总产出（亿元）	增加值（亿元）	从业人员（万人）	总产出（亿元）	增加值（亿元）	从业人员（万人）
合 计	141.13	76.45	11.13	219.09	110.77	15.20
体育用品销售	48.14	24.75	3.28	77.85	35.24	4.61
体育服装销售	71.63	38.61	6.60	104.05	52.92	8.41
体育鞋帽销售	21.36	13.09	1.25	37.19	22.61	2.18

8. 体育场馆建筑

体育场馆建筑是指提供体育服务所必需的体育场馆建筑活动。

表 121 显示，2006 年全国体育场馆建筑从业人员 2.77 万人，实现总产出 130.61 亿元，创造增加值 33.17 亿元；2007 年体育场馆建筑从业人员 3.29 万人，实现总产出 171.15 亿元，较 2006 年增长 23.51%，创造增加值 44.63 亿元，较 2006 年增长 26.81%。

表 121　2006、2007 年体育场馆建筑活动核心指标结果一览

	2006 年			2007 年		
	总产出（亿元）	增加值（亿元）	从业人员（万人）	总产出（亿元）	增加值（亿元）	从业人员（万人）
体育场馆建筑	130.61	33.17	2.77	171.15	44.63	3.29

（三）讨论与分析

虽然以上统计结果只反映了中国体育及相关产业的核心指标数据，但从这些数据中仍可以看出中国体育及相关产业发展的一些特征。

1. 中国体育及相关产业的发展初具规模

从表 122 看，2007 年中国体育及相关产业从业人员约 283.74 万人，实现增加值 1265.23 亿元。从业人员方面，2007 年中国“租赁和商务服务业”为 247.2 万人，“电力、燃气及水的生产和供应业”的从业人员为 303.4 万人；增加值方面，2007 年中国“家具制造业（规模以上）”企业创造的增加值为 646.76 亿元，“医药制造业（规模以上）”企业创造的增加值为 2286.60 亿元。

表 122　2007 年中国体育及相关产业与其他行业数据对比表

	增加值（人民币亿元）	从业人员（万人）
体育及相关产业	1265.23	283.74
租赁和商务服务业	–	247.2
电力、燃气及水的生产和供应业	–	303.4
家具制造业（规模以上）	646.76	–
医药制造业（规模以上）	2286.60	–

就从业人员而言，中国体育及相关产业从业人员与“电力、燃气及水的生产和供应业”相当，高于“租赁和商务服务业”的从业人员数；就增加值而言，中国体育产业与相关产业的经济总量是“家具制造业（规模以上）”的两倍，占“医药制造业（规模以

上)”增加值的一半以上。数据分析表明，从总体上看，中国体育产业已初步具备“新的经济增长点”的雏形，特别是对吸纳就业人员的积极作用更是不可低估。

2. 中国体育及相关产业的增长速度较快

从表123可见，2007年，中国体育及相关产业的增加值较2006年增长22.83%，其中体育服务的增加值增长速度达到28.38%。当年我国国内生产总值较2006年增长12.35%，其中第三产业增长速度为12.69%。从这些数据我们可以很明显地看出，中国体育及相关产业增加值的速度明显比我国GDP的增长速度要快，体育服务的增长速度也大幅度地超过我国第三产业的增长速度。

表123　2007年中国体育及相关产业增长速度与国民经济增长速度对照表

	2006年增加值（亿元）	2007年增加值（亿元）	按可变价计算的增长速度（%）
体育及相关产业	982.89	1265.23	22.83
其中：体育服务	244.60	322.50	29.39
国内生产总值	211923.5	249529.9	12.35
其中：第三产业	84721.4	100053.5	12.69

注：这里的体育服务包括体育组织管理活动、体育场馆管理活动、体育健身休闲活动、体育中介活动、其他体育活动以及体育用品、服装、鞋帽销售几个部分。

3. 中国体育及相关产业对国民经济的贡献还偏小

据《2007年中国统计年鉴》和《2008年中国统计年鉴》，2006年、2007年中国国内生产总值分别为211923.5亿元和249529.9亿元，城镇从业人员分别为28310万人和29350万人，第三产业全部从业人员为24917万人，创造增加值100053.5亿元。按此计算，2006年全国体育及相关产业所创造的增加值占GDP的0.46%，从业人员占城镇从业人员的0.95%；2007年全国体育及相关产业所创造的增加值占GDP的0.49%，从业人员占城镇从业人员的1.03%。此外，“体育服务”所创造的增加值占第三产业增加值的0.32%，从业人员占第三产业从业人员的0.34%。

有研究表明，2000年英国体育产业占该国GDP的1.8%，加拿大为1.2%。相比之下，中国体育及相关产业与国外发达国家差距较为明显。这充分表明，中国体育及相关产业对国民经济的贡献还偏小，这也正说明了中国当前体育及相关产业发展尚处于起步阶段、幼稚阶段，但发展的空间很大，将会对中国第三产业的发展起积极的推动作用。

4. 中国体育产业内部结构还不平衡

统计结果显示，2007年中国体育及相关产业中，“体育服务”的从业人员为66.45万人，创造增加值约322.50亿元，占体育及相关产业总增加值的25.49%，这说明中国体育及相关产业中第三产业所占比重较小（表124）。统计结果还显示，2007年中国“体育服务业”的从业人员为51.25万人，占总体的18.06%，创造的增加值为211.73亿元，占总体的16.73%，“体育用品业”的从业人员为229.20万人，创造增加值1008.87亿元，分别占总体的80.78%和79.74%（表125）。

表124 按三次产业划分的2007年全国体育及相关产业核心指标数据一览表

	总产出（亿元）	增加值（亿元）	从业人员（万人）
合 计	3828.29	1265.23	283.74
体育服务	636.38	322.50	66.45
体育制造	3020.76	898.1	214.00
体育建筑	171.15	44.63	3.29

注：这里的“体育服务”包括体育组织管理活动、体育场馆管理活动、体育健身休闲活动、体育中介活动、其他体育活动以及体育用品、服装、鞋帽销售几个部分。

表125 按体育产业类别划分的2007年全国体育及相关产业核心指标数据一览表

	总产出（亿元）	增加值（亿元）	从业人员（万人）
合 计	3828.29	1265.23	283.74
体育服务业	417.29	211.73	51.25
体育用品业	3239.85	1008.87	229.20
体育建筑业	171.15	44.63	3.29

注：这里的“体育服务业”包括体育组织管理活动、体育场馆管理活动、体育健身休闲活动、体育中介活动、其他体育活动五大类别；“体育用品业”包括体育用品、服装、鞋帽制造和销售两大类别。

从国外的体育产业发展情况看，体育产业发达程度越高，体育服务业的所占比重越大，目前美国、英国等西方发达国家体育服务业均超过了体育用品业。但从以上数据看，中国体育服务业的增加值与体育用品业相比差距较大，体育服务业在体育及相关产业中所占比重偏低。由此反映出，中国体育及相关产业内部结构还不平衡，体育服务业的发展还处于初期阶段。这与目前中国是一个用品业的制造大国不无关系。

（四）本次专项调查工作的局限性

本次专项调查工作是在国家统计局有关部门的参与和帮助下完成的，专项调查的结果得到了国家统计局的充分肯定。但由于我国体育产业发展不平衡，地区差异较大，体育产业统计基础薄弱，再加之本次调查是首次在全国范围内开展，故存在着一些不足和局限，具体表现如下。

第一，调查范围方面。从理论上，本次专项调查中，体育及相关产业所包含的类别应与国家统计局和国家体育总局颁布的《体育及相关产业分类（试行）》保持一致，但考虑到当前我国体育产业发展的实际以及专项调查的成本，分类中很多小类，如体育传媒服务、体育市场管理服务、体育场馆设计服务等，都不在本次专项调查范围之内，这就使得本次专项调查所得的数据相对偏小。

第二，调查对象方面。为了保证专项调查的可操作性，节约统计成本，本次专项调查的对象除了体育彩票销售点之外，全为法人单位，产业活动单位和个体户不在调查范围之列，这就使得调查所得结果与实际相比偏小。

第三，调查方法方面。本次专项调查是在全国范围内开展的体育产业专项调查，但并非涉及全国的所有省（市），只是采用了自愿报名参加的方式，选取了全国 16 个省（市），这对调查结果的准确性产生了一定影响。此外，为了节约统计成本，很多类别名录库的建设是在 2004 年第一次全国经济普查的名录库基础上建立的，这与 2006、2007 年相关类别单位的实际情况产生一定的偏差，这使得调查结果也受到了一定的影响。

但不可否认的是，本次专项调查方案是当前最科学、可行的方案，调查结果也是当前反映我国 2006、2007 两年体育及相关产业发展态势的最科学、准确的数据。我们可以在下一次体育及相关产业专项调查中，有针对性地解决这一方案中存在的某些问题，尽可能地弥补其不足。

四、对今后工作的建议

（一）与国家统计局有关部门合作，在第二次全国经济普查及本次全国体育及相关产业专项调查数据的基础上，进一步扎实体育产业统计的基础性工作，尤其要建设好体育产业名录库，为今后体育产业统计打下基础。并在此基础上，通过数据剥离、推测算等方法，核算 2008 年全国体育及相关产业核心指标的数值。

（二）发动全国相关科研机构、教学单位等力量，对本次专项调查所得到的数据进行深入的挖掘和开发，提高本次专项调查的效果，为政府制定相关政策提供建议和参考。

（三）建立动态监测机制。在有条件的情况下，充分发挥行业协会的作用，对体育用品制造与销售、体育场馆经营与管理、体育竞赛表演、体育健身休闲及体育中介服务等《体育及相关产业分类》中的主要产业活动进行动态监测。

（四）进一步巩固和推进本次专项调查成果。在本次专项调查成果的基础上，结合国家统计局公布的数据，推算 2009 年我国体育及相关产业核心指标数据；建议在第二次经济普查之后的第三年（2012 年）再进行一次全国范围的体育及相关产业专项调查，获取 2010、2011 年体育产业核心指标的统计数据，以便形成可每年公布相关核心数据的体育产业统计体系。

（五）建立全国体育产业统计数据库。委托专门机构对数据库进行长期维护，重视数据的开发利用，并与统计部门合作，及时为国家制定产业政策提供信息支持，形成我国体育产业统计的长效机制。

张 林 黄海燕（执笔）

2006、2007、2008 年全国体育及相关产业统计公报

国家体育总局

2010 年 4 月

为全面、准确地把握我国体育产业发展的基本情况，2006 年 5 月至 2010 年 4 月，国家统计局、国家体育总局联合开展了全国体育及相关产业统计工作。

2008 年 9 月至 2009 年 6 月，全国体育及相关产业专项调查工作在山西、黑龙江、上海、江苏、浙江、安徽、福建、河南、湖北、广东、重庆、四川、云南、甘肃、青海 15 个省（市）展开。在本次调查所获得的相关数据的基础上，运用科学、合理的统计方法，对 2006、2007 年全国体育及相关产业的主要指标进行了核算。

2009 年 10 月至 2010 年 4 月，在 2006、2007 年专项调查数据的基础上，结合全国第二次经济普查和国家体育总局相关数据，对 2008 年全国体育及相关产业发展情况进行了测算。现将结果公布如下。

一、总体情况

2006 年全国体育及相关产业从业人员 256.30 万人，实现增加值 982.89 亿元，占当年 GDP 的 0.46%；2007 年全国体育及相关产业从业人员 283.74 万人，实现增加值 1265.23 亿元，占当年 GDP 的 0.49%，按可比价比 2006 年增长 22.83%；2008 年全国体育及相关产业从业人员为 317.09 万人，实现增加值 1554.97 亿元（表 1），占当年 GDP 的 0.52%，按可比价比 2007 年增长 16.05%。

表 1　2006、2007、2008 年全国体育及相关产业主要指标结果一览

类　别	2006 年		2007 年		2008 年	
	增加值（亿元）	从业人员（万人）	增加值（亿元）	从业人员（万人）	增加值（亿元）	从业人员（万人）
总 计	982.89	256.30	1265.23	283.74	1554.97	317.09
体育组织管理活动	74.80	18.71	89.36	18.98	117.56	20.87
体育场馆管理活动	18.24	2.58	23.04	2.41	30	2.62
体育健身休闲活动	46.98	11.78	58.79	13.32	74.49	15.03
体育中介活动	2.02	0.87	3.00	0.96	4.46	1.35
体育培训活动	4.64	1.91	7.91	2.21	13.48	3.56
体育彩票	21.47	11.11	29.63	13.37	35.27	17.64
体育用品、服装鞋帽制造	705.12	195.44	898.10	214.00	1088.31	234.13
体育用品、服装鞋帽销售	76.45	11.13	110.77	15.20	141.79	18.54
体育场馆建筑	33.17	2.77	44.63	3.29	49.61	3.35

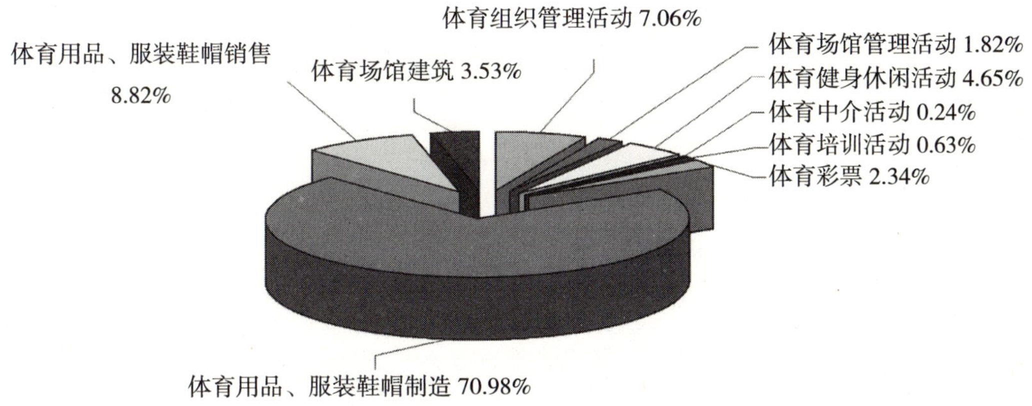

图 1　2007 年全国体育及相关产业增加值构成图

2007 年全国体育及相关产业各领域增加值的构成为：体育用品、服装鞋帽制造占 70.98%，体育用品、服装鞋帽销售占 8.82%，体育组织管理活动占 7.06%，体育健身休闲活动占 4.65%，体育场馆建筑占 3.53%，体育彩票占 2.34%，体育场馆管理活动占 1.82%，体育培训活动占 0.63%，体育中介活动占 0.24%（图 1）。

二、体育及相关产业各领域发展情况

（一）体育组织管理活动

2006 年全国体育组织管理活动从业人员 18.71 万人，实现增加值 74.80 亿元；2007 年体育组织管理活动从业人员 18.98 万人，实现增加值 89.36 亿元，按可比价比上年增长 16.32%；2008 年体育组织管理活动从业人员 20.87 万人，实现增加值 117.56 亿元，按可比价比上年增长 28.85%。

（二）体育场馆管理活动

2006 年全国体育场馆管理活动从业人员 2.58 万人，实现增加值 18.24 亿元；2007 年体育场馆管理活动从业人员 2.41 万人，实现增加值 23.04 亿元，按可比价比上年增长 22.99%；2008 年体育场馆管理活动从业人员 2.62 万人，实现增加值 30.00 亿元，按可比价比上年增长 27.53%。

（三）体育健身休闲活动

2006 年全国体育健身休闲活动从业人员 11.78 万人，实现增加值 46.98 亿元；2007

年体育健身休闲活动从业人员13.32万人，实现增加值58.79亿元，按可比价比上年增长21.85%；2008年体育健身休闲活动从业人员15.03万人，实现增加值74.49亿元，按可比价比上年增长24.10%。

（四）体育中介活动

2006年全国体育中介活动从业人员0.87万人，实现增加值2.02亿元；2007年体育中介活动从业人员0.96万人，实现增加值3.00亿元，按可比价比上年增长44.61%；2008年体育中介活动从业人员1.35万人，实现增加值4.46亿元，按可比价比上年增长45.61%。

（五）体育培训活动

2006年全国体育培训活动从业人员1.91万人，实现增加值4.64亿元；2007年体育培训活动从业人员2.21万人，实现增加值7.91亿元，按可比价比上年增长71.16%；2008年体育培训活动从业人员3.56万人，实现增加值13.48亿元，按可比价比上年增长69.57%。

（六）体育彩票

2006年全国体育彩票从业人员11.11万人，实现增加值21.47亿元；2007年体育彩票活动从业人员13.37万人，实现增加值29.63亿元，按可比价比上年增长34.38%；2008年体育彩票活动从业人员17.64万人，实现增加值35.27亿元，按可比价比上年增长16.59%。

（七）体育用品、服装、鞋帽制造

2006年全国体育用品、服装、鞋帽制造从业人员195.44万人，实现增加值705.12亿元；2007年从业人员为214万人，实现增加值898.10亿元，按可比价比上年增长20.96%；2008年从业人员为234.13万人，实现增加值1088.31亿元，按可比价比上年增长13.04%。

（八）体育用品、服装、鞋帽销售

2006年全国体育用品、服装、鞋帽销售从业人员11.13万人，实现增加值76.45亿元；2007年体育用品、服装、鞋帽销售从业人员15.20万人，实现增加值110.77亿元，按可比价比上年增长37.46%；2008年体育用品、服装、鞋帽销售从业人员18.54万人，实现增加值 141.79 亿元，按可比价比上年增长 18.63%。

(九) 体育场馆建筑

2006 年全国体育场馆建筑从业人员 2.77 万人，实现增加值 33.17 亿元；2007 年体育场馆建筑从业人员 3.29 万人，实现增加值 44.63 亿元，按可比价比上年增长 26.81%；2008 年体育场馆建筑从业人员 3.35 万人，实现增加值 49.61 亿元，按可比价比上年降低 0.66%。

主要指标解释

体育组织管理活动——专门为社会公众提供比赛、训练、辅导和管理的组织的活动，如群众性体育组织、专项性体育管理组织的活动。

体育场馆管理活动——为社会公众提供观赏比赛和专业训练的体育场馆管理活动，如综合性比赛场馆、训练用场地的管理活动。

体育健身休闲活动——为社会公众提供的可供参与和选择的各种健身休闲活动场所的管理活动。

体育中介活动——为社会公众提供的体育中介活动，如各种体育商务代理、经纪、咨询活动。

体育培训活动——传授体育运动技能的非学历教育范畴的活动。

体育彩票——从事体育彩票发行、销售及其管理的活动。

体育用品、服装、鞋帽制造——提供体育服务所必须的体育用品、服装、鞋帽及相关体育产品的制造活动。

体育用品、服装、鞋帽销售——提供体育服务所必须的体育用品、服装、鞋帽及相关体育产品的销售活动。

体育场馆建筑——提供体育服务所必须的体育场馆建筑活动。

第十四章　对2006—2008年我国体育产业主要统计数据的解读

近年来，尽管由于次贷危机的影响，国际经济形势动荡起伏，对我国的经济和社会各项事业带来了一定冲击。但整体而言，我国的经济一直保持着平稳、较快的发展势头，到2007年我国经济增长连续5年超过10%，即使是全球次贷危机全面爆发的2008年，经济增长也超过了9%。在国民经济良好势头的推动下，“十一五”期间，我国体育产业取得长足发展，规模不断扩大，领域不断拓展，体育消费持续活跃，呈现出较快的发展态势。体育产业在构建和谐社会和促进体育事业的改革与发展中的作用和地位日趋突出。

从2006年开始，国家体育总局和国家统计局就共同组织开展了全国体育及相关产业统计工作，获取了2006、2007、2008三年我国体育产业增加值和从业人员的核心数据，首次对我国体育产业发展的整体情况作出了权威性的描述。下面，本文将对这一统计结果进行解读。

一、为什么要选择用增加值和从业人员来描述体育产业的发展状况?

一般来说，增加值是指常住单位在生产过程中创造的新增价值和固定资产的转移价值之和，直接反映一个行业或单位在生产过程中向社会提供的全部最终成果。其计算公式为：增加值 = 劳动者报酬 + 生产税净额 + 固定资产折旧 + 营业盈余。国民经济各行业的增加值之和等于国内生产总值（GDP）。计算出体育及相关产业增加值可以反映体育及相关产业的总量规模、发展水平以及对整个国民经济的贡献，直接反映体育产业在国民经济运行中的地位和作用，同时也有助于与其他产业和体育产业内的各行业进行同度量的对比分析。

从业人员是指在一个行业或单位中工作并取得劳动报酬的全部人员。增加就业是各级政府宏观经济调控的四大基本目标之一。对体育及相关产业从业人员数的测算可以反映出体育及相关产业在一定时期内对劳动力资源的实际利用程度和对就业的贡献。

增加值和从业人员仅是体育产业统计指标体系众多指标中的两个指标。为全面反映我国体育及相关产业发展状况，还应计算诸如产业单位数、资产总额、实收资本、税金、营业收入及利润、从业人员结构等指标，以期全面反映整个体育产业的生存、发展和盈利状况。受我国现行体育产业统计基础和统计成本的制约，计算这些指标目前还存在较大困难。从某种角度上说，本次统计结果只公布体育产业增加值和从业人员是目前情况下的一种临时举措，待时机成熟时，还应计算和公布体育产业其他的有关指标。

二、统计工作如何进行，统计出的数据质量如何?

本次公布的连续三年的体育产业统计数据是在国家体育总局和国家统计局的密切合作下完成的。整个统计工作分为三个阶段：第一阶段，研究阶段。本阶段在对我国体育及相关产业统计体系进行深入研究的基础上，制定了“体育及相关产业分类”“体育及相关产业统计指标体系”以及“全国体育及相关产业统计实施办法”。第二阶段，具体实施阶段。本阶段对北京、上海、广州、福建、江苏、浙江、山西、四川、重庆、云南、安徽、甘肃、黑龙江等全国15个省市进行了体育产业专项调查，并严格按照增加值计算的公式和从业人员的概念，对调查所得资料分门别类地进行核算，获取了上述省市2006、2007年体育产业相关数据。第三阶段，测算阶段。在15个省市体育产业数据以及国家统计部门现有资料的基础上，运用科学合理的统计方法进行了测算，之后与有关部门反复进行了核对、修改和补充，之后汇总得出测算结果。

由于我国体育及相关产业涉及的行业和部门较多，现行体育领域统计基础较薄弱，因此，本次体育产业统计工作本着抓大放小的原则，对我国体育产业的九大重点领域进行了统计，具体包括体育组织管理活动；体育场馆管理活动；体育健身休闲活动；体育中介活动；体育培训活动；体育彩票活动；体育用品、服装、鞋帽制造；体育用品、服装、鞋帽销售；体育建筑活动。而对于《体育及相关产业分类（试行）》中的其他类别，如体育传媒、体育科研服务、相关体育产品制造等，没有进行统计，因此，据有关专家估计，本次公布的结果仍可能保守，有关总量数据可能略有偏低。但从整体上看，测算出的数据质量是可靠的，个别行业的小类数据缺少，并不影响从宏观层面上对我国体育产业发展的总体规模及主要产业结构状况的判断。

三、从本次公布的体育产业数据中可以看出什么?

虽然国家体育总局仅公布了少量体育产业的统计数据，但仍可以从中看出我国体育产业发展的一般特点。

（一）中国体育及相关产业的发展初具规模

统计数据表明，2008年中国体育及相关产业从业人员约317.09万人，实现增加值1554.97亿元，占当年GDP的0.52%。此外，以2007年为例，从业人员方面，2007年中国“租赁和商务服务业”为247.2万人，“电力、燃气及水的生产和供应业”的从业人员为303.4万人；增加值方面，2007年中国“家具制造业（规模以上）”企业创造的增加值为 646.76 亿元，“医药制造业（规模以上）”企业创造的增加值为 2286.60 亿元。

就从业人员而言，中国体育及相关产业从业人员与“电力、燃气及水的生产和供应业”相当，高于“租赁和商务服务业”的从业人员数；就增加值而言，中国体育与相关产业的经济总量是“家具制造业（规模以上）”的两倍，占“医药制造业（规模以上）”增加值的一半以上。数据分析表明，从总体上看，中国体育产业已初步具备“新的经济增长点”的雏形，特别是对吸纳就业人员的积极作用更是不可低估。

（二）中国体育及相关产业的增长速度较快

2007 年，中国体育及相关产业的增加值较 2006 年增长 22.83%，其中体育服务的增加值增长速度达到 28.38%；2008 年，中国体育及相关产业的增加值较 2007 年增长 14.0%，两年保持持续增长。2007 年我国国内生产总值为 249529.9 亿元，较 2006 年增长 12.35%；2007 年第三产业增加值为 100053.5 亿元，其增长速度为 12.69%。从这些数据我们可以很明显地看出，中国体育及相关产业增加值的增长速度明显比我国 GDP 的增长速度要快，体育服务的增长速度也大幅度地超过我国第三产业的增长速度。

（三）中国体育及相关产业对国民经济的贡献还偏小

据《2007 年中国统计年鉴》和《2008 年中国统计年鉴》，2006、2007 年中国国内生产总值分别为 216314.4 亿元和 249529.9 亿元，城镇从业人员分别为 28310 万人和 29350 万人，第三产业全部从业人员为 24917 万人，创造增加值 100053.5 亿元。按此计算，2006 年全国体育及相关产业所创造的增加值占 GDP 的 0.46%，从业人员占城镇从业人员的 0.91%；2007 年全国体育及相关产业所创造的增加值占 GDP 的 0.49%，从业人员占城镇从业人员的 0.97%。2007 年“体育服务”所创造的增加值占第三产业增加值的 0.32%，从业人员占第三产业从业人员的 0.27%。

有研究表明：2000 年英国体育产业占该国 GDP 的 1.8%，加拿大为 1.2%。相比之下，中国体育及相关产业与国外发达国家差距较为明显。这充分表明，中国体育及相关产业对国民经济的贡献还偏小，这也正说明了中国当前体育及相关产业发展尚处于起步阶段、幼稚阶段，但发展的空间很大，将会对中国第三产业的发展起积极的推动作用。

（四）中国体育产业内部结构还不平衡

统计结果显示，2007 年中国体育及相关产业中，“体育服务”的从业人员为 66.45 万人，创造增加值约 322.50 亿元，占体育及相关产业总增加值的 25.49%，这说明中国体育及相关产业中第三产业所占比重较小。统计结果还显示，2007 年中国“体育服务业”的从业人员为 51.25 万人，占总体的 18.06%，创造的增加值为 211.73 亿元，占总体的 16.73%，“体育用品业”的从业人员为 229.20 万人，创造增加值 1008.87 亿元，分别占总体的80.78%和79.74%。

从国外的体育产业发展情况看，体育产业发达程度越高，体育服务业的所占比重越大，目前美国、英国等西方发达国家体育服务业均超过了体育用品业。但从以上数据看，中国体育服务业的增加值与体育用品业相比差距较大，体育服务业在体育及相关产业中所占比重偏低。由此反映出，中国体育及相关产业内部结构还不平衡，体育服务业的发展还处于初期阶段。这与目前中国是一个用品业的制造大国不无关系。

张 林

附件 1

全国体育及相关产业专项调查

数据汇总表

目　　录

综　合

表 1　全国体育及相关产业总产出、增加值表

计量单位：亿元

体育及相关产业类别	2006 年			2007 年		
	总产出	增加值	从业人员（万人）	总产出	增加值	从业人员（万人）
合　计	3010.96	980.32	270.00	3810.05	1266.10	301.11
一、体育组织管理活动	152.35	74.80	18.71	197.26	89.36	18.98
二、体育场馆管理活动	28.44	18.24	2.58	34.49	23.04	2.41
三、体育健身休闲活动	99.19	46.98	11.78	117.59	58.79	13.32
四、体育中介活动	6.91	2.02	0.87	8.47	3.00	0.96
五、其他体育活动						
体育培训	8.70	4.64	1.91	18.00	7.91	2.21
体育彩票	31.40	21.47	11.11	41.48	29.63	13.37
六、体育用品、服装鞋帽制造	2423.41	705.12	195.44	3020.76	898.10	214.00
体育用品制造	580.82	150.99	38.05	657.73	170.28	40.92
体育服装制造	900.12	269.35	69.30	1145.43	345.23	78.14
体育鞋帽制造	942.47	284.78	88.09	1217.60	382.59	94.94
七、体育用品、服装鞋帽销售	129.95	73.88	24.83	200.85	111.64	32.57
体育用品销售	48.14	24.75	3.28	77.85	35.24	4.61
体育服装销售	60.45	36.04	20.30	85.81	53.79	25.78
体育鞋帽销售	21.36	13.09	1.25	37.19	22.61	2.18
八、体育场馆建筑	130.61	33.17	2.77	171.15	44.63	3.29

表 2　全国体育及相关产业增加值构成表

指　　标	2006 年 绝对数（亿元）	2006 年 比重（%）	2007 年 绝对数（亿元）	2007 年 比重（%）
体育及相关产业增加值	980.32	100.00	1266.10	100.00
体育组织管理活动	74.80	7.63	89.36	7.06
体育场馆管理活动	18.24	1.86	23.04	1.82
体育健身休闲活动	46.98	4.79	58.79	4.64
体育中介活动	2.02	0.21	3.00	0.24
其他体育活动				
体育培训	4.64	0.47	7.91	0.62
体育彩票	21.47	2.19	29.63	2.34
体育用品、服装鞋帽制造	705.12	71.93	898.10	70.93
体育用品、服装鞋帽销售	73.88	7.54	111.64	8.82
体育场馆建筑	33.17	3.38	44.63	3.52
当年国内生产总值	211923.5		249529.9	
占当年 GDP 的比重		0.46		0.49

表 3　全国体育及相关产业从业人员构成表

指　　标	2006 年 绝对数（万人）	2006 年 比重（%）	2007 年 绝对数（万人）	2007 年 比重（%）
体育及相关产业从业人员	270.00	100.0	301.11	100.0
体育组织管理活动	18.71	6.93	18.98	6.30
体育场馆管理活动	2.58	0.96	2.41	0.80
体育健身休闲活动	11.78	4.36	13.32	4.42
体育中介活动	0.87	0.32	0.96	0.32
其他体育活动				
体育培训	1.91	0.71	2.21	0.73
体育彩票	11.11	4.11	13.37	4.44
体育用品、服装鞋帽制造	195.44	72.39	214.00	71.07
体育用品、服装鞋帽销售	24.83	9.20	32.57	10.82
体育场馆建筑	2.77	1.03	3.29	1.09

表 4　2006 年全国及部分省市体育及相关产业增加值对照表

全国：亿元；
各省市：万元

指　标	体育及相关产业增加值	体育组织管理活动	体育场馆管理活动	体育健身休闲活动	体育中介活动	其他体育活动		体育用品服装鞋帽制造	体育用品服装鞋帽销售	体育建筑业	体育产业增加值占生产总值比重（%）
						体育培训	体育彩票				
全　国	980.32	74.80	18.24	46.98	2.02	4.64	21.47	705.12	73.88	33.17	0.46
山　西	75425.36	14469.75	780.92	5329.94	0.00	71.27	3090.81	27102.03	20308.16	4272.48	0.16
黑龙江	63740.65	11446.47	2439.35	10929.66	0.00	0.00	8875.55	2160.05	23479.93	4409.65	0.10
上　海	—	58024.26	22152.35	—	—	—	4542.40	—	—	—	—
江　苏	1468059.49	56556.97	9773.12	39389.69	1959.25	212.59	19647.33	1219200. 49	103270.07	18050.00	0.68
浙　江	881604.90	33050.88	16291.03	46498.44	578.82	1712.05	21684.05	695227.12	54444.91	12117.60	0.56
安　徽	108707.83	16165.66	1055.35	3067.98	27.64	1690.89	5157.44	35497.63	33581.25	12464.00	0.18
福　建	1842886.08	23833.65	3325.19	10723.75	5.41	103.37	12345.28	1703638.40	80074.32	8836.75	2.43
河　南	74565.80	23471.87	4106.98	863.07	0.00	4713.88	9199.35	25432.70	5419.25	1358.70	0.06
湖　北	148380.73	22289.60	4704.48	8793.82	0.00	3165.20	14507.88	61563.59	20667.18	12689.00	0.20
广　东	1572674.62	72931.07	18890.30	72706.89	1237.38	2291.57	14444.67	1079915.80	282316.22	27940.71	0.60
重　庆	23702.98	1941.17	818.15	432.55	12.03	156.80	3374.26	7284.04	8358.22	1325.75	0.07
四　川	71146.11	20860.22	4949.93	10733.45	0.00	0.00	7794.29	5215.98	16510.50	5081.75	0.08
云　南	76240.96	20434.43	7823.10	19076.36	274.83	861.74	6659.69	3457.23	7201.08	10452.50	0.19
甘　肃	—	11564.88	980.48	4200.42	0.00	0.00	4520.79	—	—	—	—
青　海	8782.63	2391.16	459.71	628.20	0.00	0.00	673.20	1741.50	2003.1	885.75	0.14

表 5　2007 年全国及部分省市体育及相关产业增加值对照表

全国：亿元；
各省市：万元

指　标	体育及相关产业增加值	体育组织管理活动	体育场馆管理活动	体育健身休闲活动	体育中介活动	其他体育活动		体育用品服装鞋帽制造	体育用品服装鞋帽销售	体育建筑业	体育产业增加值占生产总值比重（%）
						体育培训	体育彩票				
全　国	1266.10	89.36	23.04	58.79	3.00	7.91	29.63	898.10	111.64	44.63	0.49
山　西	104486.56	17855.11	1228.48	9836.75	0.00	95.12	3611.86	24514.47	34769.80	12574.97	0.18
黑龙江	111277.81	24633.14	2570.26	12393.78	0.00	0.00	11682.53	3461.87	37562.16	18974.08	0.16
上　海	—	67909.32	26480.13	—	—	—	5312.87	—	—	—	—
江　苏	1970424.16	55311.95	11139.86	45202.62	1988.08	634.22	27735.89	1496126.73	327292.81	4992.00	0.77
浙　江	1090827.68	38420.56	20870.67	51271.27	542.15	1775.81	27690.16	854386.90	82049.35	13820.8	0.58
安　徽	129754.48	21846.96	1127.07	3219.10	21.98	1898.46	6891.93	45858.80	39156.33	9733.88	0.18
福　建	2532796.51	26143.87	3926.37	13508.89	8.10	108.35	18382.37	2363273.40	89403.80	18041.40	2.74
河　南	97788.71	35521.75	4371.88	766.17	0.00	5359.18	8650.29	35998.32	5927.16	1193.97	0.07
湖　北	207683.91	28141.65	5685.25	11824.92	0.00	2767.19	17653.67	83394.24	24650.21	33566.78	0.22
广　东	1865686.88	106223.51	24301.97	91950.95	2419.27	10962.0	19931.45	1269164.20	321928.28	18805.28	0.60
重　庆	49662.49	2940.10	1134.40	549.50	15.20	634.22	4212.76	16301.72	15740.49	8134.10	0.12
四　川	100618.43	27772.41	5909.34	13699.74	0.00	0.00	10918.02	10431.00	26138.55	5749.38	0.10
云　南	92556.62	16974.61	10977.12	23459.52	545.84	1281.32	7764.77	3567.96	8799.06	19186.44	0.20
甘　肃	—	12739.21	1225.78	4463.10	0.00	0.00	5024.70	—	—	—	—
青　海	11794.18	2869.46	623.02	668.60	0.00	0.00	903.76	3656.50	1851.10	1221.74	0.15

表 6　2006 年全国及部分省市体育及相关产业从业人员对照表

全国：万人；
各省市：人

指　标	体育及相关产业从业人员	体育组织管理活动	体育场馆管理活动	体育健身休闲活动	体育中介活动	其他体育活动		体育用品服装鞋帽制造	体育用品服装鞋帽销售	体育建筑业
						体育培训	体育彩票			
全　国	270.00	18.71	2.58	11.78	0.87	1.91	11.11	195.44	24.83	2.77
山　西	33311	1130	4	1568	0	319	1448	5589	22897	356
黑龙江	18689	3824	535	2578	0	0	3446	1481	3146	3679
上　海	—	4000	2357	—	—	—	1982	—	—	—
江　苏	295162	7569	1474	8572	229	59	9441	244333	8185	15299
浙　江	208976	8532	1323	13041	106	728	4396	164011	5713	11126
安　徽	48002	5467	232	1985	30	1345	4901	19858	3619	10565
福　建	477638	12659	686	3050	61	125	8207	439352	6008	5055
河　南	28243	8009	749	701	0	—	5223	7022	5387	1152
湖　北	53502	8431	968	2812	0	846	4122	20966	4602	10755
广　东	565299	25325	2780	13656	2171	328	5637	484858	28212	2332
重　庆	11572	1160	154	596	32	23	1023	2087	5373	1124
四　川	36682	7194	831	3280	0	0	2955	4081	14034	4307
云　南	27564	6182	1089	4575	15	188	2618	1841	2196	8860
甘　肃	—	3745	505	1502	0	0	1099	—	—	—
青　海	5260	595	107	263	0	0	298	1613	1633	751

表 7　2007 年全国及部分省市体育及相关产业从业人员对照表

全国：万人；
各省市：人

指　标	体育及相关产业从业人员	体育组织管理活动	体育场馆管理活动	体育健身休闲活动	体育中介活动	其他体育活动		体育用品服装鞋帽制造	体育用品服装鞋帽销售	体育场馆建筑业
						体育培训	体育彩票			
全　国	301.11	18.98	2.41	13.32	0.96	2.21	13.37	214.00	32.57	3.29
山　西	24745	1131	4	2789	0	400	1762	5032	12701	926
黑龙江	29803	3944	573	2612	0	0	4182	1328	3186	13978
上　海	—	3835	1701	—	—	—	2301	—	—	—
江　苏	315572	8707	1415	9734	252	198	11271	271746	8561	3688
浙　江	225594	9228	1404	12817	109	850	6536	175995	7972	10683
安　徽	52187	5463	232	2114	46	1345	5715	25961	4118	7193
福　建	532033	13468	560	2860	55	92	8901	486459	6308	13330
河　南	30861	7963	763	1090	0	—	7164	7144	5855	882
湖　北	71761	8820	1054	3097	0	874	4613	23425	5077	24801
广　东	644417	25848	2888	14999	2827	336	6359	546787	42983	1390
重　庆	—	—	—	—	33	—	—	5278	9528	6010
四　川	39645	7189	833	4202	0	0	3848	4665	14660	4248
云　南	—	—	—	—	16	—	—	1705	2766	14176
甘　肃	—	—	—	—	—	—	—	—	—	—
青　海	—	—	—	183	0	0	—	1744	1679	903

表 8　体育系统内体育及相关产业分行业法人单位数

（2006 年）

单位：个

指　标	全部法人	企业	机关事业	社团民非
总　计	8108	119	3415	4574
按体育相关行业分组				
体育行政部门			1627	
其中：各级体育局			614	
社会事务管理综合行政部门			1013	
体育组织		50	1284	4574
其中：体育总会		0	70	224
运动项目管理中心		1	144	8
运动项目协会		4	60	3080
运动队、体工队、职业俱乐部		5	55	21
体育运动学校、少体校		2	711	26
青少年体育俱乐部		7	32	390
社区体育俱乐部		2	6	95
体育学会组织		1	3	212
其他体育组织		28	203	518
体育场馆		69	504	
其中：多个场馆的体育中心		7	196	
单一场馆		20	267	
体育场馆下属公司或企业		20	8	
其他体育场馆管理运营机构		22	33	

表 9　体育系统内体育及相关产业分行业法人单位数

（2007 年）

单位：个

指　标	全部法人	企业	机关事业	社团民非
总　计	8138	126	3438	4574
按体育相关行业分组				
体育行政部门			1632	
其中：各级体育局			617	
社会事务管理综合行政部门			1015	
体育组织		52	1297	4574
其中：体育总会		0	69	224
运动项目管理中心		1	153	8
运动项目协会		4	62	3080
运动队、体工队、职业俱乐部		6	57	21
体育运动学校、少体校		2	709	26
青少年体育俱乐部		7	31	390
社区体育俱乐部		3	7	95
体育学会组织		1	4	212
其他体育组织		28	205	518
体育场馆		74	509	
其中：多个场馆的体育中心		7	197	
单一场馆		24	269	
体育场馆下属公司或企业		21	8	
其他体育场馆管理运营机构		22	35	

表 10　按地区分组体育系统内相关行业法人单位数

（2006 年）

单位：个

指　标	全部法人	企业法人	机关事业法人	社团民非法人
总　计	9107	880	3561	4666
山　西		45	235	130
黑龙江		28	236	11
上　海		22	151	314
江　苏		92	371	856
浙　江		123	283	916
安　徽		65	215	206
福　建		87	253	558
河　南		17	276	174
湖　北		80	316	330
广　东		110	331	634
重　庆		22	42	71
四　川		74	371	218
云　南		45	255	150
甘　肃		69	187	97
青　海		1	39	1

注：此表中各省（市）体育系统内相关行业包括体育行政部门、文体局、体育组织、体育场馆、健身休闲以及体育培训服务。（下表同）

表 11　按地区分组体育系统内相关行业法人单位数

（2007 年）

单位：个

指　标	全部法人	企业法人	机关事业法人	社团民非法人
总　计	9247	994	3587	4666
山　西		58	240	130
黑龙江		28	236	11
上　海		23	152	314
江　苏		111	363	856
浙　江		131	287	916
安　徽		66	218	206
福　建		93	256	558
河　南		18	278	174
湖　北		91	321	330
广　东		133	334	634
重　庆		22	41	71
四　川		96	376	218
云　南		50	256	150
甘　肃		72	190	97
青　海		2	39	1

表 12　按地区分组体育系统内相关行业法人单位从业人员

（2006 年）

单位：人

指　标	企业人员	机关事业人员	社团民非人员
总　计	28769	69332	46459
山　西	—	—	—
黑龙江	1171	4437	104
上　海	892	4266	1465
江　苏	2072	6954	1935
浙　江	3606	5313	4587
安　徽	1796	5374	1039
福　建	1377	4412	7502
河　南	402	6461	2363
湖　北	1637	5783	4059
广　东	10201	11325	16781
重　庆	335	489	810
四　川	1191	5717	2438
云　南	3143	4553	2962
甘　肃	923	3528	409
青　海	23	720	5

表 13　按地区分组体育系统内相关行业法人单位从业人员

（2007 年）

单位：人

指　标	企业人员	机关事业人员	社团民非人员
总　计	25585	60745	45279
山　西	—	—	—
黑龙江	1154	4707	102
上　海	277	4256	1215
江　苏	2309	7213	2752
浙　江	3727	5648	5026
安　徽	1874	5455	1326
福　建	1247	4371	8151
河　南	455	6015	2369
湖　北	1804	5838	4431
广　东	11002	11620	17377
重　庆	—	—	—
四　川	1736	5622	2530
云　南	—	—	—
甘　肃	—	—	—
青　海	—	—	—

注：1. 山西、重庆、云南、甘肃、青海等省（市）未对 2007 年的从业人员进行调查，所以从业人员数为缺失值；2. 总计数为 15 个调查省份数据。

体育社会事务管理机构

表 14　体育社会事务管理机构财务状况表

(执行行政事业单位会计制度的各级体育局)

单位：千元

指　标	2006 年	2007 年
法人单位数（个）	614	617
资产总计	6431648.2	8040650.2
固定资产原价	4653958.1	5049130.0
负债合计	2080820.5	2081681.8
收入合计	4828455.2	5685907.0
其中：财政拨款	2683093.7	3490869.5
上级补助收入	153955.9	195524.0
事业收入	1445350.8	1259996.3
经营收入	15425.5	25646.0
支出合计	4625419.9	5745407.6
其中：人员支出	625520.3	719836.7
公共支出	1691645.2	2064036.4
其中：福利费	16144.1	25031.1
劳务费	39886.8	32826.7
就业补助费	539.0	501.3
取暖费	6430.9	7740.6
差旅费	41629.7	48893.9
各种设备交通工具及图书资料购置费	237219.2	247983
对个人和家庭补助支出	190144.1	240278.8
其中：助学金	23873.7	26604.4
抚恤金和生活补助	7225.2	8151.0
经营税金	11.9	333.0

表 15　体育社会事务管理机构财务状况表

(填报文体局表式的体育社会事务综合管理单位)

指　标	2006 年	2007 年
单位数（个）	1013	1015
经常性业务支出（千元）	1981059.2	2951407.6
其中：体育部门	375556.0	487887.7
体育部门业务支出所占比重（%）	18.96	16.53
平均从业人员（人）	26304.0	27091.0
其中：体育部门	5984.0	6249.0
体育部门从业人员所占比重（%）	22.75	23.07

体育组织表

表 16 体育组织财务状况表

(执行行政事业单位会计制度单位)

单位：千元

指 标	2006 年	2007 年
法人单位数（个）	1284	1297
资产总计	680055.4	7591680.6
固定资产原价	5312312.2	5454767.4
负债合计	1008333.7	1057906.0
收入合计	4116768.8	5047964.9
其中：财政拨款	2778444.4	3278767.8
上级补助收入	337805.8	344173.3
事业收入	568954.0	898440.2
经营收入	98494.1	108108.0
支出合计	4066002.0	5353120.0
其中：人员支出	1638065.7	187832.9
公共支出	1400009.7	1897246.5
其中：福利费	52197.2	35661.4
劳务费	44224.8	45312.9
就业补助费	5167.5	4906.9
取暖费	29002.0	30755.2
差旅费	96394.1	120002.9
各种设备交通工具及图书资料购置费	126554.6	207174.3
对个人和家庭补助支出	471732.6	699798.1
其中：助学金	152794.8	146477.3
抚恤金和生活补助	9134.4	159283.2
经营税金	6812.1	9353.1

表 17 体育组织财务状况表

（执行民间非营利组织会计制度单位）

单位：千元

指　标	2006 年	2007 年
法人单位数（个）	4574	4574
资产总计	1067598.2	2745401.2
固定资产原价	356611.4	505715.5
累计折旧	140742.6	93032.1
负债合计	207550.6	327733.9
净资产合计	585627.4	1298687.9
其中：限定性净资产	68541.9	654924.5
非限定性净资产	337919.2	383345.7
收入合计	2830853.7	2071752.4
其中：捐赠收入	171753.8	175139.8
会费收入	53409.1	88628.0
提供服务收入	266210.8	727064.2
政府补助收入	185630.5	331895.8
商品销售收入	14793.8	19463.6
投资收益	1576.1	4038.8
其他收入	114318.9	226274.0
费用合计	958671.3	1963717.8
其中：业务活动成本	477509.4	1362074.9
其中：人员支出	66941.2	94987.3
税费	5673.7	5291.6
固定资产折旧	2844.6	22393.6
管理费用	210807.3	219499.9
其中：人员支出	118128.9	45441.6
税费	1149.7	1946.2
固定资产折旧	6696.5	8310.0
筹集费用	7678.5	9082.9
其他费用	115863.1	129986.3
净资产变动额	0.00	0.00

表 18　体育组织财务状况表

（执行企业会计制度单位）

单位：千元

指　标	2006 年	2007 年
法人单位数（个）	50	52
资产总计	193282.2	249278.4
固定资产原价	100851.3	117534.4
累计折旧	33612.5	37350.2
其中：本年折旧	11397.3	11481.7
负债合计	150550.8	208655.6
实收资本	136384.0	149846.7
其中：国家资本	12957.2	13012.7
集体资本	7077.9	24387.0
法人资本	101653.4	89153.4
个人资本	3992.8	8510.5
港澳台商资本	0.0	0.0
外商资本	1489.9	1519.8
营业收入合计	55442.7	63330.8
其中：主营业务收入	49595.7	56049.5
主营业务成本	50607.6	63391.9
主营业务税金及附加	2149.5	2117.4
营业费用	25107.0	25800.6
管理费用	25247.4	24689.5
财务费用	170.1	137.7
营业利润	–41409.4	–48284.0
利润总额	–62417.2	–46546.3
应付工资	28884.2	37739.4
应付福利费	1085.3	1840.1
劳动、失业保险费	2091.4	843.8
从业人员年平均人数（人）	831	779

体育场馆

表 19　体育场馆组织财务状况表

（执行行政事业单位会计制度单位）

单位：千元

指　标	2006 年	2007 年
法人单位数（个）	504	509
资产总计	7965446.0	8724749.4
固定资产原价	6979269.2	8080093.9
负债合计	1043790.1	874448.7
收入合计	1408097.2	1983879.0
其中：财政拨款	473789.9	706395.8
上级补助收入	81891.1	87690.6
事业收入	506945.7	763793.5
经营收入	192945.1	214784.8
支出合计	1325569.0	1702490.4
其中：人员支出	421060.8	497139.1
公共支出	539243.3	612052.8
其中：福利费	23426.0	19580.4
劳务费	16635.9	18539.4
就业补助费	251.5	160.0
取暖费	6944.9	6605.9
差旅费	11878.4	10936.7
各种设备交通工具及图书资料购置费	36200.5	55778.8
对个人和家庭补助支出	90859.0	111220.9
其中：助学金	10839.9	8800.3
抚恤金和生活补助	3162.6	5590.4
经营税金	42820.2	49308.3

表 20　体育场馆组织财务状况表

（执行企业会计制度单位）

单位：千元

指　标	2006 年	2007 年
法人单位数（个）	69	74
资产总计	3553402.3	3823644.6
固定资产原价	2437843.5	2906419.3
累计折旧	188970.5	436879.0
其中：本年折旧	72654.4	96881.5
负债合计	1003531.1	1266489.7
实收资本	898878.1	1479870.6
其中：国家资本	399476.0	812258.0
集体资本	68938.6	69546.1
法人资本	356263.5	357273.5
个人资本	18975.3	19025.3
港澳台商资本	42883.0	42883.0
外商资本	4680.0	4680.0
营业收入合计	134629.8	198246.1
其中：主营业务收入	106114.8	159985.8
主营业务成本	34413.2	51999.8
主营业务税金及附加	11078.8	13659.3
营业费用	45504.1	50271.9
管理费用	140517.8	188070.4
财务费用	542.4	–2606.2
营业利润	–96395.8	–88609.9
利润总额	–80068.3	–52322.4
应付工资	28569.8	41717.6
应付福利费	1361.8	3249.0
劳动、失业保险费	2178.6	3156.6
从业人员年平均人数（人）	2122	1202

体育健身休闲

表 21 按地区分组高校体育场馆对外经营情况

地区	2006年 对外开放收费合计（千元）	2006年 平均从业人员（人）	2007年 对外开放收费合计（千元）	2007年 平均从业人员（人）
总计	25868.8	3623	37561.9	4011
山西	23.0	11	75	38
黑龙江	3328.0	526	10475.0	573
上海	–	–	–	–
江苏	4023.4	200	4754.6	221
浙江	6844.0	161	7380.1	169
安徽	70.5	504	93.7	518
福建	2250.1	183	2650.7	193
河南	34.0	95	64.5	174
湖北	2810.4	500	4576.3	557
广东	5670.0	226	6571.0	276
重庆	419.0	97	481.0	98
四川	–	–	–	–
云南	307.8	996	306.5	1070
甘肃	88.6	124	133.5	124
青海	–	–	–	–

注：1. 高校对外经营的体育场馆为全面调查数据（除四川外）。

2. 总计数为 15 个调查省份数据。（下同）。

体育彩票

表 22　体育彩票管理中心单位财务状况表

单位：千元

指　标	2006 年	2007 年
法人单位数（个）	82	84
资产总计	3572219.7	4197799.5
固定资产原价	1202347.1	1449458.4
负债合计	2763178.7	3063491.8
收入合计	1416189.3	1455726.1
其中：财政拨款	35526.3	29585.2
上级补助收入	15341.0	20381.0
事业收入	779278.0	952483.8
经营收入	25585.4	28146.3
支出合计	2722037.1	1331671.1
其中：人员支出	78318.0	86507.2
公共支出	280418.6	276467.2
其中：福利费	3030.1	5540.0
劳务费	2702.5	4285.8
就业补助费	13.0	30.0
取暖费	1005.7	1303.7
差旅费	6361.2	7217.7
各种设备交通工具及图书资料购置费	16468.1	20144.5
对个人和家庭补助支出	6333.1	8431.6
其中：助学金	95.0	302.0
抚恤金和生活补助	752.8	755.0
经营税金	19317.5	13140.8

表 23　2006 年按地区分组体育彩票销售网点和从业人员数

单位：人

指　标	调查网点数	实际人数	平均每个网点从业人员数	实际网点数	测算人数
全国汇总	—	—	1.664772548	65128	108423.3065
总　计	31677	52735	1.664772548	36539	—
山　西	1081	1448	1.339500463	1123	1504.259019
黑龙江	2271	3273	1.441215324	2724	3925.870542
上　海	1141	1921	1.683610868	1298	2185.326906
江　苏	5718	9257	1.6189227	6126	9917.520462
浙　江	1981	4241	2.140837961	2010	4303.084301
安　徽	3106	4804	1.546683838	2949	4561.170637
福　建	3393	5698	1.679339817	3431	5761.814913
河　南	2779	5084	1.829435049	2857	5226.695934
湖　北	2666	3992	1.497374344	3008	4504.102026
广　东	2879	5389	1.871830497	5102	9550.079194
重　庆	674	967	1.434718101	1100	1578.189911
四　川	1692	2825	1.669621749	1958	3269.119385
云　南	1244	2486	1.998392283	1490	2977.604502
甘　肃	783	1069	1.365261814	1068	1458.099617
青　海	269	281	1.04460966	295	308.1598513

注：1. 体育彩票销售网点为全面调查数据。

2. 总计数为 15 个调查省份数据。（下同）。

表 24　2007 年按地区分组体育彩票销售网点和从业人员数

单位：人

指　标	调查网点数	实际人数	平均每个网点从业人员数	实际网点数	测算人数
全国汇总	—	—	1.660901077	78915	131070.0085
总　计	38909	64624	1.660901077	44782	—
山　西	1313	1762	1.341964966	1474	1978.056359
黑龙江	2702	3899	1.443005181	2858	4124.108808
上　海	1336	2240	1.676646707	1548	2595.449102
江　苏	6972	11073	1.588209983	7436	11809.92943
浙　江	3086	6363	2.061892417	3062	6313.514582
安　徽	3728	5604	1.503218884	3812	5730.270386
福　建	3455	6025	1.743849493	3233	5637.865412
河　南	3899	7027	1.802256989	4053	7304.547576
湖　北	2931	4483	1.529512112	3219	4923.499488
广　东	3351	6118	1.825723665	5824	10633.01462
重　庆	848	1386	1.634433962	1610	2631.438679
四　川	2297	3718	1.618633	2838	4593.680453
云　南	1713	3272	1.910099241	2055	3925.25394
甘　肃	1000	1363	1.363	1439	1961.357
青　海	278	291	1.04676259	321	336.0107914

表 25　2006 年按地区分组体育彩票销售网点主要经济指标

单位：千元

指　标	全年营业总支出	雇员报酬	缴纳税金费用	营业场地租金	全年营业总收入	体育彩票销售佣金收入	福利彩票销售佣金收入
总　计		364967.8	105913.4	282816.8		1308596.4	209050.9
山　西		7000.0	2947.1	10322.4		34125.5	18032.8
黑龙江		15902.0	8622.0	20542.0		89047.0	14474.0
上　海		18669.4	4258.0	6837.6		43448.8	11357.6
江　苏		65295.1	13938.7	42736.2		201054.4	38422.6
浙　江		58330.3	15032.1	37463.5		214409.4	681.5
安　徽		18997.5	6564.6	15244.6		57668.9	18454.2
福　建		25426.9	10104.9	23350.8		105665.9	1.0
河　南		20094.0	8451.7	18626.1		106624.0	8132.7
湖　北		24512.7	6527.6	20045.4		109980.6	284.1
广　东		50562.0	15643.0	46854.0		138622.0	53521.0
重　庆		4780.0	2359.2	5527.8		11886.1	11090.2
四　川		30549.8	4984.6	13609.8		92061.1	716.3
云　南		21164.0	3943.7	13032.1		66476.3	17778.5
甘　肃		3103.4	2496.9	6673.1		31592.6	16056.4
青　海		580.7	39.3	1951.4		5933.8	48.0

表 26　2007 年按地区分组体育彩票销售网点主要经济指标

单位：千元

指　标	全年营业总支出				全年营业总收入		
		雇员报酬	缴纳税金费用	营业场地租金		体育彩票销售佣金收入	福利彩票销售佣金收入
总　计		521039.2	135577.8	416453.2		1748114.3	318618.4
山　西		6953.5	3743.0	12994.9		38958.5	19737.0
黑龙江		19169.0	10214.0	24461.0		121229.0	16300.0
上　海		21826.6	5311.4	8166.2		51477.7	14946.0
江　苏		85761.1	18897.5	58474.7		288134.9	53015.5
浙　江		85687.1	23026.0	56694.7		291446.3	1281.9
安　徽		27273.2	7522.1	20640.8		75676.0	23445.6
福　建		28248.0	11941.1	25674.3		117583.1	0
河　南		27995.0	9971.0	25988.9		104417.2	10759.1
湖　北		28489.0	8002.6	23404.6		128048.8	349.0
广　东		113257.0	18684.0	107403.0		281972.0	89766.0
重　庆		6202.0	2983.7	6997.8		19045.9	44898.6
四　川		38760.5	6870.9	18226.1		107424.9	1131.8
云　南		26811.6	5393.0	16467.2		80605.0	23305.6
甘　肃		3897.4	3005.9	8696.8		35542.0	19630.3
青　海		708.2	11.6	2162.2		6553.0	52.0

体育中介

表 27　体育中介服务单位财务状况表

指　标	2006 年	2007 年
单位数（个）	113	136
总收入合计（千元）	198485.0	234083.2
其中：体育中介服务收入	48279.6	72644.5
体育中介服务收入所占比重（%）	24.32	31.03
年平均从业人员（人）	1731	2210

附件2

2007年福建省体育及相关产业发展情况分析报告

一、总体概况

2007年，我省体育及相关产业法人单位数4928个，比上年增长6.5%；总产出789.01亿元，比上年增长36.7%；实现增加值253.71亿元，比上年增长37.5%；从业人员519906人，比上年增长11.1%。

二、体育及相关产业总产出行业分布

（一）体育及相关产业总产出行业总体分布

2007年，体育制造业总产出754.12亿元，比上年增长36.8%，占全省体育及相关产业总产出的95.6%；体育销售业总产出17.42亿元，比上年增长30.3%，占全省体育及相关产业总产出的2.2%；体育服务业总产出10.53亿元，比上年增长12.6%，占全省体育及相关产业总产出的1.3%；体育建筑业总产出6.94亿元，比上年增长96.6%，占全省体育及相关产业总产出的0.9%（表1）。

表1 体育及相关产业总产出

单位：亿元

指标 行业	2006年		2007年		2007年比上年增长（%）
	总产出	占全省比重（%）	总产出	占全省比重（%）	
总　计	577.33	100	789.01	100	36.7
体育服务业	9.35	1.6	10.53	1.3	12.6
体育制造业	551.08	95.5	754.12	95.6	36.8
体育销售业	13.37	2.3	17.42	2.2	30.3
体育建筑业	3.53	0.6	6.94	0.9	96.6

（二）体育服务业总产出相关行业分布

2007年，我省体育服务业总产出10.53亿元。其中体育组织管理（体育事务管理机构及各类体育组织）总产出5.37亿元，比上年增长7.0%，占全省体育服务业总产出的51.0%；体育彩票总产出2.47亿元，比上年增长21.1%，占全省体育服务业总产出的23.4%；体育健身休闲总产出1.65亿元，比上年增长26.0%，占全省体育服务业总产出的15.7%；体育场馆管理总产出0.6亿元，与上年持平，占全省体育服务业总产值的5.7%；体育中介培训总产出0.44亿元，比上年增长15.8%，占全省体育服务业总产出的4.2%（表2）。

表2　体育服务业总产出

单位：亿元

指标 类别	2006年		2007年		2007年比上年增长（%）
	总产出	占行业比重（%）	总产出	占行业比重（%）	
总　计	9.35	100	10.53	100	12.6
体育组织管理	5.02	53.7	5.37	51.0	7.0
体育场馆管理	0.60	6.4	0.60	5.7	0
体育健身休闲	1.31	14.0	1.65	15.7	26.0
体育中介培训	0.38	4.1	0.44	4.2	15.8
体育彩票服务	2.04	21.8	2.47	23.4	21.1

（三）体育制造业总产出相关行业分布

2007年，我省体育制造业总产出754.12亿元。其中运动鞋帽制造总产出511.08亿元，比上年增长36.0%，占全省体育制造业总产出的67.8%；体育服装制造总产出166.9亿元，比上年增长47.0%，占全省体育制造业总产出的22.1%；体育用品制造总产出76.14亿元，比上年增长23.3%，占全省体育制造业总产出的10.1%（表3）。

表3　体育制造业总产出

单位：亿元

指标 类别	2006年		2007年		2007年比上年增长（%）
	总产出	占行业比重（%）	总产出	占行业比重（%）	
总　计	551.08	100	754.12	100	36.8
体育用品制造	61.77	11.2	76.14	10.1	23.3
体育服装制造	113.53	20.6	166.90	22.1	47.0
运动鞋帽制造	375.78	68.2	511.08	67.8	36.0

(四) 体育销售业总产出相关行业分布

2007 年，我省体育销售业总产出 17.42 亿元。其中体育服装销售总产出 10.93 亿元，比上年增长 38.9%，占全省体育销售业总产出的 62.8%；运动鞋帽销售总产出 5.58 亿元，比上年增长 18.2%，占全省体育销售业总产出的 32.0%；体育用品销售总产出 0.91 亿元，比上年增长 16.7%，占全省体育销售业总产出的 5.2%（表 4）。

表 4 体育销售业总产出

单位：亿元

指标 类别	2006 年		2007 年		2007 年比上
	总产出	占行业比重（%）	总产出	占行业比重（%）	年增长（%）
总 计	13.37	100	17.42	100	30.3
体育用品销售	0.78	5.8	0.91	5.2	16.7
体育服装销售	7.87	58.9	10.93	62.8	38.9
运动鞋帽销售	4.72	35.3	5.58	32.0	18.2

(五) 体育建筑业总产出相关行业分布

2007 年，体育建筑业总产出 6.94 亿元，比上年增长 96.6%，占全省体育及相关产业总产出的 0.9%。

表 5 体育建筑业总产出

单位：亿元

指标 类别	2006 年		2007 年		2007 年比上
	总产出	占全省比重（%）	总产出	占全省比重（%）	年增长（%）
体育建筑业	3.53	0.6	6.94	0.9	96.6

三、体育及相关产业增加值行业分布

(一) 体育及相关产业增加值行业总体分布

2007 年，我省体育及相关产业实现增加值 253.71 亿元。其中体育制造业实现增加值 236.33 亿元，比上年增长 38.7%，占全省体育及相关产业增加值的 93.1%；体育销售业实现增加值 8.94 亿元，比上年增长 11.6%，占全省体育及相关产业增加值的 3.5%；

体育服务业实现增加值6.24亿元，比上年增长23.1%，占全省体育及相关产业增加值的2.5%；体育建筑业实现增加值2.20亿元，比上年增长96.4%，占全省体育及相关产业增加值的0.9%（表6）。

表6　体育及相关产业增加值

单位：亿元

指标 类别	2006年		2007年		2007年比上年增长（%）
	增加值	占全省比重（%）	增加值	占全省比重（%）	
总　计	184.56	100	253.71	100	37.5
体育服务业	5.07	2.8	6.24	2.5	23.1
体育制造业	170.36	92.3	236.33	93.1	38.7
体育销售业	8.01	4.3	8.94	3.5	11.6
体育建筑业	1.12	0.6	2.20	0.9	96.4

（二）体育服务业增加值相关行业分布

2007年，我省体育服务业实现增加值6.24亿元。其中体育组织管理（体育事务管理机构及各类体育组织）实现增加值2.61亿元，比上年增长9.7%，占全省体育服务业增加值的41.8%；体育彩票服务实现增加值1.76亿元，比上年增长49.2%，占全省体育服务业增加值的28.2%；体育健身休闲实现增加值1.35亿元，比上年增长26.2%，占全省体育服务业增加值的21.6%；体育场馆管理实现增加值0.39亿元，比上年增长18.2%，占全省体育服务业增加值的6.3%；体育中介培训实现增加值0.13亿元，比上年增长18.2%，占全省体育服务业增加值的2.1%（表7）。

表7　体育服务业增加值

单位：亿元

指标 类别	2006年		2007年		2007年比上年增长（%）
	增加值	占行业比重（%）	增加值	占行业比重（%）	
总　计	5.07	100	6.24	100	23.1
体育组织管理	2.38	46.9	2.61	41.8	9.7
体育场馆管理	0.33	6.5	0.39	6.3	18.2
体育健身休闲	1.07	21.1	1.35	21.6	26.2
体育中介培训	0.11	2.2	0.13	2.1	18.2
体育彩票服务	1.18	23.3	1.76	28.2	49.2

(三) 体育制造业增加值相关行业分布

2007年，我省体育制造业实现增加值236.33亿元。其中运动鞋帽制造实现增加值166.09亿元，比上年增长39.3%，占全省体育制造业增加值的70.3%；体育服装制造实现增加值51.63亿元，比上年增长44.9%，占全省体育制造业增加值的21.8%；体育用品制造实现增加值18.61亿元，比上年增长19.9%，占全省体育制造业增加值的7.9%（表8）。

表8　体育制造业增加值

单位：亿元

类别＼指标	2006年		2007年		2007年比上年增长（%）
	增加值	占行业比重（%）	增加值	占行业比重（%）	
总　计	170.36	100	236.33	100	38.7
体育用品制造	15.52	9.1	18.61	7.9	19.9
体育服装制造	35.64	20.9	51.63	21.8	44.9
运动鞋帽制造	119.20	70.0	166.09	70.3	39.3

(四) 体育销售业增加值相关行业分布

2007年，我省体育销售业实现增加值8.94亿元。其中体育服装销售实现增加值5.83亿元，比上年增长29.8%，占全省体育销售业增加值的65.2%；运动鞋帽销售实现增加值2.54亿元，比上年减少14.8%，占全省体育销售业增加值的28.4%；体育用品销售实现增加值0.57亿元，比上年增长7.5%，占全省体育销售业增加值的6.4%（表9）。

表9　体育销售业增加值

单位：亿元

类别＼指标	2006年		2007年		2007年比上年增长（%）
	增加值	占行业比重（%）	增加值	占行业比重（%）	
总　计	8.00	100	8.94	100	11.8
体育用品销售	0.53	6.6	0.57	6.4	7.5
体育服装销售	4.49	56.1	5.83	65.2	29.8
运动鞋帽销售	2.98	37.3	2.54	28.4	−14.8

（五）体育建筑业增加值相关行业分布

2007年，体育建筑业实现增加值2.20亿元，比上年增长96.4%，占全省体育及相关产业增加值的0.9%（表10）。

表10　体育建筑业增加值

单位：亿元

类别＼指标	2006年		2007年		2007年比上年增长（%）
	增加值	占全省比重（%）	增加值	占全省比重（%）	
体育建筑业	1.12	0.6	2.20	0.9	96.4

四、体育及相关产业从业人员行业分布

（一）体育及相关产业从业人员行业总体分布

2007年，我省体育及相关产业从业人员519906人。其中体育制造业从业人员486459人，比上年增长10.7%，占全省体育及相关产业从业人员的93.5%；体育服务业从业人员20670人，比上年增长7.7%，占全省体育及相关产业从业人员的4.0%；体育建筑业从业人员6470人，比上年增长83.8%，占全省体育及相关产业从业人员的1.3%；体育销售业从业人员6307人，比上年增长5.0%，占全省体育及相关产业从业人员的1.2%（表11）。

表11　体育及相关产业从业人员分布

单位：人

类别＼指标	2006年		2007年		2007年比上年增长（%）
	从业人员	占全省比重（%）	从业人员	占全省比重（%）	
总　计	468099	100	519906	100	11.1
体育服务业	19201	4.1	20670	4.0	7.7
体育制造业	439370	93.8	486459	93.5	10.7
体育销售业	6007	1.3	6307	1.2	5.0
体育建筑业	3521	0.8	6470	1.3	83.8

（二）体育服务业从业人员相关行业分布

2007 年，我省体育服务业从业人员 20670 人。其中体育组织管理（体育事务管理机构及各类体育组织）从业人员 9468 人，比上年增长 9.3%，占全省体育服务业从业人员的 45.8%；体育彩票服务从业人员 6439 人，比上年增长 1.5%，占全省体育服务业从业人员的 31.2%；体育健身休闲从业人员 3660 人，比上年增长 20.0%，占全省体育服务业从业人员的 17.7%；体育场馆管理从业人员 560 人，比上年减少 18.4%，占全省体育服务业从业人员的 2.7%；体育中介培训从业人员 543 人，比上年增长 17.0%，占全省体育服务业从业人员的 2.6%（表 12）。

表 12　体育服务业从业人员

单位：人

指标 / 类别	2006 年		2007 年		2007 年比上年增长（%）
	从业人员	占行业比重（%）	从业人员	占行业比重（%）	
总　计	19201	100	20670	100	7.7
体育组织管理	8659	45.1	9468	45.8	9.3
体育场馆管理	686	3.6	560	2.7	−18.4
体育健身休闲	3050	15.9	3660	17.7	20.0
体育中介培训	464	2.4	543	2.6	17.0
体育彩票服务	6342	33.0	6439	31.2	1.5

（三）体育制造业从业人员相关行业分布

2007 年，我省体育制造业从业人员 486459 人。其中运动鞋帽制造业从业人员330757 人，比上年增长 3.9%，占全省体育制造业从业人员的 68.0%；体育服装制造从业人员 105730 人，比上年增长 35.3%，占全省体育制造业从业人员的 21.7%；体育用品制造从业人员 49972 人，比上年增长 16.2%，占全省体育制造业从业人员的 10.3%（表 13）。

表 13 体育制造业从业人员

单位：人

指标 / 类别	2006 年		2007 年		2007 年比上年增长（%）
	从业人员	占行业比重（%）	从业人员	占行业比重（%）	
总　计	439370	100	486459	100	10.7
体育用品制造	43013	9.8	49972	10.3	16.2
体育服装制造	78164	17.8	105730	21.7	35.3
运动鞋帽制造	318193	72.4	330757	68.0	3.9

（四）体育销售业从业人员相关行业分布

2007 年，我省体育销售业从业人员 6307 人。其中运动鞋帽销售从业人员 2761 人，比上年增加 3.6%，占全省体育销售业从业人员的 43.8%；体育服装销售业从业人员 2522 人，比上年增长 5.5%，占全省体育销售业从业人员的 40.0%；体育用品销售从业人员 1024 人，比上年增长 7.5%，占全省体育销售业从业人员的 16.2%（表 14）。

表 14　体育销售业从业人员

单位：人

指标 类别	2006 年		2007 年		2007 年比上年增长（%）
	从业人员	占行业比重（%）	从业人员	占行业比重（%）	
总　计	6007	100	6307	100	5.0
体育用品销售	953	15.9	1024	16.2	7.5
体育服装销售	2390	39.8	2522	40.0	5.5
运动鞋帽销售	2664	44.3	2761	43.8	3.6

（五）体育建筑业从业人员相关行业分布

2007 年，体育建筑业从业人员 6470 人，比上年增长 83.8%，占全省体育及相关产业从业人员的 1.3%（表 15）。

表 15　体育建筑业从业人员

单位：人

指标 类别	2006 年		2007 年		2007 年比上年增长（%）
	从业人员	占全省比重（%）	从业人员	占全省比重（%）	
体育建筑业	3521	0.8	6470	1.3	83.8

五、体育及相关产业法人单位数行业分布

2007 年，体育制造业法人单位数 3114 个，比上年增长 8.8%，占全省体育及相关产业法人单位数的 63.2%；体育服务业法人单位数 1129 个，比上年增长 0.9%，占全省体育及相关产业法人单位数的 22.9%；体育销售业法人单位数 685 个，比上年增长 5.9%，占全省体育及相关产业法人单位数的 13.9%（表 16）。

表 16　体育及相关产业法人单位数

单位：个

指标 行业	2006 年		2007 年		2007 年比上年增长（%）
	法人单位数	占全省比重（%）	法人单位数	占全省比重（%）	
总　计	4627	100	4928	100	6.5
体育服务业	1119	24.2	1129	22.9	0.9
体育制造业	2862	61.8	3114	63.2	8.8
体育销售业	646	14.0	685	13.9	5.9

附件3

浙江省体育及相关产业专项调查报告及数据分析

为全面反映体育及相关产业发展情况，进一步完善体育及相关产业政策，促进体育及相关产业又好又快发展，2008年6月国家体育总局和国家统计局联合下发了《我国体育及相关产业分类（试行）》，并制定了《我国体育及相关产业专项调查实施方案》。10月，根据国家体育总局、国家统计局和国家发改委《关于开展全国体育及相关产业专项调查工作通知》的统一部署，全国15个省市组织了这次体育及相关产业专项调查，浙江省是参与本次专项调查15个省市之一。2008年10月至2009年2月，浙江省体育局、浙江省统计局联合对2006及2007年浙江省体育及相关产业的总产出、增加值、从业人员等指标及产业结构数据进行了调查，然后对2006、2007年全省体育产业的增加值进行了测算。

一、体育产业的界定

根据《体育及相关产业分类（试行）》办法，以国民经济行业分类为产业基础，结合国内外体育及相关产业实践界和理论界的经验，从统计工作的角度出发，将体育及相关产业的概念界定为："为社会公众提供体育服务和产品的活动，以及与这些活动有关联的活动的集合。"依据上述概念的界定，体育及相关产业的范围包括以下几方面。

（一）专门为社会公众提供比赛、训练、辅导和管理的组织的活动，如体育事务管理机构、各类体育组织以及体育社会团体的活动。

（二）为社会公众提供观赏比赛和专业训练的体育场馆管理活动，如综合性比赛场馆、训练用场地的管理活动。

（三）为社会公众提供的可供参与和选择的各种健身休闲活动场所的管理活动。

（四）为社会公众提供的体育中介活动，如各种体育商务代理、经纪、咨询活动。

（五）为社会公众提供的其他体育服务活动。包括体育培训、体育科研服务、体育彩票服务、体育传媒服务、体育展览服务、体育市场管理服务、体育场馆设计服务、体育场所保洁服务和体育文物及文化保护服务。

（六）提供体育服务所必须的体育用品、服装、鞋帽及相关体育产品的制造活动。

（七）提供体育服务所必须的体育用品、服装、鞋帽及相关体育产品的销售活动。

（八）提供体育服务所必须的体育场馆建筑活动。

根据其概念和活动范围，将体育及相关产业划分为3个层次。体育及相关产业分类总框架分为8个大类，并对每个大类再进一步细分为24个中类，57个小类。（详见《体育及相关产业分类(试行)》）

二、体育及相关产业专项调查范围和资料采集方法

（一）体育及相关产业专项调查范围

本次体育及相关产业专项调查范围与现行的国民经济行业统计存在交叉现象，为避免重复统计，总体思路是：以现行政府综合统计、各类普查及相关部门统计和财务报表等行政记录为基础，结合本次体育及相关产业专项调查，采用全面调查、抽样调查、典型调查及在现有数据的基础上整理、测算体育及相关产业主要经济指标。

按照国家实施方案，本次专项调查必须包括的范围主要是：体育组织活动；体育场馆活动；体育健身休闲活动；体育中介活动；其他体育活动中的体育培训服务、体育彩票服务；体育产品制造中的体育用品、服装、鞋帽制造；体育产品销售中的体育用品、服装、鞋帽销售；体育场馆建筑活动。除了体育彩票服务外，对个体经济不作要求。

为了全面反映全省体育及相关产业的状况，根据浙江实际，本次专项调查，补充测算了国家方案中没有列入调查范围的有关内容：（1）其他体育活动中的体育科研服务、体育传媒服务、体育展览服务、体育市场管理服务、体育场馆设计服务、体育场所保洁服务、体育文物及文化保护服务等。（2）体育用品、服装、鞋帽及相关体育产品制造中的相关体育产品的制造。（3）体育用品、服装、鞋帽及相关体育产品销售中的相关体育产品的销售。（4）体育用品、服装、鞋帽及相关体育产品制造中的个体经济。（5）体育用品、服装、鞋帽及相关体育产品销售中的个体经济。

（二）体育及相关产业基本统计指标的采集方法

1. 体育制造业基础指标资料收集与整理

首先，根据政府统计部门工业统计制度方法，分规模以上工业企业、规模以下工业企业、个体工业三部分计算工业增加值。

⑴全部国有及年产品销售收入500万元以上工业（下称规模以上工业）相关体育产业行业基础指标，由现行工业统计调查超级汇总资料加工整理计算产生分行业小类增加值。

⑵规模以下工业企业及个体相关体育产业行业基础指标，根据国家统计局浙江调查总队的抽样调查资料，按收入法计算。

⑶产业活动单位增加值按经济普查年度产业活动单位增加值占全部工业增加值的比重进行推算。

规模以下个体及产业活动单位分行业小类增加值按2004年经济普查年度规模以下各行业小类比重进行推算。

其次，按照《浙江省体育及相关产业专项调查实施方案》，通过抽样调查方法，在全省15299个纺织服装、制帽、皮鞋、橡胶靴鞋制造小类行业企业中抽取了1537家单位进行抽样调查，取得全省体育用品制造所占的比重，按比例推算以上行业体育制造业的增加值。

第三，对延伸行业，包括游艺用品及室内游艺器材制造；绳、索、缆的制造；皮箱、包(袋)制造；茶饮料及其他软饮料制造；武器弹药制造；机械化农业及园艺机具制造；汽车车身、挂车的制造；脚踏自行车及残疾人座车制造；车辆专用照明及电气信号设备装置制造，按名录库资料，采用一定比例系数推算相关体育产品制造业的增加值。

2. 体育批零业基础指标资料收集与整理

首先，计算体育产品批发零售贸易业分行业增加值，基础指标资料分限额以上企业、限额以下企业、个体经营户三部分计算增加值。

⑴限额以上批发零售贸易体育产业行业的基础指标，由现行商业统计调查的超级汇总资料加工整理计算产生分行业小类增加值。

⑵限额以下、个体户及产业活动单位批发零售贸易体育产业行业的基础指标，根据2004年经济普查限下比例进行推算。

其次，按照《浙江省体育及相关产业专项调查实施方案》，通过抽样调查方法，在全省3532个服装、鞋帽批发和零售业的企业中抽取了608家单位进行抽样调查，取得全省体育用品批发或零售所占比重；通过典型调查方法，在全省除丽水外的10个市地，抽取10家百货公司、10家超级市场，取得全省百货零售、超级市场零售中体育用品所占比重，按比例推算以上行业体育批发零售贸易业的增加值。

第三，对延伸行业，包括图书批发、报刊批发、音像制品及电子出版物批发、其他文化用品批发，按名录库资料，采用一定比例系数推算相关体育产品销售业的增加值。

3. 体育服务业基础指标资料收集与整理

(1) 通过全面调查收集资料。具体行业包括社会事务管理机构、体育组织、体育场馆、体育健身休闲中的高校体育场馆、体育彩票服务、体育培训服务等。按照《浙江省体育及相关产业专项调查实施方案》，由各级体育局、统计局会同工商、民政等部门建立上述行业单位名录库，对名录库中2006、2007年底在册的1356家法人单位和3091家彩票个体销售网点进行全面调查。根据调查表的有关数据，按收入法计算各行业增加值。

(2) 按抽样调查资料进行推算。具体行业包括体育健身休闲活动中向社会开放的休闲健身娱乐场所和其他体育娱乐场所的管理。按照《浙江省体育及相关产业专项调查实施方案》，通过抽样调查方法，在全省 387 个体育健身休闲企业中抽取了 100 家单位、在全省 450 个三星级及以上宾馆饭店中分别抽取了 66 家单位进行抽样调查，取得全省体育健身休闲企业有关数据和比重，推算全省体育健身休闲行业的增加值。

(3) 按典型调查资料进行推算。具体行业包括体育中介活动中的体育商务服务、体育经济咨询服务和体育经纪服务。按照《浙江省体育及相关产业专项调查实施方案》，对省内部分体育中介企业总产出、增加值及其构成进行典型调查，结合统计局名录库以及 2004 年经济普查相关比例系数进行推算。

(4) 按常规统计资料进行推算。具体行业包括体育科研服务、图书出版、期刊出版、音像制作、音像制品出版、广播、电视、体育展览服务、体育市场管理服务、体育场馆设计服务、体育场所保洁服务、体育文物及文化保护服务。由于以上行业属于体育产业的延伸层，不完全是体育产业活动，本次调查中没有涉及这些行业的调查。因此，测算过程中按照日常统计的要求，对行业小类进行测算，并结合名录库资料按一定的比例系数对相关体育产业的总产出、增加值进行推算。

4. 体育建筑业基础指标资料收集与整理

按照《浙江省体育及相关产业专项调查实施方案》，对省内有关体育场馆的投资根据统计部门固定资产投资统计年报资料进行推算，并核算体育建筑业的总产出、增加值。

三、2007 年浙江省体育及相关产业发展简析

(一) 产业发展现状

经调查测算，2007 年全省体育产业总产出 528.31 亿元（其中，国家口径为 419.40 亿元），实现增加值 140.25 亿元（其中，国家口径为 109.08 亿元），按可比价格计算，比 2006 年增长 19.7%，比同年 GDP 增幅 14.7%高 5.0 个百分点。2007 年，全省体育产业增加值占全省 GDP 的比重为 0.75%（其中，国家口径为 0.58%），比 2006 年的比重提高 0.03 个百分点。2007 年全省体育产业从业人员（不包括个体体育用品制造业和销售业）为 22.56 万人，比 2006 年 20.90 万人增长 7.9%。

(1) 增加值分行业比重看，2007 年，体育服务业、体育制造业、体育销售业和体育建筑业分别实现增加值为 15.76 亿元、102.43 亿元、20.68 亿元和 1.38 亿元，占全部体育产业增加值的比重为 11.2%、73.0%、14.8%和 1.0%，与 2006 年相比，体育服务业、体育制造业、体育建筑业占比重分别下降 0.5、2.4 和 0.1 个百分点，体育销售业占比重上升了 3.0 个百分点。

(2) 增加值分行业增幅看，2007 年，体育服务业、体育制造业、体育销售业和体育建筑业实现增加值按可比价格计算，分别比上年增长 16.7%、16.0%、47.5%和 8.0%，

其中，体育销售业增加值增幅最快，比全部体育产业增幅 19.7%高 27.8 个百分点，而体育建筑业增幅相对较慢，仅增长 8.0%，远低于全部体育产业的增长速度。

(3) 从业人员分行业比重看，2007 年，体育服务业、体育制造业、体育销售业和体育建筑业从业人员（不包括个体体育用品制造业和销售业）分别为 3.09 万人、17.60 万人、0.80 万人和 1.70 万人，占全部体育产业从业人员的比重为 13.7%、78.0%、3.5% 和 4.8%，与 2006 年相比，体育制造业、体育建筑业占比重分别下降 0.5 个百分点，体育服务业、体育销售业占比重上升了 0.2 和 0.8 个百分点。

(4) 从业人员分行业增幅看，2007 年，体育服务业、体育制造业、体育销售业从业人员分别比上年增长 9.6%、7.3%和 40.4%，而体育建筑业从业人员下降了 3.6%。增幅最快的是体育销售业，比全部体育产业增幅 7.9%高 32.5 个百分点。

表 1　2007 年浙江省体育产业分行业总产出、增加值表

单位：亿元

行业分类	总产出		增加值		增加值比重（%）		2007 年比 2006 年增长（%）
	2007 年	2006 年	2007 年	2006 年	2007 年	2006 年	
体育服务业	34.78	29.59	15.76	13.31	11.2	11.7	16.7
体育制造业	445.19	368.59	102.43	85.82	73.0	75.4	16.0
体育批零业	42.78	28.22	20.68	13.40	14.8	11.8	47.5
体育建筑业	5.56	5.25	1.38	1.21	1.0	1.1	8.0
合　计	528.31	431.65	140.25	113.75	100.0	100.0	19.7

注：增长速度按可比价格计算。

表 2　2007 年浙江省体育产业分行业从业人员比较

单位：万人

行业分类	2007 年		2006 年		2007 年比 2006 年
	绝对数	比重（%）	绝对数	比重（%）	增长（%）
体育服务业	3.09	13.7	2.82	13.5	9.6
体育制造业	17.60	78.0	16.40	78.5	7.3
体育批零业	0.80	3.5	0.57	2.7	40.4
体育建筑业	1.07	4.8	1.11	5.3	–3.6
合　计	22.56	100.0	20.90	100.0	7.9

注：从业人员数为本次专项调查测算数据，除了彩票销售网点外，均不包括个体。

（二）行业主要特征

1. 体育产品制造业比重大，增速低于平均水平

2007年，全省体育产品制造业总产出445.19亿元，增加值102.43亿元，按可比价格计算，比2006年增长16.0%，低于全部体育产业增长速度3.7个百分点，是体育产业生产、服务、销售、投资四个环节中增长较慢的行业之一。体育制造业增加值占全部体育产业的比重最大，2006年、2007年分别高达75.4%和73.0%，其中体育用品制造业20.69亿元，体育服装制造业31.83亿元，体育橡胶鞋制造业31.06亿元，占了全部体育制造业的80%以上。

2. 体育产品销售业增幅最快，个体贸易比重较高

2007年，全省体育产业的批发零售业总产出42.78亿元，增加值20.68亿元，比2006年增长47.5%，是体育产业生产、服务、销售、投资四个环节中增长最快的行业。主要原因是我省限额以上批发业从事体育产品批发企业较少，2007年较2006年从事体育产品批发企业增加了两家，占全部的三分之一，导致该行业的增加值有了较大幅度增长。另外，我省体育产品销售业中的个体贸易比重较高，占整个批零业增加值的60%以上。

3. 体育服务业增长势头良好，彩票业发展迅速

2007年，全省体育服务业总产出34.78亿元，增加值15.76亿元，按可比价格计算，比2006年增长16.7%，保持了较快稳定增长的态势，是体育产业生产、服务、销售、投资四个环节中仅次于体育产品销售业，增长较快的行业之一。体育服务业能保持较快稳定发展，主要得益于近几年来我省体育彩票事业的快速发展。2007年全省彩票销售网点达到3090个，平均从业人员0.62万人，分别比2006年增长56.1%和47.8%。全年营业总收入3.99亿元，比2006年增长30.6%；创造增加值2.77亿元，比2006年增长27.6%，增幅比体育服务业高出9个百分点以上。体育彩票业作为体育服务业的新兴产业，发展势头良好，发挥了不可低估的作用。同时也促进了我省体育场馆的迅速发展。2007年全省体育场馆创造增加值2.09亿元，比2006年增长28.2%，也远远高出体育服务业的增长速度。

4. 体育场馆建设稳步推进，促进了全省体育事业的发展

2007年，全省体育场馆建设创造的增加值1.38亿元，按可比价格计算，比2006年增长8.0%。近几年来，我省彩票事业的发展带动了全省体育场馆的建设，截至2007年底，体育学校萧山基地、绍兴游泳健身中心等一批场馆兴建完工，进一步促进了我省体育事业的发展。

5. **个体经济比重大，对体育产业发展有一定影响**

与我省经济所有制结构类似，个体经济在全省体育产业中也扮演了较重要的角色。2007年，全省体育及相关产业增加值为140.25亿元，其中根据国家测算，除了彩票销售网点外，不含个体经济的总量为109.08亿元，如再扣除彩票网点创造的增加值后，个体经济在全省体育产业中的份额将达到20%以上，对我省体育产业的发展起到了一定的影响作用。

（三）存在的主要问题

目前，我省体育产业发展总的势头是好的，体育及相关产业的增长速度也明显高于同期全省GDP的增长速度，体育产业的发展已经初具规模。但从调查数据行业特征看，体育产业发展中仍存在不少问题。

1. **体育及相关产业的发展结构不尽合理**

体育产品制造业仍占据大部分，而体育的本体产业——体育服务业比重较低。2006年体育产品制造业增加值占了全部体育及相关产业增加值的75.4%，2007年也占了73.0%。而体育服务业2006年仅占11.7%，2007年还下降了0.5个百分点。同全国一样，我省体育服务业比重低、发展较慢是全省体育产业增加值比重偏低的重要原因之一。

2. **体育服务业内部发展不平衡**

体育服务业内部各行业之间的发展不够平衡。2007年全省体育服务业实现增加值15.76亿元，按现价计算，平均增速为18%。其中，体育场馆管理和体育彩票业的增加值增速均在27%以上；而占全省体育服务业比重超过三分之一的体育健身休闲，实现增加值5.13亿元，仅比2006年增长10%左右，其中，全省88所全日制高校的体育场馆，对外经营的24家，不到30%，2007年对外开放收费仅737.5万元，比2006年增长7.8%，也低于全省体育健身休闲服务业的增长水平。体育中介和体育培训还处于刚刚起步的萌芽状态，实现增加值仅为0.22、0.40亿元。

3. **体育产业的生产、销售、服务及建筑业效益差异较大**

从生产效益看，体育销售效益最好，服务次之，建筑业第三，体育产品制造最低。体育产品生产、销售、服务及建筑的增加值率分别为23.0%、48.3% 、45.3%和24.8%。我省体育制造业增加值占全部体育产业的比重最大，而体育产业生产环节的中间消耗占总产出的比重也最大，高达77%，投入产出效益远不如销售和服务两个环节。

4. 体育企业核心竞争力不强

2007年，我省体育产品生产、销售企业中，规模以上企业不到300家，绝大多数为小型企业或个体企业。企业规模小，经营管理陈旧，市场运作不规范，研发能力低，缺乏自主品牌，限制了企业的发展和竞争的活力。

（四）对策建议

1. 构建良好的政策环境，逐步提高体育产业整体发展水平

按照“依托场馆、紧扣本体、全面发展、服务社会”的发展方向，制定《浙江省体育产业发展指导意见》和《浙江省体育产业发展规划（2010—2015年）》，建议通过制定差别税率和减免税政策，鼓励社会投资体育健身休闲项目、体育场馆设施建设项目、体育竞赛表演项目和新型体育服务项目等。要进一步完善我省体育产业统计制度，为宏观决策和体育产业政策制定提供信息咨询，逐步提高全省体育产业发展的整体水平。

2. 开展体育运动休闲基地创建，积极发展体育运动休闲产业

抓住后奥运时代到来和经济转型升级的契机，依托长三角经济圈的区位优势和自身条件优越的环境，以杭州富阳市全国体育产业（运动休闲）基地为龙头，通过大力倡导体育运动休闲、开展体育休闲运动基地创建活动，争创国家体育休闲产业基地，刺激运动消费需求，促进体育产业和旅游业互动提升。

3. 引进和举办国内外高水平体育赛事，努力发展体育竞赛表演业

充分调动社会办赛、商业办赛的积极性，引进和举办国内外高水平的体育赛事，激活我省体育竞赛表演市场，提高体育竞赛表演的商业化程度，鼓励社会各界承办体育赛事或以冠名、特许、指定、专营等方式赞助体育赛事，加快体育无形资产开发，努力开拓我省体育竞赛表演业的市场。

4. 大力扶持体育制造、服务的“龙头企业”，不断提升市场竞争力

引导企业加大科研投入，力求在创新、科技、管理、质量、营销、人才等方面下工夫，努力实施体育品牌发展战略；政府要出台相应扶持政策，省里正在筹备成立浙江省体育产业联合会，进一步加大对全省体育用品制造和体育服务“龙头企业”的扶持和服务力度。要加强对体育无形资产的开发和利用，不断提高企业的科技含量和品牌含金量，提升其市场竞争力。

5. 积极培养体育产业专业人才，促进会展、中介、经纪等行业发展

充分利用省内外高等院校的师资、人才资源，通过设立体育MBA专业等方式，积极培养懂得国际体育商贸规则和运作技巧的高级体育经营管理人才。大力发展体育职业培训，培养体育市场急需的各类体育专业技术人才，重点培养社会体育指导员（职业）、体育经纪人等纳入国家职业资格的体育专业从业人员，以进一步促进我省体育会展、培训、中介、经纪等行业的发展。

附件 4

江苏省体育及相关产业专项调查工作报告

随着我国社会主义市场经济体制的不断完善，体育产业化、市场化程度日益提高，产业领域不断拓宽，发展规模逐渐增大。体育产业已逐步成为一个蕴藏着巨大商机的新兴产业，在国民经济发展中的作用与影响也日益显现。为了解我省体育产业发展的规模和水平，为各级政府和有关部门制定体育产业发展政策提供依据，根据国家体育总局的要求，省体育局和省统计局共同开展了江苏省体育及相关产业专项调查工作，通过调查初步摸清了我省体育产业及相关产业的发展状况。

一、体育及相关产业专项调查工作背景

经过了改革开放三十年的历程，我国已初步建成了有中国特色的社会主义市场经济体系，以举办北京奥运会为标志，我国体育事业也迈上了一个新台阶。在这个时代形势下，发展体育产业，既是历史的必然，是市场经济的必然要求，也是体育事业进一步发展的必然要求。体育事业与体育产业的协调发展是体育工作全面协调可持续发展的重要内容。但是目前体育产业发展还远远未能达到与体育事业“并驾齐驱”的地位，还未能纳入国民经济和社会发展总体规划，这其中一个重要原因就是长期以来体育产业概念不清晰，没有建立系统科学的体育产业统计指标体系，我们一直无法准确地把握我国体育产业的总体规模、产业结构特征、发展现状和未来趋势，无法准确论证我国体育产业在国民经济发展中的地位和作用。这一问题在一定程度上影响了我国体育产业宏观管理和决策水平，同时也影响了我国国民经济统计的质量，以及国民经济的宏观决策水平。这一问题已经得到总局层面的高度重视。从 2006 年 5 月开始，国家体育总局联合国家统计局共同开展了全国体育及相关产业统计研究工作，形成了“我国体育产业统计现状研究报告”“我国其他行业统计制度研究报告”“体育及相关产业的概念”“体育及相关产业统计分类”等八篇科研报告，为统一我国体育产业统计口径、开展全国体育产业统计工作、探索我国体育产业统计长效机制打下了扎实的基础。尤其值得肯定的是，“中国体育及相关产业分类”被国家统计局采纳，并于 2008 年 6 月 18 日由国家统计局和国家体育总局联合发布，这是我国体育行业的第一个国家统计标准，为今后全国和各省市开展体育产业统计工作提供了统一的标准。2008 年 11 月，国家体育总局、国家发改

委、国家统计局联合下发了《关于做好全国体育及相关产业专项调查的通知》，正式启动了全国体育及相关产业调查工作，在全国 15 个省（市）开展2006、2007 两年体育及相关产业核心指标数据的专项调查。目的就是要全面掌握体育产业发展状况的基础数据，客观、全面、真实地了解我国体育产业基本状态，为制定体育产业规划和政策提供科学的指导和依据。

二、体育及相关产业专项调查组织实施情况

（一）加强组织领导

全国体育产业及相关产业专项调查工作是我国开展的第一次体育产业专项调查，涉及面广、情况复杂、工作难度大。我局领导高度重视专项调查工作，多次与省发改委、省统计局协调，取得了他们的积极支持。为加强对专项调查工作的领导，省体育局、省发改委和省统计局联合成立全省体育产业及相关产业专项调查领导小组。领导小组组长由省统计局分管局长担任，副组长由省体育局分管局长担任，领导小组成员由省统计局国民经济核算处、统计设计管理处、工业统计处、贸易与外经处、社会科技处、省发改委社会发展处、省体育局体育经济处、产业指导中心、体育装备中心、体育信息中心的相关负责人组成。领导小组下设办公室，具体负责专项调查的组织实施工作，主要工作包括：组织专项调查培训、对各市专项调查工作进行监督和指导、对各市上报数据进行审核后统一录入、负责对我省体育产业及相关产业核心指标的数据进行测算、承担与总局专项调查领导小组办公室的日常沟通协调工作。

（二）科学合理制定专项调查方案

在广泛调研的基础上我们联合省统计局制定了我省专项调查实施方案。在专项调查方案的设计上既遵循统计工作的一般规律，符合统计工作的基本要求，又充分考虑我省目前体育产业发展阶段和体育产业工作的实际情况，兼顾了科学性与可行性。实施方案明确了调查任务是获取 2006 和 2007 两个年度我省体育产业及相关产业的总产出、增加值、从业人员等指标及体育产业结构。调查方法分为全面调查、抽样调查、典型调查及在现有数据的基础上进行推测算等。确定的调查范围包括社会事务管理机构，体育组织，体育场馆，体育健身休闲，体育中介服务，体育培训服务，体育彩票服务，体育用品、服装及鞋帽制造，体育用品、服装及鞋帽销售，体育建筑等 8 个大类、57 个小类的机关、社会团体、事业、企业及体育民办非企业（单位）。这样一方面确保了调查范围的全面性，做到能够反映体育产业及相关产业的总体规模、结构和对国民经济增长的贡献。另一方面做到抓大放小、因地制宜、便于操作。有些业态如体育中介、体育培训在我省发展尚未成熟、代表性不强，本次专项调查也将其列入调查范围，但不作为调查

的重点。相反，对于体育用品、服装鞋帽销售、制造等传统行业由于在体育产业中所占的比重较大，故作为这次专项调查的重点，在总局要求的抽样数量上有所增加。

（三）切实做好各项保障工作

一是积极争取省发改委、省统计局等相关部门的支持。体育及相关产业专项调查工作涉及社会的很多方面，仅靠体育部门是不行的，我们积极争取发改、统计等相关部门的支持。全国专项调查培训会后我们积极与省统计局沟通、协调，取得统计部门的大力支持，明确社会面的统计工作由省统计局组织实施。2008 年 11 月 10 日收到国家体育总局办公厅等三部门的联合发文以后，我们立即与省发改委、省统计局联系，第一时间将发文转发下去，使基层单位能够迅速了解通知精神。

二是在专项调查实施过程中，我们创新工作思路，建立一系列工作制度，如建立了调查工作联络员制度和专项调查工作 QQ 群，开展一线指导工作，通过电话、网络及时解答来自全省各地的实际操作问题，全程支持市、县的工作，确保专项调查工作的有序进行。

三是做好相关经费保障。“兵马未动，粮草先行”，经费保障对于专项调查的顺利实施是至关重要的。根据我省专项调查实施方案对各阶段工作的要求和以往开展统计工作的经验，参考周边省、市的情况，我们对本次专项调查所需经费进行了认真测算，积极向财政部门申请了专项调查工作经费，以保障专项调查的顺利实施。

（四）认真开展业务培训

根据工作分工的特点，我省的专项调查培训采取了体育系统和统计系统分别进行的方式。2008 年 12 月 19 日，省统计局召开了全省体育产业专项调查统计系统工作会议。各省辖市统计局分管副局长和业务处长，省局相关处室负责人近 40 人参加了会议。会上，省统计局夏心旻副局长强调对这次体育产业调查，一要提高认识，明确专项调查的意义；二要突出重点，明确各自的调查任务；三要加强领导，明确工作责任。会议布置了调查任务，讲解了调查范围、调查原则和抽样方法，并对调查表的填写、分发、上报提出了具体的要求。

12 月 23 日省体育局召开了全省体育及相关产业专项调查体育系统工作会议。省体育局副巡视员张辰方，体育经济处主要负责人，各市体育局、各直属单位相关部门负责人和工作人员共 50 余人参加了会议。张辰方同志就此次调查工作的背景、目地、意义进行了深刻阐述。会议对专项调查工作作了布置，并就专项调查工作进行了详细的业务培训。通过培训，与会人员进一步加深了对专项调查重要性的认识，明确了工作实施的进度和要求，加深了对指标的理解，为确保本次调查工作的顺利开展打下了良好的基础。

（五）扎实进行调查登记

由于体育产业专项调查正值年底，又逢第二次经济普查进入关键时刻，我省各市积极克服困难，妥善处理好各项工作的关系。在充分利用现有资源的前提下，采取灵活多样的调查方法，通过各种渠道收回调查表格 10753 份，其中抽样调查表格 2512 份，全面调查表格 8241 份。各地创新思路，灵活采用各种方法开展调查工作。比如苏州市按照省局下达的调查单位名单，从经普清查库中找出相应单位基本资料，作为省局资料的补充，尽力做好配套服务。上报调查表前还进行了简要汇总计算，与当地生产销售情况、经普情况进行比照，控制数据质量。常州市抓住经普对企业登记培训的有利时机，把体育产业调查登记表及填表要求发放到与会人员，并当场加以指导。他们还在检查企业、乡镇经普登记的同时，了解体育产业专项调查的填报情况，发现问题及时纠正，尽可能地将错误信息消灭在源头。宿迁市尽管调查单位少，但仍然高标准、严要求，采取调查员直接入户调查的方式。

（六）注重数据质量控制

统计数据的质量直接关系到政府的决策，关系到政府的公信力。专项调查工作中我们始终把维护和提高统计数据的科学性、准确性和权威性作为统计工作的核心，坚持实事求是，以科学的统计方法论为指导，加强数据的审核监控力度。一是组织人工预审。调查表上报省局后，我们组织专业人员对调查表进行了人工审核，拾遗补漏了一些应填必报的项目，更改了诸如计量单位等方面的差错。二是反馈部分漏填、错填、逻辑关系严重不清的调查表，重新核实更正。三是进行计算机数据逻辑审核，对调查表录入质量进行控制，对指标之间明显不符合逻辑关系的再次进行查询。经过一环扣一环的检查和把关，数据质量得到明显提高和保证。

三、体育及相关产业专项调查结果

随着我省体育产业步入快速发展阶段，以体育用品、体育服装鞋帽、体育彩票、体育健身休闲为主体的体育产业已初具规模，对我省经济增长起到一定的促进作用。

（一）体育及相关产业总体情况

据调查测算，2006 年全省体育及相关产业实现总产出 507.16 亿元，增加值 146.81 亿元，体育产业增加值占全省地区生产总值(GDP)的比重为 0.68%；2007 年全省体育及相关产业实现总产出640.53亿元，增加值197.04亿元，体育产业增加值占全省地区生产总值(GDP)的比重为0.77%。

年份	体育产业类别	总产出（千元）	增加值（千元）	年平均从业人员（人）
2006年	一、体育社会事务管理机构	412233.98	142871.11	1162
	二、体育组织	669135.39	422698.54	6407
	三、体育场馆	179368.88	97731.15	1474
	四、体育健身休闲	880825.15	393896.91	8571
	五、体育彩票服务	303341.30	196473.27	9440
	六、体育中介服务	38413.00	19592.50	229
	七、体育培训服务	3450.80	2125.88	59
	八、体育用品制造	8684369.00	2099295.00	33238
	九、体育用品销售	243489.03	165663.16	1658
	十、体育服装鞋帽制造	37286191.45	10092709.89	211095
	十一、体育服装鞋帽销售	1293066.98	867037.52	6523
	十二、体育场馆建筑	722000.00	180500.00	15299
	合计	50715884.96	14680594.93	295155
2007年	一、体育社会事务管理机构	486416.67	152315.48	1147
	二、体育组织	741308.60	400803.98	7560
	三、体育场馆	208774.96	111398.60	1415
	四、体育健身休闲	1019965.75	452026.21	9733
	五、体育彩票服务	359616.50	277358.93	11270
	六、体育中介服务	50134.50	19880.76	252
	七、体育培训服务	10117.80	6342.23	198
	八、体育用品制造	10908028.00	2695332.00	39442
	九、体育用品销售	266606.88	186195.20	1730
	十、体育服装鞋帽制造	45261409.06	12265935.32	232303
	十一、体育服装鞋帽销售	4548794.70	3086732.86	6830
	十二、体育场馆建筑	192000.00	49920	3688
	合　计	64053173.42	19704241.57	315568

（二）体育及相关产业构成及发展特点

1. 目前我省的体育及相关产业的主体是体育用品、体育服装鞋帽的制造和销售

在全省体育产业的总体构成中，体育用品销售和制造、体育服装鞋帽销售和制造所占比重远大于其他类别（主要为体育服务业）。从总产出和增加值构成看，2006年全省体育用品销售和制造、体育服装鞋帽销售和制造总产出为475.07亿元，占全省体育及相关产业总产出的93.67%；增加值为132.25亿元，占全省体育产业增加值的90.08%；

其他类别创造总产出为 32.09 亿元，占全省体育及相关产业总产出的 6.33%，增加值为 14.56 亿元，仅占体育及相关产业增加值比重的 9.92%。2007 年全省体育用品销售和制造、体育服装鞋帽销售和制造总产出为 609.85 亿元，占全省体育及相关产业总产出的 95.21%；增加值为 182.34 亿元，占全省体育产业增加值的 92.54%；其他类别创造总产出为 30.68 亿元，占全省体育及相关产业总产出的 4.79%，增加值为14.7 亿元，仅占体育及相关产业增加值比重的 7.46%。

年份	体育产业类别	总产出（亿元）		增加值（亿元）	
		总量	比重（%）	总量	比重（%）
2006 年	体育用品销售和制造、体育服装鞋帽销售和制造	475.07	93.67	132.25	90.08
	其他产业类别	32.09	6.33	14.56	9.92
	总计	507.16	100	146.81	100
2007 年	体育用品销售和制造、体育服装鞋帽销售和制造	609.85	95.21	182.34	92.54
	其他产业类别	30.68	4.79	14.7	7.46
	总计	640.53	100	197.04	100

2. 体育用品行业(包括体育服装鞋帽)中以体育用品制造业为主

2006 年，全省体育用品和体育服装鞋帽制造业总产出 459.71 亿元，实现增加值 121.9 亿元，分别占总量的 96.76%和 92.19%；2007 年，全省体育用品和体育服装鞋帽制造业总产出 561.7 亿元，实现增加值 149.61 亿元，分别占总量的 92.11%和 82.05%。从数据对比中可以看出，我省的体育用品行业主要以制造业为主，销售所占比重较少。

年份	体育产业类别	总产出（亿元）		增加值（亿元）	
		总量	比重（%）	总量	比重（%）
2006 年	体育用品和体育服装鞋帽制造	459.71	96.76	121.9	92.19
	体育用品和体育服装鞋帽销售	15.36	3.24	10.3	7.81
	总计	475.07	100	132.25	100
2007 年	体育用品和体育服装鞋帽制造	561.7	92.11	149.61	82.05
	体育用品和体育服装鞋帽销售	48.15	7.89	32.73	17.95
	总计	609.85	100	182.34	100

3. **体育产业吸纳从业人员进一步增长，体育用品制造业吸纳的从业人员最多**

2006年底，体育产业从业人员总数为295155人，其中体育用品和体育服装鞋帽从业人数252514人，其他产业类别从业人数42641人；在体育用品和体育服装鞋帽从业人数中，制造业从业人数为244333人，销售业从业人数为8181人。2007年底，体育产业从业人员总数为315570人，其中体育用品和体育服装鞋帽从业人数280305人，其他产业类别从业人数35265人；在体育用品和体育服装鞋帽从业人数中，制造业从业人数为271745人，销售业从业人数为8560人。从两年度的数据分析，体育产业从业人员稳步增长，特别是体育用品业增长较快，增幅近11%。

从从业人员分布来看，2006年体育用品制造业占82.78%，体育用品销售业占2.77%，其他产业类别从业人数占体育产业从业人员总数的比重为14.45%；2007年体育用品制造业占86.11%，体育用品销售业占2.71%，其他产业类别占体育产业从业人数的比重为11.18%。从体育产业就业人员的结构来看，我省体育产业从业人员主要集中在体育制造业，体育健身休闲等体育服务业的发展潜力仍然很大。

体育产业类别	2006年		2007年	
	从业人数	比重（%）	从业人数	比重（%）
体育用品销售和制造、体育服装鞋帽销售和制造	252514	85.55	280305	88.82
其中：制造业	244333	82.78	271745	86.11
销售业	8181	2.77	8560	2.71
其他产业类别	42641	14.45	35265	11.18
总计	295155	100	315570	100

四、我省体育及相关产业发展中存在的主要问题

从本次专项调查结果分析，我省体育产业发展存在的主要问题有以下几个方面。

（一）体育产业的总体规模仍待提高

经过近几年的持续发展，特别是得益于“十运会”的助推，我省体育产业的总体发展水平有了较大的进步，但是整体上还处在起步阶段，与国内的同类产业及西方发达国家相比还有很大差距。从本次专项调查来看，2007年体育及相关产业的增加值占我省GDP总量的0.77%，与发达地区如北京、福建等差距明显，与体育产业发达国家相比，差距更大。虽然体育产业的发展带动了制造、建筑、建材、房地产、高新技术、旅游、传媒等相关产业的发展，对国民经济发展显现出一定的拉动作用，但在国内生产总值中

所占的比重还比较低，尚没有发挥出新兴产业的潜力和优势，我省体育产业仍有很大的发展空间。

（二）体育服务业的比重偏低

本次专项调查显示，2007年我省体育服务业（包括体育行政事业单位）增加值占体育产业增加值的比重仅为7.46%，从业人员比重为11.18%，比重较低。反映出我省体育产业结构尚未成熟，体育产业核心环节的体育服务业发展水平滞后于体育用品等外围行业发展。随着人民物质生活水平的日益提高，全民健身活动的广泛开展，人民群众对体育服务的需求也将日益扩大，可以预见，我省的体育产业将进入高速发展的时期。

（三）体育用品业竞争力不强

我省体育用品制造业的增加值虽然在全部体育产业中占主要部分，但规模较大、在全国比较有影响的企业不多，叫得响的品牌也不多，大多数企业仍然是来料加工或是小打小闹，这不利于体育用品制造业的做大做强，也不利于企业的长远发展。体育用品制造业急需打出自己的品牌，提高产品竞争力，在日益扩大的体育用品消费市场占得有利位置，赢得更大的市场份额。

（四）竞技体育的市场化程度有待提高

竞技体育是体育产业的重要内容，在一定程度上，竞技体育也是体育产业的火车头。竞技体育是一项意义深远、影响很大的社会活动，它吸引了众多行业部门的参与，涉及交通通讯、电视广告、场馆建设等许多环节，进而决定了体育产业可以带动和推动相关社会活动的不断深化和发展。这种高度的关联带动功能，使竞技体育成为体育产业的核心地位。我省竞技体育的市场化程度不高，虽然建立了足球、篮球等一些体育俱乐部，但这些俱乐部离产权清晰、权责明确、政企分开、管理科学的新型企业制度仍有一定的距离。而且这些俱乐部多数为省级俱乐部，市及市以下体育俱乐部仍是凤毛麟角。

（五）体育产业经营专门人才缺乏，管理不够专业化

体育产业的发展需要懂经营、善管理、会策划的专业人才。他们不仅要熟悉体育工作和体育资源，而且要熟悉产业运作的特点；不仅要熟悉社会需求和市场需求，而且要具有开拓创新能力。目前我省体育产业运作专门人才严重缺乏，整体业务素质不强，尚未形成先进的、专业化管理团队，面对市场，还不能有效把握、有效开拓，决策的超前性、灵活性和应变性较差，从根本上无法满足体育产业发展的需要。

五、体育及相关产业发展对策建议

当前，随着北京奥运会的成功举办以及江苏全面建设小康社会进程的加快，江苏体育产业发展面临着前所未有的机遇。江苏体育工作者必须要不断发现规律，把握规律，驾驭规律，顺势而为，促进体育产业的大发展。为进一步提升体育产业的发展地位，建议从以下几个方面进一步完善体育产业的发展环境。

一是国家层面要制定完善配套的扶持体育产业发展的相关政策。发展体育对于增强人民体质具有重要作用。从这个意义上看，体育是一项关乎老百姓健康的公益事业，政府在发展体育事业中应该发挥主导作用。当前我国的体育事业已经形成了一定的规模，体育事业与产业之间的相互依赖、相互支持、相互促进的关系越来越明显。政府部门对体育产业的发展也应给予必要的政策支持，如国家通过制定相应的财税、土地等优惠政策鼓励社会力量投资体育产业领域；强力实施体育服务标准化认证，提高各类健身场所的规范化管理水平和服务水平；鼓励支持效益好的体育经营企业通过资本市场融资，扩大经营规模，促进体育产业更好更快地发展；出台鼓励支持学校体育场馆对外开放的相关激励政策，努力实现体育资源社会共享。

二是要积极开展体育全民健身运动。体育产业的发展壮大离不开广大人民群众的参与，而且体育产业的终极目标就是为了人民健康。随着生活水平的提高，人们对健身的需求越来越强烈，但是与之相矛盾的现实情况是活动场地的限制、社会指导员的缺乏，虽然当前人们参与体育的热情十分高涨，但是我们应该看到人民群众可以参与的体育项目少，运动水平较低。而另一方面，某些体育场馆却经营无方、门可罗雀，生意清淡，亏损严重，导致了体育资源的极大浪费。因此，我们在未来建设体育场馆时，要做好充分调查研究，根据当地人民群众的需求和民情风俗，来建设与之相适应的场馆。同时，建立适当的体育教练员队伍和体育培训机构，也可起到引导全民健身运动发展的作用。

三是要按照科学发展观的要求，全面提升江苏竞技体育整体水平，带动全民参与，推动江苏体育产业的发展。江苏是一个体育大省而非体育强省，要实现从体育大省向体育强省的跨越，必须打造更加宽泛、坚实的体育基础，而这种体育基础的形成，仅仅依靠全民健身运动是不够的，还必须营造一种良好的竞技体育氛围，提高竞技体育水平。一方面是坚持专业与业余协调发展，实施后备人才工程。要充分重视抓好业余训练，使各级业余训练能向省队源源不断地输送更好、更多的后备人才。要积极探索新机制，拓宽选材范围，实现资源共享。要通过必要的检查、评估和竞赛杠杆，促进市县两级业余训练的开展，加强国家和省级高水平后备人才基地的建设，促进体教结合，促进训练场馆设施建设，达到选苗输送的目的。另一方面要统筹项目布局，全省运动项目布局要从实际出发，突出重点，兼顾一般，提高效益。江苏体育不可能什么项目都好，所以运动项目的布局必须有所为有所不为。对开展的项目也要分类管理、突出重点，不能搞“平均主义”。

四是要壮大体育产业专业人才队伍。我省体育产业急需一批懂经济、懂法律、懂体育、懂策划、懂经营的体育管理人才和营销人才。要坚持“人才强体”战略，一方面，要鼓励有条件的高等院校开设体育产业专业和课程，按市场需求培养体育产业专门人才；支持有条件的体育企事业单位与高等院校联合培养既懂经济又懂体育的高层次复合型人才；利用行业和社会办学力量，加强岗位职业培训，建立和完善体育产业从业人员资质认证制度，提高从业人员的素质和能力。面向国内外引进高层次、高素质的高级管理人才。另一方面，更为重要的是要着眼现有人才队伍的培养提升。要定期组织从事产业工作的同志进行专业知识、法律法规、市场营销技巧等方面的培训，在加强培训的同时，还应注意在实践中培养和储备人才。对于已经具备一定知识和经验的产业人才，要人尽其才，鼓励他们发挥作用；对于在训练竞赛方面有专长的人才，也要创造机会在产业工作中锻炼他们，既丰富人才队伍，又提高人才水平。要以开放的胸襟，大胆吸引各类人才，调整优化和整合体育产业人才队伍结构。

图书在版编目(CIP)数据

中国体育及相关产业统计 / 中国体育科学学会体育产业分会编 . -北京：人民体育出版社，2011
ISBN 978-7-5009-4052-4

Ⅰ. 中… Ⅱ. ①中… Ⅲ. ①体育-产业-统计-研究-中国 Ⅳ. ①G812

中国版本图书馆 CIP 数据核字（2011）第 060568 号

*

人民体育出版社出版发行
三河兴达印务有限公司印刷
新 华 书 店 经 销

*

787×1092 16 开本 24 印张 530 千字
2011 年 12 月第 1 版 2011 年 12 月第 1 次印刷
印数：1— 3,000 册

*

ISBN 978-7-5009-4052-4
定价：60.00 元

社址：北京市东城区体育馆路 8 号（天坛公园东门）
电话：67151482（发行部） 邮编：100061
传真：67151483 邮购：67118491
网址：www.sportspublish.com
（购买本社图书，如遇有缺损页可与发行部联系）